A MESSIEVRS
DV PVY.

ESSIEVRS,

Rien ne semble d'abord plus manifeste, que l'vtilité des voyages qui se font aux Païs esloignés : à cause de la connoissance qu'on en tire d'vne infinité de choses salutaires qui manquent au nostre, & de

ã ij

la prudence qui se perfectionne en obseruant les mœurs & les arts des Peuples qui les habitent. I'apprens cependant, que quelques sages Politiques ont seuerement defendu à leurs Citoyens, & sur tout aux ieunes Gens, de faire de longues courses hors de leur Païs : de peur que dans la communication des Estrangers, il ne leur arriuast de contracter plutost des vices nouueaux, que d'acquerir des vertus nouuelles. Quoy qu'il en soit, Messieurs, i'auoüe ingenûment, qu'il ne m'appartient pas de decider vne question de cette importance. Mais i'ose bien me persuader, que les plus difficiles ne sçauroient rien trouuer à redire en la curiosité des Relations fidelles & sensées de ce qui a esté veu & remarqué par ceux que leur genie, ou leur fortune ont engagez dans de longs voyages. Au moins, comme l'histoire rend tousiours presens aux hommes les euenemens passez, desquels sans ce secours la distance des siecles aboliroit enfin la memoire : de mesme elle leur fournit vn moyen absolument innocent, de s'instruire de mille singularitez ou de Nature ou de Police, que sans

RELATIONS VERITABLES

ET CVRIEVSES
DE L'ISLE
DE MADAGASCAR,
ET DV BRESIL.

Auec l'Histoire de la derniere Guerre faite au Bresil,
entre les Portugais & les Hollandois.

*TROIS RELATIONS D'EGYPTE,
& une du Royaume de Perse.*

A PARIS,
Chez AVGVSTIN COVRBE', au Palais, en la Gallerie
des Merciers, à la Palme.

M. DC. LI.
AVEC PRIVILEGE DV ROY.

PAGINATION MULTIPLE

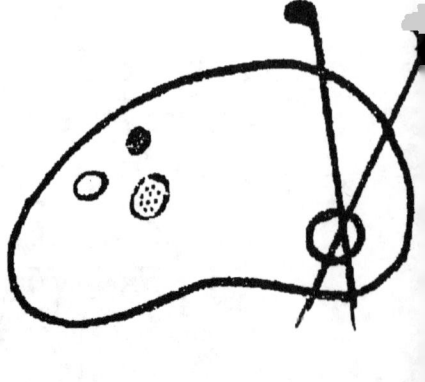

Couvertures supérieure et inférieure en couleur

cette ayde la distance des climats leur feroit eternellement ignorer. Or, Messieurs, il me pourroit suffire, pour faire comprendre à chacun, de quel prix sont les huit Relations que ie mets au iour, de dire que c'est par vostre auis que ie me suis resolu à l'impression des quatre plus recentes, & que pour les quatre autres, le zele que vous auez de tout temps pour le Public, vous a facilement portés à les tirer du thresor de vostre Cabinet, afin de luy en faire part. Car il est constant, non seulement en ce Royaume, mais encore par toute l'Europe, & s'il y a quelque autre lieu où le beau sçauoir soit en estime, que l'extreme suffisance que vous auez iointe à l'excellence de l'esprit, & à la solidité du iugement, ne souffre pas que vous estimiez digne de vostre approbation, ny que vous receuiez dans ce Sanctuaire-là, aucune chose qui ne soit souuerainement exquise. I'adiousteray neantmoins à cela, que la reputation d'habileté que s'est acquis Monsieur Morisot en ces matieres, ne contribuera pas peu à la recommandation des pieces de ce Volume, qu'il a pris la peine de digerer luy-mesme, & d'enrichir par ses sçauantes Obseruations. Que si i'ay tourné les yeux vers vous, pour faire paroistre ce Recueil sous l'authorité de vostre Nom : ç'a esté afin que le Monde sceust que vous estes ceux à qui il a l'obligation du present que ie luy fais : & afin de vous donner quelque petit tesmoignage de l'extreme veneration en laquelle i'ay vostre vertu, comme aussi de reconnoistre en quelque sorte les faueurs dont il vous a pleu me combler. Ie vous supplie donc auec tout le respect que ie dois, de n'auoir pas desagreable la liberté que i'ay prise ; & de continuër à honorer de vostre bien-veillance,

MESSIEVRS,

Vostre tres-humble & tres-
obeïssant Seruiteur,

A. COVRBE'.

AV LECTEVR.

AMI Lecteur, ie t'aduertis que si tu treuue du diuertissement & du contentement en la lecture de cette Relation, que tu le dois à Monsieur Morisot, qui m'ayāt receu charitablement en sa maison à Dijon, & appris de moy mon voyage, le mit par escrit, & y adiousta de sa main la carte de l'Isle de Madagascar, suiuant qu'elle a esté par moy reconnuë pendant le seiour que i'y ay fait, & où i'aurois demeuté dauantage si ie n'en eusse esté empesché par Iacques Pronis & Focquembroq, qui arriuerent en ladite Isle au commencement de Mars 1643. lesquels me vouloiēt contraindre auec mes compagnons à quiter ma demeure pour m'en aller demeurer auec eux en l'habitation de saint Pierre, & leur faire part du peu de profit que i'auois fait audit lieu, à quoy ie ne voulus obeyr, aimant mieux me resoudre à repasser en France & quitter la place aux nouueaux venus, que de me ioindre à eux auec perte. Dequoy tu seras asseuré par la lecture dudit commandement qui me fut fait par lesdits Pronis & Focquembroch, les 19. Mars & 8. Avril 1643. imprimé sur l'original, & duquel la teneur ensuit.

Auiourd'huy 8. iour d'Apuril 1643. sur diuers rapports qui nous auroient esté faits & mesme veu par nous & recognu que les habitans de ce lieu ne nous apportoient aucune commodité, tant pour viure, que pour traitter dans nostre habitation comme ils auoient accoustumé, estans diuertis par les hommes du sieur Cocquet & quelques autres restez du voyage du Capitaine Goubert, abusans & se mocquans des deffenses que nous leur aurions signifiées le 19. du passé, & mesme se seruans des afflictions qu'il auroit pleu à Dieu nous enuoyer, nous detenans tous malades. Ce consideré par nous que c'estoit la ruyne & perte totale du negoce, auons derechef fait de-

fenses à tous François, tant ceux qui seroient venus auec ledit Cocquet, que ceux qui seroient restez de Goubert, de traitter aucune chose qui se trouue en cette Isle auec les habitans, que comme aux François restez icy de traiter auec ledit Cocquet & ses hommes d'aucuns cuirs, cire ne bestail, comme auroient cy deuant fait François Cauche & Sebastien Droüart, se rafraichissans de marchandises, qu'ils auroient pris & troqué dudit Cocquet & de ses gens, qu'ils estimoient propres pour le pays. Pour à quoy obuier nous auons par ces presentes fait commandement aux sieurs Abraham le Gaigneur, Sebastien Droüart, François Cauche, Iacques du Val, Iean Destouzeaux, Iacques Desprez, Charles des Aunois, qui sont les hommes restans dudit voyage de Goubert, de nous passer declaration generale de toutes les marchãdises & bestiaux qu'ils peuuent auoir à eux appartenans, iusques à present, sans y obmettre chose que ce soit, & de nous rendre lesdites declarations dans nostre habitation dans huit iours pour tout delay; que ce qui se trouuera à l'aduenir de plus que ne porteront leurs declarations, leur certifions qu'il leur sera confisqué au benefice de Messieurs de la Compagnie. En outre faisons derechef commandement ausdits Sebastien Droüart & François Cauche de se rendre dans vn mois à compter de ce iourd'huy au lieu de nostre habitation, comme ont fait lesdits du Val & autres susnommez, & d'abandonner celle qu'ils desirent faire au preiudice de la Compagnie, ne se contentans pas que nous leur auons permis de traiter six mois pour employer leurs marchandises à la requeste qu'ils nous en auroient faite, & à peine de subuenir aux commandemens & defenses que nous leur auons cy-deuant fait & faisons par ces presentes, les declarans desobeyssans aux volontez du Roy nostre Sire, & de confiscation de tout ce qu'on trouuera icy à eux appartenant: Fait en l'habitation S. Pierre l'an & iour que dessus. Signé I. PRONIS, & I. de FOCQVENBROCH, auec paraphe.

PRIVILEGE DV ROY.

LOVIS PAR LA GRACE DE DIEV ROY DE FRANCE ET DE NAVARRE, A nos amez & feaux les gens tenans nos Cours de Parlement, Maistres des Requestes ordinaires de nostre Hostel, Baillifs, Seneschaux, Preuosts, leurs Lieutenans & à tous autres nos Iusticiers & Officiers qu'il appartiendra, salut. Nostre bien-amé Augustin Courbé Libraire ordinaire de nostre tres-cher & tres-amé Oncle le Duc d'Orleans. Nous a fait remonstrer qu'il a recouuré vn liure intitulé *Relations veritables & tres-curieuses de l'Isle de Madagascar & du Bresil, auec l'histoire de la derniere guerre faite au Bresil entre les Portugais & les Hollandois: Trois Relations d'Egypte & vne du Royaume de Perse*, lequel liure il est sollicité de donner au public, ce qu'il ne peut faire sans auoir nos Lettres sur ce necessaires, qu'il nous a supplié de luy accorder. A CES CAVSES, nous auons permis & permettons par ces presentes d'imprimer, faire imprimer, vendre & debiter en tous les lieux de nostre obeyssance ledit liure en vn ou plusieurs volumes, en telles marges & en tels caracteres & autant de fois qu'il voudra durant sept ans entiers & accomplis, à compter du iour que chaque piece ou volume sera acheué d'imprimer pour la premiere fois. Et faisons tres expresses deffences à toutes personnes de quelque qualité & condition qu'elles soient, d'imprimer, faire imprimer, vendre ny debiter ledit liure, sans le consentement de l'Exposant, ou de ceux qui

* iij

auront droit de luy, sous pretexte d'augmentatiō, correction, changement de titres, fausses marques ou autrement en quelque maniere que ce soit, à peine de deux mil liures d'amande, payables sans deport par chacun des contreuenās, & aplicables vn tiers à nous, vn tiers à l'Hostel Dieu de Paris, & l'autre tiers audit Exposant, de confiscation des exemplaires contrefaits & de tous despens, dommages & interests, à cōdition qu'il sera mis deux exemplaires dudit liure en nostre Bibliotheque publique, & vn en celle de nostre tres-cher & feal le sieur Seguier Cheualier, Chancelier de France, auant que de l'exposer en vente, à peine de nullité des presentes. Du contenu desquelles nous voulons & vous mandons que vous fassiez ioüir plainement & paisiblement ledit Exposant & ceux qui auront son droit, sans souffrir qu'ils y reçoiuent aucun empeschement. Voulons aussi qu'en mettant au commencement ou à la fin dudit liure vn extrait des presentes, elles soient tenuës pour deuëment signifiées, & que foy y soit adioustée & aux copies collationnées par vn de nos amez & feaux Conseillers & Secretaires comme à l'original. Mandons au premier nostre Huissier ou Sergent sur ce requis de faire pour l'execution des presentes tous exploits necessaires, sans demander autre permission, Car tel est nostre plaisir, nonobstant Clameur de Haro, Chartre Normande, & autres lettres à ce contraires. Donné à Paris le 28. iour d'Aoust l'an de grace mil six cents cinquantevn, & de nostre regne le neufiesme. Par le Roy en son Conseil. CONRAT.

Les exemplaires ont esté fournis.

Acheué d'imprimer pour la premiere fois le 10. iour de Septembre 1651.

TABLE
DES RELATIONS
contenuës dans ce Volume.

RELATION du voyage que François Cauche de Roüen a fait en l'Isle de Madagascar, autrement saint Laurent, isles adiacentes & costes d'Afrique, contenant la description du pays, mœurs des habitans, ensemble des oyseaux, poissons, arbres, arbrisseaux, racines & plantes, auec vne carte de ladite isle.

Colloque entre vn Madagascarois & vn François sur les choses les plus necessaires pour se faire entendre & estre entendu d'eux. Le tout recüeilly par le sieur Morisot auec des notes en marge. pag. 1.

Relation du voyage de Roulox Baro Interprete & Ambassadeur ordinaire de la Compagnie des Indes d'Occident, de la part des Seigneurs des Prouinces vnies des Pays-bas, au pays des Tapuyes dans la Terre-ferme du Bresil, commencé le 3. Avril 1647. & fini le 14. Juillet de la mesme année, *traduit d'Hollandois en François par Pierre Moreau de Paray en Charolois.* pag. 97

Histoire de ce qui s'est passé en la guerre faite au pays du Bresil entre les Portugais & les Hollandois depuis l'an 1644. iusques en 1648. auec la carte & description du Recif par Pierre Moreau natif de Paray en Charolois. pag. 3

Relation du sieur Cesar Lambert de Marseille de ce qu'il a veu de plus remarquable au Caire, Alexandrie & autres villes d'Egypte és années 1627. 1628. 1629. & 1632. pag. 3

Estat de l'Egypte & des gouuernemens qui en dépendent, descript par le sieur Iacques Albert en 1634. pag. 52

Estat des reuenus d'Egypte par le sieur Santo Seguezzi en 1635. pag. 83

Relation d'vn voyage de Perse fait és années 1598. & 1599. par vn Gentilhomme de la suitte du sieur Sciersley Ambassadeur du Roy d'Angleterre. pag. 103

RELATION
DV VOYAGE
QVE
FRANÇOIS CAVCHE
DE ROVEN A FAIT
à Madagascar, Isles adjacentes,
& coste d'Afrique.

Recueilly par le Sieur MORISOT,
Auec des Notes en marge.

ESTANT à Dieppe au mois de Ianuier 1638. en l'âge de vingt-deux ans, porté par la curiosité naturelle à l'homme de voyager, i'assuray place dans vne flutte, ou fleque d'Hollande, qui deuoit bien-tost faire voile à la mer Rouge, & en y allant laisser

Flutte est vn vaisseau long, à cul rond, port de 300. tonneaux.

A

vne habitation en l'isle Maurice, qui est voisine de celle de Madagascar, ou sainct Laurent. Le Capitaine de ce vaisseau, nommé Saint-Alexis, estoit Alonse Goubert dudit Dieppe, le Maistre, Iacques Soulas; le premier pilote, Claude Ferrant; le second, Robert de Perroie; le troisiesme, Salomon Goubert, fils du Capitaine; le quatriesme, Guillaume Reade. Le premier quartier maistre, Iacques l'Amy: Le second, Robert de Barne. Le premier Canonnier, Guillaume Reade; le second, Sebastien Droüart: & le troisiesme, Iean Asseline.

Le reste consistoit en 73. hommes, & 13. garçons. Outre ce qui estoit necessaire pour nostre defense, sureté, & viures, on mit dans ladite flutte, vne barque en pieces, pour la dresser au besoin, qui estoit de plus de cent tonneaux; on y adiousta des outils propres à bastir & cultiuer la terre, où nous auions dessein de laisser vne partie des nostres.

Nostre marchandise estoit, en coral fin & faux, patenostres de verre, chaisnes, bracelets, pendans d'oreilles, ceintures de toutes couleurs de terre, d'esmail, de cristal, de bois, iayet, cuiure doré & argenté, vrais grenats, perles de Venise, agates, cornalines, cousteaux, mirouërs, ciseaux, estuis, esclots, chapeaux, bonets, sonnettes, clochetes, & autre sorte de quincaillerie, pour trafiquer auec ceux és

Les pilotes sont ceux qui ont la conduite du Nauire, cōmandans comme il leur plaist la route.

Les quartiers maistres ont soin des cordages, & de faire moüiller & leuer les ancres.

Le tonneau tient trois muits de France, & de pesanteur deux mille.

ports desquels nous entrerions.

Mais la guerre estant alors ouuerte entre la France & l'Espagne, nostre principal but estoit, de surprendre & combatre les vaisseaux Espagols que nous treuuerions en mer, & non seulement ceux-là, mais encore les vaisseaux des Mahometans & Gentils, qui trafiquoient és seins Persique & Arabique, conduits par les Portugais, nostre flutte, quoy que tres-legere, faisant 90. lieuës en vingt-quatre heures, estant renforcée par les flancs de trois doublages bien corroyez, & portant 22. pieces de canon.

Nous partismes donques de Dieppe le quinziesme Ianuier 1638. & le lendemain sur les dix heures du matin nous fismes rencontre d'vn nauire marchand, portant à son pauillon les armes de l'Empire, dont les officiers se disoient de Danemarc. Ils n'estoient que 14. & auoient 14. pieces de canon. Nostre Capitaine luy fit commandement de par le Roy, d'apporter son * congé à bord de nostre nauire. Il prit excuse, disant, que son petit basteau estoit rompu, & qu'on en mit vn hors de nostre nauire : cela fut fait ; nostre maistre pilote se mit dedans, ayant vn pistolet à vne des mains, & le sabre nud en l'autre, accompagné de 7. hommes armez, pour aller visiter ce vaisseau : duquel sortit aussi-tost le maistre pilote, apportant le congé de son nauire qu'il auoit en sortant de Danemarc, & vn

Ce panillõ est vne enseigne portãt l'Aigle à deux testes, qui se met au bout du grand mast de hune : le pauillõ qui est sur la poupe, s'appelle de guerre, c'est vne enseigne rouge, portãt vn bras nud au milieu, qui tiẽt vn coutelas On ne la met point qu'à la rencontre de quelques vaisseaux.

* C'est la permission par escrit du Prince, ou de la Republique pour nauiger.

present pour nostre Capitaine de deux jambons de Majence, & de deux grans fromages d'Hollande. On beut, & nos vaisseaux se separerent à l'entrée de la nuit, nous estans à la hauteur du Cap de Fine terre, où nous fusmes aussi abandonnez d'vn vaisseau marchand de Dieppe nommé la Marguerite, qui auoit esté esleu au sort nostre * Amiral; & lequel estoit party de compagnie auec nous iusques audit lieu, le Capitaine d'iceluy, nommé Gregoire, nous disant, qu'il n'estoit que pour trafiquer, & non pas pour combatre, & que leur dessein estoit de mouiller au Cap * Verd.

Ce Cap est proche de S. Iacques de Galice en Espagne, appellé des Romains, Celticū & Neriū promontoriū, à 43. degrez & demy de Latitude.

L'admiral porte le guidon au haut du mast, & le fallot à la poupe, pour se faire suiure par le reste de la flote, ce guidon François est blāc descēdant en deux pointes, iusques à la mer.

Ainsi nommé pour les prairies vertes qui y sont. Les anciēs nommoient les Isles voisines, Hesperides, & Gorgades.

Le douziesme Feurier nous nous treuuasmes à la veuë de l'isle de Sainct Vincent dudit Cap Verd, nous sejournasmes en icelle vn iour pour prendre du sel, qui s'y fait naturellement, & se treuue dans des fosses, apres que la mer s'est retirée.

Le quatorziesme nous rencontrasmes vne * carauelle d'Espagne, laquelle venoit du Bresil, nous luy donnasmes la chasse depuis le matin iusques à cinq heures du soir, nous entrasmes dedans sans aucune resistance, changeans * d'equipage. Nous fusmes douze iours ensemble, & le treziesme la tempeste nous separa.

C'est vn vaisseau rond equippé en façon de galere, ayant le cul carré, du port de cent tonneaux.

C'est à dire que nous mismes les 12. hommes qui estoient dedans dans nostre vaisseau, les fers aux pieds, & mismes des nostres en leur place, dans la carauelle.

Le vingt-cinquiesme, estans à la hauteur de 14. degrez deçà la ligne, presque à la veuë de la

de François Cauche.

bouche de la grande riuiere de * Senega, sur les dix heures du matin, on mit le costé du nauire en trauers pour pescher, le Capitaine ayant fait bailler à chaque * plat, vne ligne, & des hameçons, auec vne bouteille de vin d'Espagne, pour celuy qui prendroit le premier poisson, suiuant la coustume de tous les nauires passant par ces lieux. Nous y prismes grand nombre de sardes & de capitaines, qui nous seruirent de rafrechissement.

* Elle sort du mesme lac que le Nil, trauersant le Royaume de Tombut.

* L'equipage du nauire est diuisé en 7. parties, & chaque partie a 7. hommes & vn petit garçon, qui sont autant de plats.

Cela fait, nous reprismes nostre route, nous approchans de la terre, où sans y songer nous nous pensasmes perdre la nuit du vingt-huitiéme dudit mois, par la rencontre d'vne carauelle d'Espagne, qui estoit à l'ancre à la coste, où peschoient ceux qui estoient dans icelle, de laquelle le bout du mast de * beau-pré creua la panse du * paquefit de nostre grand voile, sans nous entreuoir, nous imaginans que nous auions treuué vne roche. Comme nostre vaisseau alloit viste, il nous fut impossible de l'arrester, ayant tous ses voiles tendus auec bon vent, & beau temps. Nous mismes nostre chaloupe dehors, entendans les cris de ceux qui estoient en ladite carauelle, pour les aller reconnoistre, & se treuua que s'estoient des Portugais au nombre de sept seulement, lesquels nous fismes passer en nostre vaisseau, & depuis ayant pris terre au * Cap Verd, nous vendismes ladite

* Il est couché sur la prouë de nauire.
* C'est le fond du grand voile qui tiet à la croisée du milieu du grand mast. La panse est la partie du voile qui s'aduace ayant le vent dedans.

* Des anciens *Rissadium*: dans le Royaume de Senega.

A iij

carauelle & tout ce qui eſtoit dedans à Dom Diego Vas Portugais, qui ſe tenoit au port de Ruſiſque, où il auoit vn magaſin, & ce pour la ſomme de vingt-cinq mille liures. Nous troquaſmes encore les marchandiſes qui eſtoient en la premiere * carauelle Eſpagnole, que nous auions pris au commancement de noſtre voyage, pour de la marchandiſe qu'il nous liura, & luy laiſſaſmes tous nos priſonniers.

Nous fiſmes quinze iours de ſejour au port de Ruſiſque, pour nous rafreſchir, il y a en ce lieu vn grand village du meſme nom, les habitans duquel ſont tous noirs; ils ont des groſſes leures, & retrouſſent leurs cheueux creſpez en forme d'vne bourguinotte, & n'ont autre partie du corps couuerte que la nature, qu'ils couurent auec vn petit morceau de drap de cotton. Celuy qui leur commande a vn haut-de-chauſſe de cotton qui deſcend plus bas que le jaret, & vne forme de ſurplis blanc, pliſſé pareillement de cotton tres-fin, ayant vn chapeau à la Portugaiſe, & des ſandales aux pieds, on l'appelle Arquere. Les Portugais habitent en ce lieu, où ils ſont bien-venus. Il y a en ces quartiers grand nombre de porc-eſpis.

Continuans noſtre voyage nous arriuaſmes ſous la Ligne le dixieſme May, où nous euſmes rencontre de cinq grands vaiſſeaux Hollandois, le moindre deſquels portoit 34. pieces de canon.

* Oſorius au liu. 2 de l'hiſtoire de Portugal, deſcrit vne Carauelle en ces mots. C'eſt vn vaiſſeau qui n'a point de hune, ny de bois trauerſãt le maſt en haut, ains il eſt attaché en trauers vn peu au deſſous de la ſommité du maſt. Les voiles ſont faites en triangle, & leurs bouts d'embas n'eſt gueres plus haut eſleué que les autres fournitures du vaiſſeau. Au plus bas, il y a de groſſes pieces de bois, comme vn maſt, leſquelles ſont vis à vis l'vne de l'autre aux coſtez de la carauelle, & s'amenuiſent peu à peu côtremont. Les Portugais s'aydent de ces vaiſſeaux en guerre, pour aller & venir en plus grande diligéce. Car ils ſont tourner fort aiſement, & changent à leur aiſe ces pieces de bois qui leur ſeruent de maſts, ils laſchent, leuent & ſerrent auſſi facilement les voiles, receuãt les vens comme il leur plaiſt. Le premier des Portugais qui ſe ſer-

Ils venoient des Indes Orientales, ils nous firent reconnoistre par leur Vice-amiral, auec commandement d'abatre nostre pauillon, se fians en leurs forces, mais leur ayant remontré qu'il n'estoit raisonable que le vaisseau d'vn Roy de France leur fit hommage, ils vindrent à nostre bord apporter leur congé, & comme le reste du iour fut sans vent, les Capitaines l'employerent à se traitter l'vn l'autre, faisant tirer autant de coups de canon qu'on beuuoit à la santé du Roy, & à celle de Messieurs des Estats. A nostre separation ils tirerent trois coups de canon pour nous dire adieu, & nous cinq.

uit de cette sorte de vaisseau pour les Indes & Æthiopie, fut Vasque de Gama.

Le vingt-cinquiesme Iuin nous abordasmes l'isle de * Diego Rois, qui est à la hauteur de 20. degrez de la ligne Equinoctiale du costé du Pole Antartique, à quarante lieuës ou enuiron, de l'isle de Madagascar. Nous y descendismes, & y arborames les armes de France contre vn tronc d'arbre, par les mains de Salomon Gobert. Nostre nauire fut tousiours en mer, n'ayant pû anchrer, le fond y estant trop bas; aussi-tost que les armes du Roy y furent posées, ceux qui auoient eû charge de ce faire, retournerent à nous dans la chaloupe qui les y auoit portez.

* *De Diego Rodrigue, suiuant les Portugais.*

De là nous tirasmes en l'isle de * Mascarhene, qui en est esloignée de 30. lieuës, scituée enuiron deux degrez delà le tropique du Capricorne, où nous arborasmes aussi les armes du Roy.

* *Les Portugais appellent cette isle, Isla de Mascarhenas, pour auoir esté descouuerte par vn de cette maison, qui tient encore des pre-*

*Ie m'estonne comme les Hollādois en leurs nauigations de 1595. disent que cette isle s'appelloit de Cerne, & des Latins Cignæa, autres qu'eux ne l'ayant ainsi nommée. Elle est au 21. degré du costé du pole Austral, les Hollandois y estans abordez le 18. Septembre 1598. la nommerent Maurice, du Prince d'Orange Maurice de Nassau. Sa figure auec ses ports, est page 3. du 2. liure desdites nauigatiōs, imprimées à Amsterdam par Cornille Nicolas, l'an 1609.

* C'est vne ville de l'isle de Iaue, scituée sur le bord de la mer regardant l'isle de Sumatre. Les maisons y sont basties de cannes, les piliers de bois, couuertes de paille, le dedans tapissé de toiles de cotton peintes, ou de draps de soye. Elle est entre le 7. & 8. degré delà l'Equateur. La figure de cette ville & de toute l'isle de la grande Iaue, est en la 2. nauigation des Hollandois ès Indes Orientales en l'ánee 1600. en la diée du 28. Ianuier, & en la premiere nauigation liu. 1. c. 21. 22. & 23.

Elle est inhabitée comme la precedente, quoy que les eaux y soient bonnes, abondante en gibier, poissons, & fruits. On y voit grand nombre d'oiseaux, & tortuës de terre, & les riuieres y sont fort pisqueuses.

Ayant seiourné 24. heures en cette isle, nous fusmes surgir en celle de *Saincte Apollonie, qui est à vn degré plus haut, tirant vers la ligne, en intention de l'habiter, mais estans entrez au port qui est entre Sud & Est, c'est à dire, le Midi & le Leuant, nous treuuasmes la place prise par des Hollandois, qui y bastissoient vn fort, s'y estoient hutez, & nommé, il y auoit long-temps, ladite Isle du nom du Prince Maurice. Ils nous permirent d'y entrer, d'y chasser, & d'y pescher. Nous quittasmes ce port dés le lendemain, & allasmes ancrer à l'autre bout de l'isle au Nord Oest. Ce port estoit deffendu par six Hollandois, qui logeoient dans vn hameau voisin, il y auoit vn nauire Anglois à l'ancre portant 28. pieces de canon, & au pauillon qui estoit à la hune, vne croix de Sainct André, ayant cinq cens tonneaux de charge. Il venoit de *Bantan, chargé d'espicerie. Ceux qui y estoient nous offrirent de nous aider à chasser d'icelle les Hollandois, à quoy nous ne voulusmes consentir, attendu l'alliance qui est entre nous, & eux. Cette isle a quatre lieuës de long, & vne & demie de large.

Nostre

Nostre seiour en ceste Isle fut de 15. iours, que nous employasmes à la pesche, & à la chasse, chargeans nostre vaisseau principalement de bœufs, de cheures, & porcs, de limons, citrons, & grenades. L'ayant quittée, nous abordasmes la grande isle de Madagascar, ou de * Sainct Laurent, prenant fond du costé du Sud, au port de Saincte Luce proche le Tropique du Capricorne. Ceste Isle à 800. lieuës de tour, & plus: Sa longueur estant de 260. lieuës, large en plusieurs endroits de cent. Elle commence du costé du Nort, sous le douziesme degré, & quelques minutes, delà l'Equateur, & finit au delà du vingt cinquiesme, du costé du Sud. A sçauoir, depuis le Cap de Sainct Sebastien, iusques au Cap de Saincte Marie.

C'est vne chose esloignée de verité, & pourtant escrite par d'autres, que ceste Isle soit infestée * de lions, de tygres, leopards, & elephans, & que les habitans se soient iamais mangez l'vn l'autre. Car estant abondante en bœufs, moutons, poules, perdris, faisans, tourterelles, cheures, & vne infinité d'autres animaux, tant terrestres, qu'aquatiques, ils n'ont iamais esté reduits à la necessité des Brasiliens, qui n'ont vsé de chair humaine qu'à faute d'autres, estant la

* Ce nom luy fut donné par Laurent Almeïde, fils de François Almeïde, premier Vice-Roy aux Indes Orientales pour Emanuel Roy de Portugal, qui la nomma de son nom, ou plutost, parce qu'il y aborda le iour de Sainct Laurent, en l'année 1506. auec 8. Vaisseaux. Belle-Forest descrit ceste Isle parmi celles qui sont és costes d'Ethiopie liu. 6. de l'Afrique ch. 29. & au ch. 31. il parle de celles du Cap Verd.

* Ainsi l'assure Magin, en sa descriptiō de l'Ethiopie inferieure, s'imaginant outre ce que ceste Isle de Madagascar ait esté connuë des Anciens, & qu'elle est la *Cerne* de Pline, & la *Menuthias* de Ptolomée, quoiqu'ils n'ayent rien connu au delà de *Sierra Liona*, qui est le *Deorum currus*, des Ro-

mains, & des Grecs ϑεῶν ἄκεμα Belle forest adiouste au liu. 6. où il traitte de l'Afrique ch. 29 que les habitans de Madagascar auoient des Chameaux, de la chair desquels ils viuoient, des Cerfs, Loups Ceruiers, & Girafles. Ce qui est faux, outre que personne n'a veu des Girafles.

*, La commune opinion est, que ces blâcs soient venus de la Chine, mais le croirois plustost qu'ils sont race d'Europeans, pas vn d'eux n'ayant le nez ny le visage plat, comme les Chinois.

plus part d'iceux contrains de viure de serpens, & de rats. Au lieu que tout abonde en ceste Isle propre à l'vsage de l'homme, comme nous le ferons voir.

Trois iours apres nostre arriuée en ce lieu, sur la fin du mois de Iuillet, le Roy de ceste Prouince, ditte Madegache, & par d'autres, Madegasse, nous vint trouuer, on l'appelloit Andianramac, ayant à sa suitte plus de 400. hommes tant * blancs que noirs, testes, pieds, & iambes nuës. Ce Roy auoit le tein vn peu enfumé, mais plus blanc que ne sont les Castillans. Il portoit vne petite braie, ou calson de cotton, raié de soie du païs, qui luy couuroit le bas du ventre, les fesses, & la moitié des cuisses. Ses espaules estoient couuertes d'vn manteau carré de mesme estoffe, qui luy seruoit de tunique sans manches, ceinte par le milieu, descendant plus bas que la ceinture, portant vne chaine de coral fin en escharpe. Ses cheueux estoient longs & arrondis par le dessous, au lieu que ceux des Negres, qui l'accompagnoient, estoient troussez par le dessus, auec des filets de coton, en façon d'vne bourguignotte. Il estoit d'vne taille fort haute, bien proportionné en tous ses membres, le visage hardi, sans barbe, la langue & les dents, de mesme que tous ceux de sa suitte, noires comme iayet luisant. Il tenoit en main vne espece de pertuisane, ayant le fer long d'vn pied & demi. Ceux qui l'accompagnoient, portoient chacun en la main vn paquet de cinq dardilles, ou iauelots, de cinq pieds de long, ayans le fust de la grosseur du petit doigt; le fer desquels long de quatre poulces, estoit dentelé des deux costez; les blancs habillez comme le Roy, sinon, que celuy-cy estoit couuert de rouge, & ceux-là, d'estoffe de coton bleüe, raiée de filets de soie rouge, qui vient dans le païs, ils appellent la soie, *Lande*, & le cotton filé, *Foule*. Les noirs, ou Negres, car il y en a d'oliuastre entre le blanc & le noir, n'estoient camus comme sont ceux de la terre ferme, ayant les leures porpotionnées, de mesme que nous les auons, estoient affublez dans vn manteau bleu, les principaux auec des calsons, & les autres sans calsons; les vns estoient armez ainsi que les blancs d'vn faisseau de cinq dardilles, dans lequel il y auoit trois autres dards plus grands, le fust gros d'vn poulce, & le fer en figure d'vne langue de bœuf par le dessus, & par dessous orné d'vne demie pomme de fer creuse. Les autres portoient chacun vne sagaie, ayant le fer long d'vn pied, estroit, bien tranchant, portant sa pointe

B ij

sur vn petit carré, afin qu'ayant enfoncé le coup il soit plus difficile à retirer, & la playe plus dangereuse. Cette pointe est comme celle de nos carreaux, ou garots d'albaleste. Ils couurent leur bras gauche, & vne grande partie du corps, d'vne rondache de bois, ronde, de deux pieds, de largeur par tout, couuerte de cuir de bœuf, peinte de telle couleur qu'il leur plaist. Nostre Capitaine ayant appris la venuë de ce Prince & de ces gens, fut au deuant d'eux accompagné de vingt des nostres armez, iusques au village appellé *Ramac*, qui est esloigné du port de saincte Luce enuiron de trois portées de fuzil. Ce village donne le nom à ce Prince, car Andianramac, veut dire, Seigneur de Ramac. Nostre Capitaine dit au Roy, en langage Portugais, qu'il venoit de France pour auoir le bien de le saluër, & luy offrir vne partie des richesses qui venoient de ce Royaume. Ce Prince luy repartit en mesme langage, car il auoit esté long-temps en Mozambique auec les Portugais, qu'il estoit le bien venu auec les siens, pourueu qu'ils ne fissent aucun bruit en ses Estats; qu'il les assisteroit de tout ce qu'il auroit, & pour luy en rendre preuue, qu'il le prioit d'accepter ce qu'il leur presentoit. Aussi-tost il nous fit deliurer vingt bœufs, qui portoient sur le col vne grosse masse de graisse, fort bonne & delicate à manger: quatre chevres au poil ras, de diuerses couleurs, rondes & replettes: quatre moutons à la longue queuë, & plate, telle pesant iusques à seize liures: douze chapons, comme les nostres, & du ris, tant que huit Negres en pouuoient porter.

Cela fait, il prit congé de nous, nous inuitant à l'aller visiter dans Fanzaire, où il faisoit sa demeure. Ceux qui se sont imaginez des villes & bourgs dans cette Isle, & se sont esgarez iusques-là d'en dire * les noms, & les scituations, ont trompé nos predecesseurs, il n'y a que des villages fermez de palis; celuy de Fanzaire est des plus beaux, & bien assis, il est à seize lieuës du port de sainéte Luce, au pied d'vne colline, sur le bord d'vne riuiere, qui se perd du costé du Leuant dans les sables qui s'esleuent plus haut que la terre proche de la mer, qui n'est esloignée dudit village que de quatre lieuës, qui a des grandes vallées tout autour, fertiles en racines & ris, contenant plus de seize lieuës de long; les chemins sont couuerts de part & autre, d'arbres gros au plus comme la cuisse, en façon d'vn prunier, duquel ils imitent les branches & les fueilles, sinon qu'elles sont plus subtiles & plus longues, de mesme verdure. Les fruits sont ronds & gros comme

* Les Cosmographes en nôment plusieurs, comme, Antabosta, Iambole, Antipara, Bugi, Torūbaia, Abandola, Mamaula, & autres, desquelles Belle-forest, & Magin sout des fantosmes.

vn pain d'vn fol, la coque espoiffe comme vne noix, toute vnie, la peau fur la coque d'vn vert gay, le dedans a vn fuc excellent, aigret, defalterant, & tombant de foy-mefme. Il y a quantité de femence dans fa chair qui eft tannée, & fort aqueufe, à guife de nos melons. Nous en ioyions à la boule, & en faifions des gondoles à boire. Ils appellent ce fruit, *Vvouënné*. Les montagnes qui font au tour de ces vallées, font couuertes, de citroniers, orangers, grenadiers, bananiers, & autres arbres fruitiers. Il y a quatre cens maifons en ce village, où nous fufmes vifiter le Roy, qui auoit la fienne fur le riuage de la riuiere, au milieu de la grande ruë. I'eftois de la fuitte de noftre Capitaine, auec quinze autres, armez de fuzils & piftolets. Il auoit enuoié le maiftre du village au deuant de nous, auec trente hommes chargez de viures. Le Roy nous receut en fon petit logis, parce que le fien ordinaire auoit efté bruflé, il y auoit quelque temps : les murailles eftoient de planches d'aiz, le toict couuert de fueilles de balifiers, qu'ils nomment *Raue*. On entroit en cefte maifon par fix portes, fur le feüil de la principalle qui regardoit le leuant, eftoit affis fur vn carreau de tapifferie Andianramac, ayant fa lance proche de luy, appuiée contre la tenduë. Il auoit fait preparer vn carreau au costé droict de la porte, semblable au sien, pour nostre Capitaine, & pour nous autres, des nates de menus ioncs bien mis en œuure. A gauche estoit assiz aussi sur vn carreau, vn de ses gendres, nommé Andianseron, court & gros de taille demeurant au mesme village, riche en bestail, & qui depuis fut nostre protecteur.

Apres quelques discours ordinaires en telles rencontres, le Roy en langue Portugaise, qu'il auoit appris dans l'espace de quatre ans qu'il auoit seiourné à Mozambique parmi les Portugais, nous offrit son logis, qui n'auoit en longueur que six brasses, & trois de large, antrapé de plusieurs paniers de ioncs, ce que nous refusasmes, nous contentans de celuy d'Andianseron son gendre, qui nous le presenta auec vn visage ouuert, & grande demonstration d'amitié. Nous y fismes bonne chere quatre iours entiers, beuuans du miel cuit auec de l'eau, ils appellent ce breuuage, *Sic*, & couchasmes dans des licts de cotton en façon de rets, suspendus aux traueaux qui croisoient au lieu où manquoit le plancher, lesquels licts nous auions apporté de nostre vaisseau, estans accoustumez à dormir en iceux pendant nostre voyage sur mer. Le palais d'Andianferon eftoit tel que celuy de fon beaupere Andianramac, couuert de fueilles de balifiers, ou palmites, qui ont les troncs auſſi gros que nos noiers, fans branches, n'ayans qu'vn amas de fueilles au deſſus, longues de fix pieds, & larges de quatre : le plancher eftoit garni de l'efcorce du mefme arbre, efpoiſſe d'vn poulce. Pluſieurs paniers rangez l'vn fur l'autre feruans de coffres, enfermoient toutes les richeſſes de ces Princes. Les couuercles eftoient attachez aux paniers auec des cordes de mahault, qui eft vne efpece de tileul franc, qui croift par toute l'Ifle, mais en plus grand nombre aux Antauarres, peuples au delà des Matatanes, placez à la pointe de cefte grande Ifle de Madagafcar, du cofté du Nord. Ces cordes font noüées de telle forte, qu'autre que celuy qui les ageance, ne les peut démefler qu'en les coupant. Le principal des paniers, où ils referrent leur coral fin, criftal, pierres precieufes, & autre chofe de prix s'appelle, *Sandoc*. Aux autres ils enferment leurs bagatelles de moindre eftime, de verre, leton, plats de terre, qu'ils nomment *Louies*. Gondoles de noix de Cocos, conques, aſſietes, napes, feruiettes, plats & cueiliers, qui font auſſi de fueilles d'alliſiers. A vn coin de la chambre du cofté du couchant, eft vn foier de

terre

terre argilleuse, sur lequel on met trois pierres pour soutenir leurs grands vaisseaux, qui sont de terre noire luisante & cuitte au Soleil, dans lesquels ils font cuire leur vin, leurs racines, & legumes. Ces vaisseaux, de la capacité des filettes de Bourgogne, sont sans pied & sans anses, ronds & larges par le dessous, & estroits par la bouche, ils les nomment *Vellangues*. Et parce que leur bois iette peu ou point de fumée, ils n'ont point de cheminée en leurs logis.

Le lendemain matin de nostre arriuée en ce lieu nous fusmes donner le bon-iour à Andianramac, deuant lequel nostre Capitaine ouurit vne quaisse pleine de diuerses marchandises, qu'il desploia, inuitant le Roy de prendre ce qui luy seroit plus agreable, il prit pour luy vn chapelet de coral fin cizelé pesant cinq onces, & quelques bracelets de verre pour les Dames, pour lesquelles choses il nous donna cinquante bœufs. Apres luy Andianseron son gendre choisit cinq pierres d'agathes, des coliers de fausses perles, & des chaisnettes de leton blanc, & pour cela il nous fit deliurer vingt-deux bœufs. Tous lesquels bœufs furent conduits iusques au port sainte Luce par des Negres que le Roy nous donna. Duquel & d'Andianseron ayans pris

C

congé quelque iours apres, nous fiſmes vne ſalue de nos armes à feu, au milieu de la place du village, laquelle eſtonna tellement le menu peuple, que la plus grande partie d'iceluy tomba à terre de peur.

Eſtans de retour au port Saincte Luce, nous tiraſmes de noſtre flutte les membres de noſtre barque pour la monter, eſperant, ſuiuant noſtre premier deſſein, faire le voyage de la mer Rouge. La barque montée dans huict iours, & miſe en mer, il y euſt diſſention entre le Capitaine, & le maiſtre de noſtre nauire, qui maintenoit, qu'il le failloit charger de bois d'ebene, duquel il y auoit abondance en l'iſle, & s'en retourner en France, & le Capitaine au contraire, qu'il falloit paſſer outre, & chercher quelque bonne priſe.

Pendant ce debat, la maladie ſe mit parmi nous, les fievres chaudes ayans trouſſé en trois iours, la plus grande partie de ceux qu'elles attaquoient. Ceux qui n'en furent atteins, d'abord alloient par l'iſle troquer de la marchandiſe contre des poulets, cabrils, oranges, & citrons, pour ſoulager les malades: i'eſtois de ce nombre auec le Capitaine, & quelques autres, qui tenans le haut des montagnes pour y faire la queſte, & eſtans en vn air plus temperé, fuſmes pendant ce temps exempts de maladie, mais lors que nous fufmes defcendus au port, & que de quatre chirurgiens il n'en refta plus qu'vn, ceux qui fe portoient bien auparauant, furent attaquez du mefme mal que leurs compagnons. Pour obuier à ce malheur, & chercher du foulagement, il fut arrefté, que nous quitterions ce port, & chercherions vne demeure plus faine. On mit nos rafrechiffemens dans le nauire, & les malades dans la barque, & ayans quitté Saincte Luce, où nous auions efté fix mois entiers, nous defcendifmes au port de Saincte Claire, qui eft huict lieuës plus bas que l'autre, tirant au Sud. Mais encore que l'air fut meilleur en ce lieu, qu'en l'autre, ces fievres eftant contagieufes, il n'y eut perfonne de nous qui en fut exempt. Ie fus des derniers attrapé, & cela feruit à la guerifon d'vne partie de nos gens, aufquels ie feruis de chirurgien & de gouuerneur. Enfin nous ne reftafmes en tout que cinquante fi abbatus, qu'il fallut plus de fix mois pour nous remettre, eftant fi affamez qu'on ne nous pouuoit fouler.

Mais comme vn malheur eft d'ordinaire fuiui d'vn autre, il arriua que noftre nauire fe trouua en tres mauuais eftat, & iugé inhabile au voiage, la mer eftant en ces lieux toute couuerte de vers qui brillent la nuict, comme des petites chandelles, il arriua, que ceste maudite engeance se prit à nostre vaisseau, & se fourra si auant en tous les endroits qui estoient dans l'eau, depuis la quille iusques à sa premiere ceinture, ou nuaison, c'est à dire, iusques au lieu où l'eau mouille, lors que le vaisseau est chargé, que n'eust esté le ploc ou poil, qui tombe des cuirs des bœufs & vaches, lors qu'on les veut mettre dans les pleins, qui estoit entre les bors des doublages, nostre vaisseau eust coulé à fond, nonobstant quoy, comme la pourriture eust suiui ce degast, l'eau croupissant dans les trous que ces animaux auoient faits, lesquels entroient les vns dans les autres à trauers les planches & le gouuernail, nostre nauire fut iugé incapable de pouuoir repasser en Europe.

Nous auions des Negres à la iournée pour vne corde de rassades, ou patenostres de verres de plusieurs couleurs ; les bois estoient proches de nous, nous en fismes bastir vn magasin, dans lequel nous fismes porter les marchandises qui estoient au nauire, les canons & les *agrez, auec les* munitions. Puis nous l'abandonnasmes couché sur son flanc sur le sable, n'y ayant point de flux en cet endroit, qui le pût porter plus auant.

* C'est adire, les cordages, anchres, cables, poulies, masts, & voiles.
* Sont les poudres, balles, & mesches.

Les Negres en firent leur profit, emportans tout ce qu'il y auoit de fer, bandes, cheuilles, & clous.

Le magazin acheué, & tout ce que nous voulions conseruer mis dedans, nostre Capitaine m'enuoia auec Claude Ferrand premier pillote, Guillaume Reade premier Canonnier, & Elie Vasague pour reconnoistre la vallée d'Augoule, qui est vne prouince abondante en bestail, esloignée du port de saincte Claire de seize lieuës, à la gauche de Fanzaire. Cette vallée est enuironnée de toutes parts de montagnes couuertes de forests, ayant sept villages bien peuplez, qui ne reconnoissent aucun Prince, ny gouuerneur. Nostre dessein estoit de changer partie de nostre marchandise contre du bestail, mais ces gens-là ne songeoient qu'à nous tuer, & voler. Ce qu'ayans apperceu, nous demandasmes escorte, & main-forte au maistre du premier village que nous rencontrasmes, lequel auec quelques habitans nous vint trouuer dans le logis où nous estions, nous promettant d'apaiser ce bruit, ou de mourir auec nous. Il alloit vers eux, puis retournoit à nous, tachant à nous accorder, mais comme ces pendars nous eussent attaquez en sa presence, & que i'en eus mis vn deux par terre d'vn coup de fuzil, la tempeste s'émeut plus grande, de sorte que pour l'euiter nous fusmes contrains de retourner sur nos pas. Le mal estoit, que pour sortir de cette vallée, il failloit monter dans des forests, ils occuperent les chemins, s'estans saisis des lieux eminens, d'où ils nous attaquoiét à coups de pierres, nous disans que nous laissassions nostre marchandise, pour recompenser la vefue, & les enfans de celuy que i'auois tué, autrement qu'aucun de nous n'eschaperoit de leurs mains. Alors Guillaume Reade dechargea son mousquet sur eux, ce coup qui en mit cinq sur la poussiere, les estonna tellement, qu'ils nous donnerent le loisir de gaigner le païs d'Andianramac, chez lequel ils nous suiuirent, qui ayant entendu comme la chose s'estoit passée, il les gourmanda de parolles, les appellant voleurs, & les chassant honteusement, auec menace de les faire punir.

Le lendemain nous retournasmes vers nos gens qui estoient au port de S. Claire, où estoit vn vaisseau Hollandois de la charge de trois cent tonneaux, venant de la baie d'Antongil, ils y auoient acheté des Negres pour s'en seruir en l'isle Maurice, ils nous venoient visiter en nostre habitation, sçauoir comme nous nous portions, & ce que nous auions fait auec ceux de Madagascar depuis le temps que nous eſtions auec eux. Ils ſe chargerent de vingt-cinq des noſtres, noſtre barque n'eſtant capable que de vingt hommes, ceux qui entrerent en leur vaiſſeau eſtans arriuez en l'iſle Maurice prirent parti auec eux, & s'en allerent aux Moluques.

Apres qu'ils furent partis, on donna vn doublage par deſſus le bordage de noſtre barque, crainte des gros vers luiſans, deſquels nous auons parlé cy-deſſus; & d'vn gros cable de noſtre nauire nous en fiſmes deux, chacun de ſix-vingt braſſes de long pour noſtre ditte barque, qui fut *leſtée de bois d'ebene, & de dix-huict tonneaux d'eau, le tonneau tenant vne queüe, & du bois à brûler. Chargée de ſix cent cuirs de bœufs, quantité de cire & gommes du païs, & d'vne grande partie de la marchandiſe que nous auions amenée de France, auec deux pieces de canon de fer portant quatre liures de balles, & deux autres de fonte meſme calibre, qu'on mit au fond du vaiſſeau, iuſques au Cap de Bonne Eſperance, à cauſe des tourmentes ordinaires en ces lieux. Dans cette barque entra Iaques Soulas, qui auoit eſté maiſtre du grand vaiſſeau de ſainct Alexis, auec dix-neuf autres.

* C'eſt à dire miſe au fond pour par ſa peſanteur ſouſtenir le vaiſſeau en eſtiue.

Il partit du port de ſaincte Claire, que

ceux du païs appellent *Ytapere*, sur la fin du mois de Mars mil six cent quarante, apres auoir seiourné audit port vn an entier. Pendant lequel temps estant arriué vn vaisseau de Dieppe venant de la mer Rouge, duquel estoit Capitaine vn nommé Digart, & maistre Iacques Guespin de Dieppe, il y eust de la diuision entre ceux-cy & les nostres. Ce vaisseau, de la charge de deux cent tonneaux retournoit en France, la pluspart de ceux qui estoient en iceluy abbatus de faim & de maladies, leurs viures ayant esté corrompus, ensemble leur eau, & perdu leur barque auec vingt hommes, que la tempeste auoit raui. Nous les secourusmes de viures & de rafraichissemens, & apres plusieurs contestations inutiles, il fut enfin resolu, qu'ils se chargeroient d'vne bonne partie des marchandises qui estoient en nostre magazin pour les porter en France à ceux de nostre compagnie qui estoient à Paris & à Roüen, les principaux de laquelle se nommoient Berrulier, & des Martins, à condition que ceux du vaisseau de la Marguerite, commandé par ledit Digart, partageroient esgallement auec ceux de nostre-ditte compagnie, lors qu'ils seroient arriuez en France. Cela ainsi fait, on mit les voiles au vent, emmenant Alonze Goubert nostre Capitaine, auquel on auoit donné

donné pour chambre celle des canoniers, il nous dit adieu auec larmes & soupirs, en nous embrassant tendrement, ie croi qu'il presageoit sa mort, car il mourut en l'isle de Rez six mois apres son depart; sans entrer en son païs.

Il auoit laissé à ma charge, & à celle de Sebastien Droüard le reste des marchandises, qui estoient au magazin, à condition d'en tenir conte à la Compagnie, & remettre icelles és mains de ceux qu'elle m'enuoyeroit dans deux ans. Et où il ne viendroit de sa part dans ce temps aucun vaisseau de France, pour les charger, qu'elles me demeureroient en propre, pour en faire ce que bon me sembleroit.

Et comme le vaisseau qui sortoit pour la France, estoit suffisamment chargé, & qu'il y auoit des gens peu affectionnez audit Goubert nostre Capitaine, on laissa dans l'isle, de leur consentement, Iacques du Val, Abraham le Gaigneur, & Isaac Meldron, tous trois de Dieppe: ce dernier fut quelque temps apres massacré par le commandement d'Andianraso, bastard d'Andianramac.

Aussi tost que le Prince Andianmachicore gendre d'Andianramac, sceut le depart de nos vaisseaux, il nous vint trouuer auec sa femme, & deux cent tant hommes que

D

femmes pour nous prier d'aller loger en son village, ce que Sebastien Drouard, & moy luy auions promis, lors que nous estions chez luy, pour auoir du rafrechissement, & de la volaille pour nos malades, qui estoient au port de saincte Luce. Ce peuple demeura huict iours auec nous, pendant lequel temps, Andianmachicore fit bastir vn village proche de nostre magazin, où il mit des familles de Negres pour le garder, & nous aduertir, de ce qui se passeroit en ce lieu, & des vaisseaux qui arriueroient au port, lors que nous serions plus auancez dans l'isle, du costé du Sud, à la pointe d'icelle, qui estoit le lieu de la demeure d'Andianmachicore, qui releuoit, de mesme qu'Andiaseron & autres, d'Andianramac leur souuerain.

Le village acheué fut nommé *Amparouge*, où on laissa douze familles de Negres auec du bestail, & quantité de ris que nous leur donnasmes pour viure. Andianmachicore fort satisfait de la despoüille de nostre grand nauire, les ferremens duquel pour la plus part demeurerent pour luy & les siens, fit porter tout nostre ballotage, & outils par les Negres que nous suiuions dans son village, appellé *Mannhale*, qui estoit esloigné du port saincte Claire, ou *Ytapere*, de douzes grandes lieuës, sciz à la pointe de l'isle du costé du Sud à deux lieuës de la mer, où est vn port que nous appellons aux gallions, parce qu'autrefois vn gallion d'Espagne y seiourna long temps, attendant que la tempeste, qui l'auoit poursuiui, fut appaisée.

Estant arriuez à Mannhale, ce Seigneur nous donna la maison de sa mere, qu'il fit passer en la sienne, iusques à ce que nous en eussions basti vne à nostre volonté: nous estions cinq, qui mismes de la marchandise en bloc autant l'vn que l'autre, pour viure & trafiquer ensemble. Isaac Meldron alla trafiquer du costé de Fanzaire, & moy de celuy des Tapates & Machicores. Nous amenasmes des prouisions de bouche, bœufs, moutons, cabris, & chapons, viuans en bonne intelligence l'espace de six sepmaines. Mais comme nous eusmes reconnu que Meldron auoit caché chez vn Negre quarante liures de cire, pour en faire son profit particulier, nous partageasmes la marchandise que nous auions mise en commun. Ledit Meldron & Iacques du Val se retirerent à Fahzaire principal village d'Andianramac, qui estoit souuerain en ces contrées. Sebastien Droüart, Abraham le Gaigneur, & moy demourasmes à Mannhale.

Et comme i'eusse pris resolution de m'en aller par terre, suiuant la coste du costé du

D ij

Leuant, d'vn bout de l'isle à l'autre, qui regarde le Nord, Droüart & le Gaigneur m'ayans conduits à quatre lieuës plus haut que le port de saincte Luce, prirent congé de moy, & me laisserent auec vingt Negres, vn maistre de village, & vn domestique d'Andianmachicore, qui m'auoit donné tout ce monde pour la seureté de ma personne, & de la marchandise que ie faisois porter par son domestique, le nom duquel estoit *Diambo*.

Estant à vn village qui appartenoit à vn nommé Diamboule, subiet d'Andianramac, on m'aduertit que i'auois quatre iournées à faire sans trouuer aucun village, ce qui fut cause que ie me pourueu de viures pour moy & mes gens.

Au bout des quatre iours, nous arriuasmes en vn autre village commandé par vn Noir, ayant les cheueux longs, appellé Dianzore: il y auoit en ce lieu grande resiouïssance, pour la iustice qu'on venoit de faire de deux larrons de bœufs, desquels nous vismes les mains fichées dans les pointes des pieux qui fermoient le parc, où on retiroit les bœufs. Chacun auoit fait du vin de sucre, & comme on en beuuoit largement, Dianzore nous ayant logez en vne sienne maison, nous en fit porter, & nous dit, qu'il auoit desia trop beu, qu'il nous parleroit le lendemain, & pour empefcher fes gens, qui eftoient yures de nous quereller, il les fit tous defarmer : le lendemain, il nous fit encore apporter du vin, des racines, des chapons, & du ris, & vint boire, & manger auec nous.

Ayant pris congé de luy, nous tirafmes à la prouince des Matatanes, fuiuant toufjours les bords de la mer, où nous y arriuafmes trois iours apres, ayans paffé par trois grands villages, feparez l'vn de l'autre enuiron cinq lieuës, & comme nous eftions au fecond village, nous fufmes eftonnez de voir que ceux que nous allions vifiter, aduertis de noftre venuë, nous y apporterent quantité de viures de la part d'Andiampalola leur Seigneur, lefquels nous receufmes pour ne fembler le mefprifer, encore que nous n'en euffions aucun befoin.

Nous arriuafmes deux iours apres, tant ceux de mon efcorte que ceux qu'on nous auoit enuoié fur le riuage d'vne grande riuiere, qu'on nomme *Vinangue*, qui fert de limite à laditte prouince des Matatanes ; & au lieu où nous eftions, on decouuroit dix-fept grands villages fciz fur ledit riuage, ombragez de plufieurs bananiers, & abondans en cannes de fucre.

A peine eftions nous arriuez, que le plus grand Prince des Matatanes, que nous auons desia nommé *Andiampalola*, vint à nous dans vne canoë, qu'ils appellent * *Lacque*, à huict rames de chaque bord, tirées par des Noirs, qui voguoient debout, Andiampalola en tenant vne autre derriere la poupe, qui seruoit de gouuernail. Sur la proüe estoient plantées dix-sept Sagaies, & arrangez autant de boucliers, appartenans à ceux qui estoient en laditte barque : ils mirent tous pied à terre à nostre veüe, ayant pris leurs armes, & attaché leur canoë à vn tronc d'arbre qui se trouua sur le riuage. Le Roy vint à moy, me disant *salame*, qui veut dire, bonjour, me serrant la main, me demandant si ie me portois bien, en ces mots, *Anau sarraco*. Puis s'estant assiz sur vne natte, que ces gens luy auoient apportée, il me fit assoir auprès de luy sur la mesme natte, me demandant qui m'auoit conduit vers luy. Ie luy fis responfe par la bouche du maistre du village, qui m'auoit accompagné, que le nauire dans lequel i'estois venu de France en cette isle de Madagascar, s'en estant retourné, & ne pouuant souffrir plus grande charge que celle qu'il auoit ramené, i'estois resté auec quatre de mes compagnons, que i'auois laissé chez les Madegasses, pour luy venir baiser les mains, & luy faire present de quelque marchandise que i'auois. Il me prit

* Ce nom est general pour toutes les barques, mais celles qui vont à 8. rames, comme celle-cy, en ont vn particulier sçauoir, *Lauejare*.

par la main, me fit leuer, & me mit en son canoë auec mon maistre de village, on enuoia charger mes gens aussi-tost dans vn autre canoë, qui nous suiuit. Cependant chacun reprit sa place, le Roy m'ayant commandé de m'asseoir proche de luy à la poupe, le maistre de village s'assist à la proüe, d'où ayant apperçeu quelques oiseaux de riuiere, & m'en ayant donné aduis, ie passay vers luy faisant cesser les rames lors que ie me vis à la portée du fuzil, lequel ie dechargeay aussitost que i'eu mis en ioüe, & de ce coup ie tuay deux canars, vne sarcelle, & * vn vingeon. Mes Noirs qui venoient apres nous, sauterent incontinent dans l'eau, & allerent prendre le gibier, qu'ils presenterent à Andiampalola, qui en visita les blesseures, s'estonnant de l'effect de mon fuzil, & disant aux siens, qu'il m'estoit beaucoup plus facile de tuer des hommes, que des oyeaux, qu'il failloit viure en amy auec moy. Puis changeant de discours, comme il m'auoit oüy ioüer du flageollet sur le bord de la riuiere, lors qu'il venoit à nous, il me pria d'en ioüer, ce que ie fis, auec grand applaudissement de tous ceux qui estoient dans nostre canoë. Il faut remarquer en passant, qu'encore que cette riuiere soit large de plus de trois cent pas, & profonde de sept à huict pieds d'eau du

* Cet oiseau est plus gros qu'vne sarcelle, ayant le col blanc.

moins, qu'elle n'a point d'issuë à la mer quoy qu'elle en soit fort proche, se perdant comme d'autres desquelles nous auons desia parlé cy-dessus, dans des sables, que la mer a amassé il y a long-temps sur les bords de cette Isle.

Comme nous fusmes descendus dans le village d'Andiampalola, il nous conduisit en sa maison, & delà, en vne autre estant à l'vne de ses femmes, qui vint loger en la sienne, où il nous enuoia des poulets & cabrils. Cette maison estoit à l'entrée d'vn grand parc fermé de troncs d'arbres ronds, pointus par les bouts, dans lequel il y auoit trois rangs de maisons, chacune ayant son magazin, où estoient les prouisions de celles qui les habitoient, sçauoir est d'autant de femmes qu'il y auoit de maisons, chaque femme auec son valet & sa seruante, Andiampalola les auoit toutes espousées à la mode du païs, & alloit coucher tantost vers l'vne, tantost vers l'autre ainsi qu'il luy plaisoit, les Noirs ayans autant de femmes qu'ils en peuuent nourir & entretenir.

Quand ces peuples veulent se marier, ils vont demander au peres leurs filles, ou aux parens, si les peres sont decedez. Les parties estant demeurées d'accord celuy qui se veut marier, donne au pere, ou parens de la fille, des bœufs, vaches, moutons, coliers, chais-nes, &

de François Cauche. 33

-nes & autres bagatelles. Si la femme est repudiée, elle retourne en la maison de son pere sans rien emporter. Que si elle quitte son mari, son pere, ou ses parens sont obligez de restituer au mary ce qu'ils ont receu de luy, en faueur du mariage.

Comme ie frequentois les femmes d'Andiampalola, ie m'équis d'elles, si elles estoient contentes de leur mari, & si elles n'auoient point de ialousies les vnes contre les autres: elles me dirent, que non, que la coustume du païs estant d'obeir à leur Seigneur, elles y estoient obligées, sans y contredire.

Vne d'elles venant à accoucher, lors que i'y estois, vne autre luy seruit de bonne femme, laquelle seule entra dans la maison, ferma toutes les portes, fit vne tenduë de nates autour du foier, proche lequel estoit le lict de la gisante, qui ne consistoit qu'en deux nates, entre lesquelles, & quelques draps de cotton elle se couchoit. Apres qu'elle fut accouchée, on luy frota le visage du ius d'vne racine iaune, que ceux du païs appellent, *Auly*, qui le rendit de mesme couleur: au bout d'vne Lune elle quitta le logis, la teste couuerte d'vn * bonnet de ionc, enrichi de patenostres, & de coral fin, la teste ointe d'vne huille appellée * Menach. Ses cheueux espars tomboient sur les iarets. Elle

* Ils l'appellent *Satron.*

* Est vn arbrisseau de la grosseur de deux poulces, qui

portoit en la droite vn long cousteau, dit, *Anchesyllabe*. Et de l'autre main vn petit balet de fueilles de latanier, descoupées en couroiës, ce ballet s'appelle *Miffaf*. Lequel cousteau, & balet elle ne quitta point, qu'apres trois Lunes, à compter du iour de son accouchement.

Pendant huict iours que nous arrestames en ce lieu, ie voulus en reconnoistre l'assiette, ie remontay quatre lieuës le cours de la riuiere, iusques aux montagnes voisines, couuertes d'ebeniers & autres arbres, & peuplées de quatre villages; cette prouince a douze lieuës de long, & plus de quarante de large, abondante en hommes, prairies, & bestail, & encore plus en sucre, duquel ils font leur boisson.

Ayans quitté cette prouince, nous entrasmes en celle des Antauarres au bout de quatre iours, ayans passé six riuieres sur des flotes d'arbres, n'osans nous mettre à la nâge crainte des crododiles, qui y sont en grand nombre.

Ce païs est marescageux estant les plaines proches de la mer, & les montagnes esloignées de quinze à seize lieuës, il a vingt lieuës de long, & trente de large, & est peuplé de douze villages, par les chemins que ie suiuis, sans ceux qui sont és montagnes, les-

[marginal note:] iette vne fueille côme la vigne ayant cinq pointes, verd gay, la tige pourprée, iettant vne coque veluë & piquante, comme le chastaignier, dās laquelle il y a six grains de la façon de nos fauiolles, de couleur cendrée, qui estans sechez au *Soleil*, & pressés, fōt vne huile de mesme nom.

quelles sont couuertes d'ebeniers, qu'ils nomment *Aze-minthe*, qui signifie du bois noir. Ie visitay cette prouince, n'ayant seiourné au principal village que peu de iours. Ie ne vis iamais tant de ruches à miel, faictes de troncs de bois, il n'y a habitant qui n'en aye quantité, ie leur apris à faire la cire, leur promettant à mon retour d'en prendre en troc de ma marchandise. Auparauant, ils la mangeoient auec le miel. Ie leur la fis fondre, & la verser dans des creus de roseaux, gros comme le bras. Quelques particuliers m'ayans faict present de deux liures d'vne gomme tannée, ditte par eux *Quizi-meinte*, c'est à dire, gomme noire, ie la fis depuis essaier, estant de retour en nostre vaisseau à vn chirurgien, qui la treuua de la qualité de la scamonée, mais qui purgeoit plus doucement. Ils ont aussi vne gomme, qu'il nomment *fouche*, c'est à dire, blanche, semblable à celle qui vient de l'Arabie, & vne autre iaune. Ils se seruent de ces deux especes pour s'esclairer la nuict, les mettant en des petits creusets de terre, en façon de lampes, ces morceaux encore mols prennent le feu aussi-tost qu'on leur à presenté, & en font vn beau & tresodorant. I'ay veu des arbres desquels ils tirent la gomme iaune par incisions. Ils l'appellent *Mongue mongue*, qui veut dire, iaune.

E ij

Ils sont comme les sapins à l'esgard du tronc, ayans en haut six ou sept membres, chargés de petites branches, desquelles sortent des fueilles comme celles du laurier, excepté qu'elles sont plus estroittes, & sans odeur, & que leur verd est plus obscur.

Ayant seiourné quinze iours chez les Antauarres, qui tous sont noirs, ou Negres, armez d'vn grand bouclier, & d'vne zagaie longue comme nos piques, ie suiuis tousiours la coste de la mer tirant au Nord de l'isle de Madagascar, iusques à ce que fusse arriué auec les miens en vne prouince, qui estoit ceinte du costé gauche de grandes montagnes rouges, qui ont donné aux peuples qui l'habitent le nom d'Amboitsmenes, *Amboits*, sont des montagnes, *Mene*, signifie rouge. Ceux-cy ont abondance de bestail, graines & racines. Estant venu à l'embouchure d'vne grande riuiere, sur le riuage de laquelle il y auoit nombre de pruniers, nous nommasmes le port voisin, le port aux prunes. L'embouchure est entrapée de plusieurs rochers, ce qui est cause qu'on n'y peut entrer qu'auec vne chaloupe. Plus haut, il y a vn village à vn quart de lieuë du port, où celuy qui y commandoit, auoit nom *Diamangay*, qui nous vint prendre auec des canoës de nostre bord, & nous mena loger chez luy, où nous fusmes huict iours. La plus grande partie des habitans de cette Prouince, de mesme que ceux des Antauarres, sont habillez d'vne estoffe bien tissuë de plusieurs couleurs, faicte des filets qu'ils tirent de l'escorce du *Mahaut*, apres l'auoir bien battuë, ils en font leurs manteaux, par eux nommez *lambes*, & leurs ceintures larges de huict poulces, longues de deux aulnes, qu'ils appellent *Quilambouc*. Depuis ce village iusques à vn autre qui est dans la prouince d'Anthorgil, appellé par les Portugais *Angoada*, il y a bien trente cinq lieües à cheminer, & dix-huict villages assez grands, & peuplez, mais les habitans sont mal vestus, n'y ayant que les plus riches qui s'habillent de drap de cotton, non que la terre ne leur soit bonne mere, pour les nourrir suffisamment, mais parce qu'ils sont paresseux, & ne veulent trafiquer.

Nous trouuasmes au village d'Angoada, deux Hollandois, que leur Capitaine qui nous vint visiter au port saincte Claire, comme nous auons dit cy-dessus, y auoit laissé pour y achepter des Negres, & les transporter en l'isle Maurice, & au Bresil, lors que les leurs les viendroient prendre. Le prix, à ce qu'ils me dirent, d'vn ieune esclaue, estoit de quatre reaux d'Espagne, d'vne fille trois reaux, d'vn garçon de dix à douze ans, deux reaux, d'vne femme auec son enfant à la mammelle cinq reaux. Mais ils en eurent encore à meilleur marché du Roy de la prouince, qui voulut seul trafiquer auec eux d'esclaues. Car luy faisant present d'vne piece de cotton blanche, raiée de noir en petits carreaux, venant des Indes Orientales, & ne portant que deux aulnes de long, il luy donnoit le chois de tel qu'ils vouloient. Outre que les menant auec luy à la guerre contre les montagnarts, qui souuent le venoient attaquer, il leur laissoit la troisiesme partie des prisonniers, qui augmentoient beaucoup le nombre de leurs esclaues.

Ayant demeuré neuf iours auec ces Hollandois, ie les priay de me conduire dans l'Isle saincte Marie, ce qu'ils firent; elle n'est esloignée de Madagascar que d'vne demie lieuë, ayant vn village au milieu, enuironné de forts pallis, le maistre duquel nous fit boire du vin de bananes, que nous appellons en France, Coufcou. Cette isle a au costé Meridional vne langue s'estendant au Sud-Est demie lieuë en mer, ayant vn escueil derriere qui de loing paroist vn voile. Le bout Austral est conioint au Septentrional par deux autres escueils, elle est belle & fertille. Entre cette cy, & l'Isle de Mada-

de François Cauche.

gascar passe vn flux bien roide, du Nord, Nord-Est, vers le Sud-Oüest, de quinze à vingt brasses de profondeur. On prend des baleines en ce destroit: en voicy la façon. Les insulaires se mettent dans des canoës, qu'ils poussent à coups de rames à l'endroit où paroissent ces monstres; lors qu'ils se sentent assez prez, ils dardent des fers barbelez au bout, attachez à des cordes qui sont d'escorces d'arbres de Mahaut, par des boucles qui sont à l'autre bout du fer: la beste se sentant blessée, se tourmente & tire les cordes qu'on lache, ensemble les canoës, dequoy ceux qui sont dedans ne s'estonnent, estans tous parfaits nageurs; lors que la baleine cesse de se debatre, ils la tirent à bord, & la tuent à coups de haches, la tranchent en morceaux, & la mangent.

Ie retournay de cette isle auec les deux Hollandois, au village d'Angoada, d'où ie partis incontinent pour aller reconnoistre la baie d'Antongil, qui est plus haut. Cette baie est enuironnée de montagnes, qui diminuant peu à peu, laissent aller à son aise vne belle riuiere, qui s'y descharge, ayant deux grands villages sur le port, l'vn à gauche, l'autre à droitte de ceux qui y arriuent par mer. Celuy-là a esté nommé par les Hollandois, * *Spakembourg*, celuy-cy par les Por-

* Ils le nommerent ainsi en l'an 1595.

suiuant leurs nauigations, imprimées à Amsterdam chez Cornille Nicolas, l'an 1609. & pag. 6. & 12. où est la figure & discription de ceste baïe.

tugais, S. Angelo. Ie ne me souuiens plus du nom que les habitans leur donnent, ayant laissé mes memoires à Paris. Cette riuiere entrant dans ce golfe par le dessus, laisse vne petite isle au milieu triangulaire, ayant vn village.

Les villages de cette contrée, comme tous les autres de cette isle de Madagascar, sont ceints de forts pallis, n'y ayant rien d'extraordinaire en ceux de cette coste d'Antongil, sinon que les habitans d'icelle font sentinelles & gardes sur les aduenuës & à l'entrée des villages, ayans au milieu vn corps de garde, crainte d'estre surpris par les voisins, qui tiennent les montagnes, auec lesquels ils ont guerre perpetuelle.

Au deuant de la porte du corps de garde, il y auoit deux tambours attachez, faits d'vn tronc d'arbre creusé, couuert d'vne peau de cabril bien ratissée & tenduë, le dedans garni de picques & grands boucliers en oualle de bois couuert de cuir.

Ie saluay le Roy dans Angoada, lors qu'il y vint visiter les Hollandois, il estoit aagé de quarante ans, les cheueux vnis comme les nostres, le visage & tout le corps bazané, depuis les reins iusques au iaret couroit vn linge de coton que les Hollādois luy auoient donné, raié de bleu & de blanc, qu'ils auoient apporté

apporté des Indes Orientales, ce linge retenu sur l'eschine d'vne large ceinture du païs. Il estoit barbu, ayant en teste vn bonnet de ioncs de plusieurs couleurs, tenant vne lance en main, le reste du corps nud, ses iambes & bras chargez de cercles d'or, d'argent, & menilles. Il me receut amiablement, m'inuitant de l'aller voir en son village, qui n'estoit qu'à vne demie lieuë au dessus d'Angoada, & me presenta à boire du vin de miel dans vne corne de bœuf, qui tenoit enuiron deux peintes. Ie le fus voir en son village, où il me receut fort bien, & au bout de neuf iours, ie quittay cette baie, ou golphe d'Antongil, qui est sous la hauteur de seize degrez & demi du pole Antartique, s'estendant du Nordnordouest, & Sudsudest, dix lieües en longueur, & cinq lieües en largeur.

 Ayant pris congé du Roy ie m'en retournay par le mesme chemin que i'auois tenu, en la prouince des Malegasses, au village de Manhale, lieu de ma demeure, où ie trouuay Andianmachicore & sa femme en grande dispute : celle-cy vouloit se saisir de toute ma marchandise, sur le bruit qui auoit couru, que i'auois esté tué ; & l'autre l'empeschoit, disant que ce seroit violler le droict d'hospitalité. Mais tous deux cesserent leurs

F

querelles à mon arriuée, & me receurent auec tant de demonstration d'amitié, que ie me tins plus que satisfait des trauaux que i'auois soufert en mon perilleux & long voiage, duquel ie ne raportay autre fruict que la connoissance des riuieres & ports, auec beaucoup de bestail que i'amassay en retournant au prix de mes babiolles, que ie donnay en eschange.

Mais comme ie n'estois encore satisfait de mon voiage, & que ma curiosité me portoit à en sçauoir dauantage que ie n'auois apris, ayant tenu le long de l'isle de Madagascar, ie voulus la trauerser, pour reconnoistre les prouinces qui estoient tant au milieu d'icelle, que celles qui estans sur les bords de la mer, regardoient la basse Ethiopie.

Nonobstant qu'Andianmachicore m'en dissuadast, me disant, que ces peuples estoient barbares, & sans foy, ie ne laissay de suiure mon dessein, accompagné d'vn maistre du village de Rannefouché, nommé Diamber, & de dix-neuf Noirs, qu'Andianmachicore m'auoit donné pour me seruir. Outre lesquels ie me fis suiure de quatre de mes domestiques, chargez de mes hardes, armes, & marchandise.

Ayant passé sur les limites des Machicores pour entrer en celles des *Tapates, qui

* Les cartes disent Manapates.

est plat païs, nous allasmes coucher en vn village, duquel estoit seigneur vn nommé, *Andianmarropene*, qui nous fit bonne chere, il nous voulut détourner de passer chez les Machicores, disant que c'estoient tous voleurs & meurtriers : ie luy demanday combien ils estoient, il me respondit *Roariue*, qui veut dire, deux mille : ie luy dis, que ie les battrois moy cinquiesme, auec mes fuzils & pistolets, Ce qui l'estonna, mettant ses mains deuant sa bouche, qui est vn signe d'admiration parmi ces peuples. Puis continuant de luy parler, ie m'enquis de luy combien il y auoit de chemin depuis le lieu où j'estois iusques au village *d'Andianmarophate*, qui estoit vn seigneur du païs des Tapates : il nous fit response, qu'il y auoit pour trois Lunes de chemin ; s'estoit pour me detourner de mon entreprise, parce qu'ayant continué en icelle, ie me trouuay auec ceux qui m'accompagnoiét au village *d'Andianmarophate* au bout de six heures. Ce seigneur contre ce qu'on nous auoit dit, nous receut fort bien, & nous donna des guides pour nous conduire à la baie de sainct Augustin, qui est au bout de la prouince des Machicores. Mais comme ie voulus partir du village, tous ceux qu'*Andianmachicore* m'auoit donné, s'en retournerent, croyans ce qu'on leur auoit dit de la cruau-

F ij

té de la nation chez laquelle ie m'en allay auec mes quatre domestiques.

Nous emploiasmes cinq iours depuis leur depart iusques à la baïe sainct Augustin, & enfin ayant passé par plusieurs villages nous arriuasmes à la riuiere qui entre dans la baïe, se fourchât en son embouchure par le moien d'vne islette qui la diuise. Elle est sous la hauteur de vingt-trois degrez & demi, iustement sous le Tropique du Capricorne.

Descendant la riuiere, on trouue quatre villages, deux à droite, & autant à gauche; sous ceux-cy au milieu d'vne langue de terre qui croise sur le port, sur le riuage, il y a quelque apparence d'vn fort, & d'vn cimetiere dans vne petite isle, qui est tout proche, par des grosses pierres couchées & esleuées sur terre. Il y auoit encore en l'angle Septentrional de ce golphe, des vestiges d'vne autre forteresse que nos *Francois auoient basti autrefois contre ces Insulaires, qui sont plus barbares en cet endroit qu'en tous autres, & ce pour s'y tenir en seureté auec leurs malades; peu de personnes costoians le Royaume de Guinée ne pouuans eschaper les maladies auant qu'arriuer à Madagascar, dans laquelle isle il faut outre cé, seiourner, pour y prendre du rafraichissement, & visiter les vaisseaux, qui ont

Ce fort fut basti par les Hollandois en 1595. lesquels firent vn cimetiere de l'islette pour leurs morts, qui furét emportez du scurbut, & fievres chaudes.

* Vois le voyage de Pyrard en 1602, & 1601. où il dit, qu'ils enterrerent proche de se fortin, 40. des leurs, qui moururét dans trois iours, en ce lieu nommé par eux le cimetiere des François.

esté endommagez par la longueur, & difficulté du voyage.

L'eau de la riuiere est mal saine, pleine de crocodilles & de diuerses especes de poissons. Le peuple bazané, mal faisant, sans barbe, les cheueux vnis, & pendans, fors en temps de guerre qu'ils les cordelent, de peur qu'ils ne leur nuisent estans au combat. L'air y est fort intemperé, les hommes grands, & bien proportionnez, ils sont circoncis, & neantmoins n'ont iamais oüy parler de la loy de Moyse, n'y ayant aucun temple, ny mosquée en toute l'isle, ils ne connoissent point Dieu, sinon qu'ils le craignent sans l'adorer, ny le prier; disant que le Diable, leur enuoie des maladies, mais que Dieu les tuë. ils croient pourtant l'immortalité des ames, & racontent que le Ciel est faict pour les receuoir indifferemment, apres qu'elles auront quitté leurs corps.

Comme nons estions à vn grand village à la droitte de ceux qui descendent la riuiere, qu'on nomme Doulce, à trois quarts de lieuës de la baïe, sept maistres des villages voisins des Machicores, suiuis de cinquante hommes nous amenerent quarante bœufs, qui auoient les cornes hautes de deux pieds ayans vne loupe sur le mouuement des espaules, & vne fois aussi gros & hauts que les

F iiij

noſtres; ils nous apporterent auſſi des toiles de coton raiées de ſoie, m'offrans d'en troquer contre ma marchandiſe, mais comme ils ne vouloient que des longues cornalines, & grenats de Veniſe de couleur de citron, qu'ils appellent *Vaques*, & les Tapates *Ets-ets*, & que i'en manquois, ie ne fis pas grand trafic auec eux, n'ayant pris que quinze bœufs, qu'ils m'abandonnerent pour des chaiſnettes de leton blanc, & des faulçes perles. Ils me firent auſſi preſent de ſix morceaux de ſang de dragon, chacun long de trois poulces, reſſemblans à des troncs de boudin, marbrez comme le ſauon d'Alican, de rouge, noir, & blanc, ils appellent ce ſang de dragon *Auly harre*, qui eſt à dire, onguent pour eſtancher le ſang : en recompence de ce ie leur donnay du petit coral, & parce qu'ils diſoient que ces morceaux ſe faiſoient de fueilles pillées venans de certains arbres qui eſtoient ſur le port ſainct Auguſtin, ie fis preſent à vn d'eux d'vn petit chapelet de coral, à condition de me faire voir de ces arbres. Il me mena dans vn bois qui n'eſt qu'à deux portées de fuzil de la baie, où il me fit voir parmi des eſpines & buiſſons, vn * arbre fort branchu, & gros comme vn poirier, les fueilles longues, mais plus eſtroittes que celles du laurier, ayant vne odeur de

* Il y a ie ne ſçay quoy de ſemblable à cecy dans Amatus,

de François Cauche. 47

violette de Mars, les fleurs sont blanches, & tres-odoriferantes, venans en bouquet, rondes & n'ayans que cinq fueilles bien ordonnées, elles se ferment la nuict, & ne sont pas plus larges qu'vn double: du milieu d'icelles sort vn petit nerf, ou filet rougeastre qui se recoquille en telle sorte, qu'il faict la figure d'vn dragon. Ces fleurs pillées & mises dans les trous des cannes, font ces morceaux desquels ie viens de parler; apres auoir esté sechées au soleil & les cannes, ou roseaux qui les enfermoient cassez. Voila comme se fait le sang de dragon, duquel les droguistes & les arboristes parlent tout autrement. I'en ay souuent vsé tres-vtillement à retancher le sang, & suiuant l'experience que i'en ay veu faire aux Machicores, i'ay arresté les flux de sang, par fumigations, mettant de cette drogue sur le feu, & en faisant receuoir aux malades la fumée d'icelle par le fondement.

Lusitanus, sur le 5. l.u. de Dioscoride, narration 69. où il dit, mais sans tesmoings qu'il y a de grands arbres és Canaries, & isles de Madere, appellez Dragons, & Diaconaries, qui iettent des goutes rouges & luisantes, desquelles, si on touche quelque chose, il paroist vne rougeur noirastre, & qu'on nomme cette goute, sang de dragon, en quoy il ne s'accorde pas auec mon autheur.

Vois Matthiole sur Dioscoride l.5.c.69.

Au bout de sept iours que ie fus à la baïe sainct Augustin ie m'en retournay à Mannhale, lieu de ma demeure, faisant conduire mon bestail deuant moy; mais au cinquiesme iour, comme i'entrois en la prouince des Tapates, me trouuant si las & recreu, que ie ne pouuois plus marcher, ie montay, iambe deçà, iambe delà, sur celuy de mes bœufs, que ie creu le plus docile. Ma coniecture ne me trompa pas, il me porta doucement par tout, ie paſſay ſur luy les riuieres, portant mon paquet deuant moy. Ce fut vn eſtonnement ſi grand aux Tapates de me voir en cet equipage, qu'ils me croioient plus qu'hóme, d'auoir eu la hardieſſe de monter ſur vn bœuf, ce qu'ils n'auoient iamais veu, ny ozé entreprendre.

Eſtant entré dans la prouince de ces Tapates, vn d'eux me montra vne harquebuſe, vne banderolle, & les fournimens pleins de poudre, & dans la gibeciere du plomb & des pierres d'arquebuſes, & de fuzil. D'autres des piſtolets, & d'autres quantité de vaiſſelle d'eſtein & de cuiure, ie ſçeu d'eux, que tout cela venoit d'vn nauire Hollandois, qui naguieres auoit fait naufrage entre le port ſainct Auguſtin & le Cap de ſainct Iulian, & que ceux qui l'auoient leué en auoient trocqué vne bonne partie auec eux. Ie troquay mon arquebuſe auec le premier qui me donna la ſienne, vn bœuf vne vache & pot d'eſtein de retour. Les autres ne voulurent rien troquer, faiſans grand eſtat des chauderons, poiles, plats, & aſſiettes qu'ils auoient.

N'ayant rien affaire dans ce païs ie me rendis dans ma maiſon au village de Mannhale au commencement du mois de Februrier

urier mil six cent quarante deux, où ie vis faire les ceremonies publiques de leur circoncision, comme il s'ensuit.

Tous les maistres des villages subiets d'Andianmachicore, vindrent vers luy prendre iour à bastir vne maison pour y circoncire leurs enfans masles nez depuis trois ans, cette ceremonie ne se faisant que de trois en trois ans. Pendant lequel temps tous ces enfans ne mangent point d'œufs iusques à ce qu'ils soient circoncis. Le iour arresté, chacun alla couper du bois pour bastir cet edifice au milieu du village de Mannhale, proche la maison d'Andianmachicore leur seigneur, qui releue pourtant d'Andianramac son beau pere, Roy des Malegasses. Ils poserent des perches qu'ils apporterent sur leur dos, sur des pilliers de bois, & sur ces perches ils en mirent d'autres à guise de cheurons pour soustenir des grands ioncs comme piques qui seruent de trauersiers, couuerts de grandes fueilles de balisiers, appellez par eux *raues*, qui s'auançans les vnes sur les autres, comme nos thuiles, & ardoises, donnent vne pante à la pluye, empeschant l'eau d'entrer dans leur edifice, lequel estant acheué, est garni de gros pieux par le dehors tout autour, pour empescher que le bestail n'y entre. Cette maison estoit à iour,

G.

n'y ayant aucune tenduë, mais seulement des pilliers qui soustenoient le toict en façon de halles. Quatre iours apres qu'elle fust acheuée, les pere & mere des enfans qu'on deuoit circoncire firent du vin de miel boüilli dans de l'eau, sçauoir de deux tiers d'eau dans vn tiers de miel. Ce vin cuit dans des terrines est versé dans de grands vases de terre ronds par le dessous, ayant vne grosse panse, & l'embouchure estroite : ils les posent sur vne forme de seuiere large & vuide au milieu, puis on les porte sur les espaules, iusques à ce qu'on soit arriué deuant la porte de la maison du seigneur, où on les pose & les range-on sur trois pierres, pour empescher qu'ils ne versent, le cul des vases touchant la terre, & le bas du ventre estant soustenu par ces pierres. On nomme ces vases *Cines*, & les seuieres, *Tacon*. Cela fait, Andianmachicore sortit de sa maison pour aller à celle qu'on auoit preparée pour la circoncision, au deuant de laquelle il auoit fait attacher vn taureau, à vn tronc d'arbre, qui estoit fiché en terre pour cela. Il l'esgorge, & ayant receu le sang dans vn grand plat de bois, il en va broüiller tous les poteaux du nouueau edifice; suiui des peres des enfans qu'on vouloit circoncire, qui marchoient l'vn apres l'autre. Celuy qui marchoit le premier, lors qu'il vit la ceremonie du sang acheuée, presenta à Andianmachicore du vin de miel dans vne coupe de porcelaine, il la prit, & mettant du vin en sa bouche, sans l'aualler, il le ietta contre les poteaux qui estoient barboüillez du sang du taureau. Puis ayant commandé qu'on luy apportast vn arbre de banhanier, dit *Once*, auec ses fueilles & fruits, il fit ouurir la palissade, & le planter au deuant de cette ouerture. Cela fait, il prit la ceinture mysterieuse du premier barbier de son village, teinte dans le sang du taureau qu'il auoit esgorgé, & la pend à l'arbre; il n'est permis à qui que soit iusques aux grands iours de leur feste dediée pour la circoncision, d'entrer dans la maison destinée à cet effect, ny dans l'enclos de la palissade, l'entrée de laquelle est incontinent refermée auec des palis.

Lors que cette ceinture est attachée en quelque endroit que ce soit, il n'y a personne qui en oze approcher, ce peuple s'imaginant que quiconque l'entreprendroit, mourroit aussi tost.

Cette procession, & mysteres acheuez, le seigneur retourné en sa maison, & le peuple chacun en son village, les peres des enfans qu'on veut circoncire ieusnent 8. iours entiers, à commencer du premier iour de la

Lune de Mars, iusques au huictiesme, sans manger chair ny poisson, petunans le iour, & beuuans toute la nuict. Pendant ces iours de ieunes, lesdits peres promenent leurs enfans par leurs villages, liez à leurs ceintures de toile de cotton sur les fesses, & enueloppez dans leurs lambes, ou pieces quarrées, qui leur seruent de manteaux, l'enfant croisant les iambes sur le costé, & tenant chacun son pere par le col. Les ieunes gens non mariez suiuent apres deux à deux, armez de zagaies, les blancs les premiers, puis les noirs faisans plusieurs postures, frapans la terre des pieds, battans des mains, presentans leurs zagaies, comme s'ils vouloient attaquer l'ennemi, les peres nonobstant qu'ils soient chargez de leurs enfans en font de mesme, portant pareillement leurs zagaies, & au bout de trois tours faits autour du village, s'aduançans & reculans auec cris, s'arrestent deuant la porte de leur seigneur appellé par eux *Tampon*, ou *Brote*, lequel nom ne signifie autre chose que celuy d'*Andian*, qui veut dire, seigneur. Alors les blancs se separent des noirs, & ces deux troupes s'attaquent auec leurs lances, ou zagaies, cryans effroyablement, haussant le corps, l'abaissant, frapans leurs lances l'vne contre l'autre, esleuans les mains gauches, & fermans les poings auec menaces, & grimaffes effroyables, eſtendans, ſecoüans, & roidiſſans le iarret, ſe meſlans, puis ſe ſeparans, iuſques à ce qu'eſtans las & recreus ils s'aſſirent ſur des nattes qu'on leur auoit preparées au deuant du logis d'Andianmachicore, qui pour les rafraichir leur fit apporter par ſes domeſtiques vne *cine* de vin de miel, dans laquelle ils plongeoient vne poche ditte par eux *Cada*, faitte d'vne moitié de noix de cocos, emmanchée d'vn baſton, puis la verſoient, eſtant pleine de vin à ces vaillans combatans, qui le receuoient dans vne large fueille de latanier, qui ſeruoit à chacun d'eux de taſſe, puis l'aualleren̄t tout d'vne traitte. Cela fait, apres auoir receu chacun vn morceau de bœuf, qu'Andianmachicore leur fit diſtribuer, ils ſe retirerent tous en leurs logis; ſçauoir les peres, qui n'eſtoient de Mannhale, en leurs villages auec leurs enfans, & les autres en leurs maiſons.

Le lendemain ſe preſenta vn homme à Andianmachicore, ſe diſant prophete, aſſurant que les enfans qu'on deuoit circoncire, eſtoient poſſedez par *Zine*, qui veut dire Eſprit, lequel il chaſſeroit s'il vouloit. Il luy permit, & auſſi toſt il ſe fit apporter deux tambours, il en mit vn és mains d'*Andianraze*, mere d'*Andianmachicore*; ce que nous appellent mere, est en leur langage. *Rene.* Il donna l'autre à vn des domestiques du logis. Ces tambours estoient d'vn pied & demy de longueur, de douze poulces de largeur par toute leur circonference, faits d'vn tronc d'arbre creux, couuerts des deux costez d'vne peau de bouc bien tenduë, retenuë par vn cercle auec des cordes, de mesme façon que les nostres, sinon qu'on luy oste le poil auec vn cousteau apres estre tenduë. Andianraze fit pendre ce tambour à son col, qu'elle mit sur ses genoux, apres s'estre assize, battant les deux costez, de sa main d'vn costé, & d'vn baston de l'autre, sans aucun relache. Pendant qu'elle battoit ce tambour, le pretendu prophete, s'estant rayé le visage de couleurs rouges & blanches, monta sur le toict de la maison *d'Andianmachicore*, tenant vne perche fort legere de six à sept pieds de longueur, ayant vne ficelle attachée à la pointe, qui retenoit vn panier par l'anse, au fond duquel estoit vn petit poullet, retenu par les pieds auec vne autre ficelle. Ce prophete soustenoit cette perche de la droitte, ayant vn plat de bois au bras gauche, à guise d'vn bouclier, retenu par deux courroies, tenant en main vn cousteau long d'vn pied & demi, appellé *Anchesyllabe*, onze dardilles, nommées par eux, *Leff maceyzay,* c'est à dire, darts petits, ces peuples mettans tousiours l'epithete apres le nom. Cet homme estant monté au dessus du toict, flechit vn des genoux sur le faiste, mettant la perche sous l'autre, & de la main droitte, qui par ce moyen fut libre, prit le cousteau qu'il auoit en la main gauche, qui resta pleine du faisseau de ses dardilles, commença à tourner les yeux vers le Soleil, qui ne faisoit que se leuer, auec des cris espouuantables, des postures & menaces horribles, puis frapant l'air comme s'il se fust battu contre luy, par l'espace d'vne heure, se laissa tout à coup rouler du haut en bas du toict iusques à terre, se trouuant sur ses pieds deuant la porte du logis, sur laquelle pendoit le panier dans lequel estoit caché le petit poulet, dans lequel il regarda plusieurs foix, roulant affreusement les yeux, le tambour battant tousiours sans cesser. Peu de temps apres il court comme insensé par tout le village, portant sa teste dans toutes les portes des maisons, comme s'il eust voulu voir ce qui s'y faisoit, changeant souuent de posture, & mettant son cousteau dans la main gauche, puis le reprenant de la droitte, & autant en faisoit il de ses dardilles, menassant tousiours le Soleil. Ie luy demanday comme il passoit deuant ma maison, s'il voyoit quelque chose en l'air, puis qu'il portoit si souuent sa veuë en haut : Oüy me respondit-il, ie vois *Cine* en figure d'homme, lequel ie veux tuer. Et se mettant en deuoir d'executer ce qu'il disoit, il frapoit l'air du cousteau qu'il portoit. Puis s'appaisant vn peu, il me demanda du tabac. Ie courus à ma pipe, i'y mis du tabac, puis le feu, & la luy presentay. Il la prit courant comme furieux, puis s'arrestant, il en tiroit la fumée qu'il reiettoit aussi tost du costé où 'estoit le Soleil, ne cessant de s'escrier & de le menacer.

Il continua long-temps à courir, & à prendre du tabac, bondissant, & sautant, puis se reposant vn peu, iusques à ce qu'estant hors d'haleine, apres auoir couru les villages voisins, il retourna à Mannhale, iusques à ce qu'il fut arriué en la maison d'Andianmachicore, deuant laquelle Andianrase la bonne vieille touchoit tousiours sur son tambour. Il mit par trois foix la teste dans la maison, sans en passer la porte sur laquelle estoit le panier & le poullet enfermé dedans. Il le prit, & auec violence, l'ayant ietté contre terre, le pressa des bras & des genoux, iusques à ce qu'il fut tout à fait escrasé, ensemble le poullet qui estoit dedans. A l'heure il fit entendre aux assistans, qu'ayant suffoqué le poullet, il auoit suffoqué le mauuais esprit,

qui

qui possedoit les enfans prests à circoncire.

Cette mommerie passée en cette sorte, les peres creurent qu'il estoit temps de celebrer la feste publique de la circoncision de leurs enfans, qui escheut au huictiesme iour de la Lune de Mars. Lequel estant arriué les peres & meres portans sur leurs hanches leurs petits, se faisoient suiure de leurs domestiques, qui conduisoient autant de taureaux, & portoient autant de poulets noirs en leurs mains, qu'il y auoit d'enfans, sçauoir quarante trois. Estans arriuez en la place ils attacherent leurs taureaux à autant de pieux fichez en terre, puis les peres s'assirent sur des nattes prenans leurs poulets en leurs mains, les meres & les domestiques monterent plus haut dans le village. Andianmachicore ayant sceu leur arriuée sortit sur sa porte, & leur dit qu'il remettoit la feste au lendemain matin. Toute la nuict deux hommes battirent le tambour sans relache deuant le logis destiné pour y faire la circoncision, pendant qu'vn malotru ioüeur d'instrumens ioüoit, & chantoit deuant la porte de celuy du seigneur. Cette sorte de violon estoit d'vn pied & demy de long, ayant vne seule corde bandée auec vne cheuille par le dessus, la corde passoit par vne boëtte de trois poulces de rondeur, couuerte des deux costez d'vne peau bien tenduë,

Les Turcs, au raport de Belle-Forest, où il parle de leur religion, font battre le tambour, & ioüer du violon à leurs iours de feste. Ce qui me persuade que ceux de Madagascar tiennét quelque chose du Mahometan, à quoy i'adiouste la circoncision, les ceremonies de laquelle sont descriptes par Georgeuits liu. 2. & Postel en la Republ. des Turcs.

H

& sur icelle vn cheuallet de demy poulce de hauteur, qui soustenoit la corde attachée à l'autre bout à vne cheuille, qui se tournoit comme l'autre qui estoit au dessus pour bander, ou relascher la corde quand il plaisoit au menestrier, qui auoit vn archet en main duquel il la touchoit par le milieu pendant qu'il remuoit les doits sur les touches du manche, qui estoit d'vn tres-beau bois. La corde du violon estoit de mahaut, & celle de l'archet d'vne herbe que nous nommons *Pitte*, & que ceux de cette isle de Madagascar appellent *Ahetz*, elle est blanche & ressemble au crin de cheual. Cet instrument est nommé par eux *Sauly*, & le maistre ioüeur, *Mahay Sauly*, *Mahay* signifiant ioüeur; lequel appuyant le bas de son instrument sur la pointe du pied, d'vne voix rauque & lente qu'il accordoit au son d'iceluy, chantoit ce qui suit, sans vers, ny rime, les Muses n'ayant encore ozé passer la mer pour venir en ces lieux.

Manne Voullamene, *Voullafouche*, *Hangue*, *Harez*, *Angombe*, *Varres*, *Ampe embes*, *Vuouemgembes*, *Ouuifouches*, *Ouuiares*, *Ouuicambares*, *Ouuimentes*, *Mauuondres*. Mettant au deuant de chaque mot, celuy de *Manne*, qui veut dire, riche, le reste s'interpretant en ce sens. Seigneur riche d'or, riche d'argent, riche de coral fin, de raſſade, de bœufs, de ris blanc batu, de mil, de feues, de racines blanches, de violettes, de cendrées, de noires, & de iaunes. Il adiouſtoit tout le reſte qui eſtoit en l'iſle tant pour viure que pour ſe parer. Et enfin il me mit auec mes compagnons en ſa chanſon, diſant.

Rauuou rangandrie, oule vaza toumoire antanas, andri, res manne voulaſouches, voullamene, angue, harez, Vuoures, hoſashots, oulemahae, miaſſe, Oulematte toutoulle empouuare empaguiuere toutmoire andré. Ce qui s'explique de mot à mot en cette ſorte. Tu es reſiouy, Monſieur, de ce que les Chreſtiens demeurent en ton village, ils ſont riches, d'argent, d'or, de coral fin, de toutes ſortes de patenoſtres de diuerſes couleurs, de fauſſes perles, de chaiſnettes dorées & argentées, riches d'eſprit, & d'inuention pour trauailler, s'ils mouroient toutes leurs richeſſes te demeureroient, Monſieur. Ce muſicien chanta toute la nuict deuant la porte du ſeigneur, pendant que les deux tambours faiſoient grand bruict deuant luy à l'entrée de la maiſon de la circonciſion, au bout de laquelle du coſté du Soleil leuant, fut poſée vne chapelle, comme celle d'vn mortuaire, de quatre pieds de hauteur, eſtant de bois ſans clous ny cheuilles, les pieces n'eſtant retenuës que par les mortoiſes, le dome couuert d'vn tapis de ſoye & de coton de pluſieurs couleurs, ſous laquelle eſtoit vne natte fine, & ſur la natte vn carreau de mesme estoffe remply de coton, sur lequel Andianmachicore se vint asseoir dés la pointe du iour, où il receut les presens que luy firent les meres des enfans qu'on vouloit circoncire, qui n'estoient que des escheueaux de cotton fin, blanc, & bien filé. A mesure que chacune presentoit son escheueau, il mettoit en escharpe celuy de la premiere, tirant de la droitte à la gauche: & celuy de la seconde, de la gauche à la droitte; puis de la troisiesme de la droitte à la gauche, & ainsi des autres consecutiuement. Lors qu'il n'eust plus rien à prendre, il se leua du lieu où il estoit, & s'alla asseoir sur vn autre carreau qui luy estoit preparé au milieu de la chambre: où estant, les peres luy presenterent leurs enfans par ordre, sur vne pierre carrée, qui estoit entre ses iambes: les plus proches parens de l'enfant luy tenoient les bras, & les cuisses, le pere le tenant par dessous les essailles, alors Andianmachicore coupa le prepuce à l'enfant en trois coups, il en fit autant au second, & au troisiesme qu'on luy presenta. Et comme i'estois present à cette ceremonie, m'imaginant que cette cruauté prouenoit de ce que le cousteau ne coupoit pas bien, i'offris vn razoir que i'auois en poche à Andianmachicore, qui le prit, & alors ie connu qu'il y auoit du my-

Les Mahometans ne font pas de mesme, ils mortifient la peau, en la serrât auec de petites tenailles, puis la coupent d'vn coup auec le rasoir, mettant ie ne sçay quelle poudre dessus qui guerit la playe, & oste la douleur. De sorte que l'enfât s'en retourne sans plainte.

stere, & que ce n'estoit la faute du cousteau, puisqu'il coupa à trois fois le prepuce aux derniers, comme il auoit fait aux premiers. Ie fus encore dauantage estonné de voir qu'Andianmachicore apres l'auoir coupé & presenté aux parens, le plus habille d'eux le rauissoit des mains d'iceluy & l'aualloit. Le pere de l'enfant aussi-tost que la playe estoit faitte esgorgeoit son poulet, & faisoit distiller le sang dessus, puis le liant à son costé comme auparauant, le portoit à sa mere, qui estoit auec les autres en vne maison voisine, crians & lamentans la soufrance de leurs enfans, esquels aussi-tost qu'ils sont arriuez, elles presentent du miel auec des œufs, lequel mangé, elles prennent encore du sang des poulets meslé auec le sang des taureaux qu'on a esgorgez deuant la maison de la circoncision, & l'appliquent sur les glandes des enfans auec du cotton qu'elles lient autour. La circoncision acheuée, Andianmachicore se leua & s'assit sur vne natte à la porte de sa maison, à droitte estoient aussi assis sur des nattes les peres des enfans circoncis, & à gauche les parens ayant tous les iambes croysées. Ce seigneur me pria de resioüyr la compagnie auec ma musette, ce que ie fis au grand estonnement des escoutans, qui disoient qu'il y auoit des esprits enfermez dedans, ou des hommes qui parloient quand ie voulois, & qu'Andianmachicore estoit bien heureux de m'auoir, & pour le resiouyr & pour l'enrichir, me prians tous instamment de les aller voir en leurs villages auec mon instrument de musique, & qu'ils me donneroient de tout ce qu'ils auroient.

Estant de retour en ma maison ils m'enuoierent quatre morceaux des taureaux immolez, ayant partagé le reste entr'eux, & enuoyé au seigneur son droict, qui estoit les eschines de tous. Ils passerent la nuict à danser, les hommes se suiuans deux à deux sans se tenir, chantans & sautans, esquels les femmes aussi deux à deux s'entretenant par les mains respondoient les mesmes choses que les autres auoient dit, s'arrestans de temps à autre pour boire du vin de miel qu'ils auoient apporté, tant hommes que femmes sans distinction, les noirs & noires dans des gondoles de fueilles de *raues*, les blancs, & les blanches dans des gobelets de terre noire, qu'ils appellent, *louuies*.

Quelques iours apres ces ceremonies, on me vint dire la mort d'Isaac Meldron, qui s'estoit separé de moy, & de mes compagnons il y auoit plus de huict mois, pour aller demeurer à vn village duquel estoit maistre le pere de *Rafatene* femme d'*Andianrazo*, bastard d'*Andianramac*, que Meldron entretenoit. Ce village s'appelloit *Razemene*, qui veut dire rouge & blanc, les montagnes voisines estant rouges, & les roches blanches. Ie veux vous en dire l'histoire.

Meldron ayant sçeu mon voyage au port S. Augustin, croyant que i'y eusse fait fortune, & ialoux de ce que i'estois retourné de la baïe d'Antongil, voulut entreprendre la mesme chose, sans m'en parler. Ce malheureux, qui abusoit de la femme d'Andianrazo fut si mal adusé que de se seruir de luy pour le conduire, n'ayant autre compagnie qu'vn petit Negre, & Iacques du Val son camarade, au lieu qu'Andianrazo auoit quatre domestiques, & son beau frere auec luy. Estans arriuez à la montagne d'Amboule, qui estoit haute de trois lieuës, Andianrazo communiqua à son beau frere le dessein qu'il auoit de massacrer Meldron, au subiet que nous auons dit; lequel n'y voulant consentir, il persuada Meldron de prendre vn autre dessein que celuy qu'il auoit d'aller à Antongil, à cause de la difficulté des chemins qui estoient fort fâcheux & difficiles à tenir, outre que les prouinces par lesquelles il seroit contraint de passer estoient en guerre auec leurs voisins.

Cela fut cause qu'ils tournerent du costé

de la prouince des Tapates, & allerent coucher au village de Manabarre chez Andianmousse, vn des seigneurs, qui estoit âgé de plus de cent ans, d'où estant party ils furent disner au village de *Rannefouche*, où ils trouuerent vn homme qui m'ayant fait compagnie en tous mes voyages, s'offrit de les conduire, ce qu'Andianrazo ne voulut pas, crainte que cet hôme n'empeschast le dessein qu'il auoit de se deffaire de Meldron, lequel estant venu à trois lieuës delà, comme il prenoit du tabac sous des arbres, eust le col percé d'vne lance que le vallet d'Andianrazo luy darda par le commandement de son maistre; vn autre Negre en voulut autant faire à du Val, mais comme il estoit proche de Meldron ayant oüy le bruict, il se leua, receuant dans son chapeau le coup de lance qu'on auoit destiné pour le tuër. Aussi-tost, il mit la main à l'espée, poursuiuit long-temps les assassins de Meldron, qui fuyoient deuant luy, & comme il ne les eust pû atteindre, il retourna vers le mort, duquel il prit l'espée, qu'il m'apporta dans Mannhale, où m'ayant raconté ceste histoire tragique, i'en fis mes plaintes à Andianmachicore, qui enuoya aussi-tost vn homme exprés à Andianramac son beau pere, pour luy demander iustice de ce meurtre. Ce qui fut fait si promptement, qu'en
retournant

retournant d'enterrer le corps du deffunt, nous trouuasmes la teste de son meurtrier separée du corps dans le village de Fazaire, où elle auoit esté apportée dans vn panier par deux hommes, pour nous faire voir comme on en auoit fait iustice. Andiamboule nepueu du Roy en auoit esté l'executeur, ayant sçeu l'affaire comme elle s'estoit passée, car comme il n'y a point de prison en ce païs-là, aussi n'y a-t'il point de bourreau particulier, le premier, sans aucune distinction de rang, ny de qualité, qui peut attraper celuy qui est declaré coupable, tient à honneur d'en estre l'executeur, ce qu'il fait à grande peine pour luy, & plus grande souffrance du condamné, auec le fer de sa lance, qui n'est pas bien propre pour couper vne teste, estant trop estroit & leger, de sorte qu'ils la sçient plustost qu'ils ne la coupent pendant que deux hommes tiennent le corps du criminel soubs leurs genoux.

Ceste execution ne nous ayant point satisfaits, nous fusmes faire nos plaintes à Andianramac, luy demandant qu'il nous liurast Andianrazo, qui auoit fait tuër Meldron, nous le trouuasmes chez luy, les larmes aux yeux, pleurant ce mal-heur, nous disant, qu'il nous permettoit de tuër à coups de fuzil, celuy qui auoit esté cause d'vn tel meurtre, nous demandant de quelle mort nous faisions mourir en France, celuy qui auoit fait tuër vn autre. Nous luy respondismes qu'on y coupoit la teste aux seigneurs, & qu'on pendoit, ou mettoit-on sur la roüe les personnes de basse condition. Cela dit, il nous fit voir la teste du supplicié, nous disant, si nous estions contens, nous luy repartismes, qu'il y falloit adiouster celle d'Andianrazo, prenez-le, nous respondit-il, & en faittes comme il vous plaira. Il nous enuoya puis apres loger chez sa mere, où on nous fournit ce qui nous estoit necessaire. Le lendemain nous fusmes dans la maison de la mere d'Andianseron gendre du Roy, pour luy demander le coffre de Meldron, qu'elle auoit pour faire inuentaire de ce qui estoit dedans: on vendit le tout à l'encan, chacun achetant ce qui luy estoit necessaire, i'achetay ses liures, cartes, & autres instrumens seruant à la nauigation, que ie paiay depuis à ses parens à Dieppe, lors que ie fus de retour.

Cela fait ayant pris congé du Roy, ie retournay chez moy, où n'ayant point d'employ, ie pris resolution d'aller voir Andiamboule seigneur de la prouince d'Amboule, ou Anamboule, accompagné seulement de quatre negres: nous trouuasmes entrans en ce païs plusieurs villages bruslez, que le soldat ennemi auoit ruiné. L'arristay trois iours apres mon depart de Mannhale, la nuict estant fermée, il y auoit plus de deux heures, au deuant le village qui donne le nom à ceste prouince, & à son seigneur. Il estoit comme sont tous les autres villages de cette isle, enclos de palis, & l'entrée fermée de fagots d'espines. Ceux de la garde & les sentinelles, qui estoient là posées, ayant sçeu que c'estoit vn Chrestien, & quelques negres qui desiroient entrer en ce lieu, le seigneur nous vint trouuer, & nous mena en sa maison, où il nous presenta dequoy manger. A peine estions nous en train, que plusieurs trompettes qu'ils appellent *Antsiues*, faittes d'vne * conque de mer, que nous appellons en France *Vignot*, commencérent à sonner effroyablement au signal d'vn feu, que les voisins auoient faict d'vne montagne à vne autre, pour les aduertir de l'approche des ennemis. Les habitans s'armerent aussi-tost, le Seigneur me demanda si ie voulois aller à la guerre auec luy, ie luy dis que, puisque i'estois auec ceux de ma suitte à Andianramac, qu'il n'estoit raisonnable de prendre les armes contre les siens. Il fit estat de ma responsse, & dit aux femmes de sa maison, qu'elles nous fissent bonne

* Telle est celle que les Poëtes attribuent à Triton.

I ij

chere. En mesme temps il arma, ou pluſtoſt couurit ſa teſte d'vn bonnet de paille, duquel pendoit vne grande queuë cordelée de la meſme matiere, qui luy deſcendoit iuſques aux feſſes, c'eſtoit, comme ie me le perſuade, pour ſe rendre plus affreux à ſes ennemis; puis ayant ſauté à ſa lance & à ſes dardilles, il fit ouurir la barriere, ſuiui des ſiens, qui marchoient quatre à quatre de rang, faiſant vn regiment de cinq cent hommes. Ie fus eſtonné qu'au bout de deux heures, trois des ſoldats d'Andiamboule apporterent au fer de leurs lances autant de teſtes de leurs ennemis, qu'ils ietterent au milieu de la place du village, qui furent mal traittées par les femmes & enfans: ils en creuerent les yeux, en aracherent les cheueux, & apres les auoir foulées aux pieds, les bruſlerent hors de leur village d'Amboule. Les victorieux eſtans de retour, le Roy leur fit tuër trois bœufs, qui furent partagez entr'eux par morceaux. Ie ne ſeiournay plus long-temps audit lieu, & ſçachant que les ennemis d'Andiamboule eſtoient les ſubiets d'Andianramac, ie pris mon chemin par les montagnes, aux ſommets deſquelles ie trouuay quatre fontaines ſi chaudes, qu'on n'y pouuoit arreſter le doigt vn moment, ſans le bruſler. Les habitans ſont tous gens de forges, qui ayans tiré le fer des mines, le fondent facilement au feu, estant beaucoup plus doux que le nostre, & en font des gueuses d'vn pied & demi de long,& quatre doigts de l'argeur, chaque gueuse, ou barre, n'est estimée parmy eux, qu'vne vache. Descendant les montagnes ie fus baiser les mains à Andianramac en son village de Fazaire, auquel ie racontay ce que i'auois veu à Amboule, delà ie retournay à Mannhale vers Andianmachicore, où ie sçeu par Abraham le Gaigneur, vn de mes associez, que les Machicores auoient tué neuf Mannhalois, & enleué quatre cent bœufs,dans lesquels nous y en auions quatorze. Tout estoit en grande rumeur. Andianmachicore enuoya aussitost aduertir tous les villages sur lesquels il commandoit : chacun fit son escoüade particuliere, auec son trompette de vignot,pour moy i'en auois vne de corne de bœuf, de deux pieds & demy, courbée en façon d'vn cornet de chasse. Andianmachicore conduisoit l'auant-garde, ie le suiuis auec six negres chargez de mes mousquets & fuzils,accompagnez d'vn septiesme, qui portoit mes prouisions de gueule. Nos soldats gaillards & dispos, excitez par le desir de vangeance marchoient si viste,qu'à grand peine les pouuois-ie suiure, m'ayans deuancé en moins

I iij

d'vne heure d'vne demie lieuë. Ie trouuay par le chemin deux des noſtres bleſſez par les ennemis, l'vn au bras, & l'autre au ventre qui auoit toute la peau coupée, de ſorte qu'on luy voyoit les boiaux: ie les panſay tous deux, ayant couſu leurs playes, & mis vn aſtringent deſſus, attendant la commodité de les ſoulager à loiſir. Ceux-cy me dirent, que les Machicores ayans fait aduancer leur auant-garde qui emmenoient les bœufs deſrobez, fors ſoixante qu'ils auoient laiſſé à ceux de leur arriere-garde, qui n'eſtoit que de trente hommes, ayans eſté atteins par les noſtres, auoient faict alte, & ſouſtenu l'attaque, iuſques à ce qu'ayant eſlancé contre nous toutes leurs lances & dardilles, ils auroient pris la fuitte, & qu'eux eſtoient demeurez bleſſez, au lieu où ie les voyois.

Ayant apris ces nouuelles, ie ſuiuis l'armée à la piſte, par des lieux preſques inacceſſibles. Enuiron vne heure auant le coucher du Soleil, ie fis rencontre de huict domeſtiques d'Andianmachicore, qui eſtoient chargez d'vn petit brancard pour me porter ſur leurs eſpaules par le commandement de leur maiſtre, au lieu où il eſtoit. Ie refuſay cette courtoiſie, quoy que ie fuſſe extremement las, & les ſuiuis par les bois, iuſques à ce qu'eſtant arriué au faiſte d'vne petite montagne, ie trouuay nostre armée foible & recruë. Ayant donné le bon-soir à Andianmachicore, il m'embrassa, & me dit, en pleurant, qu'il auoit plus de confiance en moy, qu'aux siens, qui ne vouloient aller au combat, s'il n'estoit tousiours à la teste. Cela dit, il me fit asseoir vers luy, & me fit presenter de l'eau pour me rafraichir. En me reposant, ie dis aux maistres des villages, qui estoient aussi assis proche de nous, que les François ne faisoient pas comme eux, que pour conseruer leur Roy & le rendre tesmoin de la valeur de ses soldats, ils le mettoient au milieu de leurs rangs, afin que si le combat s'opiniastroit, chacun s'opposast à l'ennemi pour le sauuer, & qu'aussi-tost qu'ils auoient de l'auantage ils poursuiuoient la victoire iusques à ce qu'ils eussent mis tous les fuyards à mort.

Ces paroles émeurent vn de ces maistres de village, il se leua soudain, battant des pieds la terre, & disant que i'auois raison, & qu'il estoit prest de conduire au combat ceux qui le voudroient suiure, pendant qu'Andianmachicore regarderoit en toute assurance d'où il estoit, ce qu'il sçauroit faire. Sept maistres le suiuirent, & enuiron deux cent soldats qu'on detascha de nos troupes. Mais nonobstant ceste grande resolution, personne d'eux n'eust bougé, si ie ne me fusse auancé auec mes gens pour mener l'auant-garde, apres auoir pris congé d'Andianmachicore. A peine auois-ie faict mil pas, que ie decouuris vne partie des ennemis, qui soupoient couchez à terre entre deux montagnes de trois de nos bœufs qu'ils auoient tuez. Ie les allay surprendre par derriere, me coulant par les bois qui les enuironnoient, & m'estant approché d'eux, ie dechargeay mon mousquet sur dix qui mangeoient ensemble, puis prenant mes fuzils des mains de mes domestiques, ie tiray sur les autres, qui laisserent quatre de leurs hommes tuez sur la place, & quelques blessez, le reste prit la fuitte & les nostres apres, qui ne firent beaucoup d'execution, puis qu'ils ne tuerent que ceux que i'auois blessez. Nostre butin fut de soixante bœufs, de ceux qu'ils nous auoient enleuez, & du peu qu'ils auoient preparé pour leur souper. Ie fis tout porter & conduire au dessus de la montagne voisine, où il y auoit bon pasturage, ayant les bois de tous costez à plus de mille pas, crainte que les Machicores, qui s'estoient retirez dedans, ne vinssent se ietter sur nous à l'improuiste.

La nuict fermée, ie posay des sentinelles auancées pour prendre garde à tout, & quelques corps de garde pour les soustenir, pendant

dant que le reste soupoit & dormoit. Au point du iour nous retournasmes vers Mannhale, faisant porter deuant nous huict testes de nos ennemis sur les pointes des lances. On n'entendoit que cris d'allegresse par tout où nous passions. Sur le Midi nous rencontrasmes Andianramac, qui aduerti de nostre dessein, venoit à nostre secours auec six cent soldats, & vn grand nombre d'hommes & femmes qui portoient les vtensilles de sa cuisine. Plusieurs Negres, qui les suiuoient chargez de ris & de plusieurs racines conduisoient soixante bœufs. Ce Roy estoit assisté d'Andianceron, & Andianradame ses gendres; d'Andianmandombe sō frere, d'Andianradame Finare, & Andiamboule ses nepueus, & d'Andiambel son beau frere, qui tous venoient au secours d'Andianmachicore, quoy qu'Andianramac ne fut pas bien à l'heure auec celuy-cy, mais le salut commun fut cause de ce prompt secours. Et comme Andianmachicore estoit bon, il en remercia son beau pere, & ses parents, à tous lesquels il donna à souper, ensemble aux soldats auxiliaires, lors que nous fusmes arriuez au village de Mannhale. Le iour suiuant apres plusieurs paroles de respect & d'amitié, Andianramac se retira chez soy, ie le suiuis auec Andianmachicore, qui ne me vouloit point

K

abandonner. Et estant à Fanzaire seiour d'Andianramac, i'assistay à la ceremonie que ie vous veux descrire.

Le feu auoit consumé la maison d'Andianramac dés l'an mil six cent trente sept, & depuis ce temps, il estoit demeuré dans vne autre, telle que nous l'auons descrite cy-dessus. Ses subiets en bastirent vne en la mesme place qu'auoit esté la premiere. Ils en enleuerent les restes, applanirent la terre, allerent couper du bois és montagnes qui estoient à quatre lieuës delà, auec de petites cognées, qu'ils appellent *Fesques*. Ils chargent les troncs denuez de branches sur leurs espaules, & les portent au lieu destiné pour bastir. Pour les ais, comme ils n'auoient point en ce temps l'vsage de la scie, ils dechargoient les troncs auec leurs cognées, puis auec des cousteaux de fer d'vn pied de long, qu'ils nomment *Hanches*, & d'autres d'vn pied & demy, par eux appellez *Hanches Syllabes*, ils les applanissoient, & en fin les pollissoient auec de petits rabots, qui ont le fer de la largeur d'vn poulce, reduisant l'ais à l'espesseur qu'ils luy vouloient laisser.

Leur bois est dur & de la couleur de nos chesnes. Ils commancent à trauailler le premier iour de la Lune, & continuent iusques au quinziesme, puis sont six sepmaines de repos, lesquelles escoulées, ils reprennent leur trauail, & le laissent de mesme, iusques à ce que le bastiment soit acheué, lequel par ce moyen demeure long-temps à l'estre. Ils ont vne grande regle qu'ils mettent sur le tronc apres en auoir pris la largeur suiuant leur intention, laquelle estant bien allignée, ils font vne marque le long d'icelle auec le dos de leurs cousteaux, auec lesquels & leurs rabots ils ostent ce qui est de superflu. Les blancs reglent les hauteurs, largeurs, & espesseurs, & les noirs, comme valets des autres, font tout le reste, les premiers estimans qu'il est plus honorable de desseigner, que de trauailler. La matiere estant en place, on se sert du lochet, par eux dit *Fanghali*, pour creuser la terre, & y planter des plots de quatre pieds de hauteur, & douze poulces d'espaisseur. Ces plots sortent deux pieds hors de terre, separez l'vn de l'autre de quatre pieds, sur lesquels on couche des traueaux de cinq poulces de toute escarrure, lesquels amenuisez par les deux bouts entrent dans des mortoises qui sont sur les plots, si à iuste, qu'à peine en voit-on la liaison. Sur ces plots & sur ces traueaux, ils dressent vne platte-forme, ou plancher, auec des planches bien vnies, qui s'enchassent par les bouts, d'embas à des pieces de bois, qui n'ont que

K ij

la hauteur de six pieds par le dessous sont fichées dans les traueaux, & par le dessus à d'autres qui regnent sur la tenduë d'ays, bien vnis & grauez, le tout arresté par des liernes ou demy sommiers, qui retiennent les tenduës en leur assiette estant bien emmortoisées. Le toict n'estoit dissemblable aux nostres, ny pour le faiste, ny pour les cheutons, sinon, qu'entre les cheurons de trois poulces & demi d'escarure, esloignez de trois pieds l'vn de l'autre, il y auoit vne canne entre deux, montant iusques au faiste, qui seruoit de latte pour soustenir le couuert, fait de trauersins des mesmes cannes droittes & longues de vingt-quatre à vingt-cinq pieds, esquels on lioit auec vne espece de viorne, nommée par eux, *Haetz-fouche*, des fueilles de lataniers, ou palmites, commençeant par le dessous du toict, qui tombantes plus bas que les tenduës, les couuroient de la pluie, & ainsi montant d'vn pied plus haut, attachées à ces cannes debordoient sur les premieres, & sur celles-cy d'autres, iusques au faiste. Ces fueillages de iaune pasle durent du moins vingt ans contre les iniures de l'air, à cause de leur onctuosité & espaisseur. Ie leur seruis beaucoup à l'auancement de cette maison, leur ayant porté deux scies, esquelles ils donnerent le nom de *Fanapes*, leur monstrant comme il en failloit vser, pour couper & adiuster les bois qui estoient trop longs, ce qui leur espargna beaucoup de temps & de matiere. J'admiray principallement la menuiserie, qu'ils adiusterent sur les six portes de ce bastiment, de festons, de fleurs, & fueillages, tres-artistement trauaillez, n'ayans de tous les outils de nos maistres menusiers que le rabot, faisant tout le reste auec leurs cousteaux. Cét edifice auoit trente pieds de long, & vingt de largeur. Aussi-tost qu'il fust acheué, le Roy fit sçauoir à tous ses subiects qu'il entreroit en iceluy le premier iour de la Lune du mois de Nouembre, de l'année que nous appellions mil six cent quarante-vn. Chacun apporta son present à Andianramac, qui des paniers pleins de nattes de fin ionc, qui dans d'autres paniers faits de cannes mises en carreaux, du ris non battu, des racines, des fruicts, & legumes. Les pauures luy donnerent des pots de terre, des plats & cuillieres de bois, d'autres des fueilles de banniers, ou palmites pour s'en seruir au lieu de napes, seruiettes, plats, & assietes. Les riches lui amenerent des bœufs, vaches, moutons, & cheures, les poules, & poulets n'y furent oubliez. Personne ne se presenta les mains vuides. Beaucoup de gens aporterent dans des petits pa-

On luy donna iusques à des balets, pour balayer sa châbre, & du bois pour brusler.

K iij

niers du gingembre vert, par eux nommé *Sacauirre*, lequel on ietta dans vne foſſe proche ce logis neuf, & auſſi-toſt il fut couuert de terre. Tous ces preſens ayant eſté receus par vn homme ſe tenant debout proche le Roy, qui eſtoit aſſis ſur vn carreau de tapiſſerie à la principale porte de ſa nouuelle maiſon, ayant les ſeigneurs, que nous auons nommé cy-deuant à ſes coſtez, aſſis ſur des nattes, les iambes croiſées. Celuy qui receuoit les preſens, à chaque fois qu'il les prenoit, diſoit au Roy, vn tel t'a apporté telle choſe pour te recompenſer de la perte que tu fis il y a cinq ans de ta maiſon. Les Noirs furent les premiers à l'offerte, puis les Blancs. Il y en euſt tel qui donna au Roy trente bœufs, tel cinquante moutons, & tel cent cheures. Chaque village marchoit en ſon rang, ſuiuant qu'il eſtoit appellé, le trompette marchoit deuant, ſuiui d'vne iarre de vin de miel portée auec des baſtons ſur les eſpaules de deux hommes, puis venoit le reſte des villageois auec les preſens deſquels nous venons de parler, tous leſquels ſont mis dans quatre magazins, qui ſont à cét effect dreſſez deuant le palais du Roy, mis à la charge d'autant de ſes domeſtiques qui ſeuls ont le pouuoir d'y entrer: ſous leſquels eſt vne forme de ſellier, où on mit le vin qu'on auoit presenté au Roy.

Deux iours entiers furent employez à receuoir ces presens, au troisiesme auant que le Soleil fut leué, tout ce monde se fut lauer dans la riuiere voisine; d'où sortans, ils vestoient de nouueaux habits, qu'ils auoient fait apporter sur le riuage par leurs seruiteurs, ou les y auoient apportez eux-mesmes, il n'y auoit rien de reste en leurs paniers dans leurs maisons, tout ce qui leur pouuoit seruir d'ornement estant dedié pour paroistre ce iour là. Le Roy leur en donnant l'exemple, qui entroit le premier de tous dans l'eau, en sortoit le premier, & s'habilloit du mieux qu'il pouuoit.

Sa femme, ie n'ozerois dire la reyne, & sa suitte qui estoit des femmes & filles des seigneurs du païs, choisirent vn endroit dans la mesme riuiere esloigné de celuy des hommes, se baignerent, puis sortant du bain se parerent de leurs plus beaux affiquez, adiustant vn petit bonnet tissu de soye noire, & de cotton sur leurs cheueux, qu'elles annelent en busque sur leurs fronts; le reste pendant sur leurs espaules.

Les trous de leurs oreilles estoient remplis d'vn morceau de bois gros & plat, sur lequel est attachée vne piece d'or façonnée, de la rondeur d'vn qu'art d'escu, ils appellent cette piece d'or *Hotz hotz*. La Reine marchoit deuant seule, & les dames la suiuoient l'vne apres l'autre, leurs seruantes à costé, qui portoient leurs vieux habits. La Reyne & les dames au nombre de six portant chacune vn cousteau de fer en main, long d'vn pied & demy. Marchoient apres elles les femmes & fille blanches, puis les noires. Comme la Reine & ses dames entroient au village, vn domestique d'Andianramac presenta à chacune d'elles vne torche de cire allumée, auec lesquelles elles firent trois tours suiuies des femmes & filles des villages, autour de la nouuelle maison du Roy. Cela fait la Reine & les dames y entrerent par la porte scize à l'Orient, & aussi-tost le Roy la suiuit, auec cinq seigneurs, & trente ou quarante ieunes hommes blancs, qui faisoient des cris d'allegresses, frapans des mains, battans le plancher des pieds; ces cris accompagnez d'autres de tout le peuple generalement, qui demeuroit dehors, hommes, garçons, femmes, & filles, pendant qu'on battoit six tambours sans relasche autour du logis sous les mazagins. Le Roy m'auoit commandé d'apporter de ma part quelque inuention pour signaler cette feste. Ie dressay deuant les deux principales portes de son logis vn petit theatre de

quatre

quatre pieds de hauteur, couuert de fueillages, ie mis vne chaize au milieu, & m'assis dessus, iouant tantost du haut bois, tantost de ma cornemeuse à soufloir, que ie pressois sous le bras à mesure que i'auois besoin de vent. Ce qui donna vne grande satisfaction au peuple. Sous les fueilles, qui couuroient mon petit theatre, i'auois rangé mes mousquets, fuzils & pistolets deux à deux, auec vne meche terminée, qui donna feu aux deux premiers aussi-tost que le Roy, la Reine, les seigneurs & dames furent entrez à la maison, & en suitte aux autres de temps en temps, au grand estonnement du peuple, qui tomboit à terre ayant ouy les coups. Cependant vn nommé Andiamber du village de Fanzaire, où le tout se passoit, esgorgea six bœufs gras qui auoient les quatre pieds liez ensemble, en la presence du Roy, ayant mis sa ceinture à la façon de nos estolles, ceignant le col, puis se croisant sur l'estomac, & se retenant aux hanches. Cét homme prit du sang de ces bœufs dans vn plat de bois, & du vin de miel dans vne vaisselle de Porcelaine, qu'ils nomment *fingue*, qu'il presenta au Roy, qui estoit assiz sur la porte de sa maison, qui regarde le Soleil leuant. Le Roy se leua, prit dans sa bouche de ce vin, qu'il reietta par toute sa maison, iusques à ce qu'il

L

n'y eust plus rien dans la coupe. Puis prit le sang, & en barboüilla les portes, & tenduës: & en fin en marqua les fronts de tous ceux & celles qui estoient en son nouueau logis. Les six bœufs mis en morceaux, furent distribuez aux blancs, hors les fessiers, qui furent reseruez pour le Roy, & ses parens. On donna deux bœufs à chaque maistre de village, vn vaisseau de vin, & quatre paniers de ris, pour distribuer le tout parmi les siens, le Roy me commandant & à mes gens de les laisser boire sans leur reprocher leur yurognerie, qui dura les deux premiers iours, l'excitant auec du tabac, sans manger aucune chose; mais au troisiesme iour, ils firent merueille à dober sur le morceau de bœuf, qu'ils embrochent dans vn baston, qu'ils posent droit deuant le feu, & le tournent à mesure qu'il est cuit d'vn costé.

Ces ceremonies acheuées il nous fallut en fin separer & quitter Andianramac, pour nous retirer en nos maisons, ie ne fus pas long-temps à Mannhale qu'Andiaracaze femme d'Andianmachicore tomba malade: on disoit que c'estoit de ialousie ayant appris qu'estans à Fanzaire son mari estoit deuenu amoureux d'vne autre fille d'Andianramac nommée *Andianramise*, & qu'il auoit dessein de l'espouser. Elle languit quelque temps, iusques à ce que la fievre l'ayant saisie, elle fut contrainte de se mettre au lict. Andianmachicore, qui l'aymoit, enuoya chercher le medecin, qui en leur langage est dit *Marabou*. Il portoit sur la hanche gauche vn morceau de bois carré qui luy seruoit d'estuy, attaché auec vne corde à sa ceinture. On voyoit plusieurs trous faits auec vn foret dans l'espaisseur du bois qui estoit d'vn poulce; dans l'vn de ces trous il y auoit vn morceau de corne, dans vn autre vne dent de crocodille, en celuy-cy du bois iaune, en celuylà de la poudre, & aux autres de l'huille, appellée par eux *Auly*, & du sable. Estant vers la malade, il detacha vne pallette semblable à celle de nos peintres, qui estoit aussi attachée à sa ceinture par vne ficelle du mesme costé que son estuy, duquel il tira vn cornet d'huille, qu'il versa sur sa palette auec du sable qu'il mesla ensemble auec le poulce, l'estendant iusques sur les bords, puis auec les autres doigts il traça des lignes inegalles, & en nombre impair dessus ceste huille & ce sable, iusques au nombre de vingt-sept. Cela fait, ce medecin demeura sur pied immobile & songeard plus d'vn quart d'heure, consultant ce qu'il feroit. Puis ordonna aux domestiques de la malade, de luy aller chercher neuf choses differentes, & les luy

L ij

apporter, sçauoir de la terre prise en tel endroit, vne piece d'vn pot cassé, de l'escorce d'vn tel arbre, de la racine d'vne telle plante, de certaines fueilles, d'vn morceau de bois fiché dés long-temps en terre, d'vne dent de cochon, ils appellent vne dent, *Vois*, des rogneures d'ongles, & de la corne d'vn bœuf.

Ayant tout cela il le mesla & le posa sur la teste d'Andiaracase, disant, *Is*, *Ros*, *Tail*, *Eef*, *Lime*, *Ene*, *Fit*, *Vaad*, *Siue*, ce qui en nostre langue veut dire, Vn, deux, trois, quatre, cinq, six, sept, huict, neuf. Cela acheué, il prit toutes les choses qu'il auoit mises sur la teste de la malade, & les donna à vn domestique pour les porter hors du village, & les enterrer en vn certain lieu qu'il ordonna. Voila comme ce beau medecin opera iudicieusement en ce rencontre, croyant auoir fait merueille pour la guerison de la pauure Andiaracase, laquelle tirant tousiours à sa fin, il la traitta d'vn souuerain remede, qui n'est employé que sur des gens de condition. Il fit tuer vn bœuf par vn homme blanc, duquel ce medecin receut le sang dans vn grand plat de bois, dans lequel il trempa le doigt du milieu, & en toucha en cinq endroits le visage de la malade, qui pour toutes ces niaiseries n'en valut de rien mieux. Mais luy au contraire eut subiect

Les Hollandois en leur nauigatiõ és indes Orientales, l'an 1595. lesquels ont esté a Madagascar, appellent ces nombres. Issa, Roue, Tello, Efad, Lime, Enning, Fruto, Vvoullo, Syday, & Foulo.

de se contenter, car on luy donna vne vache, & deux charges de ris en paille, pour recompense de sa peine.

Vn iour Andianmachicore me mena voir sa femme, ie la seignay par deux fois, mais trop tard, elle mourut peu de iours apres. On l'enseuelit dans vne natte tres-fine, sur laquelle fut cousu vn drap de coton & de soye, puis on mit le tout dans deux pieces d'arbre creusées, qui furent liées auec des cordes tout au tour, cela luy seruit de cercueil. Elle fut pleurée toute la nuict par des hommes & femmes, auec grands cris. J'appris d'eux, qu'elle estoit allée au Ciel, & leur ayant dit, pourquoy donc ils la pleuroient, ils me respondirent, qu'il leur faschoit d'auoir perdu vne si bonne maistresse.

Le iour en suiuant on tira le corps de la defunte hors de son appartement, Andianmachicore l'accompagna, mais il ne fut pas si tost sorti du village, qu'oppressé d'angoisses, & de douleur, il tomba à cœur failli. Ie l'emportay auec trois autres en ma demeure, & le mis sur ma couche, où quelque temps apres, il reprit ses sens.

Cependant la pompe funebre s'auançoit, pour suiure le corps de la deffunte, au lieu preparé pour l'enterrer ; quatre de ses plus proches parens le portoient, les hommes &

Ceux de la Guinée sõt presques de mesmes ceremonies, & encore plus superstitieuses aux conuoys funebres Voy le voyage des Hollan-

dois és Indes l'an 1600. ch. 42.

les femmes les suiuoient, iusques à ce qu'eſtans venus sur le riuage de la riuiere de *Raneuat*, que nous dirions, des Roches, on prit haleine. Là estoit vne canoë faitte d'vn seul tronc d'arbre, dans lequel entrerent les douze plus proches parens chargez du corps, qu'ils placerent au milieu, d'autres canoës, emmenerent ceux qui les suiuoient, iusques en l'isle qui estoit au milieu de la riuiere, appellée par eux, *Noce Raneuat*, qui veut dire, isle de la riuiere des Roches, où estans tous descendus, on entra dans vne maison faite comme nos chapelles, où estoit vn cheualet, sous lequel on auoit fait la fosse pour y enterrer le corps de la morte. Sous ce cheualet estoient deux escuelles de bois, il y auoit dans l'vne du ris, dans l'autre des racines qu'ils appellent *Auly*. Le ris pour seruir d'aliment à l'ame apres la separation du corps, qui s'en estoit sustenté pendant qu'il viuoit. Les racines pour la conseruation de la mesme, pour se tenir fraische, & exempte de maladie. Car les femmes & filles de Madagascar tirent le suc de ces racines, & s'en frottent le front contre toute sorte de maladie, & encore pour paroistre plus belles. Dehors la chapelle, du costé du leuant, estoit vne pierre plantée debout, de douze pieds de hauteur, sur laquelle il y auoit deux grandes cornes de bœuf veritables, & deux figures de courlis, qui sont en grand nombre en cete isle. C'estoient les armes d'Andianmachicore & d'Andiaracase sa femme. La tombe estoit sans inscription, & les courlis, estoiét taillez de bois, auec vn pied d'estail carré pour les soustenir. Il y auoit plusieurs autres chapelles en cette isle, où estoient les sepultures particulieres des meilleures familles des blancs, y ayant vne place destinée pour enterrer les autres blancs dehors le village, où on voit plusieurs tombes droittes au bout des fosses, & quelques fois des petites huttes de brancheages qui les couurent. Il y a dans ce cimetiere nombre de grands arbres droits & espineux depuis le pied iusques au faiste, qui ne portent ny fruits ny fueilles, qui est le symbole de la mort, qui arriuant nous est espineuse, & arriuée nous rend incapables de toute production. I'adioute que l'escorce de cet arbre est noire, comme s'il portoit le dueil de ceux qui sont enterrez proche de luy. Pour ce qui est des sepultures des grands, qui sont en l'islette de laquelle nous auons parlé, toutes leurs tombes sont dressées contre les chapelles, & n'y en a pas vne, qui n'ayt des oyseaux de bois de diuerses sortes dessus, auec des grandes cornes de bœuf. Les ceremonies de l'enterremét d'An-

La figure de cet arbre est dans le voyage que les Hollandois ont fait és Indes Orientales l'an 1595. ch. 7. où il est adiousté, qu'il est haut d'vne pique, de la grosseur du poing, ayant au faiste vne boule espineuse, plus grosse que le reste de l'arbre.

diaracafe acheuées, le conuoy retourna au village, & vint en ma maifon où eftoit Andianmachicore, qui n'auoit voulu aller à la fienne, crainte que cét obiect n'augmentaft fes douleurs. Apres qu'vn chacun euft pris congé de luy, & que i'eus empefché les lamentations des feruantes, qui venoient la nuict pleurer leur maiftreffe defunte deuant ma demeure, au bout de quatre iours Andiamoufe, qui n'auoit iamais abandonné fon bon amy, mes compagnons & moy conduififmes Andianmachicore dans fon logis.

Quelques iours apres ie receus nouuelle par vn negre qu'Andianramac m'enuoya, qu'il eftoit arriué vn nauire François, au port de *Manafia*, que nous appellons fainéte Luce, duquel le Capitaine auoit nom Coquey, le maiftre Iean Regimon; ils amenoient des hommes pour habiter dans Madegaffe, fous le gouuernement de Iacques Proni, & Iean Fourcambourg. I'enuoiai Sebaftien Droüard auec ce negre pour s'informer de l'intention des nouueaux venus, qui me raporta au bout de quatre iours, qu'ils eftoient quarante hommes, fans l'equipage, qui auoient deffeigné de baftir vn fort fur ledit port, qu'il eftoit venu auec fix d'eux chez Andianramac, pour luy demander permiffion de le baftir, ce qu'ils

obtindrent

obtindrent facilement, cela ne mettant point en peine Andianramac, qui sçauoit leur petit nombre, dans lequel estoient plusieurs malades. Comme ces deputez estoient à Fanzaire, & que Droüard m'eust aduerty de ce qui s'y passoit, ie m'y acheminay, pour visiter nos François : Iacques Proni, auec trois des siens m'accompagna à mon retour, pour voir ce que ie faisois à Mannhale, me priant de quitter cette habitation, & me retirer auec mon compagnon, en celle qu'il vouloit bastir audit port de saincte Luce. Il fut auec les siens cinq iours en ma maison à Mannhale, où nous demeurasmes d'accord, qu'il me laisseroit six mois de temps pour debiter ma marchandise, au bout desquels ie ne pourrois plus traitter, que pour ma nourriture, & mes habits.

Proni retourna vers les siens qu'il trouua en piteux estat, la maladie en ayant emporté douze en moins de douze iours, & le reste au desespoir. Ie les soulageay de rafraichissemens, nonobstant lesquels, des quarante qui estoient arriuez pour habiter auec ledit Proni, il n'en demeura que quatorze au bout de deux mois, qui sont encore habitans dans ledit lieu de Madagascar.

Pendant ce temps, Coquey, & ceux de son vaisseau, qui auoit nom sainct Louïs,

M.

lesquels n'estoient destinez pour laditte habitatió, se chargerent de cuirs, de cire, gommes & bois d'ebene pour repasser en France, toutes lesquelles choses ils auoient amassées en plusieurs endroits de laditte isle, notamment és ports des Madegasses, & autres, iusques à la prouince des Matatanes. D'où retournans, le nauire fut surpris d'vn coup de vent, rompu par le milieu, n'y ayant que le doublage de dessus les bordages qui empeschast qu'ils ne perissent tous, en-fin auec beaucoup de peine ils prirent terre au port des Gallions, où ayant dechargé ce qui estoit dedans, & laissé leurdit nauire (apres l'auoir despoüillé de ce qu'il y auoit de meilleur, en canons, cordages, & voiles) à la discretion des habitans du lieu, ils se hutterent auec leurs voiles soustenus de fourches, pour attendre leur barque, qui estoit à quatorze lieuës plus bas dans le port de saincte Luce; Où arriua en ce temps, qui estoit le premier iour de May mil six cent quarante deux, vn autre vaisseau François appartenant à nostre compagnie, ayant commandement, de se charger de ce qu'il trouueroit auoir esté achepté, ou pris par eschange par ceux qu'on auoit enuoyé auparauant dans le vaisseau S. Louis, & de tout ce qui seroit de marchandise en l'habitation nouuelle de sainct Pierre, acquis par ceux qu'on auoit enuoyé pour habiter en icelle, audit port de saincte Luce.

Ce vaisseau nouuellement arriué, basti dans Dieppe à dessein d'amener vne nouuelle habitation dans l'isle de Madagascar, que nous appellons sainct Laurent, fut baptisé de ce nom, portant derriere la poupe l'image de ce sainct. Le Capitaine auoit nom Gilles Regimond, Liegeois de nation, & habitant de Dieppe, le maistre estoit Gilles Regimond son fils, il estoit armé de vingt-deux pieces de canon, chargé de soixante hommes pour demeurer dans l'isle, sans son equipage, auec toute sorte d'outils pour bastir & pour cultiuer la terre.

Estant arriué, & pris terre, ie fus au deuant auec les autres de l'habitation, nous racontasmes le mal-heur qui estoit arriué au vaisseau sainct Louis, & inuitasmes les deux Regimonds pere & fils de venir souper auec nous dans la hutte de Iacques Proni, qui nous vouloit faire sa feste, ce qui fut fait. Ledit Gilles Regimont pere pendant le repas s'informa de moy de l'estat de l'isle, & ce qu'il y auoit à faire pour les marchans, luy estant interessé pour quelque portion dans la compagnie, ayant sçeu auparauant, que pendant mon seiour, i'auois esté par tout, & remarqué ce qui pourroit seruir au trafic. Ie luy

M ij

dis, que dans la Prouince de Matatan voisine des Mallegasses, ou Madegasses, chez lesquels nous estions, il y auoit sept cent pieds d'arbres d'ebene, que le Prince de ce païs auoit nom Andianpalola, auec lequel i'estois en bonne intelligence. Que delà i'estois passé par le pais des Antavvarres, commandé par Andiantalac, qu'il y auoit aussi de l'ebene, mais qui ne se pouuoit facilement porter à la mer. Qu'hors les rafraichissemens ie ne sçauois rien, qui meritast d'estre enleué de l'isle. Pour les ports & riuieres qui pouuoient porter barques, que ie n'en auois connu que deux du costé de l'Est, allant depuis où nous estions à la baïe d'Antongil. Que la premiere qu'il trouueroit faisant ce mesme voyage, s'appelloit par les habitans *Itolanhare*, & que n'ayant pû apprendre le nom de l'autre, nous l'appellasmes la riuiere aux prunes, & le port aux prunes, à cause du nombre des pruniers qui y sont.

Le lendemain le pere Regimond enuoya Sebastien Droüard chargé de mes memoires, contenans la situation des lieux, & les noms de ceux qui y commandoient, pour faire couper l'ebene, & traitter de marchandises chez les Matatanes. Pour moy ie fus enuoyé auec six hommes aux Tapates, pour eschanger des bœufs, vollailles, & autres rafraichiffemens, contre de la marchandife, qu'il me fit deliurer. Ie paſſay en ma maiſon, où Andianmachicore ayant ſçeu mon deſſein, me donna dix hommes des ſiens pour m'eſcorter iuſques aux Tapates, chez leſquels ie fus 3. ſepmaines, pendant leſquelles i'enuoiay à Regimond, par pluſieurs conuoys, conduits par ceux qu'il m'auoit donné, & par des Negres, plus de deux cent bœufs, grand nombre de moutons & de cheures. Retournant auec quatre vingt grands bœufs, & repaſſant par Mannhale, ie demeuray deux iours en ma maiſon, où i'apris qu'vn vaiſſeau eſtoit ſous voile à la prochaine rade. I'enuoiay mon beſtail deuant à ſaincte Luce, & auſſitoſt ie partis, pour aller decouurir ce vaiſſeau, ce que ie fis, m'eſtant mis dans vne canoë auec quelques Negres, ſortant par l'embouchure de la riuiere de *Ranne-fouche*, i'entray dans le port des Gallions, d'où ayant fait vne lieuë en mer, ie me mis au bord du vaiſſeau auec parole d'aſſeurance de celuy qui y commandoit, qui m'ayant reconnu François, me fit monter vers luy. Ce vaiſſeau portoit en pouppe les armes de Dannemark ſouſtenuës de deux lyons; les pauillons eſtoient arborez & eſtendus, le rouge, qui eſt celuy de guerre, ſur la poupe : le blanc, qui eſt celui de paix, au coupeau du maſt de hune,

& celuy de Dannemark sur le bout du Beaupré. S'estant informé de moy du païs, dans lequel il craignoit d'entrer, quoy qu'il eust grand besoin de se rafraichir, son navire ayant relaché du Cap de Bonne-Esperance, d'où il y a six cent lieuës, jusques au lieu où il estoit. Et ayant appris que le port voisin des Gallions, que les insulaires appellent *Itolangare*, estoit à l'abry de tous les vents, fors de celuy de mer, il y vint anchrer, & y sejourna deux iours en attendant qu'il eust trouvé vn meilleur port. Ces gens ayans rodé autour des rades voisines dans vne chaloupe, luy vindrent dire, qu'à deux lieuës plus haut tirant du costé du Nord, ils avoient trouvé vn port abbrié de deux Caps, où le vaisseau seroit en assurance de tous vents, sinon de celuy du Sud-est, qui est le moins dangereux de tous les vents, où il y avoit bon fond avec huict brasses d'eau. Aussitost le navire leua l'anchre, & y alla aborder, & depuis y sejourna six mois, pour y attendre la saison de partir, qui est en Ianuier, Fevrier, & Mars.

I'estois dans ce vaisseau d'où ie fus mis à terre incontinent apres qu'il y fut abordé, ie couchay à demye lieuë delà dans vn village, dit *Rompré*, où deux Negres d'Andianmachicore, suivant que ie leur avois commandé, m'amenerent six bœufs, deux moutons, & deux cabrils, & m'apporterent des chapons & du ris, de quoy ie fis present audit Commandeur, qui me donna vne lettre en langage Portugais pour Regimond, par laquelle il l'inuitoit de le venir voir.

Quand ie fus vers Regimond, il se facha à moy de ce que i'auois tant tardé, & donné connoissance des ports, & de l'estat de l'isle aux Danois. Ie luy dis, que n'estant de son equipage il n'auoit rien à me commander, & qu'estant Chrestien, i'auois esté obligé à soulager des Chrestiens.

Trois iours apres vindrent au port sainte Luce dans vne chaloupe, les commis du Commandeur Danois, & quatre autres hommes, l'vn de ces commis parlant François, dit, qu'ils venoient le prier de leur vendre, ou troquer des marchandises, propres au païs, où ils estoient, contre celles qu'ils auoient dans leur vaisseau, si mieux il n'aimoit de l'argent. Regimond respondit, qu'il iroit voir leur Commandeur, & qu'il l'assisteroit, & les siens de tout ce qu'il pourroit, les renuoyant fort satisfaits, auec des presens.

Cinq iours apres, Regimond fit equiper sa barque, dans laquelle il mit vne bouteille de rososol, qui est de l'eau de vie distillée.

auec cannelle & sucre, qui est excellent à fortifier l'estomac, des confitures seches & liquides, auec des bouteilles de vin d'Espagne, accompagnées de iambons, le tout apporté de France, vn baril de sel, cent milliers de toutes sortes de rassades, quatre tonneaux de ris, & vn baril de biere. I'entray dans cette barque auec seize hommes, du nombre desquels estoit ledit Regimond, & Iacques Proni, maistre de l'habitation de sainct Pierre.

Nous arriuasmes le mesme iour que nous partismes du port de saincte Luce, en celuy de *Itolangare*, qui ne sont qu'à quatre lieuës esloignez l'vn de l'autre. Le vaisseau Danois se mit en estat de combatre,* pauoisé de rouge iusques aux hunes, mais depuis qu'il nous eust reconnu, ce ne fut qu'alegresse, accolades, & festins; le Commandeur nous traitta de petits cochons, canes, & oisons, qu'il auoit apporté vifs dans son vaisseau des Moluques, & apres le repas fit present à Iacques Proni d'vn cerf & d'vne biche en vie, qui venoient aussi des Moluques, semblables aux nostres, pour en peupler l'isle de Madagascar, où il n'y en auoit point, se reseruant deux cerfs, & deux biches pour les faire voir en Danemark. Regimond fit present audit Commandeur de tout ce que nous

* Lors qu'on veut combattre, on met vn drap rouge large d'vn aulne tout autour du vaisseau, sur les bords, qui couure ceux qui sont dedans, iusques à la reste, comme encore au dessus des hunes, pour empescher qu'ô ne voye ceux qui trauaillent aux voiles, s'il en est de besoin. Et cela s'appelle pauoiser, ce qui vient de la coustume des anciens Grecs & Romains, qui rangeoient leurs pauois sur les bords de leurs nauires, lors qu'ils vouloient combattre, pour se cacher der-

nous auons dit cy-dessus, de six pieces d'e- riere, comme il se
bene, ayant chacune six pieds de long, & void par leurs me-
demy pied en carré, ensemble de deux bar- dailles, representant
rils de pain de France. En reconnoissance des combats de mer,
il luy donna vne iarre, ou vaisseau de terre ou preparatif pour y
de Perse, relié de cercles de cannes, pour aller.
le leuer, & porter, tenant vne demye fil-
lette, ladite iarre remplie de sucre candi.
D'vne autre pleine de castonade blanche.
Vne autre vn peu plus petite pleine de gingembre confit. Deux autres de petites oranges & citrons confis. Vn sac de poiure, tenant
deux mesures, vn sac d'vne mesure de cloüs
de girofle, vn millier de noix muscade, vn
pot de fleur d'orange confite, vn sac de cannelle. Deux pieces de Damas chacune de
vingt-cinq aulnes, l'vne violette, l'autre couleur de rose. Deux pieces de tafetas double
de la Chine, de mesme longueur que les
precedentes. Vne de satin blanc, & vne autre de gros de Naples noir. Six bas de soye
de couleur. Six chemises de fine toile de
cotton, quatre coüeffes de nuict de cotton,
brodées de soye blanche. Deux paires de calsons à la Persane, tombans iusques sur les
souliers. Deux paquets de cannes d'Indes
de plusieurs couleurs, & façons, tant petites que grosses iusques au nombre de cent.
Vn seruice entier de porcelaine, auec vn bo-

cal de terre prise proche le tombeau de Mahomet, ayant vn grillage à la bouche par lequel on vuide de l'eau dedans, laquelle exposée au Soleil, se rafraichit au lieu de s'eschaufer.

Pendant deux iours de seiour que nous fismes en ce lieu, l'ayant visité, nous iugeasmes qu'il estoit propre pour y faire nostre habitation : aussi-tost on fit couper des bois dans la montagne voisine, & dresser vne maison, à quoy nous ayderent les Danois, qui s'estoient huttez sur ce mesme port. Estans de retour à saincte Luce nous fismes partir vne partie de ceux qui estoient en l'habitation sainct Pierre, auec ce qu'ils auoient, pour aller habiter *Itolangare*.

Ie ne seiournay güierres en ce lieu; parce que Regimond auoit promis au Commandeur Danois de me renuoyer vers luy incontinent, pour trafiquer auec ses commis de bestail, contre les rassades, desquelles on luy auoit faict present. Ce que ie fis aussi-tost, & passant par le village de *Raniac*, ie vis couper les deux poingts à l'vne des femmes de *Diamboule* maistre du village, par vn negre vallet du mari, qui l'auoit condamnée à ce supplice, pour auoir esté trouuée par luy en adultere. On les luy coupa auec le fer d'vne lance. Elle fut morte de perte de sang, si par hazard vn de nos chirurgiens ne se fut rencontré-là, qui arresta les veines auec vn fer chaut, puis y mit vn emplastre astringent dessus.

Delà passant à Fanzaire, ie vis faire vn acte de iustice ciuille à Andianramac. Les maistres des villages assemblez deuant sa maison, les blancs s'assirent à sa droitte sur des nattes, & les noirs à la gauche, il s'agissoit d'vne portion de champ, que deux hommes qui estoient debout disputoient, chacun d'eux auoit attaché vn veau à vn tronc. La cause iugée, Andianramac les eust tous deux pour les espices du procés. S'il s'agist de plus grande chose il a des taureaux. Il iuge de mesme en l'assemblée, & par l'aduis desdits maistres de village, les procés criminels, mais il n'en a aucune reconnoissance. Il n'y a point de prison en ces lieux, le criminel present, ou fugitif ne se peut sauuer, car aussi-tost qu'il est condamné à mort, chacun tient à honneur de luy couper la teste, en presence de tesmoins, ne pouuans pas souffrir viure parmy eux des gens condamnez pour leur mauuaise vie.

Ie trouuay en ce village vn des commis du Commandeur du vaisseau Danois, qui m'y attendoit, ie fus auec luy par toute la prouince des Mallegasses, où nous acheptasmes quatre-vingt bœufs, qu'il emmena, auec six barrils de sel de roche, qu'il fit porter par des noirs. Cet achapt se fit en troc de rassades.

Pendant ce temps Sebastien Droüard, Gilles Regimond fils de Gilles Regimond, Bonuallot, Gelmain, & autres iusques au nombre de douze, furent aux Antauarres & Amboimenes pour faire couper les bois d'ebene que ie leur auois marqué : leur malheur voulut, que Bonuallot mauuais garnement, ne pouuant souffrir qu'vn Negre eust desrobé quelque chose de peu de valeur dans sa hutte, luy coupa les oreilles, & les cloüa sur vn tronc d'arbre. Ce Negre ainsi mal traitté, vint de nuict auec vn tison ardent pour mettre le feu en ceste hutte, qui n'estoit faite ny couuerte que de branches & fueilles de balisiers. Bonuallot ayant reconnu le feu, tira vn coup de fuzil, qui cassa la cuisse au Negre, nonobstant quoy, le blessé ne laissa pas de se trainer iusques à la riuiere voisine qu'il passa à nage. Il fut trouué le lendemain par nos François sur l'autre bord, qui attacherent aux pieds de ce miserable vne boëtte de perrier chargée de deux liures de pouldre, à laquelle ayant mis le feu, il mourut incontinent. Les assassins ietterent le corps dans la riuiere. *Andianpalola* seigneur de la prouince ayant sçeu ce meurtre, arma ses gens, & quelques iours apres rencontrant ces meurtriers dans la prouince des Antauarres, les fit tous tuer, fors vn ieune homme de Calets aagé de dix-huict ans qui eschapa, nonobstant qu'il eust esté persé de cinq coups de zagaïe, se retirant en sa hutte, où estant, il se saisit de son fuzil, & chassa ceux qui le poursuiuoient, qui creurent qu'il mourroit des coups qu'il auoit receu. Ces barbares ouurirent le ventre à Bonuallot apres qu'ils l'eurent tué, luy arracherent le cœur, luy couperent la nature qu'ils luy mirent dans la bouche ; puis ietterent le corps dans la riuiere, les autres furent tuez à coups de lances & de dardilles.

Regimond pere ayant sçeu cette triste nouuelle eut dessein de se vanger des barbares, mais songeant, que s'il l'entreprenoit il luy en pourroit mal baster, & qu'en tout cas, ils assassineroient tous ceux qui estoient en l'habitation des Maratanes. Par effect ces meurtriers en auoient le dessein, lequel eust esté executé si le ieune homme eschappé de leurs mains ne se fut retiré vers Sebastien Droüard, qui estoit demeuré dans le magazin d'ebene, qui estoit sur la riuiere proche l'habitation que nous auions és Maratanes, à cause qu'il estoit blessé en vn pied. Droüard en advertit diligemment vn de nos commis qui estoit au village d'*Andianpalola*, nommé Herault, lequel le vint trouuer aussi-tost, y laissant toute la poudre, armes & marchandise que nous auions en ce lieu. En ce temps nostre barque qui auoit porté de l'ebene à Saincte Luce, retourna bien heureusement pour le ieune homme, Drouard & Herault, qui se mirent dedans, & s'en allerent auec ceux qui estoient dans la barque, au port saincte Luce. Il facha à Andianpalola d'estre soupçonné participer à ce crime, il enuoya six des siens à Andianramac pour s'en excuser, auquel ceux-cy firent present de deux menilles, ou bracelets d'or, quatre d'argent, vn gros collier à cinq rangs, entremeslé de canons d'or, grains d'or ronds & creus, de coral fin, de cornalines longues, & de rassades rouges, le tout enfilé dans du cotton. Ils y adiouterent des cannes de sucre, du ris en paille, des feues, phasioles, & pois, auec deux habits, l'vn pour Andianramac, l'autre pour sa femme, ils appellent ces habits *Lambes*, deux *Quilambos*, ou ceintures, vn *Sarrauoi*, ou braye, le tout tissu de cotton & de soye. Parmy ces six deputez estoit vn orfeure du pays, qui fut quelque temps à faire son mestier en cette prouince des Madegasses. Il auoit des creusets de terre brune, de laquelle ils font leurs vaisselles, dans lesquels il mettoit de l'or du pays, qui estoit tres fin, qu'il fondoit sans aucun ingredient, souflant par la bouche dans vne canne, contre les charbons allumez, qui estoient sous lesdits creusets, il en faisoit autant de l'argent. Il grauoit sur des pierres tendres, comme nos argentiers sur les os de seiches, tout ce qu'il vouloit, puis iettoit dessus ce qu'il auoit fondu, qui prenoit telle figure & proportion qu'il luy auoit pleu grauer, à quoy il adiustoit d'autres pieces pour acheuer ce qu'il auoit desseigné, se seruant au lieu de borax pour la soudure de petits pois du pays, trempez dans du ius de limon, dans lequel il mettoit le bout d'vne plume d'aisle de poule, puis en frotoit les pieces qu'il vouloit ioindre ensemble, & auec des pincettes les mettoit dans le feu couuert de charbons, qu'il allumoit de son soufle passant par la canne, & aussi-tost la soudure estoit prise. Tous ceux de cette prouince admirans ce secret, luy porterent l'or & l'argent qu'ils auoient pour le mettre en œuure, il pesoit dans des balances ce que chacun luy confioit, & le rendoit de mesme poids. On nomme en ce pays vne balance *Lanzaye*, & les poids *Milanzaye*.

Mais tous ces presens, & cette nouueauté d'orfeuerie ne resiouït point Andianramac, qui regrettoit ceux qui auoient esté cruellement meurtris aux Antauarres, notamment Gilles Regimont fils, & vn peintre, qui luy auoit naguieres promis de le tirer au naturel. Il fut luy mesme consoler le pere, & m'enuoya dire, que ie le vinsse trouuer. Et aussi-tost Regimond m'escriuit, que ie troussasse bagage; qu'il auoit dessein de mettre les voiles au vent dans peu de iours & m'emmener auec luy. Ce me fut vne dure separation, puisqu'il me failloit laisser ma maison, mon iardin, & vne partie de mes meubles, & ce qui plus me fachoit, quitter Andianmachicore, qui m'aimoit infiniment; ma consolation fut, que ie luy laissois ce que ie ne pouuois emporter. Il me vint conduire iusques à Fanzaire, où ie pris congé de luy pour aller trouuer Andianramac qui estoit chez Regimond dans nostre habitation de sainct Pierre.

Apres plusieurs plaintes, pleurs & regrets, nous nous preparasmes à nous separer; nous mismes dans le fond du vaisseau pour le lester la pesanteur de deux cent tonneaux de bois d'ebene, de six à sept pieds de long, que nous faisions conduire dans des canoës du pays, nommées *Laaques*, iusques à son bord, tant de l'ebene de la prouince où nous estions, *de François Cauche.* 105

estions, que de celles des Matatanes, Antauarres & Amboimenes. Cela fait, nous chargeasmes nos viures & marchandises, apres auoir mis en estat la barque que nous auions apportée en pieces dans nostre nauire, elle estoit du port de vingt tonneaux, nous la mismes en mer auec son equipage qui estoit de vingt-cinq hommes, & ayans laissé en terre dans nostre habitation de sainct Pierre au port de saincte Luce soixante hommes sous le gouuernement de Iacques Proni, & Iacques de Fouquembourg Rochelois, nous leuasmes l'ancre le quinziesme Aoust de ladite année mil six cent quarante deux, tirans à la mer Rouge auec dessein de faire quelque bonne prise.

Nous prismes la route du costé du Sud, & ayant passé la pointe de l'isle de Madagascar, ou sainct Laurent, de ce costé-là, nous tirasmes au Nord passant entre cette-cy & la terre ferme de la basse Ethiopie, où sont les Royaumes de Cephala & Mozambique. Au bout de trois iours nous decouurismes les isles de Comore, qui sont entre les douze & treize degrez de la ligne, du costé du Sud. Nous prismes terre au port de la principalle, qui a donné son nom aux autres: Où ayant esté receus par le gouuerneur, qui portoit en teste vn turban, ayant vn cal-

O

son qui luy descendoit iusques aux talons, & vne chemisette ceinte d'vne grosse escharpe, dans laquelle estoit fourré vn poignard large au dessus & pointu au bas, ayant vne grosse poignée recourbée toute couuerte de diamans & autres pierres fines, nous changeasmes du linge contre des viures. Parmy les insulaires, il y auoit nombre d'Arabes & de Persans, qui s'y estoient habituez, & d'autres qui n'y estoient que pour y trafiquer, cette isle & ses voisines estant abondantes en fruits, cocos, coton, & bestail.

Nous nous presentasmes pour entrer dans vne mosquée qui estoit ouuerte bastie de pierres de taille ; les murailles, & le paué couuerts par dedans de tapisseries de Turquie, mais on nous en refusa l'entrée. Il y auoit vn autel au fond, aussi couuert d'vn tapis sans aucun tableau, ou statuë.

Depuis cette isle iusques au Cap de *Guardafuy, qui defend du costé gauche l'entrée du destroit de la mer *Rouge, ou de la Meque, nous ne descouurismes aucune terre.

Estant arriuez en ce lieu, nous detacheasmes nostre barque, qui nous raporta de l'eau, des citrons, oranges, ris, volailles, & gommes. Puis prit sa route du costé droit du golfe vers l'Arabie Heureuse, pour decouurir quelques vaisseaux, pendant que nostre nauire costoi-

* D'autres Gardafuni, des anciens promontorium Aromatum, par d'autres Gardafu.
* On l'appelle aussi mer Arabique, à cause de l'Arabie Heureuse, qui retient cette mer du costé droit de ceux qui entrent dans ce golfe. Au milieu de laquelle proche de ses bords, est la ville de la Mecque ditte Mouchoura par Ptolomée, celebre pour les voyages que les Turcs y font, à cause de leur Mahomet, qui y nasquit, laquelle donne son nom à ce golfe, qui fut appellé autrefois Erythreen, du nom d'vn ancié Roy d'Arabie, dit Erythrus, & parce que Erythros en Grec signifie rouge, on l'a depuis appellée la mer Rouge, & non pas, comme aucuns ont voulu dire, à cause de la couleur rouge de son arene, ny des marbres rouges qui sont és roches voisines, l'vn & l'autre n'estant vray. La description de la cité de la Mecque est dans Belle-Forest, où il parle de l'Arabie Heureuse, son port s'appelle Zidem.
Vois Strabon liu. 16 Ptolomée liu. 6. ch. 11.

de François Canche.

voir à main gauche, ayant laissé derriere nous l'isle de * Zocotora. Nostre barque fit rencontre d'vn petit vaisseau qui venoit des * Malabares, chargé de coton, de draps, & de laine, n'y ayant que douze hommes dedans, lesquels se rendirent à nous sans se laisser forcer. Nous nous contentasmes de prendre la marchandise, laissant aller les hommes & le vaisseau, lequel estoit de planches cousües auec vne espece de viorne cordelée, qui serroit les iointures des ais, entre lesquelles il y auoit des fueilles de glais & iones, bien ferrez, pour empescher l'eau d'y entrer. Il n'y auoit qu'vn voile carré, tissu de iones, n'y ayant en tout le vaisseau aucun clou, ny cheuille. Passant outre, nous rencontrasmes sous le vingt-troisiesme degré de la bande du Nord, proche le tropique de Cancer, au deuant de la Mecque cinq vaisseaux Hollandois, apres nous estre entresaluez à coups de canon, ils descendirent en mer, & nous montasmes iusques à la veuë de Suez, qui est au bout du golfe. Y allant, entre * Zibid, & l'isle de Sabega nous reconnusmes vne ramberge d'Angleterre qui escortoit les nauires marchands, qui passoient d'vne terre à l'autre. Ceux qui estoient dans cette ramberge nous voulurent quereller, menaçant de nous liurer à ceux du païs comme voleurs,

* Son nom ancien est Dioscuris, ou Dioscoria, abondante en excellent aloës.
* Cette Prouince de l'Inde inferieure dãs le Gange commance au Cap de Commorin, dit des anciens Cory, & finit au fleuue & bourg Cangeracon. Ce Cap s'aduance en mer sous le 8. degré de la ligne du Nord entre la prouince de Decan & Narsingue. Elle contient les Royaumes de Cananor, Calecut, Cocin, Caicolam, Coulam, & Trauancor. Magin en la description des Indes Orientales. La figure des vaisseaux des Malabares est dans le mode Maritime de mon pere liu. 2. ch. dernier.

* Zibid est vn bourg basti sur le bord de la mer qui touche le Royaume des Abissins tenant au desert Cossir, sous le tropique du Cancer. L'isle de Sabega, est de l'autre costé du destroit, dans l'Arabie, au dessus de la Mecque.

O ij

mais voyans que nous nous apprestions au combat, ils nous laisserent passer. A la fin apres auoir couru tout ce destroit, nous tournasmes la proüe du costé de son embouchure, & comme nous estions sous le quinziesme degré de la bande du costé du Nord, proche de l'isle de *Zeiban, nostre barque fit rencontre d'vn vaisseau Malabarois, fabriqué de mesme que celuy duquel nous auons parlé cy-dessus, mais beaucoup plus grand, son equipage estant de trente hommes, sans ceux qu'il portoit pour passer de l'Arabie, en vn bourg appellé Arquique. Il estoit armé de douze pieces de canon à bouëttes, que nous appellons, *Berges*; Il estoit chargé de draps d'escarlate, d'or, & de soye, auec de l'or & de l'argent monnoyé, lesquelles choses appartenoient pour la plus grande partie à vn seigneur Abissin, qui venoit de prendre femme dans l'Arabie heureuse. Elle estoit dans ce vaisseau, belle & ieune, ayant vne tunique de satin blanc & rouge, s'entretenant par bandes d'esgalle proportion, couuerte en partie d'vn iuste à corps de mesme estoffe, descendant iusques au iarret, ayant vn petit turban blanc & rouge au dessus de la teste, & sous iceluy vne couëffe blanche d'vn coton tres-fin. L'habit du mary estoit d'vn velous cramoisi pas-

* Zeiban est vne isle entre Zibit, qui est en Arabie, & Mazuan, bourgade des Abissins dans la prouince d'Amamir, proche d'Arquique, qui est vn autre bourg, qui de mesme que les autres qui sont en cette coste, paye tribut au grand Negus, ou Empereur des Abissins.

semenré d'or. Et celuy de ceux de sa suitte, qui estoient au nombre de douze, estoit aussi de bandes, qui tomboient du haut en bas par esgalles proportions, l'vne blanche, & l'autre noire; Tous auec le turban & le sabre. Les voiles de ce vaisseau estoient de ioncs, comme ceux des Malabares & Iaponnois, mais il estoit plus long que ceux desquels nous auons parlé cy-dessus, celuy qui y commandoit auoit nom *Lalo*. Aussi-tost que nostre barque l'eust reconnu elle arbora le pauillon rouge sur la hune, tirant vn coup de canon, pour aduertir nostre nauire qu'elle auoit fait rencontre: en suitte elle costoya le vaisseau iusques à ce que nous fussions à elle; & lors qu'elle nous vit approcher, elle enuoya faire commandement à celuy qui commandoit au vaisseau estranger, de mettre les voiles & armes à bas. Ce que n'ayant voulu faire, la barque deschargea quatre coups de canon. Cela l'estonna, & plus encore, quand il apperceut nostre nauire venir à son bord, il demanda à parlementer, & se rendit à condition qu'on ne feroit aucun tort, ny au seigneur nouuellement marié, ny à ses gens, ny au vaisseau. Cela estant accordé, nous fismes passer *Lalo* dans nostre nauire, & auec luy, l'or, & l'argent monnoyé que nous trouuasmes dans

O iij

son vaisseau, auec des pieces de drap d'escarlate, & huict vaches, leur en ayant laissé quatre auec leurs viures & eau, qui estoient dans de grands vaisseaux de terre, que nous appellons iarres, ensemble vne bonne partie de leur marchandise; l'or, & l'argent monnoyé montant à plus de deux cent mille escus, qui assouuirent le desir d'amasser, qui auoit inuité nostre Capitaine à ce voiage.

Ayans pris congé les vns des autres, nous continuasmes nostre route pour retourner en France, mais la fortune qui nous vouloit plus de bien, que nous n'en souhaittions, nous fit faire rencontre d'vn vaisseau marchand sans armes, qui estoit sorti du port de *Gardafu* pour *Xael*, dans lequel estant entrez sans aucune resistance nous enleuasmes la meilleure partie de la marchandise, qui estoit de draps de soye, & de coton, de toute sorte de couleurs, auec des soyes & cotons non façonnez, laissant libres les marchans & leur vaisseaux, pour aller où ils voudroient.

Delà, sans aucune rencontre, nous reprismes la route de Madagascar où nous anchrasmes au port de saincte Luce, au commancement du mois de Nouembre, mil six cent quarante trois. Et descendismes en nostre habitation de sainct Pierre, laquelle nous

Xael, est vn bourg proche la celebre ville & port d'Adé, scize à l'embouchure de la mer Rouge, au riuage de l'Arabie Heureuse, sous le treiziesme degré du costé du Septentrion. Toutes sortes de nations y trafiquent. Louïs Bartheme au liu. 2. de son voyage ch. 4.

trouuasmes diminuée de quatorze hommes, & tout le reste malade de fievres chaudes, par l'intemperie de l'air, & les vapeurs des marescages qui sont tout autour, personne ne pouuant debarquer pour y aller sans moüiller le pied, sa situation estant en vn bas où l'eau de la mer s'epanche.

Nous fusmes estonnez à nostre arriuée en ce lieu, de trouuer chez Proni vne femme du païs, habillée à la Françoise, qu'il tenoit suiuant la creance des Madagascarois pour sa femme, mais suiuant celle des François, pour concubine. Andianramac luy a-uoit persuadé ce mariage, pour se tenir plus asseuré de luy & des siens par cette alliance, cette femme nommée Andianramariuelle, estant fille de deffunt Andianmarual grand seigneur en ces lieux-là, niepce d'Andian-ramac, belle sœur d'Andianmachicore, & sœur d'Andianbel, tous puissans, & nos bons amis.

Enfin nous partismes de ceste isle de Madagascar pour France au mois de Mars mil six cent quarante-quatre, y laissant trente six de nos gens pour y habiter, ayans passé le cap des Aiguilles, où l'on voit floter sur mer plusieurs trombes, ou roseaux, & nager grand nombre de chiens marins, nous terrasmes proche le Cap de Bonne-Espe-

Nous auons parlé cy dessus du Cap des Aiguilles, celuy de Bonne-Esperance fut premierement reconnu, puis doublé par Vasques Gama, *qui l'appella pour lors Tormenteux, à cause des tourmêtes qui y sont continuelles, ce qu'ayant raporté à son retour en Portugal au Roy Iean 2. & celui cy iugeant par ce moyen que les Indes estoiēt prochaines, & ouuertes à ses vaisseaux, le nomma de Bonne-Esperance, en l'an 1497. & doublé par le mesme Gama l'an suiuant sous le Roy de Portugal, Emanuel. La figure dudit Cap, ensemble celle de celuy des Aiguilles, qui n'en est esloigné que de 22. lieuës, comme encore du golfe & isle de Table Baye, qui sont derriere le Cap de Bonne-Esperance, se voient dans le voyage que firent les Hollandois és Indes Orientalles l'an 1595.*

rance dans vne petite isle enuironnée d'vne riuiere d'eau douce, appellée *Table Baye*, & par les Hollandois *Baij Van*. Nos François l'appellent l'isle à la biche. Tout nauire qui entre en ce lieu, de quelque nation qu'il soit, plante vn baston sur le bord, au dessus duquel on attache vne bouteille, & dans icelle vne lettre du iour qu'il y est arriué, & d'où, auec les particularitez du voyage, nous y trouuasmes des nouuelles, des vaisseaux de Digart, & du Danois. Nous entrasmes dans cette riuiere enuiron quatre lieuës, auec nostre barque, & nauire, & prenant l'occasion du flux, nous mismes l'vn & l'autre à terre, où estant, nous rompismes la barque, pour faire du bois à brusler, ce golphe estant ceint de toutes parts de roches nuës & steriles. Puis ayant nettoyé nostre vaisseau par dehors auec de grands gratoirs de fer, & coupé auec iceux les pierres qui s'estoient engendrées du limon de la mer, & endurcies depuis la quille du nauire iusques à la ceinture, qui est vne grosse piece de bois, cheuillée de cheuilles de fer, laquelle en fait le tour, nous le remismes en flotte sur ses anchres à la troisiesme marée, & pendant quinze iours, nous nous pourueusmes d'eau, de loups marins, gros comme veaux de quatre mois, de chiens marins, de poissons, & oyseaux.

seaux. Les Cafres habitans de ce lieu, vindrent sur le riuage nous voir pescher, armez de lances & iauelots, les vns tous nuds, les autres portans vne peau de mouton sur vne espaulle en façon de manteau. Pour les empescher de nous mal faire & les appriuoiser, nous leur iettasmes des loups marins, que nous auions tuez à coups de leuiers les frapant sur le nez, ils ne peuuent estre tuez autrement. Ces barbares firent aussi-tost bocaner ce que nous leur auions ietté, & mangerent tout sans rien vuider. Ils sont affreux de visage, n'ayant presque point d'vsage de raison, & moins encore de religion, ils habitent dans des maisonnettes, couuertes de chaume, ayant les murailles de terre.

Les mœurs, & vestemens des Cafres sōt raportez par Pyrard en ses nauigations ch. 11.

Enfin s'estant appriuoisez auec nous, ils nous donnerent pour des rassades & coral quantité de poissons, deux bœufs, deux moutons pelus à la grande queuë, des escailles de tortuës de terre, iaunes, noires, & blanches, figurées par dessus de losanges, & petits carreaux : les plus rares estoient petites comme vn œuf d'oye, les autres comme le poing. Nous eusmes encore d'eux des œufs, & plumes d'autruches, auec des dents d'elephants & de cheuaux marins pour du cuiure, & leton en plaque. Nous mouillasmes l'anchre vingt-cinq iours apres nostre de-

P

Le plan de cette isle auec sa description est au voyage que les Hollandois firent és Indes l'an 1595. au dernier ch. Et dans le voyage de Linscot ch 94.

part de ce lieu, à la rade de l'isle saincte Helene, ainsi appellée par ce qu'elle fust premierement descouuerte le 21. May, qui est le iour qui est dedié à cette saincte. Elle est située sous le seiziesme degré vers le Pole Antartique. L'air y est tres-sain, & la terre tres-fertille en oranges, citrons, cheures, pourceaux, oysons, poules d'Inde, sel, poissons. Elle est arrousée de plusieurs riuieres qui tombent en mer, & nonobstant ces commoditez, elle est inhabitée, personne n'osant se l'aproprier, crainte d'en estre depossedé par le premier venu. Ainsi, quoy qu'elle ne soit à aucun particulier, elle demeure au milieu de la mer pour receuoir tous les voyageurs du monde, esquels, comme vne mere liberale, elle ouure ses ports, & leur fournit de rafraichissement & de nourriture. Nous trouuasmes au principal port de cette isle trois vaisseaux Hollandois, & vne ramberge Angloise, de laquelle i'ay parlé cy-dessus: nous descendismes en terre, où nous fismes bonne chere auec ceux qui estoient venus en cette isle dans ces vaisseaux, car outre les choses que ie viens de nommer, desquelles elle abonde, nous y tuasmes nombre de sangliers, perdris, & ramiers & fismes prouision de gros pourpier pour le confire dans le vinaigre & le sel, & nous en rafraichir

de François Cauche.

pendant le reste de nostre voyage, auquel nous sentans bien disposez, nous mismes au bout de quelques iours les voiles au vent, pour l'isle de l'Ascension, où nous n'arrestames que six heures, pour prendre des tortuës de mer qui y sont en grand nombre, apres en auoir mis soixante dans nostre vaisseau, & remis sur le ventre celles que nous auions renuersées pour les choisir, car autrement elles mourroient, ne pouuant se remettre sur le ventre d'elles-mesmes. Delà ayant passé à la veue de l'isle * Heysant nous anchrasmes à Comerer, où nous employasme quinze iours pour nettoyer nostre vaisseau, qui fut accompagné & conduit par cinq nauires de guerre establies pour la garde de la coste, qui nous escorterent iusques au Haure de Grace, où nous fusmes anchrez vingt-quatre heures, & de là nous fusmes de compagnie auec quatre vaisseaux Hollandois iusques à Dieppe, où nous arriuasmes par la grace de Dieu le vingt-vniesme Iuillet mil six cent quarante quatre.

La figure & description de cette isle, est dans Linscot ch. 95. elle est sous le 8. degré du costé du Sud.

Elle est a l'extremité de la basse Bretagne entre les caps de S. Matthieu, & le Four. Comerer est vn Cap & bourg, à l'opposite de celuy de sainct Matthieu, à l'Embouchure du golfe de Brest, dans le Ras.

DE LA RELIGION,

MOEVRS, ET FAÇONS

de faire de ceux de l'Isle de Madagascar,

Ensemble des Animaux qui y sont, & aux Isles voisines.

DE LA RELIGION,

MOEVRS, ET FAÇONS
de faire de ceux de l'Isle
de Madagascar,

*Ensemble des Animaux qui y sont,
& aux Isles voisines.*

APRES auoir fait le narré de mon voyage, il me semble à propos de vous declarer le fruit que i'en ay tiré par la connoissance des peuples, animaux, arbres, & plantes, qui ne se trouuent ailleurs, ou rarement.

I'ay desia dit, que ie n'auois pû reconnoistre pendant le long-temps que i'ay seiourné en cette grande isle, aucune religion n'y ayant aucun temple, & ne les ayant iamais veu prier ou inuoquer aucun Dieu, ny adorer aucune statuë, & comme ie leur disois, s'ils ne reconnoiſſoient pas qu'il y auoit vn createur de toutes choſes, qui recompenſoit les bons, & chaſtioit en ce monde & en l'autre les meſchans, ils me reſpondoient, qu'ils ſçauoient bien qu'il y auoit vn diable, qui leur enuoioit les maladies, & la ſterilité; & vn Dieu qui les faiſoit mourir, de ſorte que ce dernier eſtoit plus à craindre que le premier. Que tous les hommes auoient eſté creés d'eux-meſmes, & qu'indifferemment bons & mauuais alloient au ciel apres la mort. Que c'eſtoit aſſez que ces derniers fuſſent punis en ce monde, & par le diable qui les tourmentoit, & par les hommes qui les chaſtioient ſans exception de qui que ce fuſt; comme ie l'auois ſouuent veu. Il y a pourtant apparence que la meſme loy de Mahomet qui eſt ſuiuie par les peuples leurs voiſins, qui habitent la terre ferme oppoſée à leur iſle ſoit venuë iuſques à eux, en ce qu'ils obſeruent la circonciſion, quoy qu'auec d'autres ceremonies que les Turcs, & qu'ils ne trauaillent point le vendredy, iuſques à ce point, qu'Andianmandombe frere aiſné d'Andianramac, s'enfermoit tous les vendredis dans ſa chambre, ſans vouloir parler à qui que ce fut. Mais de ſçauoir ce qu'il y faiſoit, c'eſt ce que ie n'ay pû encore apprendre, quoy que ie luy fuſſe fort familier,

Ils appellent le diable Tayuaddey.

Le iour du vendredy eſt le iour de repos des Mahometans, vois Belle-Foreſt, liu. 2. de ſa Coſmographie, ch. 8. où il parle de la religion & police des Turcs.

milier, non plus que des ceremonies, & façon de faire en leurs mariages, que personne d'eux ne m'a voulu reueler. Quoy que par l'apparence, ils tiennent du Mahometan, qui est obligé à vne femme, & qui ne laisse d'auoir plusieurs concubines, ce que leur faux Prophete leur a permis pour la multiplication de ceux de sa secte, laquelle estant adonnée à la guerre, fait par cet indult de grandes armées, tout son monde estant soldat, sans sçauoir ce que c'est de chicane, qui affoiblit toute la Chrestienté, par le grand nombre qui s'y adonne, viuant du bien des autres, sans songer à porter nos armes contre les ennemis de la foy.

<small>Postel en sa Rep. des Turcs.</small>

Nous auons aussi dit cy-dessus, que le mari repudiant sa femme, luy laisse & à son beau pere ce qu'il luy a donné de dot pour l'auoir, & que si la femme quitte son mari, elle doit luy rendre tout ce qu'il a donné pour l'auoir en mariage, ce qui est pris de la loy de Mahomet, qui appelle cette sorte de mariage, *Chebin*, qu'il n'y a qu'vne pierre debout au lieu où ils sont enterrez, auec quelque figure de fantasie : & que la plus grande partie de ceux de cette isle ne mangent point de porc, qu'ils sacrifient des bœufs, & des poulets, que sur leurs sepulchres, de mesme qu'aux coins des autels des Iuifs, on y plantoit des cornes de bœufs, que leur *Marabou* leur eſt comme vn ſacrificateur pour immoler les victimes, & à ſon deffaut les blancs, comme hommes venus d'vne race innocente, telle qu'eſtoit celle de Sem, & non pas les noirs, comme race de Cham, qu'ils coupent par morceaux le bœuf eſgorgé & le diſtribuent à vn chacun ; reſeruant ſeulement la queüe auec vne partie de l'eſchine pour le Roy, vn merceau de la meſme, vn morceau de cœur, & vn morceau de foye pour celuy qui l'a eſgorgé. Et eſt à remarquer, que s'il y a vn Chreſtien parmy eux, ils le prient de faire cet office, ie ne ſçay par quelle defference, mais ils m'ont fait faire ſouuent ce meſtier, ie croy que c'eſtoit parce que ie n'y prenois aucune part, ou parce que les blancs ſont les maiſtres de l'iſle, & que ceux-là meſme qui ſont blancs, qui ſe diſent venir des Indes Orientales, reſpectent les Europeans, comme eſtant plus blancs qu'ils ne ſont. A cette cauſe ils appellent le Chreſtien, *Vaza*, c'eſt à dire tres-blanc, defferant tant à ce mot, qu'ils appellerent vne petite fontaine que i'auois fait paſſer par des cors dans ma maiſon à Mannhale *Ranne vaza*, qui veut dire la fontaine du Chreſtien, ou du blanc. Ils en firent autant d'vn petit moulin à vent que i'auois fait au mesme logis pour tourner la broche deuant le feu. Il n'y auoit personne au commancement, qui ne m'apportast de la viande pour la voir cuire deuant luy, tant ils admiroient ces petits ouurages.

Ce qui me persuade encore qu'ils ont beaucoup du Mahometan, s'est que non seulement les isles de Comore, qui sont entr'eux, & la terre ferme de l'Ethiopie inferieure, sont pour la plus grande partie habitées d'Arabes & Persans, qui suiuent la religion de Mahomet, & mesme que cette * pointe de l'isle qui l'auoisine en a aussi, & que les premiers d'icelle qui sçauent escrire, escriuent en Arabe. Outre ce, ils ne mangent point aucun animal, qui n'ayt esté saigné, abhorrans tout ce qui a esté suffoqué. Et ne reçoiuent aucun pour leur parler, ny pour manger, qu'ils ne soient assiz les iambes croysées sur vn tapis, ou nattes à la mode des Turcs ; & ne font aucune ceremonie sans auoir esté lauez.

* s'est le Cap de Tristan Danza. Vois Iean Barros en son histoire des Indes. Decade 1. liu. 8. ch. 4.

Ils sçauent le cours du Soleil qu'ils appellent *Manssuandre*, & de *Voulle*, ou la Lune. Ils diuisent leur année en quatre saisons, & douze mois Lunaires, auec quelques iours intercallaires. La Lune a quatre sepmaines, & chaque sepmaine sept iours. Ils la commencent par le iour qui luy est dedié, sçauoir le lundi, qu'ils nomment, *Litenin*, le mardi, *Tallat*, le mecredi, *Allgroubie*, le ieudy, *Camis*, le vendredy, auquel iour ils ne trauaillent point, *Zoma*, le famedy, *Saboufse*, le Dimanche, *Allahade*. Le iour, *Andre*, & la nuict, *Alle*. S'ils veulent dire la nuict paffée, ils dient, *Lefalle*, la nuict prefente, *Anhalle*, demain matin, *Amaray Ampifse*.

Ils fçauent les temps propres à planter & femer, & comme leur nourriture, & la vie defpendent principallement de ces deux chofes, ils puniffent ceux qui defrobent les plantes & graines, de mefme que les larrons de beftail, coupant à tous les deux mains. Et comme la femme fait vn larcin au mary, lors qu'elle s'abandonne à d'autres, elle eft punie de mefme fupplice. Pour l'homicide il eft fans delay puny de mort.

Les fils, de mefme qu'en beaucoup de pays des Indes Orientales, ne fuccedent point és principautez, ny gouuernemens de leurs peres, ains les gendres. Le fils, ny le frere d'Andianramac ne fuccederont pas à la principauté des Malegaffes, mais fon gendre.

Au refte l'ifle eft fort fertille en grands bœufs qui ont vne groffe loupe excellente à manger, entre le col & les efpaulles, toute de graiffe.

En moutons beaux & grands, trainans vne queuë de vingt-deux à vingt-trois pouces de rond, & autant de long, ayans les cornes recourbées en dedans, & couuertes de poil au lieu de laine, ledit poil de diuerses couleurs, les oreilles pendantes. Les brebis font iusques à quatre agneaux à la fois, quoy qu'elles n'ayent que deux pis.

Les cheures, & boucs, sont plus hauts que les nostres, ont le poil ras, blanc, noir & roux. Ils appellent le mouton, *Angondri*, & la cheure *Osse*.

Le porc naturel de l'isle (car il y en a qu'on a apporté de l'Europe) a cinq doigts à chaque pied, armé de griffes, il n'est pas plus gros que le chat, ayant la queuë recoquillée, se cachans dans les roches, comme le blereau, & se deffendant de mesme contre les chiens, sçauoir des griffes & de la dent. Il est bon à manger. Il est blanc, le corps couuert d'vne courte soye.

Il y a des chats sans queuë, de plusieurs couleurs, sauuages & domestiques, & de gros rats bons à manger, gris par dessus, blancs par dessous. On voit aussi des chats qui ne viuent que de tamarindes, ayant le corps long, le museau aigu, les pieds courts, & la queuë longue & mouchetée.

La Salamandre a demye aulne de long,

ayant le museau aigu, gros yeux, vn dos vni & long, comme aussi la queuë, elle a quatre grands ongles aigus & estendus en chaque pied, le dos figuré de croix entre deux lignes qui courent du col à la queuë, qui est fourchuë au bout.

La figure du Cameleon est dans la nauigation de l'Inscor, ch. 45. auec celle de la Salamandre.

Le Cameleon est de couleur cendrée, fait comme vn lezart ayant le corps plat, le dos aigu, herissant comme vne scie depuis la teste iusques à la queuë, il a quatre pieds, en chacun trois doigts, la queuë longue, auec laquelle il s'attache aux branches des arbres aussi bien qu'auec les pieds, il marche doucement, tousiours branslant, il a huict poulces de long entre queuë & teste; laquelle est platte, ses yeux sont petits, noirs, & brillans, le museau long, il se deffend de la dent sans faire mal, si on le met soubs vn chapeau noir, il paroist viollet, on dit qu'il vit de vent, ie peux asseurer toutesfois en auoir veu vn attraper vne mouche, auec vn filet fort mince long de trois doigts, qu'il eslança de sa bouche, comme vn dard, & l'aualler. Il y a aussi des cameleons iaunes, & d'autres verds, qui sont plus petits que les cendrez. Tous les cameleons ont la peau plissée depuis le col iusques au dernier nœud de la queuë, & vne forme de creste sur la teste.

I'ay veu aussi de certaines bestes en l'isle

saincte Marie, & baïe d'Anthongil, qui viuent sur terre & dans les lagunes de la mer, grandes comme vn lapin, ayant le groin d'vn porceau, tousiours groignant, & tout le corps couuert d'espines, comme l'herisson, ayant les pieds courts & la queuë longue.

La figure de ces animaux, comme aussi celle du chat sauuage est dans le voyage que les Hollandois firent és Indes Orientalles en l'an 1595. ch. 34.

La prouince des Malegasses est infestée d'vn grand nombre de singes de plusieurs especes. On en voit des bruns de couleur des castors, ayans le poil cottonné, la queüe large & longue, de laquelle, estant retroussée sur le dos, ils se couurent contre la pluye & le Soleil, dormans ainsi cachez sur les branches des arbres, comme l'escurieu. Au reste ils ont le museau comme vne fouyne, & les oreilles rondes. Cette espece est la moins nuisible & maligne de toutes.

Les Antauarres en ont de mesme poil que ceux-cy, ayans vne forme de fraize blanche autour du col.

Il y en a de tous blancs, comme neige de la grosseur des precedens, ayans le museau long, ils grondent comme des cochons. On n'en voit point ailleurs quaux Malegasses, dans les montagnes rouges, que ceux du païs appellent, *Amboimenes*.

Ces Insulaires croyent que les singes peuuent parler, mais qu'ils ne le veulent pas, crainte qu'on ne les fit trauailler com=

me le reste des hommes.

Les crocodilles quoy qu'amphibies passeront icy pour animaux terrestres à quatre pieds. Ils se nourrissent dans les ioncs sur les riuages des riuieres. On en trouue de vingt-cinq pieds de long, couuerts d'escailles, & partant difficiles à tuer, excepté sous le ventre, la peau duquel est fort tendre, & facile à percer. La gueule est grande, garnie de dents rares & aiguës, celles de dessus passant par dessus la machoire du dessous, qui est fixe, l'autre se mouuant. Ce que la Nature a fait sagement, l'animal estant fort bas sur ses pieds, rempant presques à terre, de sorte que s'il auoit la machoire de dessous mobile, & celle du dessus fixe, comme l'ont les autres animaux, il ne pourroit rien attraper, & par ainsi mourroit de faim.

Ce pays aussi abonde en petits lezards griuelez tels que sont les nostres. On les nomme *Annolis*.

Les tortuës estant pareillement amphibies, nous leurs donnerons icy leur rang. Elles flotent sur l'eau, où se tiennent sur le sable pour s'eschaufer au Soleil. Leurs escailles sont si grandes, qu'on en pourroit couurir vne petite chambre, capable de tenir dix hommes, & si dure, que pour tirer la chair qui est dedans, il les faut couper de costé
entre

entre deux à coups de coignée. Elles font iufques à cinq à fix cens œufs, gros comme ceux de poules. La chair eft graffe & delicate, comme celle de veau.

On en rencontre auffi de plus petites dans les ifles voifines de Madagafcar, mais qui ne laiffent pas d'auoir trois à quatre piéds de diametre. Leur efcaille eft tannée en certains endroits plus obfcure qu'en d'autres, finiffant fur le rouge. Elle eft extremement belle eftant polie. On en fait des cofres, & caffettes garnies d'or & d'argent, comme encore d'autres meubles, qui font de haut prix, non feulement dans l'Europe, mais dans les Indes Orientales. * On dit, mais ie ne l'ay pas veu, que les Maldiuois ayans pris de ces tortuës les approchent du feu, iufques à ce qu'elles ayent quitté leurs efcailles, puis les remettent dans la mer, où eftant au bout de quelques mois elles reprennent de nouuelles efcailles. Ceux de Madagafcar appellent la tortuë de terre, *Fanne tanne*, & celle de mer, *Fanne Riac*.

* Pyrard, au traitté des animaux des Indes Orientalles ch. 2.

DES OISEAVX.

IL y a des oiseaux qu'ils appellent *Vvourres fouches*, c'est à dire oiseaux blancs. Ils ont le bec plat, & crochu en dehors par dessus, auec lequel ils remuent l'arene & la vase de la mer, comme auec vn lochet, enleuans & attrapans les salicoques, & petits poissons, desquels ils viuent. Ils ont le col, & iambes longues, comme aussi les aisles, les pieds comme nos oisons, leurs plumes sont rouges sur le dos, & blanches sous le ventre & la poitrine, nous les appellons *Flamans*, à l'imitation des Portugais, qui les nomment, *Flamencos*. Leurs canars sont gros comme sont nos oisons, ils ont entre le bec & la teste vne excrescence de chair noire, plate & ronde, comme vn real d'Espagne fait au moulinet, sinon qu'elle recourbe vn peu sur le bec, representant la figure de leurs cognées, c'est pourquoy les insulaires de Madagascar appellent cette excrescence, *Feique*, qui veut dire cognées, & ces oiseaux, *Vvourres Feiques*. Ils sont du plumage de nos canars.

I'ay veu dans l'isle Maurice des oiseaux plus gros qu'vn cygne, sans plumes par le

Il y a la figure d'vn oiseau semblable à celuy-cy, excepté que les pieds sont sans aucune pellicule, dãs George Marcgrauius, en son histoire naturelle du Bresil liu. 5. les Bresiliens l'appellent Iabiru Guacu, les Toupinambous Nhandu apoa. Il y en a de noirs & blancs, cõme pies, dits Garajas és isles entre Madagascar & l'Afrique.

Marcgrauius en dõne la figure, & la descriptiõ dans l'histoire naturelle du Bresil liu. 5. sous le nom, Ipecati Apoa, des Portugais, Pata. l'excrescẽce, que cet oiseau a sur le bec, luy sert de creste, il differe en couleur de celuy de Madagascar.

La figure de cet oiseau est dans la 2. nauigation des Hol-

corps, qui eſt couuert d'vn duuet noir, il a le cul tout rond, le cropion orné de plumes creſpuës, autant en nombre que chaque oiſeau a d'années, au lieu d'aiſles ils ont pareilles plumes que ces dernieres, noires & recourbées, ils ſont ſans langues, le bec gros ſe courbant vn peu par deſſous, hauts de iambes, qui ſont eſcaillées, n'ayans que trois ergots à chaque pied. Il a vn cry comme l'oiſon, il n'eſt du tout ſi ſauoureux à manger, que les fouches & feiques, deſquelles nous venons de parler. Ils ne font qu'vn œuf, blanc, gros comme vn pain d'vn ſol, contre lequel ils mettent vne pierre blanche de la groſſeur d'vn œuf de poules. Ils ponnent ſur de l'herbe qu'ils amaſſent, & font leurs nids dans les foreſts, ſi on ruë le petit, on trouue vne pierre griſe dans ſon geſier, nous les appellions, oiſeaux de * Nazaret. La graiſſe eſt excellente pour adoucir les muſcles, & nerfs.

landois aux Indes Orientalles, en la 29. diée de l'an 1598. Ils l'appellent, de nauſée.

* Peut-eſtre que ce nom leur a eſté donné, pour auoir eſté trouuez dans l'iſle de Nazare, qui eſt plus haut que celle de Maurice, ſous le 17. degré delà l'Equateur du coſté du Sud.

Les Faiſans de ces iſles ſont plus gros & plus beaux que les noſtres, ayans comme des Paons, des miroüers ſur la teſte fort eſleuez, les aiſles rouges par deſſous, brunes par deſſus, ils ont le col long de couleur de celuy de pigeon.

Leurs perdris pareillement ſont plus groſſes que les noſtres, ont le bec rouge, il y en a de tannées, d'autres toutes noires, on les nomme à Madagascar, *Vvourres Maheres*, oiseaux forts, parce qu'ils se battent & s'entretuent comme les nostres, lors qu'ils sont en amour.

Il y a en l'isle Maurice & Madagascar des tourterelles blanches, d'autres noires, & aussi des rouges, Des ramiers, & bizais. Des poules rouges, au bec de becasse; pour les prendre il ne faut que leur presenter vne piece de drap rouge, elles suiuent, & se laissent prendre à la main : elles sont de la grosseur de nos poules, excellentes à manger.

Outre les poules ordinaires semblables aux nostres, il y a des Pintades, appellées par les habitans *Acangues*, ayant la teste comme vn esperuier chaperonné, le bec droit, court, & fort, les plumes mouchetées de gris blanc & noir, bien vnies, en quoy elles different des poules d'Afrique, qui ont le bec crochu & le col velu. Retournant en mon païs, i'en apportay quatorze, desquelles il ne m'en eschapa qu'vne seule, que ie donnay à vn mien amy, estant à Dieppe.

<small>La figure de la poule d'Afrique est dans Marcgrau. pag. 192.</small>

<small>Il y en a de semblables au Bresil appellez *Guara*. La figure est dãs Marcgrauius liu 5. de l'histoire du Bresil ch. 8.</small>

Les Herons de ce pays, ont de grands & gros becs, qui se courbent peu à peu en bas à la façon des coutelas Polonnois : leurs plumes sont violettes, les aisles finissent auec la queuë, leurs cuisses iusques au nœud de la iambe sont couuertes de petites plumes, les iambes longues & dechargées, d'vn gris delaué comme est aussi le bec. Le poussin est noir, lors qu'il grandit il est cendré, puis apres blanc, puis rouge, & en fin colombin, ou d'vn violet clair. Il vit de poisson. Les oiseaux de proye s'y trouuent de plusieurs especes, ne differans en rien de ceux de l'Europe, i'ay trouué dans leurs nids des grenoüilles, & des lezards, ceux-cy sont nommez par les insulaires, *Annolis*.

I'ay veu dans l'isle Maurice des oiseaux d'vn excellent goust, ayant bec de becasse, la queuë extraordinairement grande & fourcheuë, subiect pour lequel nous les nomasmes, Ciseaux de cousturier, à l'imitation des Portugais, qui les nomment *Rabos forcados*. Ils sont si peu sauuages qu'ils se laissent prendre à la main, & tuer à coups de bastons, ils ont la poitrine blanche, le reste noir, ils viuent de poissons volans & d'oiseaux. La figure de ces oiseaux est dans la nauigation des Hollandois aux Indes liu. 2. pag. 4.

I'ay aussi veu dans Madagascar des merles gris bruns, au bec iaune. D'autres noirs, ayant vne huppe entre le bec & la teste.

Il y a dans la prouince de Malegasse des perroquets noirs & gros comme nos corbeaux, on les nomme *Vvoures meinte*, oiseaux noirs.* Le verd, que nous appellons Les Brasiliens le nōment *Tui apute juba*.

Perique, est dit par eux *Massassey*, qui veut dire, petit, il est moins gros qu'vn merle. Il y en a encore de plus petits en l'isle Maurice, qui ont le col iaune & le reste verd, il ne passe pas la grosseur d'vne aloüette. Le plus beau, & qui est en plus grand nombre dans l'isle de Madagascar, ayant le goust du ramier quand on le mange, il a le plumage gris & violet. Les perroquets font leurs nids sur les palmites au bout des rameaux, ils sont de ioncs rompus en façon de boule, auec vn seul trou, comme aux nids d'hirondelles.

En la prouince des Malegasses on trouue des oiseaux petits comme des serins ayant vn ramage tres-melodieux, ils ont les aisles iaunes par dessous, tout le reste du corps est rouge. I'en apportay à Roüen.

Les aigrettes ont le bec semblable à celuy de la becasse, le corps aussi gros que nos poules, il y en a de grises & pourprées, les autres blanches, les belles plumes sont sur le col & sur le cropion, elles sont haut montées, comme tous les autres oiseaux de mer, & de riuieres, qui viuent de poisson, & aiment les sables, & les rochers.

Nous appellasmes vne petite isle qui est à quatre lieuës au delà du Cap de Bonne-Esperance, l'isle des oiseaux, pour le grand nombre & de diuerses especes qui y sont. Il y a des penguins differens seulement de ceux qui se treuuent sur le destroit de Magellan, en ce que ceux-cy ont le bec recourbé, & les autres l'ont droit comme le heron. Ils sont de la grosseur d'vn canard, pesant iusques à seize liures, le dos couuert de plumes noires, le ventre de blanches, le col court & gros, ayant vn collier blanc, leur peau est fort espesse, ayans de petits aislerons comme du cuir, qui pendent comme de petits bras couuerts de rudes & petites plumes blanches entremeslées de noires, qui leur seruent à nager, & non pas à voler, venant rarement en terre, si ce n'est pour y faire leurs œufs & y couuer. Ils ont les queües courtes, les pieds noirs & plats. Ils se cachent dans des trous qu'ils font sur les bords de la mer, iamais plus de deux à la fois, ils ponnent sur terre, & y couuent deux œufs seulement, qui sont de la grosseur de ceux des poules d'Indes.

Il y auoit en la mesme islette des Margos, plus gros qu'vn oison, ayant les plumes grises, le bec rabatu par le bout comme vn esperüier, le pied petit & plat, auec pellicules entre les ergots, ils se reposent sur mer, ont vne grande croisée d'aisles, font leurs nids au milieu de l'isle sur l'herbe, dans lesquels on ne trouue iamais que deux œufs, ils viuent de poiſſon.

Ie m'eſtonnay de voir des oiſeaux vne fois plus gros que les precedens ſe percher ſur les arbres, encore qu'ils euſſent les pieds comme l'oiſon, il ont pareillement le plumage gris, ils font des œufs gros comme vn pain d'vn ſol. Ils viuent de poiſſons, qu'ils mettent dans vn ſac naturel qu'ils ont ſous le col, nous les appellons, grands goſiers, leur chair n'eſt pas beaucoup ſauoureuſe. Nous faiſions des bonnets des ſacs qu'ils auoient au col.

Dans la meſme iſlette, il y auoit des oiſeaux noirs de la groſſeur d'vne poule, qui volent fort haut, faiſans leurs nids ſur les roches, ayant le bec iaune, plus long que celuy de la poule, nous les appellaſmes cormorans.

Pour conclure, cette iſle eſt toute couuerte d'oiſeaux & de leurs œufs, en moins d'vne demie heure nous rempliſmes noſtre chaloupe des premiers, & vn tonneau d'œufs.

Approchant l'iſle de ſaincte Helene, à deux cent lieuës de la terre de Natal, quantité d'oiſeaux vindrent ſur le bord de noſtre nauire, nous en priſmes à foiſon, auec des morceaux de chair deſquels nous couurions des hains, ils ſont gros comme vn pigeon, les plumes noires & blanches en carreaux comme vn eſchiquier, ce qui fut cauſe que nous les nom-
maſmes

de François Cauche.

mafmes damiers, la queüe eft large, & le pied comme la cane.

Les chauue-souris dans l'ifle Maurice font gros comme des corbeaux, ayans la tefte de la forme de celle d'vn regnard, elles se pendent aux arbres pour se repofer, par de petites agraphes, qui font és nœuds de leurs aifles.

Au contraire il y a des oifeaux fi petits que leur corps ne pefent pas deux abeilles, defquelles ils imitent la nature, voltigeans fur les fleurs, & s'y arreftans, pour en tirer leur nourriture, ils font bruns, leur nom eft *Colibri*.

Lors que ceux de Madagafcar ont trouué des aiffeins d'abeilles pendus aux arbres, ou dans les creus, ils les portent dans vn petit parc qui eft autour de leurs maifons, & les enferment dans des morceaux d'vn bois tresleger, long de deux à trois pieds, coupé de long à guife d'vn petit bafteau renuerfé, creufé, & frotté de miel, libre par les bouts. Ces abeilles font plus petites que les noftres, mais leur miel en eft meilleur. Ils appellent les abeilles *Lallaits*. La cire, *Lite*. Le miel, *Farremammi*, qui fignifie fucre doux.

Puifque i'ay mis les abeilles au nombre des oifeaux, à caufe de leurs aifles, il y faut adioufter les fourmis volants; femblables aux noftres, mais qui ont vne vertu particuliere, qui eft, qu'ils laiffent fur les buiffons efpineux

Il y en a de femblables au Brefil, lefquels fuccent le fang des hommes la nuit, s'attachans au premier membre qu'ils trouuët defcouuert. Vois l'hiftoire generalle des Indes, liu. 2. ch. 80.

Iean de Lery en fon voyage de l'Amerique parle d'vn femblable oifeau, qu'il a veu au païs des Toupinambous, appellé par eux, Gonambuch, vn peu plus gros qu'vn freflon, qui fait merueille à chäter, qui ne bouge de deffus le gros mil, que les Americains appellent, Auati, ou fur les herbes, ayant toufiours le gofier ouuert pour chanter, fi haut & fi delicatement qu'il ne cede rien au roffignol. Il eft different de celuy de Madagafcar, en ce qu'il a le plumage gris.

S

vne certaine humeur gluante, de laquelle ceux de Madagascar se seruent au lieu de colle, pour faire tenir le fer au bout du fust de leurs lances & dardilles. Cette humeur, ou * gomme blanche, sert encore d'astringent, fortifiant les nerfs & muscles offencez.

* I'ay eu de cette gomme de nos Apoticaires, qui est tannée, attachée autour de son espine. Ie croy que la vieillesse lui a donné ceste couleur. Les Grecs & Latins appellent cette gomme suiuant Dioscoride liu. 1. *Cancamum*. Les Arabes Lach, nos herbiers, *Laque*. Elle est descripte par Amatus Lusitan. sur ledit liu. narration, 23. On en fait la cire à cacheter les lettres.

DES POISSONS.

LE Capitaine, se prend és costes de Madagascar, & mesme en pleine mer, on met à l'hameçon vn bout de linge, ce poisson qui est goulu l'attrape, & aussi-tost il est attrapé, il est comme la perche, large d'vn pied, long d'vn pied & demi. Il a des dents, rayé en l'ozange par tout le corps, ayant des arestes fort tranchantes sur le dos, & sept nageoires, ses escailles pressées les vnes sur les autres ont la couleur de l'or pasle brunissant à la fin, son dos estant coloré d'vne lacque fine, tirant sur le vermeil. Il y en a qui ont l'espine du dos ondée d'azur, comme aussi la queüe, dont lazur se delaue en vert par le bout.

Il y en a à la coste du Bresil de deux sortes, figurées par George Marcgraue en son histoire naturelle liu. 4. ch. 3. La premiere espece est appellée des Portugais *Pudiano vermelho*, & des Brasiliens, *Aipimixira* & *Tetimira*. L'autre, *Pudiano Verde*.

Le Ton ou tasard, se prend de mesme que le Capitaine, il suit les vaisseaux, il tire au Saulmon, sinon qu'il est escailleux.

Sa description est dans Laet, liu. 15. des Indes Occidentales ch. 12.

La Sarde est grise, & plate, plus petite que le capitaine, ayant le milieu du dos fort esleué, auec son areste comme la carpe, à laquelle aussi elle ressemble en couleur & forme d'escailles, qui sont argentées & dorées, trauersées de la teste à la queuë de lignes droites, noires. *Les Brasiliens nomment ce poisson Acara Pinima. Sa figure est dans Marcgraue au liu. 4. ch. 6.*

La Lune a pris son nom de sa rondeur, sa bouche est si petite qu'à peine peut elle mordre à l'hameçon, elle tourne autour des rochers, comme font le capitaine, & la sarde. Elle a la peau tellement dure, qu'à peine la peut-on percer d'vn coup de cousteau, elle est plate, rude & sans escaille, comme la Rousse, la couleur est d'vn gris brun. Elle a le goust fade, & la queuë fourcheuë. Il y en a encore d'vne* autre espece, ne differant à la premiere, qu'en ce qu'elle a la bouche plus ouuerte, ayant vne areste longue, & roide sur le dos, & deux plus foibles, comme vn filet sous le ventre, sa peau tire sur l'esclat de l'argent, mais ses filets sont noirs. *Ce poisson est appellé par les Brasiliens Guaperua. Il n'a que cinq à six pouces de long, & trois où il est le plus large. Il a sur le dos, & sous le ventre des arestes longues, & d'autres petites: Laet en a mis la figure en la description des Indes Occidentales, liu. 15. ch. 12.*

* Les Brasiliens la nommēt Abacatuaia, des Portugais, Peixe Gallo. Gesner, Gallus marinus, ie croy que c'est à cause de cette grande areste qui s'éleue sur la teste, à guise d'vne queuë de heró, ou d'aigrette que nos François portoient iadis sur leurs chapeaux retroussez par le bord deuant.

Les Feintes sont larges de six doigts, longues d'vn pied & demy, la peau escaillée blanche, tachetée de noir, elle ayme l'eau douce. Ses yeux sont au dessus de sa teste, proches l'vn de l'autre, comme ceux des poissons plats. *La figure de ces poissōs est dās Marcgrauius liu 4 de l'histoire naturelle du Bresil ch. 4. sous le nom de Carauna.*

Les mulets sont en cette isle de Madagascar longs de deux pieds, gros comme le iaret, on les prend aux riuieres en Automne, il est fort gras, & de bon goust.

La description de ces poissons est dans le voyage des Hollandois és Indes Orientalles du 12 Feurier 1696. auec leur figure.

Les poissons volans se trouuent par tout le grand espace qui est entre les deux tropiques : comme nous estions sous celuy du Capricorne, tirans à l'isle Maurice, il y en eut vn la nuict qui tomba sur la ioüe d'vn mien camarade ; il creut, que ie luy auois donné vn soufflet pendant qu'il dormoit, il il me voulut quereller, & n'eust esté que le poisson se trouua à ses pieds lors qu'on eut apporté de la clairté à ce grabuge, nous estions prés à en venir aux mains.

I'ay veu dans la riuiere de saincte Claire, en l'isle de Madagascar, vn poisson que nous nommions *Becune*, ayant la peau grise sans escailles, long de deux pieds & demy, gros de trois poulces, ayant vn bec long de cinq poulces, armé de dents dessus & dessous, fort au possible.

Les Portugais le nomment *Peixe agulha*, les Brasiliens *Timucu*. Nos François, *Aiguille de mer*.

Vn autre au mesme lieu, ayant vn bec plus foible, nous l'appellions *Orphi*, il estoit gros de deux poulces de rondeur, long de trois pieds & plus : le dessus du corps est oliuastre, le dessous blanc argenté. Il est bon estant fricassé, & vaut mieux que l'anguille.

Estans en l'isle Maurice nous peschasmes vn poisson extraordinaire, nous luy donnasmes le nom de Vieille, parce qu'il estoit ridé par tout le corps, les escailles s'esleuans differamment, & s'enfonçant inesgallement, auec plusieurs plis & replis, il est long & gros comme vne moruë, de couleur d'vn gris more, la teste grosse & plate, le corps aussi plat, ayant la peau tres-rude.

Les Dorades vont en troupe en ces quartiers, elles sont plattes, la teste quarrée, longues de quatre à six pieds, plus haute au dessus qu'au dessous, les yeux proche de la bouche, qui est estroitte à l'esgard du corps. Le dos couuert d'vne creste espineuse par tout diminuant à mesure qu'elle descend vers la queuë.

Nous appellons ces poissons d'vn autre nom, sçauoir brames de mer, & parce qu'ils semblent iaunes dans l'eau, & luisants comme de l'or, Dorades.

Les Brasiliens les appellent *Guarapema*, ou *Guara Capema*, leur representation est dans Marcgr. liu. 4. de l'histoire du Bresil ch. 11. Lequel au ch. suiuant donne la figure d'vne espece de Dorade ayant vne grande gueule, & les dents tranchātes, de sorte que souuét elles coupent vn bras ou vne iambe aux nageurs, les Brasiliens l'appellent *Piraya*, & *Pirhanha*.

Il y a deux sortes de *Marsoüins, les vns ont le groin d'vn porc, parquoy on les nomme porcs de mer, les autres ont la bouche platte presques semblables aux Lamions, & parce qu'ils semblent porter vne cuculle, & vn froc qui leur passe sur la teste & descend sous icelle couurant vne partie du ventre, on les nomme Moines de mer. Ceux-cy sont longs de sept à huict pieds, ayans les queuës longues & fenduës, ils ont tous la

* Le Marsoüin est appellé des Brasiliēs *Guaperua*, des Portugais *Peixe porco*, des Latins *Caper*. Sa figure est au ch. que ie viens d'alleguer.

S iij

peau lisse, estans ouuerts ils sont comme les porcs. Ils suiuent les nauires en troupes, souflans & grondans. Du mesme costé qu'ils viennent, vient aussi la tempeste. I'en ay veu grand nombre à la coste de la Guinée.

La Tonine est plus petite que ne sont les marsoüins, comme aussi la Bonite, on fouïne les marsoüins, mais la tonine & la Bonite se prennent à l'hameçon. Il y a des marsoüins d'vne troisiesme espece, plus gros qu'vn veau d'vn an, nous les appellions Soufleurs, parce qu'ils souflent fortement, ils ont, comme les autres marsoüins vn euent, ou trou, entre le nez & les yeux, par lequel poussant leurs testes hors de la mer ils iettent vn boüillon d'eau, ainsi que fait la baleine, ils viuent de poissons, ne sont bons à manger comme les autres especes de marsoüins, qui ont la peau brune, au lieu que les grands l'ont noire, & sont hideux à voir, subiet pour lequel nous les appellasmes aussi, Chauderonniers. Quand on les voit en troupes saultans, il se faut preparer à receuoir la tempeste prochaine.

Les Brasiliens les nomment *Punaru*. Leur figure est dans Maregraue au liu. 5. de son histoire naturelle du Bresil, ch. 13.

Nous auons souuent pris des poissons longs de quatre doigts seulement, ayans des grosses testes rondes, à petite bouche, les yeux à la sommité d'icelles, ayans vne areste regnant depuis la teste iusques à la queüe sur le dos, & vne autre dessous commençant du milieu du ventre, & finissant où celle du dessus finit. Les vnes ont plusieurs rayes qui tournent en cercles autour du corps, les autres sont sans aucune raye, semblables à nos * lotes, fors que leur peau est plus tannée; lors que le flot de la mer les iette sur les rochers de Madagascar, ils saultent aussi-tost dans l'eau, ne pouuant viure ailleurs, la chair en est excellente, & de mesme goust que nos lottes.

* Marcgraue nous donne au mesme ch. la figure du poisson *Amore Pixuma*, qui ressemble tout à fait à la lotte, hors qu'il est de couleur du fer.

Il y a des rayes d'vne si prodigieuse grandeur & grosseur entre l'isle de sainct Laurent, & celle de S. Maurice, qu'vne seule peut souler trois cent personnes.

On trouue en ces endroits grand nombre de poissons plus petits que les harengs, semblables au *Pinaru*, qui s'attachent si fort aux vaisseaux par le dos, qu'on a peine de les destacher, ils sont bruns, & ronds, ayans la peau vnie.

Voicy la façon de laquelle nous nous seruismes pour prendre des langoustes & omares, qui sont ecreuisses de mer de la grosseur du bras. Nous mettions dans des paniers quantité de moules cassées, ces panniers estoient de ioncs, ou cannes, larges d'entrée, & estroits au bas, à la façon de nos nasses: ces animaux cherchant leur proye contre les rochers entroient en nos paniers, desquels ils ne pouuoient puis apres sortir. Les insulaires leur ont donné le nom de *Fannefuies*, qui signifie conque poisson. On prend dans les riuieres des escreuisses peu differentes des nostres tant en grosseur qu'à leur forme.

<small>La description & figure de ces cancres est dãs Maregrauius en son histoire naturelle du Bresil liu. 4. ch. 19. sous le nom de *Guaia*. & dãs Laet en la description des Indes Occidentalles liu. 15. ch. 13 Il y a des crabes dans les Maldiues, suiuãt que Pyrard le raconte en son voyage, si gros, que leurs trous sẽblent des cauernes, ils ont les serres plus grosses que les deux poings.</small>

Pour les crabes, ou cancres, il y en a par toute l'isle de Madagascar, & autour d'icelle, en la mer, és riuieres, és fontaines, mesme iusques au dessus des montagnes, où il y a quelque fraischeur, par l'ombrage des arbres, & l'humidité des herbes, les habitans les appellent *Raa Raa*, ils en ont peur, & s'enfuyent. lors qu'ils les rencontrent, tant à cause de leur deformité, qu'à cause que marchant les pieds nuds, ils en craignent les serres. Ils ont le corps rond, plus gros que le poing, plat par dessous, les yeux petits & eminens, ayans dix bras faits comme vne vis, à quatre iointures, ceux de deuant estant plus gros que les autres, qui diminuent à mesure qu'ils s'esloignent de la partie interieure, les bouts des bras sont hispides, fors les premiers, qui ont des pieds ou efforces longues d'vn poulce & demy, fort tranchantes, ayans des dents, ou eminences tres-dures au dedans, leur dos est esleué sur le reste du corps, representant vne figure imparfaite d'vn casque sur vne cuirasse, ils sont plus rouges

rouges en cet endroit, qu'au reste du corps, & retiennent leur couleur estans cuits, sans y rien changer. Ils font par tout où ils habitent, des trous en terre comme les lapins, d'où ils sortent en grand nombre & bruit, lors qu'ils sentent la pluye, viuans des grenoüilles qu'elle engendre & nourrit, & de l'herbe: que s'il y a en ces lieux quelques corps enterrez, ou quelque charogne demeurée sur terre, tout cela est en peu de temps deuoré par ces animaux, qui ne laissent d'estre excellens à nostre goust, & non pas à celuy des insulaires, qui les abhorrent.

On rencontre vne espece d'escreuisses tant en mer, qu'és riuieres qui est toute de bras & de pieds sans corps, appellées à ce subiet par les Portugais *Ostra dos mangues*, ou *de pedras*. Elles s'attachent aux vaisseaux, ayant plusieurs filamens comme petites plumes autour des pieds, par lesquelles elles se ioignent si fort au dessous de la proüe & de la poupe, qu'on ne les en peut detacher qu'en les rompant. Elles ne laissent de viure estant separées.

Vois Maregr. l. 4. ch. 21. de son histoire naturelle du Bresil, tu y verras la figure de cet animal, sous le nom de *Reri Apiya*.

ARBRES, ARBRISSEAVX, Plantes, Racines, & Fleurs.

IL y a plusieurs especes de palmites, que nous appellons lataniers, estans dans Madagascar, & isles voisines. On en tire le suc incisant le bas du tronc, sans le couper entierement, auec vne serpe, ou petite coignée: il est nourrissant, & bon à boire, ayant vn goust aigret & sucrin. Son fruit a du raport à la poire, pour ce qui est de sa forme, car au reste, on n'en mange que la peau. Cette espece est la plus petite de toutes, les plus grandes iettent leur vin, non par le tronc, mais par les fueilles reployées. Le tronc estant vny, droit, & esleué, on y fait des incisions pour appuyer les mains & les pieds, & monter iusques au dessus, où estant, on attache plusieurs courges, ou calebasses, aux branches, & autour du tronc par le dessus, puis montant sur l'arbre, on ploye & froisse-on les fueilles, de telle sorte que l'humeur qui en sort puisse tomber dans lesdites calebasses, la pointe des fueilles tombante en icelles. Cette liqueur est excellente pour la boire fraische, s'aigrissant au bout de deux iours.

La figure de ce palmite auec sa description est dans le liure que Pison a fait, de la faculté des simples du Bresil, liu. 4. ch. 10. sous le nom de Pindoüa, ainsi appellent les Bresiliens cette sorte de palmes.

Ceux du Cap Verd en font quantité.

Le Bananier est connu non seulement dans l'isle de Madagascar, & voisines, mais aussi dans le * Bresil. Il se plaist sur les montagnes, où il y a des sources de fontaines, il iette sa fleur du milieu de ses fueilles, d'où elle pend en bas en façon d'artichaut, estant de couleur de pourpre, de laquelle se produisent de longues gousses pendantes, de huict pieds, qui enserrent le fruict long de six poulces, gros d'vn poulce, blanc quand il est dedans, iaune s'il en est separé, & mis dans le sable pour y meurir & le manger. Cet arbre estant moüelleux, & facile à reietter, se coupe par le pied tous les ans pour en recueillir plus facilement le fruict. Le tronc est de la grosseur de la cuisse, tousiours prest à couper, cet arbre n'estant iamais sans fruict : duquel les fueilles sont tres-belles, bordées comme d'vn gallon tout autour, longues de six pieds, larges de deux, d'vn verd gay. Le fruict ne se garde pas. Les Madagascarois appellent l'arbre *Once*. Le fruict quand il n'est pas meur, *Once mante*, lors qu'il est meur *Once-mamy*. Les Indiens tant Orientaux qu'Occidentaux nomment ces arbres, * *Bananes*. Le fruict est excellent estant confit.

* Le coton est vn arbre croissant en la prouince des Tapates, dans Madagascar, prin-

* Pyrard au liu. des animaux & arbres des Indes Occidentales, ch. 9. Dit, que cét arbre est haut de neuf à dix pieds, ayāt le tronc tendre comme vn chou, gros comme la cuisse, reuestu de plusieurs peaux comme l'oignon, lesquelles ostées, on trouue le cœur gros comme le bras qui sert au potage, les fueilles ont vne aulne & demye de longueur, qui seruent de nappes, de seruiettes & de plats. Le fruict en est delicat, il est gros de trois poulces, long d'vn pied. On coupe cet arbre tous les ans qui fait plusieurs reiettons. Sa moüelle sert de boüillie aux petits enfans. Les Hollandois au voiage qu'ils ont fait aux Indes Oriētales l'an 1595. ch. 15. mettent la figure du Banane, & en chantent merueilles.

* Serapion & Auicenne, *Musas*. Mais le fruict de ceux-cy, aussi biē que la fleur, montent du milieu du tige en haut, au lieu que les Bannaniers de Madagascar le laissent pendre de leurs branches. La figure est rapportée par Pison au 4. liu. de facultez des simples du Bresil. ch. 26.

* Mathiole sur Discoride liu. 2. ch. 96.

cipallement en vne vallée qui est proche de la mer, que nous appellions la baye des gallions, & les Insulaires *Tannemene*, qui s'interprete, terre rouge, parce que tout ce terroir est de cette couleur. Cet arbre nommé par eux *Foulefouche*, n'est iamais plus haut que de huict à neuf pieds. Il a plusieurs branches menuës & longues, la fueille ronde, & de la largeur d'vn sol. L'escorse est de couleur de l'orme. Il a pour fruict vne façon de noix longuettes, qui se separent en trois parties, qui font autant de cellules, & dans chaque noix sept grains, qui sont comme des vesses enfermées dans le coton, qui se prepare dans nostre isle en cette sorte. La noix meure s'estant creuée & montré son coton, les femmes & filles premierement auec la main, pour le separer de sa semence, puis auec vn petit archet tel qu'est celuy de nos chapeliers, battent, & tirent le coton en floccons, qu'elles filent, retenant le bout de la main gauche au dessus d'vn baston, qui leur sert de fuseau, quoy qu'il n'en ayt la forme, sinon en tant qu'au dessous il a vn contrepoids rond pour tirer tousiours à soy le filer. Elles tournent ce baston de la main droitte sur leurs cuisses, qui sont nuës & glissantes, iusques à ce qu'il soit plein, & alors l'ayant mis dans vn panier, elles reprennent

---

fait métion d'autres especes de coton, des Latins nommé *Bombax*. Comme encore au l. 3. ch. 115. ce n'est pas celuy duquel nous traittons, celuy de Dioscoride estant vne herbe, & le nostre vn arbre. Mais ie n'ay iamais leu autre part que dans Matthiole, que ce mot de *Bombax* signifiast le coton, qui est appellé *Gossipion*, & *Xylon*, comme aussi l'arbre qui le porte, descrit par Pline l. 12. ch. 11. & au liu. 19. ch. 1. Il y en a des bois entiers és Indes Occidétales, & presques par toutes les Orientales, voicy comme Pyrard le descript, en la description des animaux & arbres des Indes. *L'arbre qui porte le coton croist de la hauteur des rosiers de ce païs. La fueille en est comme celle de l'erable, la fleur sort comme des boutons de roses. Et au dedans, la fleur estant cheuë, le bouton s'espanoüist, qui iette le coton, dans lequel il y a vne semence que l'on seme, comme nous faisons des pepinieres, & iette continuellement du coton, duquel les Indiens se seruent pour faire leurs toiles.*

La fleur de l'arbre de coton d'escripte par nostre voyageur, est en forme de cloche.

d'autres baſtons ou fuſeaux pour en faire de meſme. Leurs fuſeaux remplis, elles font comme nos marchans, lors qu'ils nous liurent du galon, deuidant en eſcharpe, ſur la main & le coulde du bras gauche, auec la droitte, iuſques à ce que l'eſcheueau ſoit acheué. Elles laiſſent vne partie de ce coton auec ſa couleur naturelle, & teignent le reſte de telle couleur qu'elles veulent, puis tendent le tout ſur vn meſtier, ſemblable à celuy de nos tiſſerans, ou drapiers, excepté qu'il n'eſt ſi large, y entremeſlans de la ſoye du pays, le tout par rayes. Cette eſtoffe dure beaucoup pour eſtre ſerrée & bien tiſſuë, & de celle-cy font grand trafic ceux de cette iſle qui regarde le Sud, le coton ne croiſſant point du coſté du Nord.

te iaune, comme celle des courges. Les Toupinambous qui ont cet arbre, l'appellent, Ameni-jou. Vois de Lery au liu. de l'Amerique ch. 13.

¶ Il y a vne autre eſpece de coton, qui a ſon tronc & ſes branches comme le ſapin, les fueilles larges de trois doigts eſloignées l'vne de l'autre, la coque du fruict eſtant verde pareillement longue de trois doigts, ayant trois angles, de la groſſeur d'vne pomme ordinaire: eſtant meur il s'ouure, & monſtre vne cotonine tres-blanche, & tres-fine, de laquelle pourtant les habitans de l'iſle ne ſe ſeruent pas. I'en fis d'excellens matelats. Cet arbre ne vient qu'en la prouince des Malegaſſes. La couleur qui plaiſt le plus à ceux

Pyrard au ch. ſuſalleguè, le deſcrit en cette ſorte. Il y a vne autre eſpece de coton, qui vient d'vn arbre plus grand que le precedent, & eſt comme vn freſne. Cet arbre produit certaines gouſſes pleines de coton, lequel pour eſtre trop fin, ne ſert qu'à faire des oriliers pour ſe coucher.

La figure de cet arbrisseau est dans la description de la vraye Inde, escrite en Latin par Iean de Laet ch. 2. où il met la façon estrange de laquelle se seruent les Indiens pour en tirer la teinture.

de cette isle est la bleüe, elle vient de l'arbrisseau *Indigo*, ainsi le nomment les Portugais, qui l'appellent aussi, *Herua d'Anir*. Il croist comme la geneste, ayant de semblables racines, longuettes & estroittes, la fueille plus large, approchant de celle du sené : elle a de petites membranes qui sortant du filet du milieu tirent par ondes egalement au bord, le tige n'est pas plus long d'vne aulne, de la grosseur d'vn poulce : lors que l'abrisseau a trois ans, sa fleur tire à la iacée, & sa graine au fenoüil, elle se recueille en Nouembre & se seme en Iuin. Cette plante meurt au bout de trois ans, ou bien on la coupe apres ce temps comme inutile. Le guesde, ou pastel qu'on tire la premiere année de ses fueilles pillées est pesant & rouge, les Indiens Orientaux l'appellent *Nouti*, ou *Nousi*. Celuy qu'on en tire la seconde année, est violet, & au lieu que le premier va au fond de l'eau, celuy-cy nage par dessus : les mesmes Indiens le nomment, *Cyerce*, ou *Ziarie*, c'est le plus parfait de tous, teignant les draps d'vn beau bleu. Et celuy de la troisiesme année est pesant & noir, & s'appelle *Catteld*. Les Indiens Orientaux coupent les branches à cet arbre, & les mettent dans vne citerne, & iettent des pierres dessus, comme nous faisons à nostre chanure, pour les retenir au fond l'espace de

de François Cauche.

quelques iours, iusques à ce que l'eau soit teinte d'vn violet obscur. Alors ils vuident cette eau dans vne autre petite citerne, la remuant souuent auec des bastons, & en ostent l'escume, puis ayant laissé reposer l'eau ils la font couler, & ce qui est au fond est mis sur des draps. Lors que cette matiere est vn peu sechée, ils la prennent à deux mains, la pressent, & en font des petits pains, qu'ils mettent secher sur l'arene. La marque du vray pastel est quand il est sec, leger, violet, & reluisant, & s'il est mis au feu, qu'il fasse vne fumée violette, laissant peu de cendre estant bruslé. Le pastel, ou Anir de Madagascar a beaucoup de celuy que nous venons de descrire, le tronc & les branches de couleur d'vn verd tirant sur le bleu, de mesme que les fueilles, qui sont semblables aux pois chiches, les fleurs d'vn blanc iaunastre, desquelles naissent des gousses pendantes par floquets, pleines d'vne semence noire, semblable à nos lentilles. Nos Madagascarois n'aportent tant de façon à tirer le pastel, que les Indiens Orientaux, ils pillent les fueilles auec leurs branches estant encore tendres, & en font des pains chacun de la pesanteur de trois liures, qu'ils font secher au Soleil; s'ils veulent teindre ils en pillent vn, ou deux, ou trois, suiuant qu'ils en ont besoin,

La figure de cet arbrisseau est dans Marcgrauius liu. 2. de son histoire des plantes c 1. où il descrit d'autres especes, aussi bien que François Ximenes, au liure qu'il a fait des plantes de la nouuelle Espagne.

Les Mexiquains font autrement cette teinture. Vois du Laet au 7. liu. des Indes Occidentales c 9.

& mettent la pouldre dans des pots de terre, qu'ils font boüillir auec de l'eau sur le feu, puis tirent leurs pots, laissant refroidir ce qui est dedans, y trempant leur coton, & leur soye, laquelle vient de vers qui ont la coque grosse comme le poing, fort deliée, & qui se file par eux de mesme que le coton. Au bout de quelque temps, ils tirent de ces pots la soye & le coton, teints d'vn beau bleu brun esclatant, desquels puis apres ils se seruent en tous leurs habits.

* Il y a dans la mesme isle vne autre espece d'*Indigo*, ou *Anir*, qui ne s'esleue pas comme l'autre, mais rempe à terre, & s'y attache par de petits filamens, qui sont autant de racines. Les fueilles sont opposées deux à deux. Les branches s'esleuent iusques à trois pieds, portant des rameaux longs d'vn doigt, couuerts de petites fleurs, d'vn pourpre meslé de blanc, de la figure d'vn casque ouuert, sentant bon.

* Le Tamarin a le tronc, les membres, & branches comme l'orme, il porte dans des grandes & grosses gousses vn fruict qui a vn noyau dans la chair, vn seul fruict occupant toute la gousse d'vn bout à l'autre, duquel on faict vn breuuage, tres-rafraichissant, qui nous seruoit de verjus, lors que nous estions dans l'isle. Ce fruict mangé est fort

---

* Iul. Scaliger en sõ liu. des plantes, dit, que celle-cy, est appellée des Arabes, *Nil*, & *Nir*, qui veut dire bleu. Les Guzarates l'appellẽt *Gali*, Garsias au *Horto* liu. 2. ch. 16. en fait vne herbe qui se seme tous les ans semblable à nostre basilique, les fueilles de laquelle estant sechées deuiennẽt d'vn bleu obscur. Clusius croit que ce soit nostre pastel, que les Latins appellent *Giastum*, les Grecs *Isatis* dẽ. Mais celle cy n'a aucun raport au basilique. Pyrard au liure des animaux & fruicts des Indes ch. 6. dit, que l'indigo, qui viẽt aux Royaumes de Cambaye & Surate, est comme le rosmarin, qui plus souuent est seché & moüillé, & plus fait il vn beau bleu. En la nauigation des Hollandois en l'an 1595. ch. 8. il est dit, que l'Anil, ou Anir de Madagascar, est sẽblable au rosmarin, sauf qu'il est plus petit, entre le rosmarin & le thim, sa figure dans Amatus Lusitanus liu. 2. enarration sur Dioscoride 182.

* Cet arbre est dans toutes les Indes Orientales, au raport de Pyrard, au traitté des animaux &

fort laxatif, le bois est propre à faire du feu. Il vient sur les bords des riuieres, & est assez rare dans Madagascar. I'en ay veu quatre dans le village de Fanzaire desquels on faisoit grand estat. Le fruit a le goust des prunes de damas, est de couleur brune estant meur. Les fueilles n'ont presque point de queües, paroissant attachées aux branches deux à deux, larges d'vn doigt & demy, longues de trois, le dessus est d'vn beau verd, le dessous est plus delaué. Elles sont d'vn goust aigret, c'est pourquoy on en fait vser aux fievres. Il n'y a iamais qu'vne gousse au bout d'vn rameau, le noyau du fruit est gros comme vne amende, de couleur de chataigne, mis en terre produit dans vn an vn arbrisseau de la hauteur de cinq pieds. Ses fleurs sont semblables à celles des orangers, flairant de mesme, ayant huict fueilles. Les Portugais appellent cet arbre *Tamara azecla*.

fruits des Indes ch. 8. Il y en a aussi au Bresil, suiuant Marcgrauius, en l'histoire naturelle de ce pays l. 3. ch. 8. sous le nom de *Tamarindi*, où tu y verras la figure: apres l'Ecluse l. 7. ch. 28. & Christofle à Costa ch. 21. Le Tamarisque de Dioscoride n'aproche en rien de cet arbre: les Arabes appellent les dattes *Tamaras*, & le fruict du Tamarin parce qu'il ressemble aux dattes, *Tamarindi*. Les Indiens en mettent dans leurs viandes au lieu de verius. Il purge doucement estant verd. Il s'enueloppe la nuit dans ses fueilles, & se deueloppe le iour.

Ils nomment *Raue*, l'arbre, que nous appellons balisier, ils se seruent de sa semence, ou graine pour en la machant, s'en noircir les dents & la langue, se croyans beaux par ce moyen, ne se souciant pas de la mauuaise odeur, que leur cause cette graine. L'arbre est haut de dix à douze pieds, ayant l'escorce comme le palmite sans nœuds ny branches, iettant ses fueilles à la teste du tronc

V.

larges de deux pieds & demy, longues de cinq, rondes, & plus eſtroittes en haut qu'en bas : ſes fleurs ont cinq fueilles de diuerſes couleurs.

Dans la vallée de *Tannemene* ſur des montagnes proches de la mer, il y a grand nombre d'arbres d'aloës, de huict à dix pieds de hauteur, le tronc eſt gros comme la cuiſſe, ou plus, nud depuis la teſte iuſques au deſſus, où il fait vn grand amas de grandes fueilles dentelées & eſpoiſſes, ſemblables à celles de l'aloës commun que nous auons à Paris, & plus encore au bas Languedoc, mais le noſtre n'a point, ou rarement de tige, ny de tronc. Ces fueilles larges par le bas, s'eſtreſſiſſent iuſques à la pointe, eſtant de quatre pieds de long. La fleur eſt d'vn rouge entremeſlé de iaune, double comme l'œillet, ſouſtenuë par de petits rameaux, qui ſortent de la teſte de l'arbre, auec les fueilles, entre leſquelles elle ſe couche. De cette fleur vient vn fruit rond comme vn gros pois blanc & rouge. Nous tirions le ſuc de ces fueilles en les fendant auec la pointe d'vn couſteau d'vn bout à l'autre, ce ſuc tomboit dans des callebaſſes que nous attachions autour du tronc, de telle façon que les pointes des fueilles coupées entroient en icelles. Ce ſuc ſeché au Soleil lors que nos calebaſſes

Cette eſpece d'aloës eſt appellée par les Indiens Orientaux, Calamba. La ſeconde, qui ſuit ceſte-cy, Garoa. Ils ſe ſeruent du bois mis dans l'eau, pour s'en froter le corps, croyans qu'il conforte les nerf. Et ſans eau mis au feu, pour parfum. Pyrard au traité des animaux des Indes ch. 6. Linſcot en ſon voiage ch. 66. & Paludanus ſon cõmentateur, fõt trois eſpeces d'arbres d'Aloës, la premiere que nous auõs déſia nõmé Calamba, la 2. Palo d'Aguilla, la 3. Aguilla braua, qui veut dire Aiguille ſauuage. Les Indiens iettent de ce bois és buchers où on bruſle les corps pour faire ſentir bon, mis en decoction il arreſte la diſſenterie, fortifie le foie & l'eſtomach.

estoient pleines, tiroit à la resine. Cela fait, nous estoupions la bouche de nos callebasses auec de la cire. Nous tirasmes encore du ius de ces fueilles d'vne autre façon, mais celuy-cy condensé n'est pas si cher que l'autre, estant fait d'vne matiere meslée. Nous coupions toutes les fueilles en morceaux, que nous mettions en vn sac, que nous pressions, pour en espuiser le ius, lequel nous versions dans des vessies de bœufs, que nous pendions à nos cheminées pour les secher. Les habitans de l'isle de Madagascar, où viennent les aloës, en la prouince que i'ay dit, entre la mer & la riuiere de *Ranne-fouche*, c'est à dire, eau blanche, proche le port des gallions, ne sçauent point ce secret, que i'auois apris d'vn chirurgien qui estoit venu en cette isle dans vn vaisseau Danois, & seiourné quelque temps auec mon compagnon & moy pour se rafraichir en cette prouince; des habitans de laquelle nous nous cachions lors que nous trauaillions à l'expression de ce suc. Lequel fut depuis par moy vendu à vn marchand Anglois, que ie trouuay à mon retour au Cap de Bonne-Esperance. Sçauoir la liure du premier huict liures, & celle du dernier quatre liures.

Il y a vne autre espece de bois d'aloës en la prouince des Tapares, duquel le tronc est gris, tendre, & moüelleux, comme de celuy duquel ie vien de parler, auquel il est en tout semblable, fors en la hauteur, celuy-cy ne montant iamais plus haut de quatre pieds.

Pour l'aloës qui a ses fueilles attachées à la terre, comme celuy de nostre Europe, toute l'isle en est remplie. Il iette vn tige du milieu haut de trois à quatre pieds, diuisé en deux rameaux portant des petites clochettes iaunes, comme nostre antirrhinon, ou gand de la vierge Marie, ainsi l'appellent nos herbiers, longues d'vn doigt, crannelées en six places sur les bords, penchantes à bas, auec six petits filets blonds au milieu.

L'Ebene croist par toute l'isle sur les montagnes pierreuses, mais principalement dans la prouince de Matatan, comme i'ay declaré cy-dessus. Cet arbre est de la hauteur & grosseur de nos vieux chesnes, desquels il a l'escorce, le cœur, & l'aubeau, excepté la couleur noire, qui le fait tant priser. Les fueilles ressemblent à celles du laurier, portent entre deux vn fruit comme vn gland, sur vne petite queüe. L'aubeau infusé dans l'eau & chauffé, pris tiede par la bouche, purge la pituite, & guerit des *maux Veneriens; i'en ay fait l'experience sur ceux du païs, qui nomment cet arbre, *Hazeminthe*, qui fait vn feu clair, & rend vne odeur fort douce.

---

* La figure de celuy-cy est dans Dioscoride liu. 3. ch. 22. auec sa description. Il dit, qu'il iette vn tige, & des fleurs iaunes, la graine semblable à celle de l'asphodele, les fueilles attachées à vne seule racine, le tout puant & amer. Que le ius est bon aux playes. Il y a plusieurs especes de cette sorte d'aloës aux Indes Occidentales, desduittes par Marcgrauius dans son histoire naturelle du Bresil liu. 1. ch. 18. & liu. 2. ch. 16. par Amatus Lusitanus sur Dioscoride liu. 1. enarration 21.

Cet arbre est plus petit és Indes Orientales, ressemblant à l'oliuier, ayant la fueille côme la saulge, la fleur blanche, grande comme la rose. Pyrard au traitté des animaux & fruits des Indes ch. 8. Vois Dioscoride l. 1. ch. 111. Theophraste en son hist. des plantes liu. 4. ch. 5. Pline liu. 12. ch. 4.

* Subiet pour lequel on a creu le gayac estre vne espece d'ebene, ainsi que Matthiole le remarque sur le lieu allegué de Dioscoride. & Amatus Lusitanus sur le mesme liu. 1. ch. 119.

Rauenssare est aussi gros, haut, & branchu que nos chesnes, ayant les fueilles semblables au laurier, en forme, en verdure, en odeur, hors que son odeur est moins piquante. Son fruit est comme vne noix de galle, laquelle mise en pouldre, a le goust, l'odeur, & la vertu du clou de girofle. Cet arbre croist és montagnes qui sont autour le village de Fanzaire, ie n'en ay gueres veu ailleurs.

Les arbres desquels ces Insulaires bastissent, sont aussi semblables à nos chesnes, portans de petits glands ronds, la fueille est pareillement ronde & fort toufuë.

Vvouhanatte, est vn fruit iaune, rond comme vne poire de mediocre grosseur, ayant la peau polie & luisante, enfermant quatre noyaux plats, durs, & longs comme des amendes, lesquels semez engendrent d'autres arbres de mesme espece. La poulpe en est pasteuse, iaune, nourrissante, d'vn goust sucrin. L'arbre est gros & membru, comme nos pommiers, à la fueille de laurier, hors le flair. Sa fleur est blanche comme celle de l'oranger, mais auec plus d'odeur. Au bout de ce fruit croist vne noix de la forme du roignon de lieure, de couleur cendrée tirant sur le roux. On tire de l'huille des noix. Et l'arbre és mois d'esté iette sans incision vne gomme nette & transparante. Il y en a qui

Paludanus appelle ce fruict *Caione*, l'arbre *Cajus*, duquel Linscot donne la figure en son voiage ch. 52. Mais plus nettement Pison, au liu. de la faculté des simples du Bresil ch. 6. où il appelle cet arbre *Acajus*, & *Acayaiba*.

V iij

portent de belles fleurs doubles, de couleur de roses, tres-soüefues.

I'ay dit cy-deuant que nous appellasmes vne baïe, la Baïe des prunes, pour le grand nombre de pruniers qui y estoient, portans des fruicts gros comme nos doubles damas, & de mesme couleur, ils les appellent *Vvouhannio*, le goust pourtant tire sur celuy de nos Damascenes, estant sucrin. Pour conseruer ces fruits, & empescher que personne n'en cueille, le medecin, duquel nous auons parlé cy-deuant en nostre voyage, met sur l'arbre vne machoire de vache peinte, & rayée d'vne couleur rouge, cela s'appelle parmy eux *Anly*, comme nous auons desia dit, ce mot, signifiant non seulement toute sorte de medicament, mais aussi enchantement, ce peuple s'imaginant, que quiconque detacheroit vne prune, mourroit soudainement au pied de l'arbre, nous ne laissasmes mes compagnons & moy d'en manger, eux s'estonnans de nostre hardiesse, & se destrompans peu à peu de leur superstition, & de leur barbier, ou medecin, qu'ils tindrent depuis pour vn affronteur, voyans que nous ne laissions de nous bien porter, nonobstant la teste de vache qu'il auoit si bien peinte. Cet arbre est haut de huict à neuf pieds, le fruit a cinq petits noyaux ronds, qui seruet de semence.

Ils ont aussi des arbres, ayans les tiges & fueilles comme le fresne, portans des longues prunes blanches, qui n'ont qu'vn noyau, qui cassé rend vne espece d'amende de bon goust, celuy de la prune estant aigret.

Les mirabolans croissent sur vn arbre espineux, ayant les rameaux fort menus, & la fueille du buis, le fruit est comme vne grosse prune, enfermant vn noyau tres-dur à cinq angles, il croist iusques à douze pieds de hauteur. Il y en a de * plusieurs especes. Des cendrez, qui sont ronds : les *Emblicos*, qu'on mange verds : Les *Resonualles*, qui ont huict angles : les *Bellerici*, qui sont ronds : les *Quebuli*, qui sont plus longs que les autres, estant anguleux.

La vigne vient dans les bois sans aucune culture, principalement proche le port de saincte Luce, les raisins sont blancs, gros, & longs.

Ils appellent les citrons, desquels ils ont grande abondance, *Vassarre* mante, qui signifie fruit aigre. Le gros limon, *Toulongue*. Les oranges *Vassarre*, *Mammi*, qui veut dire, fruit doux. Et les grenades, *Vvouhannio*.

Parmy ces arbres, il y a en vn tres-beau, ayant les fueilles les vnes sur les autres, longues d'vn demy pied, d'vn verd obscur, tel qu'il est en celle du laurier, luisantes, & es-

Pyrard au traitté des animaux & fruits des Indes ch. 11. dit que cet arbre est appellé par les Maldiuois *Ambou*, ressemblant plustost à vn meslier, qu'au prunier, & que ce qui est dans son noyau, quoy que bon à manger, trouble le cerueau iusques là, qu'il causeroit la mort, si on en mangeoit quátité.

*. Vois Matthiole sur Dioscoride l. 4. ch. 154. Linscot en son voyage ch. 82. Surquoy Paludanus dit, que les premiers purgent la bile, les deux, la bile noire parce qu'ils sont noirs, les trois, la pituite, les quatre & cinq l'estomach, les rheins & le cerueau.

Les Bresiliens nõment cet arbre, *Guiti-toroba*, sa figure est dans Marcgrauius, en l'histoire naturelle de ce pays liu. 3. ch. 9.

paisses, comme du parchemin, douces au manier, ayant vn nerf depuis la queuë iusques au dessus, & plusieurs autres naissans de celuy-cy, qui coulent de trauers. Les fleurs semblables à celle du tilleul sont formées en clochettes, d'vne seule fueille fenduë en six endroits par les bords, auec autant de petits filets y attachez d'vn iaune verd, & de mesme odeur que le tilleul. Il sort du lait des branches estant rompuës, qui portent des fruits plus gros qu'vne orange, d'vn pourpre delaué de iaune, qui n'a point d'odeur estant sur l'arbre, mais lequel estant coupé iette vne puanteur comme celle qui sort d'vne vieille graisse, la chair pourtant qui est blonde, est douce au goust. Les noyaux gros comme des marrons, d'vn costé ressemblent vne noix de muscate, d'autres sont lices & polis comme vn miroir qui s'esleue en son milieu, laissant libre à la veuë la semence qu'il enferme.

La figure de cet arbre est dans le voyage que les Hollandois ont faites Indes Orientales, en 1595. ch. 7.

Il y a des arbres ayans le tronc en oualles, d'vn seul desquels on fait deux bachots, ou canoës le dedans estant moüelleux, iettans par le dessus des toupets de grandes fueilles, de la façon des buissons, qui pendent entre les fantes des rochers.

Mahaut est vn arbre qui a le tronc plus haut esleué que le tilleul, les fueilles verd brun,

brun, plus larges que la main, de la figure du cœur, portant la pointe au bout, les fleurs viennent en grappes semblables à celles du tilleul, elles sont sans odeur. Les habitans leuent la peau des branches auec leurs cousteaux, puis battent l'escorce auec des maillets, iusques à ce que la grosse escorce soit separée de la seconde, qui se met en filets: des plus gros on en fait des cordes, & des plus deliez, apres auoir esté filez, des braïes pour les Negres, & esclaues.

Ie n'ay point veu d'arbre Triste dans cette isle, ceux pourtant qui y ont esté depuis moy en ont apporté dans Paris, où il se rend commun, il est ainsi nommé parce qu'il ne florit iamais que la nuit, quittant ses fleurs aussi-tost que le Soleil le touche sans en retenir aucune. Il est de la grandeur d'vn poirier, ayant la fueille approchante de celle du laurier, fors qu'elle est vn peu dechiquetée. Sa semence sert pour mettre au potage au lieu de poiure, thin, ou mariolaine, & l'eau distillée de ses fleurs, qui sentent bon à merueille, sert contre les maladies des yeux. *Pyrard au traitté des animaux & fruits des Indes, ch. 8.*

Plusieurs ont dit, qu'il y auoit des arbres de sandal en ceste isle, mais ie n'en ay point veu, ou ie ne les connoissois point. *La description du sandal auec ses especes & vertus, est dãs le voyage de Linscot ch. 64.*

I'ay transplanté autrefois des *Ananas* en mon iardin que i'auois arraché des monta- *Pyrard dit le mesme au traitté des animaux, arbres &*

gnes voisines de la baye d'Anthongil, qui reprirent sans beaucoup de façon, contre l'opinion de ceux de l'isle, qui ne veulent pas croire, qu'on puisse faire reprendre ce qui est transplanté. Les tiges & pommes sont semblables aux artichaux, sinon que le fruit est plus gros & plus long, sucrin & delicat à manger: iaune-verd lors qu'il est meur, ayant l'escorce rude & la chair blanche. Cette plante ne s'esleue iamais plus haut de quatre pieds. Ses fueilles sortent de la racine de la mesme figure & façon que celles de nostre aloës. Le ius du fruit est si chaud, & si penetrant, que si on y laisse le cousteau deux heures, le fer rougit incontinent, sans pouuoir plus couper, comme s'il estoit bruflé. On s'en sert pourtant en breuuage, qui est agreable à la langue, mais piquant, ayant ie ne sçay quoy approchant de l'odeur de la framboise. Sa graine est cachée dans vn floquet de fueilles, qui sort par le dessus de la pomme.

La maniguette ne vient qu'aux Matatanes & Antauarres, elle iette vn tige verd & poli de la grosseur du poulce, haut de huict à dix pieds. Au dessus il y a vn bouquet de fueilles longues de six poulces, larges de deux, d'vn verd clair. On voit sortir de son pied vn petit sion, portant quatre ou cinq gousses rouges, longues de quatre poulces, ayans

fruits des Indes ch. 9. La figure de cette plante & fruit est dans Pison, au liure de la medecine du Bresil, & dans Marcgrauius en son histoire naturelle du mesme pays liu. 1. ch. 16.

trois angles, dans lesquels est la graine en grand nombre, brune & petite comme les vesses, enfermée dans vne chair mollasse, qui appaise la soif, au lieu que la graine l'excite, ayant le goust d'espice, corroborant l'estomach, subiect pour lequel elle est appellée par les Madagascarois *Aully tatte*, c'est à dire, medicament pour l'estomach. Cette plante se plaist aux marescages.

Le gingembre, dit par eux *Saccauire*, croist par toute l'isle, c'est la seule plante que ces insulaires transplantent autour des maisons, pour receuoir la pluye qui tombe des toicts, & autour de leurs ruches à miel, pour nourrir les abeilles. Cette plante croist par toutes les Indes en si grande abondance, que le Roy d'Espagne deffend d'en apporter quantité, crainte que cela ne luy ostast le trafic du poiure. On vse de la fueille verte és faulses & potages. On confit les racines sans les secher, elles sont blanches & de la forme du petit iris, mais plus noüeuses: la fueille est longue & estroitte comme le gladiole. La fleur est tres-belle, double, marbrée de blanc, & de pourpre delaué & brun, d'vne odeur tres-soüefue, le tige est noüeux comme le ionc, s'esleuant iusques à deux pieds de hauteur. Les confitures des racines eschaufent & guerissent les maux d'estomach. Les fueilles se se-

Pyrard au traité sus-allegué ch. 5.

Vois Dioscoride l. 2. ch. 154. La figure du gingembre auec ses fueilles & racine, est dãs Marcgrauius en l'histoire naturelle du Bresil liu. 1. ch. 10. où il est tiré comme le tige & les fueilles d'vne canne. Au lieu que celuy des Indes Orientales, & Madagascar est tel que nostre autheur le descrit. Vois sur cette distinctiõ chez Garcias ab Horto, Aromatum historiæ, chent tous les ans, & c'est alors qu'on tire les racines pour les faire secher au Soleil & les enuoyer en l'Europe, auec les autres espiceries.

Il n'y a point de racine qui approche plus de celle du gingembre, que celle que nos droguistes appellent, *Terra merita*, hors qu'elle est iaune elle produit des fueilles larges de quatre doigts, d'vn pied de hauteur, comme en toufe. On s'en sert au lieu de gingembre, & de safran, sa racine est iaune, & sa fleur est de la forme & de la couleur de l'iris de Florence. Les Portugais appellent cette plante *Saffran de terra*. Mordant dans la racine on ne sent point d'acrimonie, mais quelques momens apres elle pique la langue: quelques-vns l'appellent *Curcuma*. Les Madagascarois appellent *Ovuifouches* certaines racines vnies & rondes par le bas, longues de deux pieds, plus ou moins, & grosses comme le bras, icelles blanches, d'où elles prennent leur nom, car *Ovui* veut dire racine, & *Fouche*, blanche. Elles demeurent vn an dans la terre apres qu'elles y ont esté plantées, ce n'est pas qu'on ne s'en serue à manger au bout de six mois, mais pour les auoir bonnes & de garde, il faut attendre l'année reuoluë pour les tirer & les mettre és magazins faits exprés pour les y garder, lesquels

lib. 1. c. 41. & dans Amatus Lusitanus, l'enarration 154. sur le liu. 2. de Discoride.

Quelques-vns nõment cette plante Crocus Indicus: en langue Malaique Cunet. Sa figure est dãs le voyage que les Hollandois ont fait és Indes Orientales en 1595. ch. 5. Les Arabes appellent cette plante, Haber.

On voit de semblables racines aux isles des Maldiues, qu'on coupe & transplate tout de mesme qu'en Madagascar, pour en manger. Pyrard au traitté des animaux & fruits des Indes ch. 11.

sont esleuez de terre de six pieds, le plancher soustenu sur des pillotis ; pour empescher que les rats ne les mangent, il y a vn aiz plat au dessus de chaque pillotis qui s'aduance de tout costé d'vn demy pied, & cet ais ainsi debordant empesche les rats de grauir plus haut. Ces racines seruent de pain à ces Insulaires six ou sept mois durant, apres la recolte ; Ils en font dissiper l'humeur sous la cendre, puis les mettent sur la braise, & les mangent apres les auoir fait refroidir. Leur goust approche de celuy du pain. On en met aussi au pot auec de la viande au lieu de nauets. Ces racines, & fueilles sont semblables à celles de l'herbe à la Lune, les fueiles & tiges embrasseroient les perches & arbres, & monteroient iusques au dessus, s'il y en auoit, ou qu'on leur permit de croistre. Mais ces racines sont plantées dans des champs decouuerts, qu'ils laissent reposer vn an auant que de les y planter, & les fueilles de temps à autres coupées pour faire grossir les racines en les empeschant de trop ietter de branches, sarclans pour le mesme subiet les mauuaises herbes qui croissent à lentour.

Les *Ouuiares* ont les racines grosses comme le poingt de differantes formes telles que sont nos treufes, ou Toupinambous, on les tire trois mois apres qu'elles ont esté mises en terre, à mesure qu'on s'en veut seruir, elles sont viollettes, d'où elles prennent leurs noms, *Ouui*, comme nous auons dit signifiant racine, *Ares*, violettes. Elles sont plus humides que les precedentes, ayant les fueilles & queuës de couleur violettes, on les mange comme les *Ouuifouches*.

Les *Ouuicambares*, ont les racines grosses comme vn pain d'vne liure, de differentes formes ainsi que les precedentes, d'vn gris violet, laquelle couleur, que nous appellons gris de lin, est aussi aux fueilles & tiges. Elles sont de mesme goust, que les *Ouuifouches*, mais moins humides.

Les *Ouuimeintes*, sont semblables à celles-cy, sinon en ce que ces racines sont noires. *Meinte*, veut dire noir.

Les *Mavuondres*, ont des racines comme nos escheuris, de couleur iaune, ayant le bout d'embas rond, d'vn goust sucrin, & les branches & fueilles plus menuës que les precedentes. Elles sont rares, & se mangent pendant que les autres & le ris sont en terre.

Il y a plusieurs especes de ces choux dãs le Bresil, descriptes & figurées par Marcgrauius liu. 1. ch. 17 sous le nom de *Tajacba* Et dans Pison liu. 4. ch. 55. Les Toupinambous, les nomment suiuant de Lery, en son Amerique ch. 13. *Caioua*.

Lors que la secheresse, ou les trop grandes pluyes ont gasté ces racines, les Madagascarois ont recours aux choux Caraibes, desquels ils mangent les racines, & nous les fueilles dans nos potages.

Toutes les fois que le Roy veut faire planter ses racines, ce qui se fait au mois de Nouembre, il fait aduertir vne partie des villages voisins, ses subiets hommes & femmes, conduits par leurs maistres, ayant chacun vn lochet de fer proprement emmanché, grand comme la main en façon de triangle, duquel ils raclent premierement par la terre le dessus, pour en oster les herbes & pierres, puis ils tendent en droittes lignes des cordes faittes de la peau de l'arbre de Mahau, tant que le champ a de lógueur, & font auec leurs lochets, suiuant le cordeau, des fosses d'vn pied de toute escarrure, en chacune desquelles ils mettent vne portion des racines desquelles nous venons de parler, qui leur sont données par les femmes qu'elles ont coupées auparauant, puis mises & apportées aux hommes sur le champ qu'on plante dans des paniers, faits d'vne canne fenduë en quatre qu'ils appellent, *Haze malaime*, c'est à dire, bois mol, puis couurent les racines de terre, esloignées l'vne de l'autre de deux pieds & demy. Ils nomment cette façon de planter, *Amboulé*. Voyla la premiere coruée qu'ils doiuent à leur Prince.

 La seconde est, quand il faut semer le ris, le mil, les febues, & pois. Et la troisiesme quand il en faut faire la recolte.

 Le ris se seme en Mars & Auril apres auoir

La figure du ris, de la canne de sucre, du mil ou millet, des pois rouges & noirs, du gingembre & de la maniguette, sont dans le voyage que les Hollandois fi:ēt és Indes Orientales en 1600. ch. 33.

esté trempé huict iours dans l'eau, ce qui se fait en le mettant dans des paniers, & les paniers dans la riuiere. Ils font conduire dans des champs qu'ils veulent semer quarente ou cinquante bœufs, plus ou moins, suiuant la continance du lieu, & ce apres auoir osté l'eau qu'ils auoient mise huict iours auparauant pour preparer ces champs à receuoir la semence. Ces bœufs sont conduits à coups de bastons par des petits garçons qui sont dans la bouë iusques à my-iambes, prenant garde soigneusement qu'il n'y ayt aucun endroit, qui ne soit bien petri par les pieds de ces animaux. Cela se fait par deux fois. Au troisiesme iour on y seme le ris, sur lequel on remet l'eau & en suitte les bœufs, qui ne sont plus conduits par des petits garçons, mais par des Negres hommes faits. La terre ayant esté bien foulée & meslée, on detourne l'eau, iusques à ce que le ris ayt poussé, & alors s'il y a secheresse, on la remet dans le champ, qu'on enferme d'vn fossé, & d'vne haye viue, iusques à ce que le temps de la recolte arriue, qui est en Decembre & Ianuier, alors ils coupent à belles mains les espics, ne se soucians de la paille, pour s'en seruir, ils les pilent dans des mortiers de bois, puis le nettoient au vent. Le ris dans l'espic est papellé par eux *Vare* ; estant nettoyé.

Fouche-

Fouche-Vare, Blanc ris.

Le mil se seme en Fevrier dans vne terre sablonneuse, qu'ils nettoient auec le lochet, puis leuent d'vn seul coup la terre, y coulent trois ou quatre grains, & la laissent tomber dessus. Les trous sont esloignez les vns des autres d'vn pied. La semence est comme le cheneuy, l'espic comme le milet. Ils appellent le mil, *Empembe*.

Ils sement en mesme temps leurs pois & feues, qui sont de couleurs & formes differentes. Il y en a aux Malegasses & Tapates, qui ont les racines bulbeuses comme des treufes, qui se plantent ainsi que les oignons de tulippes, en engendrant plusieurs. Leur couleur est blanche, ayant le goust de noisettes estant cuittes dans la cendre. Les fueilles sont espoisses & diuisées en trois parties, de la largeur d'vn sol, ressemblantes au treflier, venant en toufes, les fruits estant au pied dans terre.

Ils ont des phaseoles, par eux appellées, *Vvoiguembes*.

Ie ne peux passer sous silence leur façon de faire pour euoquer la pluye, lors que la secheresse tuë leurs racines & semences. Ils appellent leur *Marabou*, qui veut dire barbier, ou medecin, lequel ayant esgratigné sa planche, de laquelle nous auons parlé cy-dessus, & songé quelque temps à ce qu'il fera, ils nomment ce rauassement, *Squille*: leur commande de luy apporter plusieurs racines, fueilles, herbes & fleurs, dans des longs paniers faits de cannes : sort puis apres du village faisant le tout apporter apres soy, & ranger sur les bords de la premiere fontaine, ou ruisseau, qu'il rencontre. On luy amene aussi vn taureau, & luy apporte-on vn coq noir. Il fait attacher le taureau à vn arbre, luy fait lier les pieds, puis l'égorge, receuant le sang dans vn grand plat de bois, il en fait autant au poullet. Il mesle les sangs auec le doigt du milieu, en marque les fronts de tous les assistans, en barboüille sa ceinture, & tout ce qui pend apres, marmotant ie ne sçay quoy entre ses dents. Cela acheué, on roule le bœuf attaché par les pieds, dans le ruisseau, d'où il est incontinent retiré, & mis en pieces pour le manger auec le coq. Puis retournant au village, il met sa ceinture deuant la porte de la maison du maistre d'iceluy, de laquelle personne n'oseroit approcher pour la toucher. Tant qu'elle est en ce lieu, vn petit garçon tourne vn petit ais fort leger, attaché à vne corde autour de sa teste, qui fait vn bruit approchant de celuy de nos tarteuelles, par la resistance de l'air. Sous cette ceinture sont arrangez les paniers, auec les racines, fleurs & fueilles, desquelles nous auons parlé. Tout cela demeurant là iusques à ce qu'il pleuue, ce qui arriue bien-tost, ce galand ne iouänt pas son tour qu'il ne voye apparence de pluye, afin de se rendre plus recommandable. On luy donne vne vache pour sa peine.

Ils ont vne espece de conuoluule les fueilles duquel broyées & mises sur vne playe, la guerit en peu de temps : elles sont longues d'vn doigt, de la figure du cœur, le tige ayant plusieurs branches, rempe & s'agraffe à tout ce qu'il rencontre, il est de couleur du serment, qui est encore verd. Il porte des clochettes, de mesme que les autres conuoluules blanches, teintes d'vn peu d'incarnat, & de pourpre au fond, elles fleurissent au mois de Iuillet ; de ces clochettes vient vne semence noirastre, de la grosseur d'vn pois, mais qui n'est pas si ronde. La racine a la forme d'vn pied d'escreuice, grasse, & pleine d'vn ius blanc, ayant la peau de la cendre recuitte. Elle est purgatiue, & pour cet effect on la met en petits morceaux ronds, qu'on fait secher au Soleil. Vne dragme & demye de cette pouldre infusée purge doucement.

Sa figure est rapportée par Pison, au 4. liu. de la faculté des simples du Bresil. ch. 54.

Il y a aussi vne herbe, dont la fueille a la mesme proprieté que celle du conuoluule duquel ie viens de parler estant broyée, son nom est *Dchoutchout*, elle a la fleur iaune & ronde comme le soucy, la fueille est dentelée.

Les Tapares chez lesquels croist l'herbe sensitiue, l'appellent *Haest vel*, qui veut dire herbe ayant vie, elle s'esleue en ce pays iusques à la hauteur de deux pieds. Son tige est bossu, iettant ses rameaux inegallement, partie desquels s'esleue, l'autre se couche, ayant plusieurs fueilles qui se touchent, ne tirant pas mal à celles de la fougere; Cette plante porte de petites boules pourprines, hispides qui iettent nombre de petites fleurs de mesme couleur, qui produisent des gousses, couuertes de pointes, dans lesquelles est enfermée vne petite graine noire & luisante, ayant la figure d'vn cœur, plate comme la lantille, mais qui est plus petite de la moitié. Il y en a qui appellent cette herbe, chaste, d'autres, Mimeuse. Aussi-tost qu'on en touche vne fueille, toutes se ployent l'vne contre l'autre, & s'abaissent auec toutes ses branches contre terre, se releuant peu à peu vn demy quart d'heure apres.

I'en ay veu souuent en nostre iardin venant de la graine que Monsieur de Laët a enuoyée ; mais cette plante n'y porte iamais fleur, ny graine, ny ne croist plus haut, que le petit doigt. Sa figure est dans Charles de l'Ecluse au liu. 4 des plantes rares, ch. 1. Ceux qui ont passé par l'isthme depuis Nombre de Dios, iusques à Panama, racontent qu'il y a des bois entiers de l'arbre sensitif, auquel si tost qu'on touche, aussi-tost les branches & les fueilles s'esleuent auec grād bruit, & font ensemble la figure d'vn globe. Pison liu. 4. des facultez des simples du bresil. ch. 96. donne les figures de la plante & de l'arbre sensitif, sous le nom de Caaco.

L'isle de Madagascar est tres-fertile en cannes de sucre, que les habitans machillent & succent, n'ayant encore l'inuention d'en tirer le sucre, comme on fait à Madere & au Bresil. Les Portugais leur ont donné le nom

Marcgrauius donne la figure de la canne de sucre au 2. liure de l'histoire des plātes du Bresil ch. 16. Les Bresiliens la nōment Vube, & Tacomarée. Elle a esté cō-

d'*Alseola du Zuquere*, & de *Canna da Zuquere*. Elles ont des nœuds comme les autres cannes, le tige par le deſſous a de tour trois à quatre poulces, croiſſant iuſques à dix pieds de hauteur. Sa couleur eſt d'vn verd iaune, qui porte au deſſus pluſieurs fueilles en floquet, longues & aiguës. Cette plante eſt connuë en France, ſans en pouuoir tirer du profit, ce climat n'eſtant aſſez chaud. Elle vient heureuſement dans la Sicile & terres voiſines.

nuë par les anciens, quoy que pluſieurs le nient. Dioſcoride l'a deſcrite liu. 2. ch. 75. Galien liu. 3. de la faculté des alimés. Pline liu. 12. de ſon hiſtoire naturelle c. 8 Strabon liu. 5. de ſa Geographie. Il eſt vray que l'inuention d'en tirer le ſucre eſt nouuelle, les anciens ne s'en ſeruans qu'en breuuage & medecine. Les Portugais ayant veu comme ceux de Madere le tiroient, ſechoient, & reduiſoient en pains tranſplanterent des cannes au Breſil dreſſerent des moulins ſur l'eau & ſur terre, faiſant tourner ceux-cy auec des bœufs, leſquels approchent de la figure des preſſoirs ſous leſquels nous mettons nos vendanges, ſinon qu'on ne met pas les cannes de ſucre ſous le preſſoir, mais entre deux pilliers à vis, leſquels ſerrant les cannes lors qu'on les fait tourner, en expriment le ius, qui tombant dans les tines, eſt cuit dans des chaudieres, bien eſcumé & paſſé par le linge, puis recuit & condenſé iuſques à ce qu'il ayt conſiſtence, laquelle il n'aquiert jamais qu'on n'ayt ietté dedans du ius de limon. La façon de plâter, cultiuer, couper, & ſerrer les cannes, cuire le ius, & en faire des pains de ſucre, enſemble la figure des moulins, fourneaux, & autres inſtrumens neceſſaires pour la perfection de cet ouurage, eſt dans Guillaume Piſon liu. 4. de la faculté des ſimples du Breſil. ch. 1.

I'adiouſteray pour concluſion à ce mien traitté, que ie m'eſtonne comme cette iſle, ſi grande, ſi peuplée, & ſi fertile, ayant des habitans fort traittables, des mines de fer, d'or, & d'argent, des gommes, des reſines, & du ſel, que les vagues & vents de la mer laiſſent dans les trous des rochers, des foreſts, du coton, du Mahault,* des roches entieres de criſtal dans la prouince d'Anthongil, où foüiſſant dans les ruiſſeaux qui en ſortent on trouue des eſmeraudes, & des ſaphyrs: comme du talque dans les montagnes des

* Les habitans les nomment, *Vat ſarr. re.*

Machicores & Madegasses, n'a encore attiré de nostre France des Colonies entieres, pour s'en rendre maistres, & y establir la religion Romaine, à laquelle ceux du païs se porteroient facilement, pour estre dociles, & pour n'auoir encore fait chois d'aucune religion. Au surplus aymant extraordinairement la conuersation des François, auec lesquels ils trafiquent librement, leur decouurant leurs secrets, & les inuitant à prendre alliance auec eux. Outre ces raisons il n'y a point de païs au monde dont la situation soit plus à estimer, ceste isle estant entre les deux Indes, comme arbitre de la conqueste des vnes & des autres, ayant tout ce qui est necessaire pour la nauigation, entretien, & nourriture de l'homme.

COLLOQVE ENTRE LE
Madagascarois & le François sur les choses plus necessaires pour se faire entendre & estre entendu d'eux.

PREMIER COLLOQVE.

Le Madagascarois.

H*AIZE anno?*   Es-tu venu?

Le François.

Fante Taytanne France.   Oüy, & de la Terre de France.

Le Madagascarois.

Hannho auié antanne Madagascar?   Que viens tu faire en la terre de Madagascar.

Le François.

Zahai mitondre marmare.   Ie te viens apporter beaucoup.

Le Madagascarois.

Magniné?   Qu'est-ce.

Le François.

Voulamene, Voulafouche; angue, arrey, voure-fouche, sable, firac, vie, lambe, satrou, angamere. De l'or, de l'argent, du coral fin, des patenostres de verre, de fausses perles, du cuiure, de l'eſtaing, du fer, des draps, des chapeaux, des ſouliers.

Le Madagaſcarois.
Sos annos anniette.   Tu ſois le bien venu.

Le François.
Zahai rauou.   I'en ſuis reſiouy.

Le Madagaſcarois.
Magnine foo annotea.   Qu'eſt-ce que ton cœur deſire.

Le François.
Zahai tea en engombe, engondri, en oſſe, en vouſſi accoo, attoule, fuie, vaſſarre, toulougue, voienguembe fouche-varre.   Ie veux de la viande de bœuf, du mouton, de cheure, de chapons, des œufs, des fruicts, des citrons & oranges, des gros limons, des feues, & du ris blanc.

Le Madagaſcarois.
Zahai ommay, anno-auiot entrangue aminai.   Ie t'en donneray, & ſi tu ſeras le bien venu en ma maiſon.

Le François.
Ouui Zahai mandey antanas en arrhez.   Quand iray-ie en ton village.

Le Madagaſcarois.
Foho enno thea auiat.   Quand ton cœur le voudra.

Le François.
Zahai mandey telle œuvandre.   I'iray dans trois iours.

Le Mada-

de François Cauche.

Le Madagascarois.
Auiatte amini oule aby ; mitondre sandoc fenou entanas aminay, engare Fanzayre. Viens t'en auec tous tes hommes ; apporte tes cofres pleins dans le village de Fanzaire.

Le François.
Salame roandrie zahay auiette empanguinere. Adieu, Monsieur, ie t'iray voir dans ce temps.

SECOND COLLOQVE.

Le François.
Salame, zahay auientana amini ou laby, mitondre sandoc. Bon-iour, ie suis venu en ton village auec mes hommes & mes cofres pleins.

Le Madagascarois.
Misahaa auo, allay fan lallail. Que ie voye, ouure les serrures.

Le François.
Fanlalail allay misahaa foho annotea. Les serrures sont ouuertes, regarde ce que ton cœur desire.

Le Madagascarois.
So abigo, ay oule France manne, zahai anharey mousquine. Anno ommay vouze angue beuente Salamauo. O que cela est beau, que la France est riche, & que nous sommes pauures. Donne moy ce colier de beau coral seulement.

Le François.

Into roandrie zahommey.   Tiens, ie te le donne.

Le Madagascarois.

Zahai rauou foho: Magnine teas anno.   Tu me fais vn grand plaisir. Que veux-tu que ie te donne.

Le François.

In manne anno.   Dequoy es-tu riche.

Le Madagascarois.

Emgombe voussi, angondri, osse acohoo voussi.   Des bœufs chatrez, de moutons, de cheures, & de chapons.

Le François.

Zahai te acco.   I'en veux bien.

Le Madagascarois.

Intoato oule meinte, mandé annhe, emboitz, malaque angombe, mitondre eff poule angombe voussi; foule angombe tanmane.   Viens Negre, va t'en à la montagne querir des bœufs, amenes-en quarente chatrez, & dix vaches.

Le François.

Ize marmare, mizza masse ensandoc aminai, teanno.   C'est beaucoup, regarde en mes cofres ce que tu veux.

Le Madagascarois.

Vaz, annoo teaz ommey anguemadindin, harez madindin, vaque, momgue-momgue, meneamene, ceinte, zaaray rauou.   Ie ne sçay, si tu veux

me donner du petit coral fin, des grenats de plusieurs couleurs, de citron, de
iaune, de rouge, & du noir, tu me feras
plaisir.

Le François.

Into sambourre, Prends-en.

Le Madagascarois.

Zaa citea sambourre, ommé anno. Ie n'en veux
point prendre si tu ne m'en donne.

Le François.

*Into, sambourre vouse, fayhay enuouse ennoo; vou-
se massaissaye entangue auali ennoo.* Tiens,
prens ce collier, attache le autour de ton
col : & ces bracelets de rassades de toutes
couleurs assorties seront pour ta femme.

Le Madagascarois.

Auiat entrangue enminai, femme femme trangano.
Viens t'en en ma maison elle est la tienne.

Le François.

Zaa citea trangano roandrie, zaa teas trangauos.
Ie ne veux point de ta maison, mais vne
particuliere.

Le Madagascarois.

Sambourre trangue ameneualy. Prens la maison de ma femme.

Le François.

Zaa teaco. Ie la veux bien.

Le Madagascarois,

Accorually allai sandoc, allai cihit, velangues, louies,

Z ij

oule vaza tea trangano. Auiat roandrie rie mad-
hey.　　Ma femme, oste tes cofres, nattes, marmites, plats; des hommes de France veulent ta maison. Viens t'en Monsieur elle est partie.
Le François.
Mandé hanne, mansuandre matte.　　Va-ten, le
Soleil se meurt.
Le Madagascarois.
Zaa auiat amarray empisse.　　Ie reuiendray demain.

TROISIESME COLLOQVE.

Le Madagascarois.
Salame zannhac abi toutoulle: acor saraco.　　Bon-
iour mes enfans, vous portez vous bien?
Le François.
Fante.　　Oüy.
Le Madagascarois.
Izangare lambe faihay anmemi haze laue en loha-
tambo.　　Comme appellez-vous ce ret
tendu à ces deux pieces de bois, où ie vous
vois couchez, lié par les deux bouts?
Le François.
Engare lambe-mandre vatte.　　C'est vn lict pour
y reposer le corps.
Le Madagascarois.
Anharrey manne zare.　　Vous estes riches d'es-
prit.

Le François.

Quelle quelle: ampanguinaire oule France manne Zare, mahai meas toutoulle. Pas trop, dans peu de temps vous verrez d'autres hommes de France qui feront bien d'autres choses.

Le Madagascarois.

Aho? Et quoy?

Le François.

Meaz tranguebais, tambouc trangue vattes, trangue ambone haze laue, veruan laue, famme famme trangue France, misse cie lande voulangondri, vouleosse, voulangombe, mene, meinte, monguemongue, vaque, toutoulabi. Ils trauailleront à bastir de belles maisons de pierre & de bois, auec de grandes portes & ouuertures, semblables à celles de France, ornées de beaucoup de tapisseries, faittes de soye, de laine de mouton, de poil de cheure, de poil de bœufs, de rouge, noir, iaune, citrin & de toutes coleurs.

Le Madagascarois.

Iaye oule mahai. Ah! que ces hommes sont adroits!

Le François.

Rez mahai amboulle, antanne, fambourre, meaz engamere, satrou, camis, lambe fouche. Ils sont adroits à semer, planter en terre, recueillir, trauailler à faire des souliers, des chapeaux, de la toile blanche.

Le Madagascarois.

Aho; oule mahai meaz, andracalle andracalle.
D'où vient que vos hommes trauaillent tous les iours.

Le François.

Oule si meas mousquine mauouze rez ampanguinaire, Oule meas manne maaire vinsi ampanguinaire. Celuy qui ne trauaille point est pauure, & a faim, au lieu que celuy qui trauaille se soule, & deuient riche.

Le Madagascarois.

Sahai annarez si mahai meaz mousquine rez ampanguinaire. Donc si nous ne trauaillons, nous ferons pauures & mourrons de faim.

Le François.

Accorre tampou anharrey angarre ianharre, ry sitea meaz andracalle andracalle mousquine aby. Si nostre maistre commun qui s'appelle Dieu ne veut agréer nostre trauail, quoy que nous trauaillions incessamment nous demeurerons pauures.

Le Madagascarois.

Taize iannhare; zahai simaitte. Qui est ce Dieu, ie ne l'ay iamais veu.

Le François.

Ry toumouranbon, ry ampouras toutoulle oule, tanne toutoulle aby, manssuandre, voule, reac, raa raa, vinangues, hazes, ahetz, Il demeure au Ciel, il est pere de tous les hommes, de toute la terre, du Soleil, de la Lune, de la mer, des animaux, des riuieres, des arbres, & des herbes.

Le Madagascarois.

Zaa tea mizandri, zaa itandri rauon ampanguinaire. Ie le voudrois bien voir, i'en serois resiouy.

Le François.

Anno ite abi toutou, auorre sihitte amni tangue anni oule ampanzac, tay Manasia. Tu le vois par tout, ne l'as-tu pas veu entre les mains de nostre prestre, à Manasia.

Le Madagascarois.

Zaa ithe oule ampanzac ampouuarre, sambourre amni tangue bourrou bourrou fouche massaissay, vaque ahelin amnisingue, ahelin sic mune, minon ampanguinaire, Zaa sihitte iannharre. I'ay bien veu vostre docteur parler, & prendre auec ses mains vn petit rond blanc, qu'il rompit & mit dans vne coupe auec du vin, qu'il beut quelque temps apres, mais ie ne vis point Dieu.

Le François.

Samme samme oule vaza, hiite ampanguinaire. Si tu estois Chrestien, tu le verrois incontinent.

Le Madagascarois.

Zaha teaco. Ie le veux bien.

Le François.

Tomoire, ampaguinaire oule Amponsac auiate, antan annaeirez. Attens, dans peu de temps vous aurez des docteurs en vostre terre qui vous enseigneront.

Le Madagascarois.

Zaha rauou. I'en seray resiouy.

QVATRIESME COLLOQVE.
Le François.

Ampourras zaha rez, haize an ommez annahie. Mon pere i'ay faim, où treuuerai-je dequoi manger.

Le Madagascarois.

Annac, mis acoho, lahe, voussi, tamanne, m'assessaie, attoule, sarra, angondri, osse, rononne. Mon fils, i'ay beaucoup de coqs, de chapons, de poules, de poullets, d'œufs, de veaux, de moutons, cheures, & laict.

Le François.

Zaa thea ro accho voussi auo. Ie ne veux que deux chapons.

Le Madagascarois.

Quelle quelle amini oulo aby. S'est bien peu pour vous tous.

Le François.

Manssuandre ambonne, zaa thea mandé mitsif vourre fecque, anranne amniuarre. Lors que le Soleil sera retiré, ie veux aller tuer des canes

nes au bec plat, dans l'eau où ton ris est semé.

Le Madagascarois.

Manigne matte vourre. Auec quoy les tueras tu.

Le François.

Amili ampingare laue, fenou auli bachie. Auec vn long fuzil plein de poudre & de plomb.

Le Madagascarois.

Ouui mandé, zathea ombe annho. Quand iras tu, ie veux aller auec toy.

Le François.

Amaray empice. Demain matin.

Le Madagascarois.

Aho amaray empice, si manday anion. Pourquoy demain matin, n'iras-tu pas bien auiourd'huy.

Le François.

Ato mandey. Allons viens t'en.

Le Madagascarois.

Mize auorrou roandrie. Regarde ces oiseaux, Monsieur.

Le François.

Anno tomoire, Zaa mißix. Ne bouge delà ie les vay tirer.

Le Madagascarois.

Zaa mitenne, firi vourre matte. I'ay oüy le coup, combien en as tu tué.

Aa

Le François.
Zai vounon valou. I'en ay tué huict.
Le Madagascarois.
Ize valou marmare. Huict, c'est beaucoup.
Le François.
Accorre roandri sitea auiatte hiane vouurre. Et quoy Monsieur, n'en veux tu pas venir manger.
Le Madagascarois.
Teacco, lili vouse anniuoure, allay raz. Ie le veux bien, coupez leur le cou afin que le sang en sorte.
Le François.
Zaa lili vouze, allai voule, allai ansinai, auali anni aze laue. Ie leur ay coupé le cou, plumons les, vuidons les de leurs tripes, embrochons les dans vne longue broche de bois, & les faisons tourner.
Le Madagascarois.
Zannac hen mansac, enharrez citea hin. Mon fils la viande est cuitte, ne voulons nous pas manger.
Le François.
Zaa teaco, ato ambanne annissii. Nous le voulons bien, mettons nous en bas sur ces nates.
Le Madagascarois.
Sos hen mansac. Que cette viande est bonne & cuite à propos.

de François Cauche.

Le François.
Atao minon sic, tantelle, minon sarracoo anno.
Beuuons du vin de miel, ie bois à ta santé.

Le Madagascarois.
Zai coo. Et moy à la tienne.

Le François.
Vinci hen, Ondeue intuato fouche narre oronnon, voeguembe, onces mansac voannio. Ie suis sou de viande, vallet apporte du ris cuit au laict, des fauioles, des bananes meures, & des prunes.

Le Madagascarois.
Accorre anno auiate antanna annay ise oumay annoo. Mais que tu vienne en mon village, que te donneray-ie.

Le François.
Vas. Ie ne sçay.

Le Madagascarois.
Zahai mousquin, hin en angombe, acoo, ani enpourras, rene, rafouze, vali annai, anacauandri, zanna lahe, zanna ampelle, anna lahe, oratongue, ondeues annai abelinsic mitondre hen. Ie suis pauure, tu ne mangeras que du bœuf auec des poules, mon pere y sera, ma mere, ma grand mere, ma femme, ma sœur, mon fils, & ma fille, mon frere, mon oncle & ma tante, & mes seruiteurs nous donneront le vin, & la viande.

Le François.
Accore sihin fuie. Ne mangerons nous point de poisson.

Le Madagascarois.
Hin co, malac oule mahai sambourre fuie. Nous en mangerons, i'enuoieray chercher les pescheurs.

Le François.
Ize marmare fuie anuinangue. Y a t'il beaucoup de poissons en vostre riuiere.

Le Madagascarois.
Marmare. Tres-bien.

Le François.
Ouaire. Où vas-tu.

Le Madagascarois.
Miraa oule mahai samboule fuie. Ie vay chercher mes hommes pour pescher.

Le François.
Toumouere, Zaa thea mandeano. Demeure, ie m'en vay auec toy.

Le Madagascarois.
Atou mandé han. Allons nous en.

Le François.
Ize vinangue. Nous voicy desia à la riuiere.

Le Madagascarois.
Ize oule mahai samboule fuie. Et voicy mes hommes prests à pescher.

Le François.
Ize marou tali fayé anni foule. Voila beau-

coup de cordes liées enſemble auec du filet.

Le Madagaſcarois.
Sambourre fuie enetoc. C'eſt pour prendre le poiſſon.

Le François.
Aho oule ſimatao voie, ombanuinangue. Ah que ces hommes ſont hardis, ils n'ont point peur des crocodiles, ſe iettans à corps perdu dans la riuiere.

Le Madagaſcarois.
IZe eſ ſambourre tali. Ils ont fait, ils tirent les cordes.

Le François.
Aho marre fuie. Ah que de poiſſons?

Le Madagaſcarois.
Miraa, lanzaa. Is, ro, tel, eſ, lime, enne, fuite, vale, ciue, foule. Irai manifoule, ro manifoule, tel manifoule, eſ manifoule, lime manifoule, enne manifoule, fuite manifoule, vale manifoule, ciue manifoule, ropoule. Ropoule irai cambiombe, Ropoule ro ambiombe, Ropoule tel ambiombe. Tel poule. Eſ poule. * *Liapoule. Enne poule. Fuitte poule.* * ou *Limepoule.* *Vale poule. Ciue poule. Zat. RoZat. TelZat. Eſſat. Lime Zat. EnneZat. Fuite Zat. Vale Zat Ciue zat. Arriue. Irecariue. Roariue.*
Regarde à les conter. Vn, deux, trois, quatre, cinq, ſix, ſept, huict, neuf, dix, onze, douze, treze, quatorze, quinze, ſeize, dix-

sept, dix-huict, dix-neuf, vingt, 21. 22. 23.
30. 40. 50. 60. 70. 80. 90. 100. 200. 300. 400.
500. 600. 700. 800. 900. 1000.

Le François.

Manigne ef toutoulle fuie?   Que ferons nous de tout ce poisson.

Le Madagascarois.

Vas. Sambourre tea anno, Fuie toumoire zahai ammiliou labi.   Ie ne sçay. Prens ce que tu voudras. Le reste sera par moy partagé à tous mes gens.

Le François.

Zaa citea, sambourre fuie, anno tampon, ondeue anno mitondre antrangue anno. Ie ne veux point prendre de ce poisson, tu en feras porter tant que tu voudras en ta maison, par tes seruiteurs.

Le Madagascarois.

So abigo.   C'est bien dit.

Le François.

Mandai allhoa, zahai ombe ampanguimaire.   Vá-t'en deuant, i'y seray en peu de temps.

Le Madagascarois.

Zahai lasse. Salame.   Ie m'en vay, adieu.

Fin des Colloques.

J'adiousteray icy quelques mots significatifs des choses les plus necessaires.

Loha.	La teste.
Voule.	Les cheueux.
Soufe.	Les oreilles.
Masse.	Les yeux.
Orre.	Le nez.
Vaue.	La bouche.
Lelle.	La langue.
Nife.	Les dents.
Vouze.	Le col.
Tatte.	L'estomach.
Fourin.	Les Fesses.
Fale.	La nature de la femme.
Tenongue.	Les bras.
Tangue.	Les mains.
Trou.	Le ventre.
Atte.	Le foye.
Latte.	Les rognons.
Nonne.	Les mammelles.
Tambou.	Les pieds.
Voute.	La nature de l'homme.
Foo.	Le cœur.
Zin.	L'esprit.
Affe.	Le feu.

Ranne.	L'eau.
Ranne maye.	L'eau chaude.
Ranne mangaßi.	L'eau froide.
Tanne.	La terre.
Arro.	Le Ciel.
Cit.	Du vin.
Cique af.	De l'eau de vie, ou vin de feu.
Aze.	Vn arbre.
Harre.	Le vent.
Ranne auiette ambonne.	La pluye, ou eau qui vient d'enhaut.
Vate.	Vne pierre.
Voulameno.	De l'or.
Voulafouche.	De l'argent.
Vie.	Du fer.
Moufe.	Le pain
Hyne homme.	Manger.
Minon.	Boire.
Mandre.	Dormir.
Toumangre.	Pleurer.
Miyre.	Rire.
Vounou.	Tuer.
Fante.	Oüy.
Ciare.	Non.
So.	Bon.
Sifo.	Mauuais.
Croute baye.	Grand.
Maßefaie.	Petit.
Manarre.	Le froid.

Maye.

Maye.	Le chaut.
Rez.	La faim.
Ampiſſe.	Le grand matin.
Accacahay.	Deuant midy,
Manſſuandre ambonne.	Le midy.
Manſſuandre matte.	Le ſoir.
Oule mamou.	Vn homme yure.
Oule mattao.	Vn homme qui a peur.
Oule matepis.	Vn meſquin.
Oule mattari.	Vn homme liberal.
Oule mauandre.	Vn menteur.
Mahibou.	Tout ce qui ſent mauuais.
Maueſſe.	Vne homme peſant.
Mahie.	Tout ce qui eſt maigre.
Saſſe.	Ie ſuis laſſé.
Mani.	Ie ſuis ennuyé.
Menacronon.	Le beure. C'eſt à dire, graiſſe du laict.
Loaronon.	La teſte du laict. C'eſt à dire fromage.
Maulle.	Vn homme fol.
Oule ſoo.	Vn homme ſage.
Ambo.	Vn chien.
Pife.	Vn chat.
Foure foure.	Vn miroir.

FIN.

RELATION
DV
VOYAGE
DE
ROVLOX BARO,

INTERPRETE ET AMBASSADEVR
Ordinaire de la Compagnie des Indes
d'Occident, de la part des Illustrissimes
Seigneurs des Prouinces Vnies au
pays des Tapuies dans la terre
ferme du Brasil.

Commencé le troisiesme Avril 1647. & finy le quatorziesme Iuillet de la mesme année.

Traduict d'Hollandois en François par PIERRE
MOREAV de Paray en Charolois.

RELATION
DV
VOYAGE
DE
ROVLOX BARO,
INTERPRETE ET AMBASSADEVR
Ordinaire de la Compagnie des Indes d'Occident de la part des Illustrissimes Seigneurs des Prouinces Vnies au pays des Tapuies dans la terre ferme du Brasil.

Commencé le troisiesme Avril 1647. & fini le quatorsiesme Iuillet de la mesme année.

LE troisiesme Avril 1647. ie receus le commandement de la part des nobles puissans Messieurs les President & Conseillers, representans le haut & souuerain gouuernement du Brasil, pour tres-hauts

& tres-puissans les Estats generaux des Prouinces Vnies des Pays-bas, son Altesse le Prince d'Oranges, & de la noble Compagnie des Indes Occidentales, afin de m'acheminer vers les Tapuies, voisins de ce gouuernement de Rio Grandé, pour traicter auec eux, suiuant l'ordre contenu en ma commission. A l'instant ie me disposay de partir, & pris pour m'accompagner Iean Straffi Brasilien, trois Tapuies, & quatre chiens pour chasser en chemin faisant, & nous nourrir.

3.

Nous sortismes le iour suiuant du lieu appellé Incareningi, qui est en ladite prouince de Rio Grandé, où estoit ma demeure, & passasmes deuant la maison du Lieutenant Colonel Garsman assise proche la riuiere Cammararibi, laquelle ne pouuant guayer, ny passer à nage pour estre trop large, nous primes le chemin des Campinos à main droicte, où nous couchasmes.

4.

Le lendemain cinquiesme Avril audit an 1647. nous fusmes contrains de retourner coucher en ma maison, empeschez de passer outre par le débordement des eaux.

5.

Le sixiesme i'enuoiay descouurir si on pourroit passer par mes rosses, pour aller à l'Aldée des Brasiliens, il me fut rapporté que ie le pourrois faire à la nage.

6.

Le septiesme nous fusmes à ladite Aldée,

mais personne ne nous voulut passer la riuiere, l'eau estant si haute, qu'elle inondoit tous le pays bas, qui estoit de soy desert, ayant peu d'herbes & arbres, on l'appelle communement, d'vn mot Espagnol, Campinos.

Le huictiesme & neuf-viesme nous tirasme vers la riuiere Pottegie, & couchasmes dans vn marest, d'où les pluyes nous chasserent.

Au matin du dixiesme les eaux s'estant retirées nous prismes dans les fosses où le poisson s'estoit arresté, quelques petits poissons que les sauuages nomment, Paramiri, Acaramiri, & des Tamoatas; Et sur le soir nos chiens ayans rencontré vn troupeau de bestes sauuages nous en prismes vne, & ne pouuant passer outre, la riuiere de Pottegie estant trop large, nous retournasmes à Rio Grandé, où estoit ma demeure.

D'où nous sortismes le seiziesme dudit mois d'Auril, les eaux s'estant abaissées pour aller coucher aux Campinos.

Le lendemain nous arriuasmes sur les bords de Camararibbi, qui ressembloit à vne mer, & estoit tellement rapide qu'il estoit impossible de la passer, ce qui nous contraignit de rebrousser chemin, & retourner encore vne fois en ma maison, où nous fismes bonne chere de deux cheureuils que nous auions pris ce iour là.

Le vingt-vniesme outre ce que i'auois d'hommes, i'en pris deux dans l'Aldée des Brasiliens, pour nous conduire de-là la riuiere, à laquelle estant arriuez sur le midy, dix Tapuies vindrent à nous qui auoient trauersé celle de Pottegie à nage, entre lesquels estoit Muroti, fils du viellard Ianduy leur Roy, qui me dit, que son pere m'auoit mandé de le venir trouuer aussi-tost que l'ennemy luy auoit demandé son assistance. Ie luy repartis, qu'il y auoit trois semaines que i'auois quitté ma maison pour aller trouuer le Roy son pere, mais que la creuë des eaux m'en auoit empesché: il me respondit, qu'il m'enseigneroit vn lieu par lequel ie pourrois facilement passer auec les miens.

Le iour suiuant, ie presentay audit Muroti les presens que Messieurs les nobles & puissans Seigneurs, representans Messieurs les Estats, enuoioyent au Roy Iandui son pere, le priant de les faire porter par ceux qui estoient auec luy.

Le vingt-troisiesme ayant passé le chasteau du sieur de Keule, & la riuiere Pottegie, i'enuoiay deux Brasiliens deuant moy, pour reconnoistre les passages, & auertir Iandui, ou ses gens, de mon arriuée. Cependant en chemin faisant, nous fusmes le vingt-quatriesme dudit mois receus courtoisement dans

la maila maison de Scholten, receueur des droicts de la Compagnie des Indes Occidentales, qui nous ayant fait boire de l'eau de vie, nous fit conduire par delà Pittimboa, où estant arriuez, & pris vn porc sauuage, nous l'allasmes manger dans les Campinos esquels nous reposasmes la nuict.

Au point du iour, quoy que nos chiens eussent esté blessez par les sangliers, nous ne laissasmes de prendre vn cheureuïl, qui fut bocané peu apres sur les bords de la riuiere Pirausie, où nous nous rendismes assez tard.

Le iour suiuant nous trauersasmes à nage la riuiere de Monpabu, de laquelle le cours est extremement violent. Ayant fait du feu à l'autre bord pour secher nos hardes, les gens de Muroti me demanderét permission d'aller chasser, & prendre quelques bestes au Coral d'André Claesen, ce que ie leur refusay, disant, qu'il y en auoit assez és bois & campagnes sans entrer dans les païs des particuliers : menaçant de faire attacher à vn arbre le premier qui l'entreprendroit. Ils me repartirent que lors qu'ils m'auroient quitté, qu'ils tueroient dans ledit Coral tout ce qu'ils pourroient attraper. Leur ayant dit, que s'ils l'entreprenoient, ie sçaurois bien comme les traitter. Et que nous feras-tu, dirent-ils, il t'apartient bien, ny à toy, ny aux Hollandois de vous esleuer contre nous? Car quand mesme nous auriõs commis toute sorte de maux, comme ceux de Siara ont n'agueres faict, vous viendriez tousiours nous rechercher pour auoir la paix. Ie leur respondis, que ie chastierois si bien ceux de Siara de leur trahison, que vous y prendrez exemple, & si par le passé, ie me suis fié en vous, ie m'en defieray desormais. Alors pour monstrer qu'ils faisoient peu d'estat de ce que ie leur disois, ils entrerent audit Coral, & se saisirent de deux vaches qu'ils vouloient égorger. Lors m'adressant à Murotti, ie luy dis, que ie m'en plaindrois à son pere, qui ne l'auoit point enuoyé vers moy pour mal faire. Iurant, que quiconque d'eux descendroit desormais dans Rio Grandé sans la marque que ie donnerois moy-mesme à Iandhuy, que ie le ferois mettre prisonnier dans le chasteau, & le chastierois à ma discretion. Murotti ne repartit rien, & la nuict venuë, nous allasmes nous reposer.

Le vingt-septiesme nous tinsmes le chemin dit de Gartsman, lieu où s'estoient retirez naguere nos ennemis ayans esté repoussez par les habitans de l'Aldée des sauuages nos amis, sise en nostre Capitainie, où le Ministre Astette fut blessé retournant de la mine d'or, qui est du costé du Couchant delà nostre chasteau de Rio Grandé, & paruinsmes au lieu où Iandhuy auoit campé auec ses gens, lors que le peuple de Conhahu fut massacré par les habitans leurs voisins, ioints aux Portugais. Le plus grand soin qu'eut Murotti & ceux qui l'accompagnoient fut de ramasser les os de ceux qui auoient esté tuez en ce combat de Conhahu, & les garder soigneusement pour l'occasion que nous dirons cy apres.

Nous employasmes le iour suiuant à la chasse sur le chemin de Corra de la mina, à la faueur de la boussole, le vent ayant le Midy entre les deux Couchans, nous prismes deux cheureüils, huict grand porcs sauuages, & trois petits, puis encore cinq, apres auoir donné curée à mes chiens, les Tapuies se mirent en besogne, parans, vuidans, coupans en pieces, les bocanans, icelles d'vn costé, & les intestins d'autre. Ils n'attendoient pas que les viandes fussent acheuées de rostir, ains les mangeoient encore sanglantes, se soulans auidement iusques à ce qu'ils n'en peurent plus, & passerent ainsi la nuict.

Ils continuerent leur festin le iour suiuant, les plus gaillards furent chercher du miel sauuage & des fruicts, desquels ils firent vn breuuage qu'on nomme de la grappe, duquel quiconque beuuoit degobilloit aussi-tost,

18.

19.

20.

Cc ij

puis recommançoient à manger comme deuant, les autres dormoient d'vn long & profond sommeil.

21.   Le trentiesme nous visitasmes l'Aldée de Vvarremeii, tirans du Couchant au Nort vers vne haute montagne, où nous passasmes la nuict parmy de grans bois la pluye sur le dos.

LE PREMIER DE MAY.

Ayans traversé plusieurs buissons espineux & des roches pointuës, cheminans tantost vers le Septentrion, tantost vers le Couchant, nous nous trouuasmes sur le bord de la riuiere Mompabu, que nous trauersasmes à nage: elle auoit de largeur plus d'vne lieuë, & à l'autre riue vne petite isle, où nous prismes nostre repos, iusques au lendemain deuxiéme iour dudit mois, qui nous donna fort à souffrir estans tombez dans des bois pleins de ronces, qu'il fallut ouurir à coups de serpes & à belles mains, pour y passer: à la fin nous paruismes au sommet d'vne montagne, d'où nous decouurismes celle des Mines. Là nous vuidasmes deux grands arbres pleins de miel sauuage, & chassans nous soupasmes sur vn
22. petit tertre, d'vn gros serpent nommé Cas-
23. cabilla, d'vn ieune oiseau, appellé Strus, &

de deux Tatous que nous auions tué auec l'aide de mes chiens, & les fleches des Tapuies, qui estoient auec moy, & Murotti, sans auoir aucune chose à boire.

Le trosiesme tirans d'Occident au Nort nous passasmes des campagnes pierreuses & espineuses iusques à la source de ladite riuiere de Mompabu, où nous seiournasmes, pendant qu'vn de nos Tapuies s'aduança dans la montagne voisine, pour y chercher vn sien compagnon qui venoit souuent en icelle.

Dés le point de l'Aube suiuante nous marchasmes iusques au Midy parmy des roches, où nous prismes des rats appellez Yperie, que nous fismes rostir, & lesquels nous mangeasmes auec du miel sauuage.

Le cinquiesme du courant ayans trouué la piste d'vn homme, & icelle suiuie, nous retournasmes à ladite source de Mompabu, delà à celle d'vne petite riuiere sans nom, où nostre souper fut d'vn peu de miel sauuage.

Le sixiesme & septiesme passez auec langueur & peu de chasse, nous vismes la montagne, où il nous failloit aller pour trouuer les Brasiliens, & peu de temps apres nous arriuasmes dans l'Aldée Terapissima, le chef de laquelle estoit Iean Vvioauin, qui nous receut amiablement, & nous donna à manger du Mays, qu'on appelle en France bled de Turquie, des pois & feues, & nous fit boire du miel sauuage. Nous trouuasmes auec luy les Tapuies, la piste desquels nous auions suiuis depuis la source de la riuiere de Mompabu.

Le huictiesme Vvioauin me vint trouuer, auquel ayant demandé ce qu'il faisoit dans ces bois si esloigné de nous, & de ses compatriotes, il me dit, que c'estoit à cause de la guerre, entretenant la paix auec ses voisins les Tapuies, leur donnant librement de ce qu'il auoit lors qu'ils le venoient visiter. Que les ennemis auoient pourtant esté deux fois chez luy, pour tascher à le tirer à leur party. Ce qu'ils auoient faict aussi à Iandhuy, depuis vn mois, & ne sçauoit ce qu'ils auoient resolu ensemble, ne sçachant autre chose sur ce subiect que ce qu'il en auoit oüy dire à des Tapuies, qui ne demeuroient qu'à deux iournées de luy. Ie le priay de me dire où estoit le bon viellard Iandhuy. Il me repliqua, qu'il estoit dans les bois auec ses gens pour chercher à viure, qu'il n'y auoit pas longtemps qu'il estoit venu en son Aldée pour visiter ses rosses, qu'il y retourneroit lors quelles seroient meures. Que sans me mettre en peine que ie l'enuoyasse chercher, &

qu'aussi-tost il me viendroit trouuer, sçachant bien qu'il m'aymoit, luy ayant souuent oüy parler de moy.

J'enuoiay de bon matin chercher le vieillard, & enuiron midy, vn de ceux que ie luy auois enuoyé, nommé Mandubi, retournant me dit, qu'il amenoit vne grande troupe de Brasiliens, qui venoient pour habiter aupres de l'Aldée de Vvioauin, si ie leur voulois donner vn billet d'assurance. Ie leur demanday comme ils sçauoient mon arriuée, & pourquoy ils me demandoient ce billet, s'ils auoient fait tort à quelqu'vn puis qu'ils vouloient changer de demeure. Ils me repartirent, qu'ils sçauoient tres-bien mon arriuée, que les officiers des Brasiliens qui demeuroiét plus bas, les menaçoient à tous momens de les chasser, c'est pourquoy ils s'estoient resolus de chercher vne autre demeure que la leur, & se ioindre aux Tapuies, pour recouurer facilement des viures dans les bois, pour eux, leurs femmes, & enfans, qui souffroyent beaucoup. au lieu qu'ils vouloient quiter, qu'ils pouuoient resister à leurs ennemys, & seruir à leurs amis, estant dans les bois, où ils auoient dessein de bastir vne grande Aldée, & se maintenir en paix par leur nombre sans rien craindre, & soustenir l'effort de la guerre s'ils y estoient necessitez.

Ie proposay à tous ces Brasiliens, que s'ils me vouloient promettre de ne rien attenter contre les Hollandois, & leurs alliez, au contraire, de suiure leur party, & interests enuers & contre tous, estre amis de leurs amis, ennemis de leurs ennemis, & me donner aduis de tout ce qui se brasseroit contr'eux, dans Rio Grandé, où estoit ma demeure, que ie les receurois en ma protection & sauue-garde. Ils me le iurerent ainsi, me promettant de m'amener incontinent tous ceux de leur brigade pour faire le semblable, en leur donnant le billet d'assurance qu'ils me demandoient, attendant l'approbation des Nobles puissans, & l'adueu de Messieurs de la Compagnie des Indes Occidentales.

Le Soleil à peine estoit leué, que le principal de l'Aldée Iean Vvioauin, enuoya ses gens à la chasse, & à la queste du miel sauuage, nous vescumes de ce qu'ils apporterent.

Le onziesme sur les dix heures du matin les Brasiliens du bas arriuerent en l'Aldée où nous estions, les habitans de laquelle les receurent auec grands cris de ioye, & propos d'allegresse.

Cela faict, ils me demanderent tous vn billet d'assurance afin qu'aucun officier Brasilien n'eust à les contraindre de sortir de leurs demeures, desirant s'establir en ce lieu où i'estois, s'il n'y estoient point molestez, par les officiers Brasiliens, la domination desquels ils ne peuuent soufrir, sinon qu'ils s'en iroient si loing, que personne ne les pourroit trouuer, aymans mieux obeyr aux estrangers qu'à ceux de leur nation. Ie leur dis qu'encore que ie leur donnasse vn billet de ma main que cela leur seruiroit de peu, sans l'aprobation des Nobles puissans mes maistres, ausquels ie parlerois aussi-tost que ie serois au Reciffe, & que ie leur enuoyerois ce qu'ils me demandoient incontinent que ie l'aurois receu. Ils repartirent, que i'eusse à leur donner le billet d'assurance qu'ils requeroient par prouision, attendant la confirmation de Messieurs, parce que dans le Certan, il y auoit, & des Tapuies, & des Brasiliens, qui emmenoient tous ceux qu'ils trouuoient, ce qui causoit vne grande rumeur entr'eux: mais que quand ie leur aurois donné vne sauue-garde, qu'ils ne s'estonneroient plus d'aucune chose, & diroient à tous ceux qui les viendroient chercher, qu'ils n'auoient plus de pouuoir sur eux, estans à ceux de ma nation, & non à autres, me promettans de luy demeurer fidelles, & descouurir les trahisons qui se trameroient contre elle moyennant salaire. Ils me le iurerent tous ainsi, & leurs chefs aussi, qui

30.

31.

Dd

estoient insques au nombre de vingt six. Ce faict ie leur donnay mon billet, la teneur duquel estoit.

Que personne ne soit si hardy d'emmener de ces lieux des Brasiliens, ny de les outrager par paroles, ou autrement. Qu'ils auoient pouuoir d'y bastir vne nouuelle Aldée, & y faire des plantages, & y resider tant & si longuement qu'ils perseuereroient en leur fidelité, s'obligeans iceux de notifier incessamment par messager expres à ceux des nostres qui seroient à Rio Grandé des attentats, & trahisons qui se feroient contre nous. Fait par prouision, & sous l'approbation des Nobles puissans, ce vnziesme May mil six cent quarante sept.

Cela fait, i'escriuis les noms de tous comme si ie les eusse enrollez, dequoy ils furent fort satisfaits & contens.

Le douziesme deux Brasiliens & vne femme vindrent dans l'Aldée dire que i'estois venu expres vers eux pour les emmener hors du Certan, par tromperie, ainsi que ceux de Portegie les en auoient asseuré. I'eus beaucoup de peine d'appaiser ce bruit, leur ayant demandé, d'où ils auoient apris ce mensonge, ils me respondirét, que c'estoit d'vn Louis Carauata Portugais, & d'vn nommé Vitapiranga, Tapuie, qui tenoit son party. Ie leur dis, que si ie les tenois ie leur apprendrois bien à parler, & à ne plus faire courir de mauuais bruits contre moy, cependant qu'ils eussent à se preparer à sortir le lendemain pour aller chercher le bon viellard Iandhuy.

Sur les neuf heures du matin suiuant, nous nous trouuasmes au pied d'vne montagne, proche le riuage de Pottegie, dans vne belle place sablonneuse, où autrefois nostre armée auoit défaict quarante-huict chefs Portugais auec les Brasiliens leurs alliez. Nos gens se reposerent en partie, le reste alla au viure, plusieurs desquels nous rapporterent de la farine de Suasu, auec du miel sauuage, & des rats.

Le quatorziesme quelques-vns des Tapuies m'ayans dit, qu'ils auoient oublié dans l'Aldée d'où nous estions partis le iour auparauant, vne partie des presens que i'auois destiné pour Iandhuy, auec du bois de plusieurs couleurs, retournerent sur leurs pas, & le soir me vindrent trouuer auec deux Brasiliens chargez de mil, qu'ils apportoient en mon nom, comme ayant commandement de ce faire de ma part. Ie demanday aux Tapuies qui auoient amené ces Brasiliens, qui leur auoit donné charge d'aller querir du mil en mon nom, ils me dirent, qu'ils vouloient paracheuer le dueil d'vn de leur gens mort,

& qu'il leur falloit auoir du mil, afin d'en m'elanger la farine, auec les os du mort puluerifez pour les manger. Ie me fachay à eux de ce qu'ils m'auoiét faict à croire qu'ils auoient oublié des prefens que ie leur auois laiffé pour Iandhuy. Ils me refpondirent, que c'eftoit parce que s'ils euffent declaré leur intention, ils craignoient d'eftre efconduis, & que les Brafiliens ne leur en euffent voulu donner qu'en mon nom. Puifque vous vous feruez de mon nom à faux, difie, ie veux que ces deux Brafiliens qui l'ont apporté le remportent, ie ne fuis pas venu pour leur ofter leur bien mais pour leur conferuer, & le defendre, puis qu'ils me font amis auffi bien que vous. Les deux Brafiliens ne voulurent, ou n'oferent reprendre le mil, difans qu'il fuffifoit qu'ils fçeuffent que les Tapuies les auoient abufez, qu'ils s'en prendroient garde, & s'en retournerent en leur Aldée. Cependant ceux qui eftoient allez à la chaffe, pendant ce temps de repos, rapporterent du mil & des rats, & auffi-toft fe mirent auec leurs compagnós à piller les os du mort, qu'ils meflerent auec la farine de ce mil, & mangerent le tout meflé enfemble.

Le qüinziefme apres auoir paffé la riuiere, ie pris trois hommes auec moy, laiffant le refte de la troupe à la chaffe des rats, &

m'aduançay, ne voulant pas attendre les autres qui marchoient trop lentement, prenant mon chemin entre les deux Couchans, que ie continuay iusques au dix-huict, auquel iour i'enuoiay vn de mes hommes à ceux que i'auois laissé derriere nous. Ce iour ie perdis deux de mes chiens, que les sangliers me tuerent.

Le dix-neufuiesme ie vins à la montagne Montagina, habitée n'agueres des Brasiliens, mais pour lors ie ne trouuay dans leur Aldée qu'vn viellard & deux vieilles femmes, qui me dirent, que leur chef, ou principal, dit, Diego, n'y estoit pas, ie l'enuoiay chercher par vn petit garçon, qui me l'amena sur le soir. Il me dit, que Iandhuy luy auoit donné cette place pour y habiter auec les siens, mais qu'elle n'estoit asseurée contre leurs ennemis, ce qui estoit cause, qu'ils estoient contrains au premier bruit de guerre de la quiter & s'enfuyr dans les bois. Ie luy repartis qu'ils estoient des coquins de nous abandonner ainsi, & leur propre nation. Il me respondit, qu'ils n'estoient point des coquins, n'ayant eu recours à leurs ennemis, ausquels ne pouuant resister, c'estoit prudence de fuyr, que la famine les pressant dans leur Aldée, ils auoient esté contraints de se retirer vers leurs amis, pour auoir des viures, lors qu'ils en ont besoin. Que sans cela ils se trouueroient heureux viuant paisiblement, n'estant que rarement attaquez de leurs ennemis, à cause de leur pauureté, & en seureté contr'eux, ayans les bois tout autour pour vne asseurée retraitte. Que Iandhuy leur ayant laissé la liberté de cultiuer ces lieux, ils y plantoient des racines, y semoient des pois & des feues sans ce qu'ils trouuoient dans les forests. Qu'ils n'estoient ingrats enuers Iandhuy, auquel ils faisoient part liberalement de ce qu'ils auoient planté & semé; qu'à l'heure qu'il parloit, ses gens estoient aux rosses, pour y semer du mil, qu'ils n'auoient point encore de Mauiras, ou bastons de racines à faire de la farine, mais que Iandhuy leur en auoit promis lors qu'au beau temps ils descendroient en bas. Ie leur dis, que lors qu'ils viendroient du costé de Rio Grandé, que ie les receurois courtoisement, & qu'ils se donnassent garde de n'offencer personne.

34.

Le vingt-deuxiesme deux Tapuies vindrent à moy, disant, que Iandhuy se disposoit à s'acheminer contre l'ennemy. Ie me resolus aussi-tost de le ioindre. Diego me pria de l'attendre, iusques à ce qu'il eust amassé ses gens. Sur le tard arriuerent trois garçons du viel Harhara, qui me firent present de miel sauuage.

35.

36.

Diego m'ayant montré auec le doigt le lieu, où il croyoit que ie pourrois trouuer Iandhuy tirant du Midy au Couchant, nous prifmes noftre chemin à l'hafard, il eftoit couuert de groffes fourmis appellées Capiaira, que nous mangions en marchant auec vn peu de mil, iufques à ce que nous euffions trouué vne riuiere ditte Turracoa, qui coule de la montagne Vvarhauaa, defcendant en mer du cofté du Midy.

Le vingt-deuxiefme May arriuant, nous marchafmes entre le Midy & le Couchant parmy des marefts, bois, roches, & efpines, fans trouuer aucun fentier iufques à la riuiere Itaquerra. Là ie rencontray quatre hommes à cheual que Iandhuy enuoyoit à ma rencontre, i'en renuoiay vn auffi-toft, pour l'aduertir de ma venuë. Nous arriuafmes au quartier de Iandhuy fur les trois heures du foir, moüillez extraordinairement. On nous dit, qu'il eftoit party depuis dix iours, n'ayant laiffé que des femmes & des enfans, efquels il auoit commandé de me donner à manger fi ie venois, & me dire, que i'euffe à l'attendre en ce lieu, iufques à fon retour,

Ie mangeay ce qu'ils me donnerent, les enfans employerent le lendemain & iours fuiuans à me chercher du miel fauuage, & les femmes des racines de Mandioque pour me faire de la farine.

Le vingt-sixiesme sur le Midy arriua auec tous ses gens le bon vieillard Iandhuy, qui s'entrembrasserent, cryans, pleurans, saultans, par l'espace de plus de deux heures. Cela finy, ie me presentay à Iandhuy, & l'ayant salué, ie luy dis que i'estois fort ioyeux de son heureux retour. Il m'en remercia, me disant, que i'estois le bien venu, s'il y auoit quelque chose parmy nous autres Hollandois, qui eust causé mon voyage. Ie luy respondis, que par la grace de Dieu, nous n'auions aucune disette, ayant eu du secours d'Hollande, auec du rafraichissement, depuis lequel nostre camp volant s'estoit rendu maistre de Rio Francisco, & depuis que nostre armée auoit conquis sur les Portugais l'isle de Taparipa, & trois lieües de terre deuant la Baie de tous les Saints. Il me repartit, qu'il auoit ouy tout le contraire par les gens de Camarron, qui l'asseurerent que nous estions en si grande misere, qu'il nous faudroit bien-tost rendre à leur mercy. Ie luy dis où estoient ces menteurs, il me repliqua qu'il n'en sçauoit rien, quoy qu'il s'en fust informé, & couru luy-mesme apres eux, pour les tailler en pieces. Puis se faisant apporter des haches, coignées, serpes, & autres choses. Il adiousta. Voicy, dit-il, les presens qu'ils m'ont enuoyé depuis peu, pour m'inuiter à suiure

39.

40.

suiure leur party contre vous autres Hollandois, me promettant de m'en enuoyer beaucoup d'autres, si ie voulois estre des leurs. Regarde, ces haches, ces coignées, ces serpens, ces cousteaux, & autres instrumens de fer, la moindre piece vaut mieux, que tout ce que vos seigneurs Hollandois m'ont iamais enuoyé. Ie ne sçeu que luy respondre, estant contrainct de luy demander, si à cause seulement que les Portugais luy auoient faict ces beaux presens, il vouloit rompre auec nous, contre sa promesse. Tu l'eusse bien connu me, dit-il, si i'eusse pû les attendre, ie n'en aurois laissé vn seul de reste. Et c'est le subiect pour lequel ie t'ay enuoyé mon fils Murotti, qui t'a deu dire, que ie les auois poursuiuy iusques à la riuiere de Parayba, & contraints de la passer à nage. Alors ie luy donnay la lettre que Messieurs les Nobles puissans luy adressoient, luy disant, que les presens qu'ils luy enuoyoient estoient és mains de son fils, & de ses gens ausquels ie les auois donnez. Il repartit, qu'il les auroit agreables, & qu'il les verroit le iour suiuant. Qu'il auoit esté, & estoit encore amy des Hollandois, lesquels n'auoient iamais eu subiect de se plaindre de sa fidelité. Ie luy dis qu'ils n'en doutoient point, & qu'où il auroit besoin de leur secours qu'il le trouue-

Ee

roit prest. On me l'a tousiours ainsi promis, dit-il, ie le connoistray au besoing, il y a vingt-cinq ans que ie n'ay eu guerre que pour eux, il me seroit tres-facile de m'accorder auec mes voisins, & reünir ceux qui se sont reuoltez contre moy. Ils me haissent, parce que ie ne les ay pas suiuy, & que ie n'ay fait en mes terres comme ils ont fait à Siara, ayans coupé la gorge à vos gens. Il estoit las, & se voulut aller coucher là dessus, apres que ie l'eus exhorté de perseuerer en sa fidelité, de laquelle ie l'asseuray qu'il seroit largement recompensé.

Le vingt-septiesme Iandhuy me fit dire, si ie voulois estre des siens, ie me ioignis à luy, les femmes se chargerent de ce que ie luy apportois; lors que nous fusmes à vne lieuë delà la riuiere Itaquerra, on luy dressa vn cabinet de branchages auec leurs fueilles, où il reposa fort peu, m'ayant faict incontinent appeller, pour luy faire voir les presens que ie luy apportois. Les ayant veu, il secoüa la teste, & me dit: Ces choses ne valent pas la peine de m'estre apportées de si loing. Les Portugais ont raison de dire, que le fer des Hollandois ne vaut rien, & moins encore leurs miroirs, ny leurs peignes, ie n'ay iamais rien veu de plus chetif. I'auois accoustumé de receuoir autrefois des vostres de belles trompettes, grandes pertuifanes, beaux miroirs, beaux gobelets, & belles taffes bien façonnées, que ie garde en mon cabinet, pour les faire voir aux autres Tapuies qui me viennent vifiter, leur difant, vn tel feigneur Hollandois m'a enuoyé cecy, vn autre cela. Ie conferue encore ce que Schop, l'Artichau, fon Excellence, & vos Generaux m'ont enuoyé, il n'y a rien encore d'alteré par le temps & l'vfage, finon quelques trompettes brifées, defquelles i'ait fay faire des fluftes. Ie luy repartis, que ce que ie luy prefentois venoit fraifchement d'Hollande, & que nous n'auions rien de meilleur, qu'il ne faloit pas qu'il s'arreftaft à ce que luy difoient les Portugais, puis qu'ils n'eftoient nos amis. Non non, dit-il, ie vois bien que les haches qu'ils m'ont données font plus belles, & de meilleure trempe que les voftres, ie ne m'arrefte point pourtant à leurs prefens fçachant bien qu'ils font des trompeurs. Qu'il ne laiffoit pas d'accepter ce que les Nobles puiffans mes maiftres luy enuoyoient, fous l'efperance qu'à l'aduenir on luy enuoyeroit de plus belles & meilleures chofes. Puis ayant commandé à fes gens de ferrer ce que ie luy auois offert, il me mena ioyeufement difner auec luy. Le repas finy, il fit affembler des ieunes hommes, qu'il fit luiter l'vn contre

42.

43.

Ee ij

l'autre sur le sable, & me dit, que c'estoit pour ma bien-venuë qu'il faisoit cela. Et que le lendemain ils porteroient l'arbre, ce qu'ils n'auoient pas encore fait de toute l'année, parce qu'il attendoit ma venuë, & que desormais il feroit continuer cet exercice iusques au iour de leur feste. Ie remerciay le Roy & la compagnie de l'honneur qu'ils me faisoient. La nuict suruint laquelle nous passasmes estendus sur le sable, la pluye sur le dos.

44.

Au leuer du Soleil le viellard commanda aux femmes de faire de la farine, & aux hommes d'aller chercher des rats, leur ordonnant de retourner incontinent apres midy pour courir l'arbre. Ils obeyrent, cependant deux Tapuies apporterent sur leurs espaules deux troncs d'arbres de Corrauearas, de la longueur de plus de vingt pieds. Ils en leuerent l'escorce à la flame du feu, & polirent le bois tout alentour sans y laisser aucun nœud. Et quand le peuple fut de retour, chacun se peignit le corps de diuerses couleurs. Ce fait, ceux qui auoient pris des rats les lascherent dans la plaine, puis partie d'iceux chargerent promptement ces troncs, courans d'vne vitesse nompareille apres ces rats; quand vn d'eux paroissoit las, vn autre en prenoit la place sans retarder la course,

45.

46.

47.

de Roulox Baro.

laquelle dura plus d'vne heure. Apres laquelle chacun estant de retour racontoit, comme & de quelle façon il auoit poursuiuy, atteint, blessé, & tué ces rats. Le vieillard Iandhuy auoit couru auec eux, chose merueillable de voir vn homme aagé de plus de cent ans, voire suiuant l'opinion des siens de plus de cent soixante courir si habilement. Ce qui estonna tellement Iean Strasi, qui estoit vn de ceux que i'auois amené auec moy de Rio Grandé, qu'il croyoit que ce fut plustost vn diable qu'vn homme. Iandhuy de retour, me dit, Qu'en dis, tu mon fils, ce ieu ne te semble-il pas plaisant ? Ie luy respondis, qu'oüy, & que i'estois bien aise de le voir ainsi robuste & gaillard. Il se mit à rire, & me dit, pourquoy ie ne luy auois point apporté de Tobac, & si ie ne sçauois pas que celuy qu'il auoit planté auoit esté perdu par les pluyes, auec vne bonne partie de son mil. Ie repartis, que son fils Murotti auoit pû voir comme le débord des eaux auoit ruyné mes rosses, qu'autrement ie luy aurois apporté & du Tobac, & du Mil en abondance, que ce qui se trouueroit dans icelles au temps de recolte, seroit à son seruice, & aux siens, pourueu qu'il n'y enuoyast gens armez pour demander ce secours de viures, car ceux qui venoient de sa part dans la Capitanie de

48.

49.

Rio Grandé, ne se contentoient pas de ce qu'on leur donnoit liberalement, mais vouloient tout emporter, menassant de tuer, l'vn disant, ie suis vn tel Capitaine, l'autre le fils de Iandhuy, vn tiers, ie suis maistre d'vn tel lieu, & ainsi des autres, & ce disant emportoient les meubles & le bestail des habitans. C'est bien chanté me dit Iandhuy, mes gens se sont tousiours contentez des instrumens de fer qu'ils ont pû attraper, que pour vn peu de chair qu'ils auoient pris & mangé auec luy, il n'en falloit faire tant de bruict. Que quand Iacob Rabbi viuoit, il se ioignoit à ses Tapuies auec lesquels il descendoit dans ma Capitanie de Rio Grandé, & disoit à celuy-cy, & à celuy-là, donnez moy vne beste pour mes gens, autrement ie la feray tuer moy-mesme. Que ce Iacob auoit eu plus de pouuoir sur les siens que moy, puis qu'il se faisoit craindre des habitans, au lieu que ie les craignois. Ie luy repliquay, que Iacob Rabbi n'auoit iamais eû l'ordre ny le commandement que i'auois, qu'il estoit homme de mauuaise vie, hay des siens & de tous ceux qui le connoissoient, que ie n'auois garde de l'imiter crainte de finir comme luy. Iacob Rabbi, reprit-il, auoit plus de pouuoir que toy, il estoit tousiours pourueu d'vn bon ordre, & accompagné de plusieurs soldats, au lieu que tu viens icy sans ordre, & sans aucun soldat. Ie ne desire pas, luy dis-ie, d'estre accompagné de voleurs, comme il estoit, qui espargnoient les ennemis, pour saccager leurs voisins & leurs amis. Tu croy donc, me dit-il, que les Tapuies qu'on a tué en Rio Grandé, & Connahu, ont esté iustement tuez ? Non pas cela, luy respondis-ie, mais ie veux dire, que Iacob Rabbi estoit bien-heureux d'estre mort, que s'il viuoit, on luy feroit rendre conte des extorsions & pillages qu'il auoit faict auec les siens, lesquels ne pouuoient estre aduoüez de qui que ce fust. Non, repartit-il, mais si tu parlois plus doucement à moy & à mes gens, que tu ne fais, tu en receurois plus de contentement que tu n'espere, ne pouuans soufrir d'estre rudoyez. S'ils s'abstiennent, luy dis-ie, de mal traitter mes gens, & ceux qui sont en ma protection, ie leur feray des presens de l'Europe. Ils le feront ainsi, repliqua-il, & me prenant par la main, me mena souper auec luy du fruict de Ianipape, & du boüillon faict de farine du manioque sauuage, auec du mil.

Le vingt-neufuiesme le vieillard fit sçauoir qu'vn chacun eust à marcher, luy, Iean Straffi, & moy allions deuant; nous auions faict vne heure de chemin, quand les ieunes hommes qui couroient auec les arbres, desquels nous auons parlé cy-deſſus, nous paſſerent, courans ſi viſte, que la terre ſembloit trembler ſous eux, & ne ceſſerent de courir iuſques à ce qu'ils fuſſent venus à la riuiere, qui eſtoit le lieu où ils deuoient prendre haleine, pour auſſi-toſt aller à la chaſſe des rats, & au miel ſauuage. Retournans, ils me demanderent du Tobac, diſans, qu'ils ne pouuoient faire aucun ſacrifice ſans iceluy, & que trois Lunes eſtoient reuoluës depuis le dernier qu'ils auoient faict. Ie leur dis, que i'auois deſia dit à Iandhuy, que les eaux auoient gaſté les plantes que i'en auois. Iandhuy repartit, qu'il y auoit long temps qu'il m'auoit faict aduertir de luy apporter tout ce qui leur eſtoit neceſſaire, que ſur cette eſperance, & plus encore pour la curioſité que les Tapuies auoient eu de me voir, ils s'eſtoient aſſemblez en grand nombre il y auoit long temps, pendant lequel ils auoient mangé leurs prouiſions; Que la ieuneſſe de Vvaiupu, Iacuruiu, Vvariju, & Preciaua s'ennuyant de mon retard luy auoient demandé congé de ſe retirer en leurs demeures, & qu'en ſuitte la plus grande partie l'auoit quitté. Qu'auec eux & autres, il auoit pourſuiuy ſes ennemis. Ie le priay de ne plus ſe fier aux Braſiliens, autrement qu'ils luy feroient quelque ſupercherie, & qu'il n'y auoit point de raiſon de son de se fier en ceux qui auoient abandonné leur propre nation, à laquelle ils retourneroient toutes les fois que l'occasion leur paroiſtroit fauorable. Il me repartit, qu'il y prendroit garde, & là deſſus nous nous ſeparaſmes pour aller dormir.

Le trentieſme la ieuneſſe continua de courir l'arbre, & les femmes nous apporterent des boules de farine, du mandioque ſauuage, du poiſſon appellé Piapahu, du mil, des rats pris dans leurs roſſes, & de la boüillie. Quelqu'vn ayant apporté du tobac, tous ſauterent d'aiſe, puis qu'ils auoient dequoy ſacrifier au Diable, le faire venir à eux, & le conſulter ſur leurs affaires. Le dernier iour de May fut employé à la luitte, & à la chaſſe.

LE PREMIER DE IVIN.

On courut l'arbre; Vn capitaine des Tapuies dit Vvariju, vint viſiter Iandhuy, qui auec ſes gens conduits par trente quatre chefs, fut traicté de farine, & rats, & du mil qu'ils auoient apportez. Iandhuy s'enquit de luy du ſubiect de ſon voyage, Vvariju luy dit, qu'il venoit de la chaſſe des ennemis, & que penſant aller ioindre Paycu, qui l'auoit inuité de ce faire, il n'auoit pû trouuer le chemin. Tu me deuois, dit Iandhuy, amener ceux qu'il t'auoit enuoyé. I'ay creu, repartit Vvariju, qu'il n'en estoit besoin sur ce qu'ils m'asseurerent venir de deuers toy, & t'auoir donné aduis de sa part de son dessein. Cela est faux, dit le vieillard, il est vray qu'ils m'ont enuoyé quelques presens par des Brasiliens, lesquels ie leur ay renuoyez afin de me venir trouuer & m'apporter le reste de ce qui m'appartenoit. Mais ces marauts ont pris vn autre chemin, & s'en sont enfuis auec les gens de Paycu. T'ont-ils donné quelques choses ? Oüy dit Vvariju, des coignées & des cousteaux. Ils en ont autant faict à Paycu. Iandhuy s'escria, ah les traistres, si i'estois maintenant vers la riuiere de Vvariju, ie les mettrois à mort, auec leurs femmes & enfans. Puis se tournant vers moy. Ce peuple me dit-il, ne tasche qu'à m'attirer du costé des Portugais, ce ne leur est pas assez d'auoir massacré ceux de Siara, ils veulent acheuer tous les Hollandois, c'est pourquoy il te faut resoudre à reuenir icy auec le plus de soldats que tu pourras, te ioindre aux Brasiliens tes alliez, & me venir trouuer, pour tous ensemble les attaquer & les destruire. Ie luy dis, que ie le ferois ainsi.

Le troisiesme Iuin, il donna à Vvariju vne partie des presens que ie luy auois apporté, sous promesse de suiure son party, qui est le noſtre, & le renuoya. Puis me dit, Vois tu, mon fils, comme il faut que ie faſſe part aux Tapuies de ce que tu m'as donné, autrement ie demeurerois ſeul, ie n'en ay pas aſſez pour en diſtribuer aux autres chefs ; ie luy promis que deſormais ie me fournirois ſuffiſamment de preſens pour tous.

Le quatrieſme ie fus ſuiuy de quelques Tapuies, entre autres de deux qui eſtoient malades, & qui ne pouuant marcher, eſtoient portez dans des Hammaques, ou licts de cotton en façon de rets. Nous allaſmes iuſques à la riuiere de Pottegie, où i'auois laiſſé vne partie de ma ſuitte, qui me feſtina auec du Tapiocha faict de farine de racines de Suaſu, du Mantua, du miel, & des rats.

53.

54.

La pluye nous ſurprit le cinquieſme, pendant lequel temps les femmes battant de la terre en firent des pots à cuire, apres les auoir faict ſecher.

Le ſixieſme les Braſiliens auſquels i'auois parlé aigrement le dix-neufuieſme de May paſſé, apporterent du mil & du fizao à Iandhuy, auquel ils ſe plaignirent de ce que ie les auois appellez coquins, parce qu'ils s'eſtoient mis ſous ſa protection. Le vieillard ſe faſcha à moy de ce que ie gourmandois ceux qui s'eſtoient mis ſous ſa protection, me diſant, qu'ils eſtoient gens à me faire vn

Ff ij

mauuais party, s'ils me trouuoient à leur aduantage. Ie luy dis, qu'ils estoient tels que ie les auois nommez, se tenant les bras croisez pendant que tout le pays estoit en confusion, ayans delaissé ceux de leur nation, leurs parens, & leurs amis. Ne trouuant aucune raison pourquoy vne telle canaille habitoit en paix dans son pays, veu la ligue offensiue, & deffensiue qui estoit entre luy & les Hollandois, lesquels elle hayssoit. Que si nous voulions receuoir ceux qui quittoient son party, qu'il y auroit long-temps qu'il seroit sans troupes. Non, non, repartit Iandhuy, ie n'entretiens point des canailles, ny des coquins, que si ie le sçauois, ie les ferois tous massacrer. Ie luy dis qu'il prit garde à eux, & qu'indubitablement ils le trahiroient. Cela les irrita, & me regardant de trauers, ils tesmoignoient estre en colere, & que s'ils me pouuoient attraper, ils se vengeroient de moy. Et sur le champ ils demanderent leur congé à Iandhuy pour s'en retourner le lendemain.

Ce qu'ils firent, pendant que les gens du Roy couroient l'arbre comme auparauant. Sur le midy deux Tapuies de Preciaua nous vindrent trouuer, assurans que Paycu, & ses gens s'estoient accordez auec les ennemis, resolus de venir ensemble faire la guerre à

Iandhuy. Cela le mit en peine, puis s'eſtant aſſis à terre, apres vn long ſilence? Tu vois, me dit-il, mon fils, ce qui ſe paſſe, ne veux-tu pas me ſecourir contre tes ennemis & les miens? Tu m'aſſeurois ces iours paſſez que tu auois autant de pouuoir & de commandement ſur les tiens qu'auoit eu Iacob Rabbi, & que tu peux leuer autant d'Hollandois & de Braſiliens que tu voudras. C'eſt à cette heure qu'il me le faut teſmoigner, nos ennemis eſtans beaucoup plus forts que ie ne ſuis. Ie luy reſpondis en ces mots. Il faut premierement, mon pere, t'informer, ſi le rapport qu'on te vient de faire eſt veritable, & s'il eſt tel, aſſembler tant que tu pourras de troupes, pour moy i'iray en ma demeure & t'ameneray des miens tout ce que ie pourray amaſſer pour ton ſecours, mais ie croy que ce qu'on t'a dit eſt controuué, le temps te l'apprendra.

Le huictieſme on continua de courir l'arbre, pendant ce paſſe-temps vindrent des Braſiliens, de ceux qui habitent ſur les bords de la riuiere Pottegie, conduits par deux de leurs chefs Vviavvug, & Hipahu, qui preſenterent au vieillard du mil, des pois, & des feues, puis accuſerent vn nommé Diego Braſilien du meurtre par luy commis en la perſonne d'vn autre Braſilien, dit Caraja, en

55.

56.

Ff iij

demandant iustice, laquelle leur fut refusée par Iandhuy, leur disant, qu'il faloit viure en paix les vns auec les autres, & ne battre que les ennemis. Qu'il n'estoit à propos de faire mourir des siens, pendant qu'il estoit en peril, comme plus foible que ceux qui le venoient attaquer, desquels celuy qu'on accusoit en pourroit tuer deux ou trois. Puis se tournant vers moy, il me fit promettre d'enuoyer le lendemain à Rio Grandé Ian Straffi pour luy amener de mes gens à son secours.

Le neufuiesme on fut à la chasse pour traitter les nouueaux venus, lesquels me demanderent vn billet de sauue-garde pour vn de leurs chefs Brasilien nommé Balthazar Tamaris, qui desiroit demeurer auec eux, ce que ie fis, sauf l'approbation des Nobles puissans, plustost pour complaire aux Tapuies, que pour autre raison. Toute la nuict ce peuple ne fit autre chose que de discourir de quelle façon ils iroient contre l'ennemy, & comment ils l'attaqueroient, ne voulant soufrir d'estre preuenus.

I'enuoiay dés le matin suiuant à Rio Grandé Ian Straffi, pour assembler mes gens, continuans à marcher entre la haute montagne, où nous trouuasmes du miel & des rats en abondance, les Tapuies mangerent vn des leurs qui mourut ce iour-là.

Le onziefme la ieuneffe fe mit à denfer pour acheuer le dueil d'vn de leurs principaux decedé.

Le iour fuiuant les forciers arriuerent vers nous, qui reduifirent en poudre vne certaine graine de Corpamba, qu'ils auoient faict fecher dans vn pot, puis l'ayant meflée auec de l'eau l'auallerent. Auffi-toft ce breuuage leur fortit par le nez & par la bouche, fe demenans à la façon des poffedez. On me dit qu'ils faifoient cette ceremonie, afin que leur mil, pois, & feues peuffent bien-toft meurir. Ceux qui eftoient allez à la chaffe rapporterent vn porc de la petite race, nommé Tayetetou. La pluye dura tout le iour.

Le treiziefme dudit mois pendant que les Tapuies eftoient à la chaffe, Iandhuy m'entretenant, me dit qu'il auoit toufiours feruy les Hollandois à leur befoin, qu'il demandoit la pareille contre ceux-là mefme qui auoient tué ceux de ma nation à Salmes, & à Vpamene, lefquels indignez de ce qu'il n'auoit fuiuy leur party, ayans efté amis auparauant, recherchoient fa perte, ayans faict alliance auec les gens de Camarron, & groffi leur armée de grandes & redoutables troupes, lefquelles eftoient campées au deffus de Parayba auec Vvajapeba, qui auoit toufiours efté de leur cofté, & demeuré long-temps

57.

58.

59.

60.

parmy eux dans la Verge, & que c'estoient les mesmes qui luy auoient enuoyé les presens qu'il m'auoit faict voir de la part dudit Camarron. Qu'ils s'estoient tous ioints à Pajucu, de sorte que ne leur pouuant resister, il estoit resolu, s'il n'estoit secouru par moy & par mes gens, de se retirer à Rio Grandé proche de nostre fort. Ce discours m'estóna n'ayant aucune enuie de le voir si proche de moy, c'est pourquoy ie luy dis, qu'il ne deuoit pas quitter son pays, & qu'il y deuoit attendre l'ennemy, si tant estoit qu'il fust prest à l'attaquer.

Nous arriuasmes le iour suiuant proche l'Aldée des Brasiliens, qui estoit sur le bord du fleuue Pottegie, & le quinziesme on leur enuoya demander du mil, des feues, & citroüilles : Iandhuy me fit assoir proche de luy, m'interrogeant, pourquoy luy ayant promis autrefois deux chiens ie ne les auois pas donné à Murotti, lors qu'il fut vers moy à Rio Grandé. Ie luy dis, que ie ne m'en estois point souuenu, & que Murotti ne m'en auoit point parlé, que i'eusse escrit aux Nobles puissans de me permettre de prendre ceux que i'auois presté à Iacob Rabbi, qui estoient dans le chasteau de Parayba. Il me repartit qu'il n'y auoit point de mal à cela, & que ie luy laissasse les deux chiens que i'auois, iusques
à ce

à ce que ie luy renuoyaſſe les deux autres, car il ne pouuoit s'en paſſer. Ie luy dis que i'y aduiſerois auant que partir.

Le ſeiziesme nous couchaſmes vers la riuiere Pottegie, tous moüillez ayans pris vn ſerpent nommé par les Portugais Cobre Viado, long de trois braſſes, lequel fut mis par les ſauuages dans vne foſſe, où ils auoient faict du feu auparauant pour l'eſchaufer, puis la couurirent de terre, & la terre de faſcines eſquelles ils mirent le feu pour roſtir ledit ſerpent. Les ſorciers s'aſſemblerent ſur la montagne voiſine, & nous auec eux; il plut abondamment tour autour d'eux & de nous, mais non pas ſur eux, ny ſur nous.

Le matin du dix-ſept on oſta le ſerpent de la foſſe, & tous les principaux en mangerent, excepté Iandhuy & les ſorciers; ils trouuerent autant à manger en ce ſerpent, qu'ils euſſent faict en vn grand porc ſauuage. On ne beut rien pendant le repas, ſuiuãt leur couſtume, il falut aller dans l'Aldée voiſine pour y boire du breuuage de mil fraiſchement faict. Là les Tapuies auec leurs femmes & enfans ſe chargerent de mil, qu'ils y trouuerent en abondance, pendant lequel temps on nous vint aduertir de la part de Vvajupu qu'il s'auançoit vers nous, à cauſe que le bruit eſtoit que Pajucu battoit la campagne auec ses troupes pour nous attaquer. Ce que Iandhuy ayant oüy, il fit commandement à tous les Brasiliens de l'Aldée de preparer leurs fleches, iauelots, & arcs en attendant le secours des Hollandois, pour combattre aussi-tost qu'il seroit arriué. Ie demeuray dans l'Aldée toute la nuict, laquelle nonobstant ces nouuelles, fut passée en dansant par les Tapuies.

65.
66.
Comme il pleuuoit le dix-huictiesme de Iuin, ie m'amusay à considerer ma loge qui estoit couuerte de palmites, là ie vis vne pierre noire transparente, approchant de celles qui se trouuent dans la mine du Ministre Astette : ie priay mes hostes de m'en chercher de pareilles, ils m'en apporterent incontinent lesquelles ie garde pour presenter aux Nobles puissans, & comme ils reconnurent qu'elles me plaisoient, ils m'en apporterent le soir plus grande quantité qu'ils n'auoient faict, m'enseignant le lieu où ils les prenoient dans la grande montagne.

67.
Le dix-neufuiesme ie partis de l'Aldée pour attraper les Tapuies qui alloient deuant moy chargez de mil & de rats, lesquels en ma presence percerent la leure de dessous, & les oreilles à vn petit enfant, & mirent des cheuilles de bois dans les trous. C'est vne forme de baptesme parmy eux, donnant en

cette rencontre le nom à l'enfant, puis se mirent tous à danser.

Il nous fallut seiourner en ce lieu le iour suiuant, Iandhuy estant las, auquel le Diable apparut la nuict, cela fut sçeu incontinent par tout le quartier, aussi-tost tous les feux furent esteins. Le viellard n'aprit autre chose du Diable, sinon qu'vn enfant fort malade des leurs retourneroit en santé.

68.

On courut l'arbre le lendemain, & le iour d'apres nous visitasmes les rosses, dans lesquelles le mil & le Tobac ne se trouuerent encore meurs. Cependant l'enfant mourut, duquel le Diable auoit assuré la santé. Les Tapuies faschez contre luy, le chasserent, mais il demeura faisant semblant d'estre extremement fasché de la mort de l'enfant, auquel les Tapuies couperent la teste, & acherent le corps en pieces, qu'ils firent cuire en vn pot, puis vindrent les plus proches parens au festin, qui le mangerent, ensemble tous les os tendrelets. Et quand il n'y eut plus rien de reste, ils se prirent tous à lamenter, crier, & se battre des bras. Voyla les ceremonies qu'ils obseruerent en cette occasion.

Le vingt-troisiesme ayans marché iusques à la nuict, vn vieillard presenta aux Tapuies les os de plusieurs de leurs morts, qu'il portoit-il y auoit long-temps. Les femmes les pillerent, & couperent fort menu les cheueux, qui estoient encore attachez aux testes, verserent du miel sauuage dessus, & les mangerent auec du Tapioha. Ie demanday, pourquoy les hommes n'estoient de ce festin, elles me dirent qu'il ne leur appartenoit pas. Lors que tout fut auallé, elles se mirent à crier & pleurer, marchant iusques à ce qu'elles fussent arriuées en vn lieu, où personne des leurs n'estoit mort.

Le vingt-quatriesme ceux qui estoient allez visiter leur mil, retournerent en apportant de gros espics meurs. Iandhuy me dit, mon fils, quand les soldats esquels tu as escrit viendront, ils auront dequoy manger. Ie luy repartis, que ie ne croyois pas qu'ils vinssent auant que i'eusse esté vers les Nobles Puissans, & qu'auparauant de les faire venir, qu'il falloit sçauoir si ce qu'on luy auoit raporté de ses ennemis estoit vray.

Le matin du vingt-cinquiesme nous arriuasmes à la montagne Matiapoa, à la source de la riuiere Vvuvvug, où pendant que nous nous reposions, les Tapuies furent couper & enleuer les courges, citroüilles, pois, & feues des Brasiliens, qui demeuroient là.

Le vingt-sixiesme nous allasmes aux rosses de Iandhuy, où on trouua quantité de mil prest à recueillir, il donna permission à tous d'en amasser, & en reseruer pour les soldats qui luy arriueroient.

Chacun se mit apres dés le matin du iour suiuant, & comme ils faisoient leur recolte, ceux ausquels ils auoient desrobé les citroüilles, & les feues, vindrent leur en demander, ce qu'ils obtindrent, mais escharsement. Sur le soir arriua le Principal Vvanjupu, si las, qu'il ne pouuoit plus se soustenir, ayant laissé ses gens derriere luy.

Le vingt-huict les Tapuies s'aplanirent vne place pour y danser, le peuple assemblé, Vvanjupu raconta, que Pajucu s'estoit mis aux champs contre Iandhuy, ayant leué des soldats de tous costez. Iandhuy repartit, qu'il le chastieroit s'il entreprenoit de luy faire la guerre, & aussi-tost il fit venir tous les sorciers & deuins leur ordonnant de se mettre en estat d'inuoquer le Diable, afin qu'il leur annonçast quelque chose de bon. Les sorciers se retirerent dans le bois, & Iandhuy auec eux, où apres auoir demeuré deux heures, il retourna si espouuanté qu'il ne pouuoit parler, puis s'estant reposé, nous dit d'vne voix languissante, Qu'est-ce que nous pouuons esperer, ie ne puis auoir response, l'esprit & les sorciers m'ont remis à demain.

Lequel arriué, Iandhuy fit sçauoir à ceux qui se vouloient marier, qu'ils se tinssent

Gg iij

74.

75.

prests, & comparussent le soir à sa hutte, où Houcha, c'est à dire le Diable, & le grand Sacrificateur se deuoient trouuer, pour leur donner la benediction. Sur le midy la ieunesse luitta, on ordonna de planter les rosses de nouueau. Puis dans l'obscurité de la nuict Houcha vint à la hutte du vieillard, auquel, & au Sacrificateur, les Tapuies presenterent vne grosse pipe faicte de noix de Cocos, pleine de Tobac. Les ieunes hommes se tenoient debout, sur lesquels le Sacrificateur, & le Diable soufloient la fumée du Tobac, s'estoit-là sa benediction. Cela faict, chacun se retira, fors les plus aagez, qui demanderent à Houcha, comme ils se comporteroient en cette guerre. Il se teut long-temps, puis leur dit, d'vne voix horrible. Vous fuyrez. Le vieillard repartit, & pourquoy fuyrons nous? N'ay-ie pas tousiours esté maistre de mes ennemis? N'importe, repliqua le Diable? Vous fuyrez: mais ie reuiendray, & te feray sçauoir quand. Cela dit il disparut, laissant vn grand estonnement, & tristesse aux Tapuies.

Le trentiesme Vvanjupu s'en retourna chez soy, & les Tapuies dresserent vn ombrage au vieillard contre l'ardeur du Soleil. Là vindrent des femmes pleurant la mort de leurs maris, on leur fit commandement de cesser leurs lamentations à cause de la feste qui approchoit. Apres midy parurent dix ieunes filles couuertes de fueillages differens. Suiuoit le Diable, qui se faisoit porter dans vne calebasse par d'autres filles & femmes, lequel pourtant estoit inuisible, il leur commanda de se couronner de fueilles & de fleurs de pois, & de feues, pendantes par deuant, & par derriere: ce qu'elles firent, puis se mirent à danser, & chanter toute la nuict.

LE PREMIER IVILLET.

Les Tapuies firent secher de la semence de Corpamba, qu'ils pillerent, & la meslerent auec de l'eau, qu'ils firent boire aux sorciers, qui aussi-tost se prirent à courir & hurler comme enragez, disant, que Houcha leur auoit dit de se resiouyr, & qu'il retourneroit bien-tost vers eux. Peu de temps apres vindrent huict garçons ajoliuez de differens fueillages, comme les filles, suiuis de huict ieunes hommes robustes, qui estant arriuez deuant l'ombrage faict à Iandhuy de fueilles de Papay, Iampapée, & Baiouë, s'y assirent, & receurent chacun vn de ces garçons à leur col, qui s'y iettoient volontairement. Incontinent vn sorcier ayant vne broche de bois pointuë, perça la levre de dessous & les oreil-

76.

77.

78.

79.

les à ces enfans, mettant dans les trous des pierres blanches, puis les prit & les porta sous l'ombrage, où ils receurent la benediction du Diable, qui estoit dans la calebasse; c'estoit là leur baptesme. Le soir arriuerent trois Tapuies de Preciaua, qui assurerent encore que Paiucu s'aduançoit auec ses gens. Le vieillard dit, que cela n'estoit rien, & ordonna qu'on donnast à manger à ces Tauies, qu'Houcha auoit dit, qu'on se tinst ioyeux. Que tous ceux qui se vouloient marier se preparassent au lendemain matin, pour chasser tout ennuy.

Cela fut faict; ils attacherent à leurs corps tant hommes, que femmes, auec des gommes des fueilles de diuerses couleurs, il estoit plus de trois heures apres midy auant que les futurs espoux & espousées fussent prests, trente hommes, & femmes d'Hollande seroient plustost habillez qu'vn de ces sauuages. On auoit preparé vn ombrage pour cete ceremonie, deuant la hute du sacrifice, d'où sortirent deux sorciers tenans à la main vne broche de bois pointuë, de laquelle ils percerent les leures du dessous, & les ioües de ceux qu'on vouloit espouser, mettant dans chaque trou vne pierre blanche aigüe, & delà entrerent sous ledit ombrage, ou cabinet couuert de fueilles, où le sacrifice se

deuoit

deuoit faire du sang qui leur couloit du visage. Auant que sortir apres ce Sacrifice faict, vn sorcier prit vne pipe de tobac, & en ayant tiré la fumée en parfuma les nouueaux mariez, c'estoit leur benediction nuptiale. Ce faict les Tapuies s'assemblerent en trois rangs. Au premier estoit Iandhuy & ses sorciers tous peints sur la chair de diuerses couleurs, & chargez de plusieurs fueillages. Au second rang estoient les hommes & femmes. Au troisiesme les espoux & les espousées, qui se mirent à chanter & dancer toute la nuict. En cette feste il y auoit de la ioye & resiouyssance beaucoup, mais peu à boire & à manger, sinon du mil & de l'eau de salpetre bracque. Ce iour-là nous eusmes eclypse de Soleil, qui commença à sept heures du matin, & dura vne heure.

81.

Le troisiesme le vieillard Iandhuy fit dire qu'apres la chaleur du iour on recommanceroit à danser. Les Brasiliens s'en retournerent en leur Aldée le ventre creus, parce que Iandhuy auoit commandé qu'on gardast le mil pour Vvajupu & ses gens, quand ils viendroient, & à quatre heures apres midy ils se mirent tous à danser. Et comme ils dansoient, vn sorcier vint dire, qu'Houcha arriueroit la nuict auec cinq autres. Ils cesserent à l'instant, & allerent dresser dans la

82..

Hh

hutte du sacrifice vne couche de fueilles, proche laquelle ils mirent du tobac. La nuict venuë, les Tapuies recommancerent leurs danses, & Iandhuy & ses sorciers vindrent à la hutte du sacrifice, s'enquerant d'Houcha de ce qui leur arriueroit. Trois voix enroüées respondirent à la fois, vous fuyrez. Comment? dit Iandhuy, i'ay plus de gens que mes ennemis, sans le secours que i'ettens des Hollandois. Vne voix seule luy repartit, tu l'attends, mais il n'est pas encore icy. Cela oüy par tout, le vieillard, ses sorciers, les hommes & les femmes se mirent tous à pleurer & lamenter l'espace d'vne demie heure. Lors vne cinquiesme voix parla à Iandhuy, & dit, ne combats point auec tes ennemis sans les Hollandois, recule, & lors dissention se mettra parmy eux, ils s'entretueront. Le peuple ayant entendu ce que dessus, se resiouyt, & dansa comme deuant le reste de la nuict, sur le declin de laquelle le Diable se retira.

Le vieillard m'appella le matin suiuant, & me raconta tout ce qui c'estoit passé le iour precedant, il fit assembler tous les principaux de ses gens auec les sorciers, pour consulter où ils se retireroient, s'ils estoient contraincts de fuyr. Ils estoient d'aduis de passer la riuiere, & venir à Rio Grandé, ie m'opposay à cette resolution, disant, que les ennemis les pourſuiuroient plus viuemēt qu'en autre pays, trouuans dequoy ſubſiſter, & qu'il eſtoit plus à propos de ſe retirer en lieu, où les ennemis les pourſuiuant ne pourroient trouuer à manger, qui ſeroit cauſe de les faire retourner: que i'auois oüy dire qu'au deſſus de la montagne eſtoit vn chetif pays, qu'il ſeroit bon de s'y retirer, & que là ie les viendrois treuuer auec mes ſoldats. Comme nous eſtions ſur la reſolution de la tenuë du Conſeil, deux Braſiliens arriuerent, nous diſant, que Vvarrivvare & ſes gens auoient traitté auec Pajucu contre nous. Iandhuy leur dit, qu'ils demeuraſſent vers luy iuſques à ce qu'il ſçeuſt la verité de ce qu'ils aſſuroient, ordonnant qu'on leur donnaſt à manger. Sur le ſoir deux de mes Negres m'apporterent du tobac & quelques bagatelles de Rio Grandé. Les Tapuies furent fort reſiouys les voyant, s'imaginans qu'ils m'amenoient le ſecours que ie leur auois promis. Ie leur dis, qu'il falloit que ie les allaſſe querir moy-meſme, dont le vieillard ne fut pas content, me diſant, que ſi ie n'allois viſte & retournois encore plus diligemment, que ſes ennemis & les miens, perdroient les ſiens, & les miens, meſme dans Rio Grandé. Ie promis de le faire, & cependant qu'il retireroit ſes troupes delà la montagne Vvahu, & ne laiſſaſt rien à man-

Hh ij

ger derriere luy, couurant auſſi les ſources des fontaines qu'il rencontreroit. A ces mots ils ſe coucherent tous à terre vn ſorcier les aſſurant que ie diſois vray, & que Houcha auoit aſſuré, qu'il y auroit diſſention parmy les ennemis, ce qui arriueroit ſi on leur oſtoit le boire & le manger. Cela reſiouyt les Tapuies, qui ſe remirent à danſer comme deuant.

Enuiron les neuf heures du matin du cinquieſme Iuillet, Iandhuy m'appella, me demandant ſi ie retournerois bien-toſt, ie l'en aſſuray, adjouſtant, qu'en m'attendant, il enuoyaſt quelqu'vn ſur le chemin pour prendre des priſonniers des ennemis, pour ſçauoir leur deſſein & leurs forces, qu'il les attendit le plus long-temps qu'il pourroit, & s'il croyoit ne leur pouuoir reſiſter, qu'il ſe retiraſt à Vvahu, & en ce cas qu'il m'enuoyaſt deux ou trois hommes à Rio Grandé pour m'aduertir de ce qui ſe paſſeroit. Il me le promit ainſi, lors ie pris congé de luy, refuſant la compagnie des Tapuies qu'il m'offroit pour me conduire, leur laiſſant tout le tobac, & les autres choſes que les Negres m'auoient apportées, dont ils me remercierent, les priant en reconnoiſſance de ce bien faict, de me donner du mil pour viure par le chemin.

Comme ie voulois ſortir le iour ſuiuant,

Iandhuy me demanda mes chiens, ie luy dis, que c'estoient mes peres nourriciers, n'esperant qu'en eux, pour me nourrir pendant mon retour. Prens, me repartit-il, tant de mil que tes Negres en pourront porter, & me les laisse, & lors que tu me rameneras ceux qui sont au chasteau de Paraïba, ie te les rendray, n'ayant intention de les faire chasser pendant ton seiour, ains de te les conseruer entiers. Cette courtoisie m'obligea à les luy laisser.

Le septiesme m'estant mis en chemin ie rencontray Vvajupu auec ses gens qui alloient trouuer le vieillard : nous mangeasmes ensemble du mil & des rats, qu'il auoit apporté, il me pria de retourner bien-tost auec les meilleures troupes que ie pourrois, me prestant son cheual pour aller plus viste. Sur lequel ayant vn peu de temps cheuauché, ie le trouuay euanoüy de dessous moy, sans sçauoir ce qu'il estoit deuenu.

Ie le fis chercher tout le iour suiuant sans le pouuoir trouuer, & comme nous ne laissions de marcher, nous arriuasmes le soir en l'Aldée qui estoit sur la riuiere de Pottegie, où ie passay le lendemain pour me faire monstrer le lieu où estoient ces belles pierres noires desquelles i'ay parlé cy-dessus Deux habitans m'y conduiserent & m'en firent voir grande quantité. Estant de retour ie fis piller vn peu de mil pour manger en chemin faisant.

Le dixiesme ie voulus partir, on m'apporta du breuuage faict auec du mil & miel sauuage, ayant tout bû, ie marchay par le bas, & le haut de la montagne, iusques à la riuiere.

Les Brasiliens de l'Aldée cy-dessus m'ayans accompagné, ie les renuoiay sur le soir du vnziesme ayant trouué du mil & poisson pour souper.

Ie passay la riuiere le douziesme dans laquelle nous peschasmes assez pour nous nourrir.

Et le iour d'apres ayant trouué des Brasiliens qui peschoient, nous nous ioignismes à eux meslans à leur pesche des rats que mes Negres auoient pris.

Ie me rendis le quatorziesme Iuillet sur le midy à Cammeru, & le soir à Incarenigi en ma maison au gouuernement de Rio Grandé, apres auoir supporté la faim & fatigues que vous auez leuës.

REMARQVES DV SIEVR Morisot sur le voyage de Roulox Baro, au pays des Tapuies.

1. ROVLOX Baro fut enuoyé enfant au Brasil dans la flotte des Indes Occidentales qui partit d'Hollande en mil six cent dix-sept, il peut estre aagé à present de quarante ans. Il apprit en peu de temps la langue du pays, frequentant les barbares, & viuant comme eux.

2. Ils sont appellez d'aucuns Tapuias, d'autres Tapoyos: mais comme cette terminaison n'est point Françoise le traducteur les appelles Tapuies. Il y a de ce nom dans la terre ferme du Brasil soixante & seize nations, raportées par le bon amy de mon pere le Sieur de Laet en son quinziesme liure des Indes Occidentales ch. 3. Toutes belliqueuses, qui auparauant la venuë des Europeans audit Brasil se faisoient vne cruelle guerre, & maintenant ayant quitté les guerres ciuilles, ont pris party les vnes pour les Hollandois, les autres pour les Portugais. Cet autheur pourtant ne parle que de ceux qui sont voisins

des Capitanies, ou gouuernemens de Paraiba, Tamaraca, & Siara.

3. Ce gouuernement, ou Capitanie de Rio Grandé confine és susdits gouuernemens, sçauoir à la Capitanie de Siara entre l'Orient & le Septentrion, à Paraiba & Tamaraca du costé de l'Occident, à la mer du Septentrion, aux Tapuies de l'Orient. Elle a pris son nom de la riuiere sur laquelle est basty vn bourg auec vn fort, desquels furent chassez nos François par les Portugais en l'an mil six cent & vn, qui apres attaquerent nos alliez, & principallement le Cassique Petiuares, & tuerent cruellement plusieurs milliers de sauuages. Les Brasiliens appellent la riuiere que les Espagnols nomment Rio Grandé, Poteingi, ou Potigi, les cartes Potengi, elle s'embouche dans la mer sous les cinq degrez & trente scrupules vers le midy. Les Portugais bastirent en cet endroit vne nouuelle forteresse, qui fut prise sur eux par les Hollandois, qui auoient desia occupé Pernambuque l'an mil six cent quarante quatre, que les Portugais appellent Farnaboco, qui veut dire bouche d'enfer, à cause de la difficulté de l'entrée tortueuse du haure, qui est plein d'escueils; partie de la garnison fut tuée à cette prise, partie se retira vers les Tapuies, attendant l'occasion de rentrer dans ledit gouuerne-

uernement de Rio Grandé. La coste de ce gouuernement regardant la mer est de figure semicirculaire; depuis la Riuiere de Parayba, qui donne le nom au gouuernement voisin, on trouue l'embouchure de Mongamgape, ou Mangagoape, vne lieuë plus haut est la baye nommée par nos François, Trahison; les sauuages qui habitent ces lieux sont appellez Tyguares. Depuis cette baye iusques à la riuiere Cromatin, dans les cartes Goromantin, suiuant son ancien nom, Camaratuba, on y conte vne lieuë. A quatre lieuës delà est vne baye du nom, de Baya Formosa, à demye lieuë duquel entre dans la mer la petite riuiere de Congaycu. Baya Formosa est nommée par les sauuages, Quartapicaba. A vne lieuë delà est la riuiere Curumatau, à demye lieuë de celle-cy, Rio Subauma, & plus outre vne pointe de terre ditte, Punta de Pipa. Suit apres vne coste sans port & bocageuse, qu'on nomme vulgairement Paranambuio, & Guiraira, d'où iusques à la riuiere Tareyrick il y a trois lieuës, esloignée de celle qui porte le nom de Pirangue d'vne lieuë. Là est le port que les Portugais nomment dos Busios, duquel iusques à vne pointe de terre, ditte Punta Negra, il y a trois lieuës, & de Punta Negra iusques à Rio Grandé, deux: à cinq lieuës delà est le fameux banc, que les Portugais nomment Baixos de sainct Roch.

4. C'est vn hameau du Brasil, où estoit la maison de Baro, à cinq ou six lieuës de celle de Garsman, vers la riuiere de Cammararibi, qui perd son nom dans celle de Potingi, que nostre autheur nomme Pottegie. Ce lieu est dans le gouuernement de Rio Grandé, à six lieuës du chasteau, qui donne son nom à ce gouuernement.

5. L'hyuer qui est fort pluuieux, commance en ces pays, qui ont presque les iours & les nuits esgales, au mois d'Auril, & finit en Aoust, comme en tout le reste des terres qui sont sises outre l'Equateur & le Tropique du Capricorne. D'ailleurs outre les pluyes, les riuieres, qui de leur nature n'ont pas grand cours, s'enflent extraordinairement par le flux de la mer, poussé violemment & par sa nature, la situation du continent estant basse, & par les vents qui regnent en cette saison, autrement elles sont guayables voire seiches en Esté. Par effect Rio Grandé, qui est l'vn des plus remarquables de la coste, n'a de cours que six lieuës, ainsi qu'il est remarqué par George Marcgrauius liu. 10. de l'histoire naturelle du Brasil ch. 1. N'estant tels fleuues profonds qu'à leurs embouchures, se passant à deux lieuës plus haut sans nager, lors que l'hyuer est passé.

6. Sont des enclos, fermez de hayes viues, ou mortes, labourez à la beche, où on seme les courges, melons, citroüilles, concombres, feues & pois : & où on plante plusieurs racines & arbrisseaux du pays seruant à la nourriture de l'homme. Comme la Mandioque, Macaxera, Manipuera, Ananas, Nana Pacoba, Potates, Mammoras & Caras.

7. Sont les campagnes de Caotingas, proches de Rio Grandé, & des limites du gouuernement de Porto Seguro, habitées par des Tapuies nommez Tupanucos, suiuant Herrera ; mais cette diuision est trop generalle, nous la subdiuiserons cy apres : les Tapuies proche Rio Grandé ou Potingi, estans appellez Maribucos.

8. Nous auons desia dit, qu'il y auoit equiuoque en la traduction, & qu'il falloit dire, Potingi, suiuant la plus commune opinion. Vois le Sieur de Laet, liu. 16. des Indes Occidentales, ch. 5.

9. Les pluyes sont si ordinaires en ce pays, que George Marcgrauius au liu. 8. de la naturelle histoire du Brasil, en a faict vn chapitre particulier, où il met tous les iours qu'il plut dans cette prouince, au gouuernement de Rio Grandé, és années 1640. 1641. 1642. où il y a les trois quarts de iours pluuieux. Est à notter qu'au mesme liure ch. 4.

I i ij

ledit Marcgrauius dit sur le rapport de Iacob Rabbi, duquel nous parlerons cy apres, que Rio Grandé n'a depuis son embouchure iusques à sa source, que six heures de chemin. Qu'il y a neuf lieuës depuis cette embouchure iusques à celle de la riuiere Mupeo, du costé du midy, & du costé du Nord à trois lieuës plus haut que ledit Rio Grandé, que la riuiere Syrag a de cours cinquante lieuës, & Mapreucauch dauantage; qu'Ypotinge, n'est qu'à quatre lieuës dudit Rio Grandé, & Vguasu, à dix-sept, que plus haut sont les grandes salines d'Vnapabuba, & au delà la grande riuiere Otschunogh, toutes lesquelles ne sont encore inserées dans nos cartes pour n'auoir esté connuës que depuis six ou sept ans en çà par ledit Iacob Rabbi, lequel parlant d'Ypotinge, me faict douter que ce ne soit celle-là mesme laquelle est nommée par nostre Baro Pottegie, & qu'elle ne soit autre que celle de Rio Grandé, puisque Marcgrauius la met à quatre lieuës plus loing.

10. Vois le voyage de Lery touchant ces poissons Caramiri, & Acaramiri; & touchant les Tamoatas Marcgrauius en l'histoire du Brasil liu. 4. c. 5. où il dit, que les Portugais appellent ce poisson, Soldido, parce qu'il paroist armé, ayant la teste couuerte d'vne crouste espesse, & le corps d'escailles dures &

bien rangées sous l'areste du dos, en façon des anciennes cuirasses.

11. Marcgrauius au liu. 8. de son histoire du Brasil, chap. 1. remarque que sous le nom de destroit, appellé par les Portugais, Fregesias, sont compris non seulement les ports & seins de mer voisins, mais encore les solitudes, champs, vallées, forests, maisons seules, aldées & riuieres, qui souuent donnent le nom au destroit, comme Poiuham, Camaragibi, qui peut estre nostre Camaribbi, & autres.

12. Entre les riuieres Otscunog, d'Oppone, Iauarug, Beryvvere, Vatepug, & Ciara, il y a plus de soixante lieuës, le tout occupé par les Tapuies sous diuers Roys. Les terres de Iandhuy, qui a plus de cent dix ans, s'estendent le long des riues d'Otschunogh, Otschuayayuch, & Drerinagh, qui est pour les Hollandois auec vn Roitelet sien voisin, nommé Pritiyaba. Ceux qui tiennent le reste de la contrée susdite, qui s'appellent auiourd'huy, Arigpoygh, Vvanasevvasug, Tshering, & Dremmemge, sont ennemis de ceux-là, & tiennent le party des Portugais. Les peuples sur lesquels Iandhuy commande auec vn autre Roitelet dit Caracara, sont appellez Tarairyous.

13. Vous remarquerez pour vne fois, que les maisons particulieres tant des officiers Hol-

landois, que Portugais, basties sur la riuieres dans le pays, ou sur les chemins pour faciliter le trafic, retiennent les noms de ceux qui les ont premierement basties, ou de ceux qui les habitent presentement.

14. C'est vn parc, où Claesen, qui veut dire Nicolas suiuant qu'on interprete le langage Hollandois, nourrissoit des vaches, & autres animaux du pays, ou amenez de l'Europe. Ceux du Niuernois les appellent Ventes, qui sont terres sablonneuses & ingrates, ne portant que de l'herbe, & arbres rafaux, armées de tous costez de hayes viues, & bois abbatus, n'y ayant qu'vne entrée qui sert aussi de sortie faicte en barricade. Les Portugais aussi bien que les Hollandois font de tels parcs leur profit particulier, y nourrissant leurs vaches, brebis & moutons, voire mesmes des cheureuïls que les Sauuages appellent Cuacu. Diuerses sortes de sangliers, les vns ayans leur nombril sur le dos, nommez par ceux du pays, Taiacu Gaaigoara. Les autres, ayans de grandes aureilles aiguës, sans soye sur le dos, le poil roux. Marcgrauius en son histoire des Quadrupedes ch. 8. Il y en a d'autres, appellez Taiaguitas, c'est à dire sangliers demeurans, ou arrestez, parce qu'ils attendent les hommes sur les chemins, & aux pieds des arbres, sur lesquels les In-

diens se sauuent pour esuiter leur furie. De Laet liu. 15. des Indes Occidentales, ch. 5. Il y a encore d'autres animaux desquels Iean de Lery faict mention au 10. ch. de son Amerique.

15. Ce gouuernement ou Capitanie est vn des principaux du Brasil, sis entre le deux & cinquiesme degré de l'Equateur de la bande du midi, entre ceux de Maragnan & Rio Grandé, apres lequel tirant au Tropique du Capricorne sont les Capitanies de Carayba, de Tamaraca, de Pernambuco, de la Baya, de los Isleos, de Porto Seguro, de Spiritu Santo, de Rio de Ianeiro, & sainct Vincent. Pour ce qui est de la trahison de ceux de Siara de laquelle il est parlé en ce lieu, il faut sçauoir que les Hollandois ayans pris sainct Saluador, ville qui est en la Baye de tous les Saincts, capitale de la Capitanie de la Bahia, en l'an mil six cent vingt-quatre au mois de May, la rendirent aux Portugais au mois d'Avril mil six cent vingt-cinq. Cela n'empescha point les Hollandois de retourner au Brasil, où ils surprirent l'an mil six cent trente-deux la ville d'Olinde, capitale du gouuernement de Pernambuco, ou Fernambuco, au commancement du mois de May. Puis se fortifierent le long de la coste, notamment au Reciffe, qui est vne bourgade fon-

dée au bout d'vne langue de terre, qui se iette en mer, couurant le port. Ceux des Portugais qui eschaperent dans leurs vaisseaux se retirerent en Europe, les autres s'enfuyrent vers les Tapuies leurs alliez en terre ferme, iusques à ce que le temps fust arriué de se vanger des Hollandois leurs ennemis. Les sauuages des gouuernemens de Fernambuque, Tamaraca, Carayba, de Rio Grandé, & de Siara, ou Ciara suiuirent le party des victorieux, excepté quelques particuliers Caciques, qui ayant eû pitié des Portugais fugitifs, les fauorisoient sous main, de sorte qu'en l'an mil six cent quarante six, ayant pris l'occasion d'vn voyage que les Tapuies de Rio Grandé auoient faict à Siara, auec quelques Hollandois sous la conduite de Iacob Rabbi, les tuerent tous, apres les auoir bien receus en apparence.

16. Ce chasteau est basti à la gauche de la riuiere Grandé, de laquelle il porte le nom, s'appellant Rio Grandé.

17. Depuis ledit chasteau iusques à la demeure de Iandhuy, il y a vn chemin qui fut faict autrefois par vn Lieutenant Colonel Hollandois nommé Gartsman, duquel ledit chemin retient encore auiourd'huy le nom.

18. Conhahu est vne bourgade sur la mer du Nord.

du Nort entre les Capitanies de Parayba, & Rio Grandé dans la Baye dite des Portugais Treycion, & des François Trahison, distante de sept lieuës de Parayba. Le riuage est partie sablonneux, partie marescageux, & le continent couuert de forests par lesquelles les Portugais ioints aux habitans du pays nommez Tyguares, qui habitent le village, ou Aldée de Taboussouram, à quatre heures de chemin de Conhahu, vindrent audit bourg de Conhahu en mil six cent quarante six, & tuerent les habitans d'iceluy, ensemble les Hollandois qui estoient auec eux.

19. La façon de bocaner, ou boucaner par les sauuages du Brasil est décrite par Iean de Leri ch. 10. de son Amerique. Les Americains, dit-il, fichent quatre fourches de bois en terre, distantes en quarré d'enuiron trois pieds, esleuées de deux & demy, mettans sur icelles des bastons à trauers à deux doigts l'vn de l'autre, ils nomment cette grille Boucan. Ils mettent les pieces de chair dessus, faisant vn petit feu de bois sec dessous rendant peu de fumée, ils les tournent souuent faisant beaucoup cuire celles qu'ils veulent garder. Ainsi font ils des poissons & corps humains. Leur gibier ordinaire est des Tapiroussous, qui ont le poil roux, de figure & grosseur entre la vache & l'asne, la chair du goust de

celle de bœuf. Les Seouaſſous ſont eſpece de cheures ſauuages deſquelles il eſt icy parlé. Agouti, eſt vne eſpece de cochon. Tapiti, de lieures; ainſi d'autres. Pour ce qui eſt de la gourmandiſe inſatiable des Tapuies, vois de Laet liu. 15. des Indes Occidentales ch. 2.

20. Il y a pluſieurs ſortes d'abeilles & de miel dans le Braſil, encore que Marcgrauius liu. ſept des Inſectes ch. dernier, face toutes les abeilles de ce pays ſemblables aux noſtres, excepté qu'elles n'ont point d'eſguillons. Sur quoy Monſieur de Laet perſonnage tres-curieux, remarque apres Iacob Rabbi, qui a veſcu long-temps parmy les Tapuies, & dedié la relation qu'il a faicte de ſes voyages au Conte Iean Maurice, qu'il y a en ces quartiers vne eſpece d'abeilles que les ſauuages appellent Kitshaara, qui s'attachent aux petits arbriſſeaux, comme les noſtres aux grands dans des ruches qu'elles font elles meſmes ſemblables à noſtre gros papier, deſquelles elles enueloppent leurs rayons dans leſquels on trouue du miel tres-excellent. La ſeconde eſpece eſt dite par eux Kitshagk, qui faict ſon ouurage dans les creus de la terre. La troiſieſme Heubig, de laquelle les rayons ſe trouuent dans la terre à la façon d'vn pain de ſucre enueloppé dans du gros papier. Toutes celles-cy ont des aiguillons comme les

noſtres, & meſme celles deſquelles le miel pend des branches des arbres en forme de nids d'oyſeaux dur, & noir nommé Atshoy. La cinquieſme eſpece d'abeilles appellée Ehenhne, ne pique point, elle trauaille dans les creus des arbres, & font de gros pelotons de cire & de miel, ſi fermes qu'il les faut rompre pour s'en ſeruir. La ſixieſme eſpece, Benatshy, n'a auſſi aucun aiguillon, trauaillent comme les noſtres dans les troncs des arbres & ouuertures des rochers, produiſant le plus ſauoureux miel de toutes. Les Portugais appellent d'vn ſeul mot toutes ces ſortes de miel, mel de Pao, lequel meſlé auec de l'eau a le gouſt de noſtre vin doux, il rafraichit & nourrit. Que ſi on y adiouſte du ſuc de Pacobete, Pacobucu & Ianipaba, ce breuuage eſt tres excellent. Si du fruict de Nana, il yure & faict rendre gorge, & ie croy que c'eſt ce breuuage que noſtre autheur appelle de la grape, & les Braſiliens Nanai. Marcgrauius, de la region des Braſiliens & habitans d'icelle, ch. 7. Guillaume Piſon au liu. 4. des facultez des ſimples du Braſil ch. 3. parlant du miel ſauuage, dit, qu'il eſt profitable aux ſains & aux malades. Que les Braſiliens l'appellent Iira, & qu'il ſe trouue dans les grandes foreſts & deſerts. Le nom des abeilles qui font ce miel, Eiruba. Il en nomme douze eſ-

Kk ij

peces, toutes lesquelles, dit-il, prouoquent à vomir, mises en breuuage à cause de leur douceur, déracinent de l'estomach les humeurs visqueuses, & le confortent, ostant les cruditez, & chassent l'vrine, nettoyent les vlceres.

21. Les chefs des Tapuies donnent leurs noms és Aldées ou villages où ils commandent, & font leurs demeures plus ordinaires n'en ayant aucunes arrestées.

22. Il faut dire Cascauela, nom duquel les Portugais appellent le serpent nommé des Brasiliens, Boicininga, Boicinininga, Boitininga, & Boiquira, par les Tapuies Aiugi, par les Hollandois Kaetel Sslange. Il est long de quatre à cinq pieds, gros par le milieu comme le bras d'vn homme proche le coulde, ses escailles s'esleuent sur la peau laquelle est esmaillée d'vn iaune pasle releué de noir, & de tanné par losanges qui se rapportent l'vne à l'autre, le rang d'en bas entrant, ou plutost se ioignant à celuy d'en haut. Sa queuë a autant de nœuds que le serpent a d'années, faisant lors qu'il rempe vn bruit comme des sonnettes, la nature ayant icelles données à dessein pour aduertir les hommes de ce destourner de son passage, & éuiter sa morsure qui est mortelle. Iean de Laet liu. 15. des Indes Occidentales ch. 6. Marcgrauius au liure

des quadrupedes & serpens, ch. 14. l'ay veu la peau d'vn de ces serpens entre les mains du Sieur Moreau traducteur de la presente Relation, laquelle il a donnée depuis peu à Monsieur Millotet aduocat general au parlement de Dijon. Les sauuages les mettent en tronçons pour les boucaner. Les Espagnols à cause des sonnettes qui sont à la queuë, nomment cet animal Cascauel, c'est à dire sonnette. Ils l'appellent encore Tangedor suiuant Guillaume Pison, au 3. liu. de la medecine du Brasil ch. 1. où il donne la figure du serpent auec vne autre espece de Cascauel, long de douze pieds, dit par ceux du pays, Cucurucu, lequel est tres-veneneux.

23. Ie croy que Strus soit vn mot Hollandois, des Latins Strutio, des Portugais Ema, des Brasiliens Nhanduguacu, de nom François, Autruche; cét oyseau n'est si grand ny si gros que sont les Autruches qui sont en Afrique, il a les ergots des pieds semblables aux autres oyseaux, si ce n'est qu'ils sont vn peu crochus pardeuant, aians les ongles noirs. Il a le col courbé comme la cigogne, long de deux pieds, le bec vn peu long, resserré & recourbé, les aisles petites & inhabiles à voler, il court si viste que difficilement peut-il estre attrapé des chiens, ses plumes sont grises comme celles des gruës, elles sont belles,

longues, & delicates sur le dos, & s'estendant plus auant que le cropion, luy seruent de queuë : Il aualle ce qu'on luy presente si dur soit-il, mais il ne le digere pas, il vit de fruits & de chair : il est de bon goust à manger, on le void souuent dans les campagnes du gouuernement de Rio Grandé, raremem ailleurs. Marcgrauius liu. 5. de l'histoire naturelle du Brasil ch. 1.

24. Les Brasiliens appellent cet animal Tatu, & Tatupeda, les Espagnols Armadillo, les Portugais, Encuberto ; il est à ce que rapporte Charles de l'Ecluse en ses Exotiques, de la grandeur d'vn cochon de laict, de couleur grise, le corps par tout couuert d'escailles d'os comme des lames, presques à la façon du Rhinoceros, disposées en bel ordre & d'vne merueilleuse varieté de formes, si dures qu'elles emoussent les pointes des fleches. Il creuse promptement la terre & se retire és creus qu'il faict, comme les renards & blaireaux ou tessons ; on ne le peut pas prendre facilement, si ce n'est qu'on verse de l'eau dans son terrier ; il a la chair blanche & du goust d'vn chapon, on se sert de ses ecailles pour faire des escarcelles & autres choses. Il a la queuë d'vn chien, les iambes comme vn herisson, le museau de mesme, sinon qu'il est plus long & menu, ses pieds de deuát ont qua-

tre griffes, ceux de derriere cinq chacun : ses oreilles sont pointuës, & cartilagineuses, & sans poil. Il vit de patates, qui est vne espece de treufles, rouges par dehors, blanches par dedans, excellentes à manger, de melons, & autres plantes. On le prend comme le blaireau & le lapin, faisant entrer quelque chien basset dans leur terrier, & fouyssant tout autour iusques à ce qu'il soit decouuert, alors les chiens ou les hommes le tuent facilement. Marcgrauius liu. 6. de l'histoire naturelle du Brasil ch. 8. Il y a encore vne autre espece de cet animal, mais plus petit, que les Brasiliens nomment Tatu-ete, les Portugais Verdadeiros, & vne troisiesme que les sauuages appellent Tatu-Apara.

25. Les armes des Tapuies, ou Tapoios sont l'arc de bois dur qu'ils appellent Guirapara, & Vrapara, & le bois duquel il est faict, Guirapariba, & Vrapariba, des Portugais Pao d'Arco ; les cordes duquel sont de coton tors, leurs noms Guirapacuma. Leurs fleches sont de cannes, Vuba. Le bout anté dessus est du bois de bresil, ce bout dit, anha; ebarbillé, ou barbellé de plusieurs sortes. Ils nomment celuy qui a plusieurs pointes, Vutapoaeta. Il y en a qui ont comme des dents, d'autres bouts faits en forme de scies. D'autres esquels ils antent des dents des poissons

Iperu. La fleche qui est toute entiere du ionc Tacoara, est nommée Iurupara. Ils se seruent aussi de fleches, ou dards, qu'ils élancent auec grande roideur, les tenant par le milieu du fust, ayant attaché vn petit bois caue & glissant, dans la paume de la main, pour donner plus de force au coup, & en faire sortir le traict, ou iauelot, auec plus de facilité. Ils se seruent aussi de massuës faictes du bois noir de Iapema longues & plates. Ils mettent des franges de cotton, ou de plumes au tour, & au bout du manche, & vne houpe pendante du milieu de la massuë, dite Atirabebe, & Iatirabebe. Marcgrauius liu. 8. de l'histoire naturelle du Brasil ch. 10. De Leri en son Amerique ch. 14.

26. Ie ne trouue point ce nom ailleurs, quoy que Marcgrauius liu. 6. ch. 6. face mention de plusieurs sortes de rats. De Lery en son Amerique ch. 10. dit, que ces rats sauuages sont roux, de la grosseur de nos escurieux, & plus, ayant la chair de mesme goust que le lapin de garenne. Il y en a des gros comme le lapin cendrez & noirs, qui ont la dent tres dangereuse.

27. Le Mays n'est autre chose que ce que nous appellons bled de Turquie, qui vient aussi bien en l'Europe qu'aux Indes Occidentales sans aucun soin, il y en a de blanc, de gris,

de gris, de iaune, de rouge, de noiraftre, de pourpré, de bigarré de diuerses couleurs. Ie n'en diray dauantage, estant cette sorte de bled fort connuë de nous. Sa description, vsages tant au manger, qu'au boire, medecines, & vertus sont declarées par le Sieur de Laet liu. 7. des Indes Occidentales, ch. 4. & la façon de le cultiuer & planter, par Iean de Lery ch. 9. de son Amerique. Les Portugais qui sont au Brasil appellent le mays, Milho, ce mot signifie aussi le mil ou milet des Indes.

28. Monsieur de Laet homme sçauant nous a souuent enuoyé des feues, & phaseoles de plusieurs especes qu'on luy auoit enuoyées du Brasil à Leyden où il demeure. I'en ay veu de longues d'vn poulce, plates, blanches de laict, d'autres de couleur de chataignes de mesme façon, & d'autres encore de couleur tannée auec des lignes noires; d'autres rouges délauées de couleur de chair; d'autres noires. De ces grandes sortes nulles n'ont produict fruicts, les vnes s'estant pourries dans terre, les autres aiant poussé tiges & fueilles, ayans esté surprises par les froidures d'Automne lors qu'elles s'apprestoient à monstrer leurs fleurs. Il en parle en la description des Indes Occidentales liu. 15. ch. 10. & 11. & y met les figures, où il parle d'vne espece de pois du Brasil, qui ne sont pas tout à faict ronds, &

de petites phaseoles sans autre nom, que de celuy duquel les Portugais les appellent, Faua braua, c'est à dire feue sauuage. Il y en a encore en nostre iardin de couleur de soupe en vin, & de chair, qui portent des fleurs de mesmes couleurs, & aussi de pourpre obscur, dont les fruicts sont presques tous noirs. Monsieur Moreau traducteur de la presente relation nous en a faict present, auec d'autres grosses comme nos ordinaires du pays, rouges marquetées de lignes noires en oualle, qui portét vne fleur de couleur de fleur de grenade. Il dit en auoir veu au Brasil de plus grosses ayans les fleurs rouges, & les feues d'vn bleu brun. Des blanches, & des iaunastres, ayans des fleurs de mesme. Et d'autres encore plus grosses, noirastres tirant sur le iaune, ayans les escosses larges de deux poulces, longues de six à sept, couuertes d'vn certain coton roussastre. D'autres marquetrées de taches & figures releuées à demie bosse, de plusieurs couleurs.

29. Vois cy-dessus sur le nombre six où ce mot est expliqué.

30. Vois le nombre 15. & Laet liu. 15. des Indes Occidentales ch. 26.

31. Le Certan est vne contrée particuliere dans le Continent, qui est derriere Pernambuque. Ce mot signifie bouche d'enfer, à ce

que m'a dit nostre traducteur. Là sont les plus beaux bois de Brasil. Plusieurs nations de Tapuies habitent cette contrée, amies des Portugais, sçauoir les Guyauas, Taicuiuios, Coriuios, & Pigruuos. Iean de Laet liu. 15. ch. 3.

32. Le Suasu, est vne racine qui vient dans les bois naturellement : pour la meliorer on la transplante, & cultiue-on dans les rosses & iardins, & alors elle est appellée Mandioque. Nous en parlerons plus amplement cy-apres au nombre 34.

33. Le mil icy n'est autre chose que le Mays duquel nous auons parlé cy-dessus, que les Toupinambous nomment Auati ; Iean de Lery en son Amerique ch. 9. Ce qui suit de nostre autheur est à remarquer, que les Tapuies mettoient en pouldre les os déséchez des morts, & les meslant auec de la farine de mil, ou mays, mangeoient le tout es banquets nuptiaux, esquels les parents des defunts estoient assemblés, la chair d'iceux ayant desia esté par eux deuorée incontinent apres leur mort, soit qu'ils eussent esté tuez en guerre, ou qu'ils fussent decedez de leur mort naturelle, apres auoir vuidé les corps, ils les coupoient en tronçons, lesquels estoient rostis à leur mode par des vieilles, & donnez à manger aux parens, qui en faisoient garder les os, pour le bout de l'an, ou pour quelque iour

de feste, pour les manger comme dit est, apres le repas, comme on fait parmy nous les patisseries & confitures au desert. Marcgrauius liu. 8. de son histoire naturelle des Indes ch. 12. Et iusques à ce que les os soient entierement mangez, les parens ne cessent à mener grand deuïl & à s'arracher les cheueux. Il faut remarquer que nostre traducteur vse ordinairement du mot de mil pour du mays, quoy que ce soient choses differentes, le mays estant nostre bled de Turquie, & le mil, le milet par moy descrit au voyage de François Cauche.

34. Nous auons dit cy-dessus que la racine sauuage du Suasu, transplantée s'appelloit Mandioque, elle est grosse comme la cuisse, longue de deux pieds, de la forme de la pastenade, elle produit des tuyaux droits qui montent à la hauteur de six à sept pieds, tendres, & qui ont au dedans vne moüelle blanche: de demy pied à demy pied, il y a vn nœud, trois desquels, faisant vn baston mis en terre produisent vne racine comme la precedente, en huict ou neuf mois. Ces nœuds, ou bastons sont appellez par les Brasiliens Mauiras, ainsi que dit nostre autheur : & plus les racines sont en terre, plus elles grossissent. Elles sont nuisibles, voire mesme mortelles à l'homme qui les mange cruës, agreables &

profitables à tous les animaux. Seiches, nettoyées, & pillées, on en faict de la farine, puis de la boüillie, de laquelle les sauuages font des gasteaux fort blancs & delicats. Ils l'endurcissent & seichent à la fumée sur des claies, ils en detrempent la farine auec de l'eau, la mettent en boules, & en font leur prouision pour en vser en leur necessité, la gardant aussi long-temps qu'ils veulent, puis quand ils s'en veulent seruir, ils pillent les boules, & les meslant auec de la nouuelle farine, ils en font du biscuit, duquel les sauuages se seruent quand ils vont à la guerre, & les Portugais sur mer. Ils font de cette farine vn breuuage qu'ils nomment Mingaou, & la meslant auec de la farine de ris, ils en cuisent du pain leué, semblable à celuy de froment sortant des fours de nos boullangers. Il y a vne espece de Mandioque qui se mange cruë sans peril, ils la nomment Aypi, & en font vn breuuage excellent pour rafraichir le foye. De Lery au 9. ch. de son Amerique, nomme la Mandioque Maniot, & dit qu'elle a les fueilles semblables à celles de la peone. Il adiouste, que les Toupinambous nomment la farine du Maniot molle & cuite à moitié Ouypou, celle qui est bien cuite Ouienta, & la boüillie, Mingant, que les Insulaires appellent cette racine, Yuca, dequoy Guillaume

Pison demeure d'accord auec luy liu. 4. de la faculté des simples, ch. 2. où il dit, outre ce que la farine de cette racine est nommée par ceux d'Angola, & de l'Espagnole, Casfaui. Il y a suiuant qu'il le raconte plusieurs especes de Mandioque, ou Mandihoque, la premiere Mandiibabuara. La seconde Mandiibparati, qui a les racines & les nœuds de ses tiges blancs. La troisiesme Mandiibucu. La quatriesme, Mandiibumana. La cinquiesme, Aypi. La sixiesme, Tapecima. La septiesme, Arpipoca. La huictiesme, Mandijuba. La neufuiesme, Macaxera. Dont les sept dernieres especes ont les racines, & les tiges d'vn rouge délaué. Elles ayment les montagnes & lieux secs, veulent estre transplantées en esté en temps sec, & dans des champs ouuerts au Soleil, & s'il se peut dans des penchans des petites montagnes, où les Tapuies ont accoustumé de dresser leurs rosses, que les Portugais appellent Choçus pour faire escouler les eaux du ciel, apres auoir coupé tous les arbres voisins, pour donner air aux tuyaux noüeux de la Mandioque, de laquelle on met les bastons dénuez de fueilles vn pied en terre, le demy pied qui reste auec son nœud estant laissé dehors pour en ietter de nouuelles, & ce qui est dedans pour faire racine. Ils laissent l'espace de trois pieds entre deux baſtons, ou tuyaux, ont ſoin de tirer les mauuaiſes herbes qui viennent autour. Les Portugais font des pieces de four de la farine de Mandioque auec du beurre & du ſucre. Ils en font encore vne ſorte de boüillie, dans laquelle ils meſlent du poiure du Braſil & de la fleur de Nhambi, dont ils font grand cas. Les ſauuages appellent cette boüillie Maugau de Carima.

35. Ce nom Eſpagnol monſtre que celuy qui le porte auoit eſté baptiſé & ainſi nommé par vn Portugais, encore qu'il y ayt pluſieurs Braſiliens qui en faueur des Portugais leurs amis, ou des Hollandois, ont pris les noms de leurs premiers hoſtes.

36. Ainſi ſe nomme vn chef des Tapuies dependant de Iandhuy.

37. Il y en a en ſi grande abondance, que tous les champs & les chemins en ſont pleins, les Portugais les nomment Reyez do Braſil, Roys du Braſil, parce qu'ils regnent partout, & ſe nourriſſent de tout ce qu'ils trouuent, chair, poiſſons, fruicts, graines, herbes, racines, ſerpens, crapaux, ſcorpions, n'eſepargnant que les ſeuls fruits qui ſont aigres, comme la Iunipaba: Elles font leurs magaſins ſur terre, auſſi haut eſleuez que ſont nos plongeons de foin, que nous amaſſons dans nos prez, apres la coupe: les habitans des

lieux appellent ces amas, Inhsaube. Il y en a qui ayant des aisles volent, elles sont longues d'vn doigt, la teste en figure de triangle, & le corps separé en deux par vn petit filet, qui attache les deux parties. Elles ont deux dents en bouche, fourchuës & tranchantes, les yeux petits, & sur la teste deux petites cornes fort menuës. Six pieds, quatre aisles. Tout leur corps est de couleur brune, elles entrent en terre promptement & foüissent comme les taupes. Elles broutent viste & consument tout en moins d'vn moment. On voit és mesmes lieux d'autres fourmis de mesme grandeur, desquelles le corps est separé en trois parties par deux filamens, sans aisles, son nom est Tapiiai. Il y en a aussi de couleur de chastagne semblables aux autres, sinon que tout leur corps est couuert de poil, à mesure qu'elles vieillissent elles prennent des aisles, on appelle cette sorte de fourmis, Cupia, nostre autheur Capiaira : on en mange faute de meilleure viande. Marcgrauius au liu. des insectes ch. 6.

38. Ie me persuade que cette riuiere se iette en cet endroit, ou plus bas dans la grande riuiere Ostohunogh, sur les bords de laquelle nous auons dit, apres Marcgrauius, au liu. 8. de l'histoire naturelle du Brasil ch. 4. que Iandhuy faisoit sa demeure.

38. La

39. La riuiere de sainct François s'embouche dans la mer du Nort à dix degrez, & quelques scrupules delà l'Equateur. Iean de Laet liu. 16. des Indes Occidentales, ch. 24. Marcgrauius liu. 8. ch. 2.

40. Les cartes la nomment Taperica, elle est au deuant de la Baye de tous les Saincts, entre le douziesme & le treziesme degré delà l'Equateur. Elle est descripte par ledit de Laet au liu: 15. ch. 22. & 23. où tu verras aussi la description de la Baye de tous les Saincts, & de son gouuernement.

41. Les Tapuies moins delicats que les autres Brasiliens (qui prennent leur repos dans des rets de coton, dont les bouts sont attachez à des arbres, ayans du feu proche d'eux pour dissiper les fraischeurs des nuits) se couchent à terre, ou sous des arbres, & leurs Roys dans des huttes de branchages.

42. Il entend parler de Sigismond Schop general de la Compagnie des Indes Occidétales auquel succeda l'Artichaut, lors que le Comte Maurice, qu'il traitte icy d'Excellence, nepueu de son Altesse le Conte Maurice, estoit principal, c'est à dire Lieutenant des Estats aux mesmes Indes. C'est luy qui en cette qualité en Iuillet mil six cent trente huict, prit le chasteau de Mine en la Guinée, & assiegea la ville sainct Saluador au Brasil, de laquelle

M. m.

il fust contraint de se retirer par la trahison des Portugais, & faute de soldats, il en raporta pourtant vn grand butin en canons, esclaues, sucres, & vins d'Espagne.

43. C'estoit chose tres-rare parmy les Brasiliens d'auoir des instrumens de fer & d'airin, & faut qu'ils fissent grand cas des flutes qui estoient faictes de ce dernier metal, puis qu'ils rompoient leurs trompettes pour en faire, parce que comme ie croy ils ne sçauoient pas entonner nos trompettes, estant accoustumez de se seruir à la guerre de trompettes faictes d'os humains, que les Latins appellent Tibiæ, & eux Canguaca. Comme celles qui estoient d'vne seule conque, dite Guata pi guacu, qu'ils nommoient Numby goacu, & Membiaparas celles de cannes, & les nostres d'airain, Itamembi. Marcgrauius liu. 8. de son histoire naturelle du Brasil, ch. 10. Iean de Leri ch. 14. de son Amerique, que ce n'estoient des os des cuisses que les sauuages auoient mangez qu'ils faisoient leurs trompettes pour s'en seruir à la guerre, mais de bois, en forme de hautbois long de cinq à six pieds, qu'ils appelloient Inubia, & que des os de ceux qu'ils auoient tuez & mangez, ils en faisoient des fifres & des flutes.

44. De sorte que cet exercice de courir l'arbre dura iusques au dernier iour de Iuin, au-

quel écheoit la feste de laquelle il entend parler, comme nous le verrons audit iour.

45. Pifon, & Marcgrauius qui ont donné les figures des arbres du Brafil ne parlent en aucune façon de celuy-cy.

46. Iacob Rabbi en la Relation qu'il a faicte des Tapuies, dit, qu'és iours de feftes, de nopces, & de courfes d'arbres, les ieunes hommes peignent leurs cheueux d'vne poudre rouge, & tout le refte du corps de plufieurs couleurs, dont les principales font le noir, le rouge, & le iaune. Le noir fe faict auec le fuc du fruict de Ianipaba encore verd, & le rouge d'Vracou. Ils font des lignes bien ordonnées fur leurs corps, comme nous ordonnons des paffemens & galons fur nos habits, le plus fouuent blanches.

47. On lit bien dans Marcgrauius au liu. 8. ch. 12. dans fon hiftoire naturelle du Brafil, cette façon de courir l'arbre, mais non pas qu'on le couruft comme icy en chaffant des rats. Voicy fes mots traduits en François. A vn iet de pierre de la terre, ou cabinet de Iandhuy, il y a deux troncs d'arbres, le peuple diuifé en deux troupes, chaque troupe choifit vn des plus forts de fon cofté, qui charge fur fon efpaulle vn de ces troncs, & courant le plus vifte qu'il peut, le porte tant & fi loing que ceux de fon party reconnoiffent qu'il foit

las, alors vn autre luy succede sans rien arrester, & le porte aussi le plus loing qu'il peut: enfin ils se secourent l'vn l'autre, iusques à ce qu'arriuant au but destiné il s'en dechargent. Le party de celuy qui est paruenu le plustost au but, est declaré victorieux, & les vaincus mocquez.

48. Il est tres difficile de sçauoir l'âge des Brasiliens, attendu qu'ils ne sçauent escrire. Ils appellent leur an Ceixu, du nom mesme qu'ils donnent aux Pleiades, au leuer desquelles ils commancent leur an. Or pour se souuenir de leur aage, ils mettent chacun en vn lieu secret vne chataigne d'Acajû, qu'ils nomment Açajû acaya, Acaiuti, & Itemboera, & lors qu'ils veulent sçauoir leur aage ils les content. Marcgrauius liu. 8. ch. 5.

49. Ie m'estonne comme Pison & Marcgrauius qui ont escrit des plantes du Brasil, n'ont faict aucune mention de celle-cy tant cherie & estimée non seulement des Brasiliens, mais de toute l'Europe, où elle est tresconnuë : i'en ay veu au iardin de mon pere de huict à neuf pieds de hauteur, les fueilles approchantes de la grande consolide, mais beaucoup plus grandes, la fleur iaunastre & semblable à celle de l'herbe à la Reyne. Les vns l'appellent tobac, d'autres tabac, d'autres Petun. Il n'y a rien de si commun, c'est pour-

quoy ie n'en diray rien dauantage, plufieurs ayans efcrit des liures entiers de fa forme, vertus, & façons de l'appareiller.

50. Les Brafiliens appellent cet arbre Ianipaba, les Portugais Ienipapo, il eft femblable au frefne, ayant l'efcorce grife, les branches & le tronc fragile. Les fueilles de la forme des langues de bœufs. Sa fleur reffemble à celle du narciffe blanc, du flair de l'œillet; Elle paroift en Mars, fon fruict tient de l'orange, finon que l'efcorce en eft tendre & de couleur grife. Ce qui en fort eft refrigerant & aigret, bon à bbire. Le fruict encore verd faict vne couleur d'vn bleu obfcur de mefme que le bois, & les branches de l'arbre, la figure duquel enfemble du fruict eft repréfentée par Marcgrauius liu. 3. ch. 1. Iean de Laet adioufte, qu'on appelle cet arbre dans la nouuelle Efpagne, Xahuali. Que les Americains fe lauent les iambes du fuc du fruict meur, pour fe délaffer: mais que de quinze iours la chair ne reprend fa premiere couleur, le tout demeurant noir, iufques à ce que ledit temps foit paffé. Que les hommes qui fe veulent mocquer des femmes, qui veulent paroiftre belles, leur font prefent d'vne bouteille de ce fuc pour fe farder, ce qu'ayant faict, leur teint paroift more, & ne quitte point cette couleur de quinze iours. Si tu en

veux dauantage, vois Guillaume Piſon liu. 4. des facultez des ſimples du Braſil ch. 14. 51. Iean de Laet en ſa deſcription des Indes Occidentales liu. 15. ch. 3. faiſant le denombrement de toutes les nations des Tapuies iuſques à 76. dont il dit les noms, obmet celles-cy nommées excepté Iacuruju, laquelle encore il appelle Iacaruuy, & n'en dit autre choſe. Pour moy ie croy auec ceux qui ont eſcrit du peuple du Braſil, ce que i'ay deſia dit, que de meſme que les bourgades, chaſteaux, maiſons, chemins, roſſes & parcs que les Portugais & Hollandois ont en ce pays, portent les noms de ceux qui les ont baſties qui y commandent, qui y demeurent, où auſquels elles appartiennent; ainſi que les Aldées, & peuples des Braſiliens & Tapuies prennent les noms de ceux qui effectiuement leur commandent, changent de noms autant de fois qu'ils changent de chefs, leſquels ne durent pas long-temps eſtant touſiours choiſis les plus vieux de l'Aldée, ou de la nation, s'il y échet d'en nommer vn general ſur tous, & ce changement eſt cauſe que nous ne ſçaurions auoir vne deſcription particuliere de ces lieux, dont les noms ſont ſi ſouuent changez, faiſant les chefs au contraire de nos François, qui prennent les noms des Seigneuries qui ſont en leurs maiſons, quittant ceux de leurs peres, au lieu que les chefs Brasiliens & Tapuies donnent leurs noms és Aldées & natiós, esquelles elles commandent. Mais retournant à nostre propos, lors que Iandhuy dit à nostre autheur Baro, qu'il auoit esté attendu par la ieunesse de Vvaiupu, Iacuruju, Vvariju, & Preciana, il faut entendre que c'estoit par les troupes de ces capitaines, qui auoient tiré de leurs Aldées ou nations les gens de guerre pour venir au deuant de Baro. Par effect, nostre autheur au premier de Iuin parle de Vvariju chef d'vne Aldée des Tapuies sous Iandhuy, lequel auoit pris nom, ou donné le sien à la riuiere, au riuage de laquelle il demeuroit auec ses gens. Comme il est dit en cette relation sur le deuxiesme iour de Iuin.

52. Marcgrauius qui nous rapporte exactement la figure & les noms des poissons tant de mer que des riuieres, & lacs du Brasil, n'en a aucun qui approche de ce nom, que Piabucu, long de quatre à cinq poulces, qui se prend en toutes les riuiere du Brasil. La description & figure de ce poisson commun en ce pays-là, est au liu. 14. ch. 15.

53. Les Sauuages les appellent d'vn autre nom moins familier Ini, les Portugais, Rede. Marcgrauius liu. 8. ch. 7.

54. Le suc de la Mandioque exprimé & mis

à part en vn vase, dans deux heures apres, faict vne forme de lie tres-blanche, laquelle est appellée des Brasiliens Tapioja, Tipiaca, Tipioca, & Tipiabica. Estant sechée elle se met en farine, aussi tres-blanche, ditte Tipiocui, de laquelle on faict des pieces de four, tartes & gatteaux excellens, qui sont appellez Tipiacica. Ils en font de la boüillie bonne à manger, & qui sert aussi de colle. Marcgrau. liu. 2. ch. 6. Nous auons desia dit que le Suasu & la Mandioca, Mandijba, & Maniiba estoient vne mesme plante, sinon que le nom de Suasu est particulier à la sauuage.

55. Il a desia parlé de ce Diego en sa relation du dix-neufuiesme May.

56. Il portoit peut-estre le nom du pays d'où il estoit venu, les Carajas habitans la terre ferme au dessus de la Capitanie de sainct Vincent. Suiuant l'opinion de Monsieur de Laet liu. 15. des Indes Occidentales ch. 3. De mesme que Tamaris a pû prendre son nom de la Capitanie de Tamarica, d'où il estoit natif.

57. Ie n'ay veu aucun nom qui approchast de celuy-cy soit arbres, arbustes, ou herbes, dans Marcgrauius que le Copiiba, qui a des fueilles longues d'vn demy pied, & des baques, ressemblant au laurier. Suiuant qu'il est rapporté par ledit autheur liu. 3. ch. 14.

58. Nous auons parlé cy-dessus au nombre 14. des

14. des diuerses especes des porcs du Brasil, mais il ne s'en rencontre point de ce nom. Il faut que ce soit vne de celles que les Toupinambous appellent suiuant de Lery ch. 10. Tapiroussou, Seouassou, Tajassou.

59. Monsieur de Laet liu. 16. des Indes Occidentales ch. 6. auquel il descrit la coste du Brasil depuis Rio Grandé iusques à Siara, suiuant Figueredo, me faict croire qu'il faut lire icy, aux Salines & Vpanema, & non pas à Salmes & Vpamene. La riuiere proche de Guamare, dans la Capitanie de Siara, estant appellée des Portugais Rio de Salinas, & par les sauuages Caru-Aretuma. Dans les Cartes dudit Laet, Salinas, & Caruarama, esquelles vn peu plus haut, tirant à Siara, est remarquée la riuiere Vpanema. Il adiouste qu'on peut tirer beaucoup de sel de ladite riuiere Cauarama, qu'il nomme aussi Carvvaretame, fors és mois de pluyes qui sont May & Iuin, cause pour laquelle elle a esté nommée des Portugais, de Salinas. Sur les bords de ces deux riuieres dans le gouuernement de Siara, fut assassiné Iacob Rabbi auec ses gens, & les Tapuies subiets de Iandhuy.

60. Ce Camaron estoit vn Capitaine des Portugais, qui vint de la Baye de tous les Saincts à Siara, auec ce qu'il pût amasser de gens en mil six cent quarante-cinq pour se-

courir les siens qui s'estoient retirez en terre ferme, crainte des Hollandois. Nous auons parlé cy-dessus du gouuernement de Parayba, qui est entre celuy de Rio Grandé & Tamarica. La Verge est vn plain pays au dessus du Recif dans le continent, demeure des Tapuies sous Vvajapeba. Le Sieur de Laet au liu. 16. des Indes Occidentales ch. 2. dit que cette contrée de Parayba fut premierement decouuerte par les François, qui en furent chassez par les Portugais l'an mil cinq cent quatre-vingt-quatre, que le lieu où ils abordèrent s'appelle encore port François, & le cap voisin cap Blanc, sur hauteur de six degrez, & quarante-cinq scrupules au Sud de la ligne. D'où il y a deux lieuës iusques à la riuiere de Parayba, sur l'embouchure de laquelle les François auoient basty vn chasteau, qui est celuy duquel il est icy parlé, qui fut depuis augmenté, & fortifié par les Portugais, sur tout depuis que les Hollandois ont pris la ville d'Olinde. Le Sieur Moreau traducteur de la presente relation m'a dit, qu'on appelloit auiourd'huy ce chasteau de Parayba, Saincte Marguerite, esloigné du Recif par mer de trente lieuës. Laet adiouste, que proche ce chasteau les Portugais ont vne ville assez bien fortifiée, appellée Philippe. Qu'il y a en ces lieux plusieurs moulins à sucre.

Qu'au dessus de ces chasteaux & ville, habitent les Tapuies appellez Tiguares, lesquels à ce que ie peux iuger, estoient lors de cette relation du party des Hollandois, puis qu'il est dit, que Iacob Rabbi chef Hollandois, auoit laissé les chiens de Baro dans ledit chasteau, duquel aussi il falloit que lesdits Hollandois fussent maistres en l'an mil six cent quarante-sept.

61. Il faut lire Cobre de Veado, par les sauuages Boiguacu, & Iiboya; ce serpent est de la grosseur d'vn homme, long de vingt-trois à vingt-quatre pieds, il est de plusieurs couleurs mélées ensemble, & réleuées en façon d'vn drap d'or; le Sieur Martene commissaire des guerre en cette ville, en a vne peau entiere, sa chair est bonne à manger. Il deuore les hommes & les animaux, gardant le chemin tantost caché dans les buissons, d'où il s'eleue sur la queuë, & se iettant sur les passans s'enrouë autour du corps, les terrasse, & les succe plutost qu'il ne les deuore; d'autresfois il se darde du haut des branches des plus forts arbres sur tout ce qui passe, estoufant les hommes & les animaux en les pressant, apres les auoir enuelopez. La morsure de cet animal se guarit facilement, les anatomistes disent qu'il a les costes & les vertebres solides. Sa description & figure est

Nn ij

dans Guillaume Pison au 3. liu. de la medecine du Brasil.

62. Marcgrauius au liu. 8. de l'histoire naturelle du Brasil ch. 8. parle de cette façon de rostir les gros animaux par les Brasiliens & Tapuies, adioustant seulement cecy, qu'apres que la fosse auoit esté échaufée, ils mettoient de grandes fueilles d'arbres au fond d'icelles, sur lesquelles ils iettoient les morceaux de la viande qu'ils vouloient faire cuire, puis les couuroient de fueilles, sur lesquelles ils iettoient de la terre, finalement faisoient vn grand feu par dessus, qu'ils entretenoient iusques au temps qu'ils croyoient que la chair estoit cuitte, & alors ils la tiroient de la fosse, & la mangeoient goulument. Le mesme autheur au ch. 12. du mesme liure dit, qu'aussi-tost que la ieunesse a chassé, que toute leur proye est mise és mains des femmes, apres que du dedans des bestes elle a fait curée aux chiens, & que ces femmes rostissent le tout à la façon que nous venons de dire.

63. Iean de Lery en son Amerique ch. 9. remarque que de mesme que les peuples du Brasil ne mangent aucunement pendant leurs beuueries, aussi ne boiuent ils point pendant qu'ils mangent, ce que font encore auiourd'huy les Turcs.

64. Le mesme de Lery audit ch. dit que ces Americains font bouïllir par leurs femmes le mil, ou mays, dans de grands pots de terre pleins d'eau, qu'elles tirent d'iceux estant à moitié cuit, le maschent sans en rien aualler, puis le reiettent dans d'autres vaisseaux de terre, qui sont tous prests sur le feu pour le faire encore bouïllir, le remuant sur le feu, iusques à ce qu'elles connoissent qu'il est assez cuit, alors elles le versent dans d'autres vaisseaux, & le donnent à boire ainsi fraischement fait. Ce breuuage s'appelle des Toupinambous Caou-in, le boire, Caou-iner. Il y en a de rouge & de blanc, suiuant la couleur du mil qu'ils mettent en œuure, le goust est comme d'vn laict aigre. Marcgrauius liu. 8. c. 7. dit, que les Brasiliens appellent ce breuuage Abatij, & les Portugais, Vino de Milho, vin de mil.

65. Les sauuages n'ont point de villes fermées, habitans ou separement dans les bois, ou ensemble dans des villages qu'ils appellent Aldées, qui prennent leurs noms, ou du chef qui y commande, comme nous auons remarqué cy-dessus ; ou de la riuiere voisine, qui est le plus asseuré, tant parce que leurs Aldées sont tousiours basties proche les riuieres, que parce que les riuieres ne changent iamais de nom. Leurs maisons sont aucunes

fois longues de quatre-vingt pas & plus, les portes ne se ferment que de branches de palmiers, ou de grandes fueilles d'vne herbe qu'ils appellent, Pindo. Leurs toicts sont soustenus de troncs d'arbres couuerts desdites fueilles; s'ils craignent vne surprise, ils font vne espece de barricade au tour de leur Aldée, y plantant des paux de palmiers de cinq à six pieds de haut, auec des trauersins par dessus, si ce n'est que les paux se touchent. De Lery ch. 14. Il y a plusieurs sortes de palmes ou palmites. Vne dite Ycolt, par nous palmes de montagne, descrite par Charles de l'Ecluse au 2. liu. de ses Exotiques, ch. 3. La 2. Ouacourij qui est la vraye palme des Indiens portant les fueilles dites Pindo, desquelles les sauuages couurent leurs loges, ce qui fait voir que de Lery s'est trompé escriuant que ces fueilles estoient d'vne herbe & non pas d'vn palmier, qui porte vne noix en forme & grosseur d'vn œuf d'oye, ayant la coque ligneuse, contenant quatre ou cinq noyaux longs d'vn bon goust, desquels on tire de l'huille. La moüelle qui est dans le tronc de cette espece grosse comme la iambe d'vn homme, se mange crüe & cuitte. Ceux du pays l'appellent Ouacouri-rouan: La 3. espece Meuryti-uue, a son fruit aussi gros que le precedent, la coque marquettée de petites taches noire, il n'y a qu'vn noyau dedans bon à manger. La 4. Ynaia, portant ses fruits par grappes de la grosseur des oliues, ces fruits pendent trois à quatre cens d'vne mesme grappe, de sorte qu'à peine vn homme en peut porter vne. La 5. Carana-vue, porte ses fueilles larges comme des soufloirs, desquelles les femmes se seruent à mesme vsage, elle porte vn fruit semblable à la prune de damas. L'Ayri, est semblable à la palmite quant aux fueilles, mais le tronc est armé tout autour de pointes aigües, le fruit n'est pas bon à manger. Iean de Laet liu. 15. des Indes Occidentales ch. 9. liu. 16. ch. 11. Guillaume Pison au liu. des facultez des simples ch. 10. nomme la palme qui apporte la fueille Pindo, Pindoua, duquel arbre il y a des forests entieres dans le Brasil. Il y a encore d'autres palmites comme Caranaiba, & Anache Cariri, les rameaux de laquelle sont és bouts comme des queuës de Paons espanies, portant des dactiles. La peau du tronc est grise & escaillée. Les Portugais appellent cet arbre Tamar. Il y a vne autre sorte de Pindoua, duquel la moüelle qui est au tronc estant bruslée sert à la lisciue ; elle a les rameaux tres-beaux & bien ordonnez, desquels les Portugais ornent les autels & les parois des Eglises, les sauuages en couurent leurs maisons, ses fruicts sont bons à manger, & à faire de l'huille. Marcgrauius nomme cette sorte de palme Pindoba, à laquelle il en adiouste vne autre, le tout auec leurs figures appellées Iocara, & Iucoara, outre lesquelles sont l'Yri, & Gerau rapportées par Lery ch. 13. Ils couurent & bastissent leurs maisons de ces palmiers, ou palmites, icelles maisons ainsi que nous venons de dire, longues de deux à trois cent pieds, distinguées plustost que separées de quelques fueillages, par fois en vne seule maison il y aura 50. familles, chacune auec son ret de coton & son feu particulier. Le plus vieil de chaque famille ordonne dés les matin depuis son lict, ce que le reste doit faire la iournée.

66. Cette pierre estant rompuë brilloit en diuerses couleurs, de sorte que l'Autheur la tenoit pour mine d'or, & à ce subiect en faisoit grand cas. Depuis comme elle fut mise au creuset, elle se reduisit en poudre sans produire aucun metal.

67. Cette façon de faire est plus amplement descrite plus bas dans la relation du 11. Iuillet. Iacob Rabbi la raconte plus simplement & diuersement, disant que le peuple estant amassé en vn lieu pour sauter & danser, les enfans y viennent bien parez, les sorciers & deuins estans en deux rangs deçà & delà, les

enfans

enfans, ou ieunes garçons de douze à treze ans, estant au milieu, qu'vn de ces sorciers s'estant saisi d'vn d'eux, luy lie les bras & iambes si serré, qu'il ne se puisse pas remuer, vn autre suruenant ayant vn cousteau de bois dur & aigu en main, luy perce la leure dessous & les oreilles, la mere de l'enfant criant & se plaignant excessiuement, & cela est leur baptesme. Les mesmes percent les ioües aux ieunes hommes lors qu'on les veut marier, & cela est leur fiançailles & espousailles, n'estant leurs coustumes de percer leurs ioües auant ce temps. Ce fait ils dansent, boiuent, & mangent trois ou quatre iours durant, receuant chacun sa part & portion de la main du Roy qui danse, boit, & mange, auec les mariez & leurs parens. Ils enchassent dans ces trous du bois, ou des cailloux de diuerses couleurs, ou des os de singe, qu'ils appellent Nambipaya. Les plus lestes y mettent du cristal, du iaspe, ou des esmeraudes de la grosseur d'vne auellane: ils nomment la pierre de iaspe ainsi enchassée Metara, si c'est vne pierre bleuë ou verte, qui sont celles desquelles ils font le plus d'estat, Metarobi. Ils ont encore de certaines pierres qu'ils lardent dans leurs ioües, Tembe Coareta. Ils se percent par fois le nez par galanterie, & y fourent du bois Apiyati. Marcgr. liu.8.ch.6.

68. Nous parlerons plus à propos plus bas de ces apparitions.

69. C'eſt vne ſorte de boüillie faite auec graiſſe, miel ſauuage, & des cheueux des décedez hachez menu. Ainſi me le diſoit le traducteur, mais il ſe trompoit par ſa traduction meſme, qui diſtingue les os pillez, les cheueux coupez menu, meſlez dans du miel ſauuage, auec le Tapioha. Or comme il s'eſt trompé en ſon explication, auſſi a-il faict au mot; car au lieu de Tapioha, comme i'ay deſia dit cy-deſſus, il faut dire, Tapioja, ou Tipiaca, qui eſt le ſuc exprimé de la racine de Mandioque qui eſt comme du caillé, ou ionchée de laict, duquel on faict des tartes, & gatteaux au Braſil. Les femmes mangerent ce Tapioja ſeparement, pour leur faire comme on dit bonne bouche, apres auoir mangé des os, & du poil auec vn peu de miel. De ce Tapioja, ou Tipiaca, & de tout ce à quoy il ſert en cuiſine, a parlé Marcgrauius en ſon hiſtoire naturelle du Braſil liu. 2. ch. 6.

70. Il y a ſi peu de temps qu'on frequente les Tapuies, qu'on n'a pas encore diſtingué dans les cartes du Braſil les lieux qu'ils habitent, & n'y a que huict ans que le curieux, & laborieux Monſieur de Laet dans ſa deſcription du Braſil, n'en parloit qu'à taſtons: Marcgrauius qui a eſcrit en mil ſix cent qua-

rante huict, quoy qu'il en die dauantage, ne nous rend guere plus sçauants, ie m'attache pourtant à luy pluftoft qu'aux autres autheurs, parce qu'il a eu communication des relations de ceux qui dernierement ont efté chez les Tapuies, notamment de celle de Iacob Rabbi, & d'Elie Herckman. Or il me femble qu'encore qu'il ne conuienne pas en noms auec Baro, qu'il conuient en fituation des lieux, & qu'il approche des noms que Baro nous donne dans cette relation. Baro dit, que des Salines & de la riuiere Vpaneme, à laquelle il arriua le trefiefme du mois de Iuin, le quatorfiefme d'iceluy il logea auec Iandhuy fur les bords de Pottegie, où il feiourna iufques au dix-neufuiefme & que du 19. iufques au vingt-cinquiefme auquel iour il aborda la riuiere de Vvuvvug, il campa en vn lieu fans nom, où il demeura pour les fubiects y declarez, ainfi il y a d'Vpaneme iufques à Vvuvvug trois iournées. Il adioufte fur le vingt-fixiefme, & vingt-feptiefme dudit mois, qu'on fit la recolte du mil, ou Mays, qui eftoit és roffes de Iandhuy. Voyons comme Marcgrauius s'accorde auec luy, hors les noms en fon liu. 8. ch. 4. où il dit auec Laet au 6. ch. liu. 16. des Indes Occidentales, que de la riuiere Vpaneme, iufques à Yporinge, s'eft Pottegie de noftre autheur,

& d'Ypotinge iusques à Vvarerugh, s'est nostre Vvuvvug, il y a trente deux mille, qui reuiennent aux trois iournées que nostre autheur a mis à faire ce chemin, lequel decouurant que la demeure principale de Iandhuy auec ses rosses estoient en ce lieu, monstre que ces deux noms n'estoient que d'vne riuiere, laquelle Marcgrauius dit encore auoir eu le nom de Ostchunogh, duquel la source est dans le continent à cent mille de la mer du costé du Sud, vers laquelle habite Iandhuy & ses gens, occupans vn long espace de terre entre la source de ladite riuiere, & celles d'Otschuayayuch, & Drerinagh, desquelles il n'est faict aucune mention par nostre autheur. Nostre traducteur m'a dit, que la riuiere de Vvuvvug estoit esloignée de la montagne Matiapoa de quatre lieuës, & qu'il y auoit des crocodiles en cette riuiere qui portoient neuf à dix pieds de long.

71. Les Brasiliens ont des melons, citroüilles, concombres, & courges. Curuba qui est vne courge ayant les fueilles de concombre, & rempant de mesme, s'attachant par des petits ligamens tortus à tout ce qu'elle rencontre, entre lesquels & les fueilles viennent des petits calices ronds & espois d'vn iaune verd, ayant cinq fueilles du milieu desquelles sortent de grandes fleurs vnies par

le dehors, moussuës par le dedans d'vn iaune délaué, separé par des lignes verdatres. Le fruict est long de quinze doigts, espois d'onze, l'escorse d'vn pourpre rougissant, marquettée comme celle des melons ; la chair d'vn iaune blanc, d'vn flair & goust semblable à nos poires sauuages. Il y a en ce pays des melons d'eau appellez Iaée par les habitans, Balancia des Portugais, & des Flamens *Ovva-etre meloen.* I'en ay veu des fleuris au iardin de mon pere, qui n'ont raporté aucun fruict, mais bien estant semez à la campagne sur de bonnes couches bien cultiuez, & exposez au Soleil; leurs tiges sont semblables aux tiges des autres melons, mais leurs fueilles sont en toufe decoupées iusques au bas, plus longues que larges, & tousiours droites. La fleur est petite & iaune, ayant 5. fueilles, & vn petit vmbilique au milieu de mesme couleur que la fleur, le fruict est rond, gros comme la teste d'vn homme, ayant la peau verte, la chair rouge au milieu, blanche au dessus, elle est iusculente, & de bon goust, elle rafraichit, & iette telle quantité d'eau, qu'on en peut boire en exprimant la chair. Sa semence tient de la figure de celle de courge, le fruict est meur en ce pays en Nouembre & Decembre, encore qu'au Brasil ce fruict se voye toute l'année. Cette plante ayme vn sol sterile labouré, & fumé. Il y a de ces melons qui ont la chair verte, beaucoup plus sauoureuse que l'autre. Marcgrauius au liu. premier de l'histoire des plantes du Brasil ch. 11. lequel au ch. 21. du mesme liure nous donne la figure d'vne autre espece de melon rond ayant la peau de couleur de cinabre, marquetée de blanc faisant mille figures sur les costes comme font les nostres, la chair est de couleur de safran, & les grains blancs qui sont semblables aux nostres de mesme que la fleur. Les sauuages appellent ce melon Iurumu, les Portugais Bobora. De Laet en ses Indes Occidentales, a donne vn autre nom aux melons d'eau, que les precedens, sçauoir Vuaeem, c'est au liu. 16. ch. 12. Ils ont aussi des courges en forme de bouteilles, & des concombres sauuages, qui portent des fruicts de la grosseur d'vn œuf de poule, la semence est rangée de trauers semblable à celle de nos concombres, longuette & blanche qui est la couleur du fruict. De Lery au ch. 13 de son Amerique dit, que les Toupinambous peuples du Brasil ont des citroüilles, qu'ils appellent Maurongan, rondes & meilleures à manger que les nostres. Ils ont outre celles-cy dessus nommées des courges, ou calebasses si grandes & profondes qu'elles leur seruent comme de magasin, pour y cacher tout leur menage, y mettre leurs boiſſons, mays, racines, plumes, & attifets. Marcgrauius au 8. liure de ſon hiſtoire du Braſil ch. 12. dit, qu'il a leu dans la relation de Iacob Rabbi que dans l'ombrage, ou caſe de Iandhuy, il y auoit vne de ces courges ſur vne natte, couuerte d'vne autre natte, dans laquelle il n'eſt pas permis de regarder ny meſme de s'en approcher, ſi ce n'eſt que prenant du tobac, on en peut ſoufler de la fumée dedans, comme par droict de reconnoiſſance ; Ceux qui vont à la chaſſe à la peſche, & au miel, mettent tout ce qu'ils en ont proche ladite courge, iuſques à ce que Iandhuy leur permette de l'emporter. Dans cette courge, il n'y a autre choſe que des pierres, dittes Kehnturah, & des fruicts Titzsheinos, deſquels ils font plus d'eſtat que de l'or. C'eſt dans ces calebaſſes qu'ils portent, ou croyent porter le diable, lors qu'ils font leur grande feſte, comme noſtre autheur le decrira plus bas. Le traducteur duquel m'a faict preſent de la graine deſdites calebaſſes, qui ne different en rien de la ſemence des noſtres longues des tiges, & fleurs, mais ie n'en ay point veu le fruict.

72. Le iour de leur recolte qui fut en cette année mil ſix cent trente-huict le vingt-ſeptieſme Iuin, eſtoit trois iours auant leur gran-

de feste, pour laquelle Iandhuy auoit dit cy-deuant à Baro, qu'il cesseroit de faire courir l'arbre, & non auparauant. Cette resiouyssance ne consistoit qu'en danses, yurognerie, & prises de petun, laquelle estoit suiuie du baptesme des enfans, par l'ouuerture de la leure du dessus, & percement d'oreilles; & encore par les fiançailles, & mariages des ieunes hommes, ausquels on perçoit les ioües, le diable & les sorciers presens.

73. Les Brasiliens n'adorent que le diable, non qu'ils en attendent du bien, mais parce qu'ils le craignent, subiect pour lequel ils luy sacrifient, & l'inuoquent comme il sera dit plus bas. Aussi pour prestres & medecins, guerissans les malades d'esprit & de corps, ils n'ont que des sorciers & magiciens, ou gens qui se disent tels, ils les nomment Pages, & Caraibes, lesquels implorent l'assistance du diable, pour sçauoir de luy l'euenement des choses futures, soit de la guerre, soit des maladies.

74. Ce nom de Houcha signifiant le diable, ne se trouue dans les dictionnaires de la langue du Brasil, rapportez par le sieur de Laet au liu. 17. des Indes Occidentales ch. 12. & liu. 15. ch. 2. ny par Marcgrauius au liu. 8. ch. 9. ny au liu. 15. ch. 11. où ils traittent de la religion des Brasiliens, quoy qu'ésdits lieux on y lise des noms differens des diables comme de Curupira,

Curupira, qu'ils croient le diable des montagnes; Machacera celuy des chemins; Inrupari, Anhanga, & Taguai: Il se peut faire que celuy de Houcha, soit le diable des bois, attendu qu'il ne paroissoit ny ne rendoit responce que dans les bois. Marcgrauius au lieu d'Inrupari, & Taguai met, Iurupari, & Tuguaiba, ausquels il ioint Temoti, & Taubimama. De Lery ch. 16. dit que les Tououpinambouts ou Tououpinambaouts appellent le diable Aygnan, & Kaegerre.

75. Marcgrauius au liu. sus allegue, ch. 7. dit, que les Brasiliens ayant faict secher la fueille du petun, tabac, ou tobac au feu, & mis les fueilles en poudre auec les doigts, lesquelles fueilles ils nomment Petimaoba, & l'herbe Petima: ce faict, ils se seruent du fruict de Pindoba, Vrucuruiba, & Iocara, en coupent l'extremité, le vuident, puis font vn trou à costé, dans lequel ils fourrent vn petit canal de bois troüé, ils appellent cet instrumens Petimbuaba, nous le nommons pipe. Ils en font comme nous d'argille cuitte au feu, à la façon de nos pipes, desquelles mesme on leur en porte grande quantité, les Brasiliens les nomment Amrupetimbuaba, mais les Tapuies les trouuant trop petites, en font qui ont le chalumeau gros comme le poulce, tant de bois que d'argille, & le

lieu caue au bout, où ils mettent le petun, gros comme le poing, ils tirent la fumée comme nous, & la reiettent par tous les trous qu'ils ont és ioües & au menton, ce qui est horrible à voir. Nous auons dit qu'ils mettoient au bout de leurs chalumeaux des noix de Pindoba, Vrucuruiba, & Iocara. Nous auons desia descrit parlant cy-dessus des palmites le Pindoba, & dit que c'estoit vne espece de palmier, ayant comme le Cocos fruicts au dessus du tronc, qui viennent comme des raisins, chaque raisin estant souuente fois de cent noix, chacune de la grosseur d'vn œuf, ayant la mesme figure. Vrucuruiba, par Marcgrauius liu. 3. ch. 9. Vrucuruiba est semblable à la precedente, comme aussi le fruict, mais plus petit n'estant que de la grosseur d'vne prune. Iocara est aussi vne espece de palmier semblable au dernier ayant ses noix comme celles du Cocos, sinon qu'elles ne sont pas plus grosses que nos noix ordinaires. Mais il falloit au diable vn chalumeau long d'vne demi pique, & au bout vne noix de Cocos appellée des Tapuies Inajaguacu, & l'arbre Inajaguacuiba, des Portugais Cocoeiro. Cet arbre a le tronc droict, gros de six à sept pieds de tour, haut de cinquante, le dessus du tronc est esgal en grosseur au dessus, c'est merueille que cet arbre puisse resister aux vents, n'ayant que de petites racines, qui n'enfoncent point en terre. Son escorce est grise, marquée de petis cercles. Il n'a point de rameaux, mais seulement vn floquet de quinze ou vingt grandes fueilles de trois pieds de long, larges de deux poulces, de la façon de celles de nostre gladiole d'vn verd guay., reluisant, trauersé de long de petites lignes delicates d'vn verd plus delaué. Du dessous de ces fueilles sort vne espece de gousse, comme de pois, ou feues longue de deux pieds, laquelle venant à se fendre iette plusieurs branches longues de demi pied ou d'vn pied, chargées de petits corps triangulaires, d'où sortent premierement des fleurs & puis apres des noix : les fleurs sont iaunes, & les noix de couleur rousseastre, de la grosseur de la teste d'vn homme, qui ne quittent iamais le dessus du tronc qu'il n'en croisse d'autres en leur place. Leurs coques sont couuertes de filamens, ou nerfs fort serrez, si on ouure vne de ces noix auant qu'elle soit meure, on en tire plus d'vne chopine de suc excellent à boire. Si on l'ouure meure, on y trouue ce suc coagulé qui passe le goust de l'amende. De l'vsage de cet arbre & fruicts notamment aux Indes Orientales, comme encore de ses vertus, & proprietez, plusieurs en ont escrit. François Pyrard en a faict vn traitté expres, qu'il a inseré aux voyages des François és Indes. Pison au liu. de la faculté des simples du Brasil ch. 10. Marcgrauius en son histoire des choses naturelles du mesme Brasil liu. 3. ch. 14. François Ximenes parlant des plantes qui croissent en Mexique. Or les Indiens font de ces noix de tres-belles gondoles, & les Tapuies des pipes qu'ils remplissent de tobac, tant pour leurs sorciers, ou medecins que pour le diable, ne faisant aucune ceremonie sans cette fumée, qui leur sert de parfum, de propitiatoire, d'encensement, de purification, & generalement de remede en toutes leurs maladies. Le diable consulté sur quelque occasion que ce soit, prend la pipe & en souffle la fumée sur les sauuages, le sacrificateur ou sorcier en faict autant. S'il faut aller à la guerre ces sacrificateurs marchent deuant sautans & gambadans, tantost s'aduençant, tantost reculant, & de temps à autre soufflant la fumée de petun sur les sauuages, croyant que cette fumée leur donnoit de la force, & de la vigueur contre leurs ennemis. Iean de Lery en son Amerique ch. 18. S'il y a des malades les mesmes enchanteurs, ayans frotté leurs corps auec la main, les parfument de la fumée du mesme Petun. Iacob Rabbi en sa relation des Tapuies, où il raconte l'histoire suiuante. Le Roytelet Drarugh ayant de grandes douleurs aux costez & aux cuisses, sans pouuoir estre soulagé par ses medecins, enuoya prier vn seigneur son voisin de luy enuoyer les siens. Il luy en enuoya trois, le premier desquels ayant pris vne pipe de petun, en parfuma tout le corps, puis serra auec les dents les ioües du malade de telle sorte en suçant, que ie crois qu'il les eust deuorées, puis mugissant comme vn bœuf, il ietta dans sa main du crachat dans lequel il y auoit vne forme d'vne petite anguille, & disoit que c'estoit la cause de la maladie du Roy. Le second medecin ayant faict les ceremonies de l'autre, hors qu'il s'estoit attaché au ventre qu'il mordoit & suçoit, poussa de son gozier vne pierre blanche, approchant de la figure d'vne rose. Le troisiesme ayant faict la mesme chose aux costez, vomit ie ne sçay quoy semblable à des racines. Les baptesmes, c'est à dire les ceremonies auec lesquelles on donne les noms aux enfans, celles des fiançailles & mariages, la recolte de la semence, des lustrations des rosses, & autres ne se font qu'auec la fumée du tabac. Iacob Rabbi en sa relation du voyage qu'il a faict aux Tapuies.

76. Cette feste se faisoit apres le mil leué &

replanté, comme il se voit icy le premier Iuillet. Auquel iour on perçoit les oreilles, les ioües, & les levres des enfans, & de ceux qui se vouloient marier.

77. Ie ne peux comprendre ce qui est icy escrit & ce qui suit, que ces filles & les autres qui se deuoient marier, ensemble leurs fiancez fussent habillez de fueilles, baste pour en estre couronnez, cela n'est pas nouueau, puisque les plus polies nations de la terre, comme les Grecs, & les Romains, se couronnoient de fueilles & de fruicts és iours de reiouyssance, & de festins. Mais comment se pouuoit-il faire, qu'estans couuerts de fueilles saultant & gambadant leurs habits n'allassent en pieces, cela ne se lit qu'en cet autheur. Et puis comment se couronner de fleurs de pois & feues, puis qu'on faisoit la recolte des feues & des pois en ce temps-là: certes il y a apparence que tous s'habillerent, & couronnerent de plumes de differentes couleurs, comme nous le dirons cy-apres.

78. Personne ne m'a pû encore dire qu'elle estoit cette semence de Corpamba, & n'en ay rien leu dans les autheurs qui ont escrit du Brasil.

79. Papay, ou Mamaoeira, des Portugais Mamao, haut de vingt pieds, deux de tour, ayant l'escorce cendrée, les fueilles rondes & cize-

lées, larges d'vn pied, ses fleurs sont petites, & renuersées de couleur de cire, les fruicts en forme de mammelles de femme, de la grosseur de nos coins, d'vn iaune verd, ayant la chair iaune, approchant au goust des melons. Marcgrauius liu. 3. ch. 6. Ie ne trouue point dans les herbiers du Brasil de Iampapée, si ce n'est Iampaba, qui approche de ce nom, duquel parle Pison au liu. des facultez des simples du Brasil ch. 15. dont les fueilles sont longues d'vne coudée ; qui porte vne fleur semblable au narcisse ayant l'odeur de l'œillet, le fruict comme l'orange, de tres-bon goust. Pour ce qui est du Bacoue, nostre traducteur fait comme les Espagnols qui changent en prononçant le B. en V. C'est le Bacoba, descrit par Matthiole, Clusius & Dodonæus, Auicenne l'appelle Musas, qui a les fueilles longues de six pieds, deux de large, galonnées d'vn petit nerf tout autour, vne longue branche noüeuse sort du milieu du tronc de l'arbre, iettant vn fruict rouge en forme d'œuf, diuisé & emmoncelé comme la pomme de pin, sinon qu'il consiste en quarante petits morceaux, qui ne sont point durs ny couuerts de coques, mais semblables aux figues. Pison au liure allegué ch. 28.

80. Les autres disent des plumes, car à quel vsage des fueilles attachées auec des gommes

sur le corps, auec beaucoup d'artifice, d'ajancement & de temps perdu, si au premier rencontre elles se pouuoient rompre; au lieu que les plumes resistoient à toutes leurs gambades & saults. Les hommes, dit Marcgrauius liu. 8. ch. 6. & 12. se couronnent auec des plumes de Guara, & Caninde, ou Carinde, laissant pendre sur le dos des plus grandes plumes des queuës d'Arara qu'ils entortillent auec leurs cheueux pour empescher qu'elles ne tombent en se remuant. D'autres se contentent d'vn filet de coton au bout duquel ils lient ces plumes derriere le col, lesquelles sont vertes, iaunes, noires, rouges, ou bleuës, & souuent meslées; ce floquet s'appelle Acambuacaba. Il y en a qui auec de la gomme, de la cire, du mastic, ou du miel sauuage, rangeant en bel ordre & disposition, tant sur leurs testes, que sur le reste du corps des plumes de diuerses couleurs, ils nomment cela Aguana. Et qui mesme font des manteaux de ces tissus, Guara-abucu. Si tout l'artifice est sur le corps, ils appellent cette façon d'y attacher les plumes, Agamongui, comme les tours des mesmes, ceignant les bras Aguamiranga, & ceux qui sont au col, Papixoara. Ils lient les plus grandes plumes, tirées des queuës d'Autruches, d'Arares, & Aracucaru. au tour du corps, pour couurir leurs parties

ties honteuses, descendantes iusques aux genoux, cette ceinture à nom Aracoaya. Et au lieu que nos fous de feste mettent des bandes de sonettes autour du iaret, les Tapuies en mettent du fruict d'Aguay, qui est en façon de triangle, ayant vn noyau dedans qui estant sec, faict du bruict en sautant. Ils appellent leurs dances, Guau, ils chantent melodieusement differens airs, les filles sont derriere les amoureux, suiuant leurs pas & cadences, ne se meslant iamais aux branles qu'elles ne soient fiancées ; leurs chansons pour lors ne sont qu'à la loüange des fiancés, racontant leurs proüesses, & la pudicité des fiancées. Laët en la description des Indes Occidentales, liu. 15. ch. 2. Le mesme à la premiere page de l'histoire naturelle du Brasil peint la femme du Tapuye affublée d'vne demie mante de fueilles couurant la teste iusques aux oreilles, & descendant le long des cheueux iusques au iaret, & le sieur Moreau consulté par moy là dessus, m'assura que ce qui estoit en ceste narration estoit veritable, touchant le couronnement, manteaux, & habits de fueilles, qui estant espoisses, & fortes ne se rompoient que difficilement, & qu'il en auoit veu souuent estant au Brasil, adioustant que les feves, & pois sont en tout temps en fleur en ce pays.

81. Braque, est mot Flament, par ce salpetre braque le traducteur entend de l'eau tirée proche de la mer, qui tient du goust de son sel.

82. Ce Dieu des tenebres ne paroist que la nuit, & fuit la clarté, subiet pour lequel les sauuages qui le craignent ne sont iamais sans feu, & ne se couchent dans leurs rets de coton, ou à terre qu'ils n'ayent du feu autour d'eux, afin que le diable ne vienne troubler leur repos, & les battre. De Lery au ch. 18. de son Amerique. Aussi quand ils le veulent consulter, & que l'heure s'approche qui leur a esté annoncée par leur Page, ou Caraibe, ils esteignent tous les feux, comme nostre autheur le raconte, autrement il ne viendroit pas, soit inuisiblement, soit visiblement. Si visiblement, il paroist aux Tapuies en figure de Tapuie, ou entre dans la bouche du sorcier par laquelle il parle sous la figure d'vne mouche, ou de quelque autre petit animal. Marcgrauius liu. 8. ch. 13. suiuant qu'il le dit tenir d'Elie Herikman.

83. Celuy-cy estoit vn des chefs des Tapuies traistre aux Holandois, qui prit le parti de Paiucu, contr'eux, & Iandhuy.

84. Nous auons parlé cy-dessus de la ville, & chasteau de Paraiba, si tu en veux dauantage,

voy de Laët en la difcription des Indes Occidentales liu. 16.

85. C'eft vn village, ou Aldée, qui porte le nom du chef Brafilien qui y commande.

86. Ainfi s'appelle le lieu où Roulox Baro autheur de cefte relation demeure, à fix lieües du chafteau de Rio Grande.

F I N.

HISTOIRE
DES
DERNIERS TROVBLES
DV BRESIL.
ENTRE LES HOLLANDOIS
ET LES PORTVGAIS.

Par PIERRE MOREAV, natif de la ville de Parrey en Charollois.

A PARIS,

Chez AVGVSTIN COVRBE', au Palais en la Gallerie des Merciers, à la Palme.

M. DC. LI.

AVEC PRIVILEGE DV ROY.

A TRES-HAVT,

TRES-PVISSANT ET TRES-
illustre Prince CESAR DVC DE
VENDOSME, de Mercœur, de
Beaufort, de Penthieure & d'Estam-
pes, Prince d'Anet & de Martigues,
Pair & Grand-Maistre, Chef & Sur-
Intendant general de la nauigation &
commerce de France & pays conquis.

ONSEIGNEVR,

Vostre Altesse en qualité d'Admiral
a droit sur tout ce que la mer apporte de
precieux à la terre; & parmy les diuerses vtilitez que l'on reçoit des naui-

é ij

EPISTRE.

gations, la connoissance qu'elles nous donnent de tout ce qui se passe de remarquable dans les pays les plus éloignez, n'est pas la moins à rechercher, ny la moins au goust des grandes ames comme la vostre, qui sont nées également pour connoistre & pour gouuerner tout le monde.

C'est pourquoy m'estant instruit des affaires du Bresil pendant deux ans que i'y ay demeuré, & particulierement du commencement de la guerre, qui n'y est pas encore terminée, entre les Portugais & les Hollandois, & ayant pris dessein de faire part au publiq de cette partie de l'histoire de nostre siecle, qui m'a semblé considerable & assez peu connuë, i'ay cru que cet ouurage qui est le principal fruit de mes voyages estoit vn tribut legitimement deu à vostre Altesse, & ne deuoit paroistre qu'apres luy auoir esté offert. Mais ce n'est pas à la seule charge d'Admiral que i'ay deu rendre cet hommage, le rang eminent que vous tenez dans l'Estat, l'éclat de vostre illustre naissance, les vertus heroïques du plus

EPISTRE.

grand de nos Monarques à qui vous la deuez, qui reuiuent si glorieusement en la personne de vostre Altesse, & la rendent si chere & si admirable à toute la France, exigent de tous les François tous les tesmoignages d'honneur imaginables. Et ie suis d'vne prouince, qui outre cette estime & cette affection vniuerselle, doit à vostre Altesse vn culte particulier, & des reconnoissances extraordinaires; ayant vne connoissance particuliere de ces vertus par l'heureuse épreuue qu'elle en a faite, lors qu'elle a eu le bien de vous auoir pour Gouuerneur, & que dans les maux de la guerre qu'elle souffroit & dans la crainte de ceux dont elle estoit menacée, vostre presence luy rendit d'abord l'asseurance, & bien tost apres la tranquillité qu'elle a depuis conserué par vos soins & vostre protection, pendant l'agitation quasi generale de tout le Royaume, à laquelle on croyoit qu'elle auroit la plus grande part.

Ce bien-fait public & les autres auantages que nous auons receus de la iustice,

EPISTRE.

de la douceur, de la conduitte tres-sage & tres-desinteressée de vostre Altesse, qui maintenant cette prouince dans le repos & dans l'obeyssance luy ont procuré tout le bon-heur qu'a permis la condition du temps, ne m'ont iamais touché plus viuemement, qu'alors que i'ay fait reflexion sur les miseres & les calamitez qui ont accompagné le soûleuement des Portugais au Bresil, & la guerre qui l'a suiuy, dont les principales causes ont esté l'auarice, la cruauté, l'iniustice & l'imprudence des Commandants ; & i'ay iugé que l'histoire qui contient la description de ces malheurs & des meschancetez qui les ont produits, donneroit aux autres les mémes sentimens que i'ay eus, & qu'ainsi seruant à faire mieux connoistre par vne opposition auantageuse la grandeur des obligations que nous auons à vostre Altesse, elle pourroit en estre receuë, comme vn tesmoignage de ma gratitude.

Quoy que i'aye esté porté par de si fortes raisons à vous dédier ce trauail, i'aduouë neantmoins, Monseigneur, que ie

EPISTRE.

le fais auec crainte, & que la connoissance que i'ay de la rudesse de mon expression, & des autres deffauts que ma foiblesse n'a pû éuiter, me l'auroit fait iuger indigne de vous estre presenté, si ie n'auois consideré qu'en semblables écripts on a moins égard à la façon qu'à la matiere, & que celle que i'ay traittée auroit peut-estre le mesme auantage que plusieurs autres raretez du nouueau monde, qui en l'estat qu'elles en viennent, & auant que l'artifice leur ayt donné de l'éclat, toutes informes & mal polies qu'elles sont, ne laissent pas d'estre precieuses. En tout cas, Monseigneur, si ie ne dois pas esperer de vostre iugement l'approbation de mon sujet ny de mon stile, ie puis me promettre de vostre bonté qu'elle aggreera, ou du moins excusera mon zele infini, qui cherchant à se produire, & ne pouuant le faire par des effets plus solides, m'a poussé à donner à vostre Altesse cette marque de mes tres-humbles respects, attendant que ma bonne fortune, ou plustost, vous-mesmes, Monsei-

EPISTRE.

gneur, me fourniffiez des occasions plus fauorables de vous faire connoistre par mes fidelles & paffionnez seruices, que ie suis,

De voftre Alteffe,

MONSEIGNEVR,

Le tres-humble, tres-obeyffant,
& tres-fidelle seruiteur,
P. MOREAV.

AVANT-PROPOS.

S'IL est vray que le monde n'est qu'vne Cité, & que tous les hommes en sont les habitans, & que ce soit chose honteuse au dire de Seneque, de ne rien sçauoir qu'à l'ayde des liures seulement, la curiosité ne peut estre que iuste & glorieuse de se porter le plus qu'on peut à la connoissance de nostre patrie, d'aller soy-mesme apprendre ce qui est à loüer, ou merite du blasme chés les autres nations: mais dautant que cela ne se peut que par les voyages, il faudroit estre ennemy des belles choses pour ne les pas aimer, puis que ce sont eux qui nous rendent sçauans par l'experiéce dans les mœurs des peuples, nous fournissant mille exemples & diuersitez d'auantures, où les Estats entiers, les familles & les particuliers sont exposez, d'où nous iugeons des actions d'autruy, & ne tient qu'à nous

é

AVANT-PROPOS.

de nous rendre plus sages & mieux aduisez à leurs despens. Cette douce passion de voir flatta tellement mon esprit, qu'elle rompit les chaisnes qui attachent les autres à leur pays, pour m'obliger à la suiure. La Hollande, vray rendez-vous de ceux qui ont de l'inclination d'aller aux contrées éloignées pour leurs nauigations ordinaires en tous les coins de la terre, fut le lieu que i'allay choisir pour satisfaire à mon humeur, où apres m'estre rendu vn peu intelligent en leur langage, parmy la frequentation des armes en l'espace de trois ans, les nouuelles vinrent du Bresil que les Portugais auoient commis vne lâche trahison contre la Colonie des Estats generaux des Prouinces Vnies des Pays-bas, que contre le traitté de paix contracté entre eux, on auoit esgorgé les Hollandois & surpris les places & forteresses qu'ils y auoient conquises. Le peuple en rumeur ne parloit que de vanger vne si insigne perfidie, & à ce sujet l'on faisoit par toutes les villes amas de gens de guerre, & tous les appareils necessaires pour mettre en mer vne puissante flotte & l'enuoyer

AVANT-PROPOS.

en ce Bresil. Dans le grand desir que ie témoignay d'estre de la partie, au moyen de quelques-vns de haut merite qui m'honoroient de leur bienveillance, ie fus introduit aupres des Seigneurs du Conseil d'Estat qui auoient esté choisis pour aller gouuerner le pays, l'vn desquels m'accepta pour son Secretaire. Ie m'embarquay auec luy, sous condition pourtant de me laisser reuenir quand bon me sembleroit; ce qui m'a esté fidellement tenu. I'y ay sejourné deux ans, outre six mois à aller & trois mois de retour, pendant quoy à l'aspect de tant de desordres, ruynes, calamitez, meurtres & saccagemens que les Portugais & Hollandois exerçoient les vns contre les autres, tant par mer que par terre, qui se presentoient à mes yeux, i'appliquay tous mes soins à m'instruire de l'origine & commencement de tant de malheurs, & à remarquer tout ce que i'ay crû conuenable pour seruir d'intelligence au publicq du present discours que ie me proposay de luy donner touchant ces troubles du pays du Bresil; où à dire vray la paix n'a iamais pû s'establir, & duquel

é ij

AVANT-PROPOS.

l'on peut dire qu'il en est comme de certains lieux sur la terre qu'on ne sçauroit bonnement fortifier, non pas par le deffaut de l'art, disent les Architectes, mais pour le mauuais endroit de leur situation. S'il n'a pas esté possible à cette adorable fille du Ciel & fidelle tutrice de la felicité des hommes de trouuer vne ferme demeure en cette belle & fertile contrée, ce n'est pas le manquement de connoissance combien elle est pretieuse & importante pour le faire viure en perpetuel bon-heur; mais plustost quelque secrette & maligne disposition de l'air qu'on y respire, infecté des demons qui corrompt le naturel de ses habitans: car cette riche partie d'Amerique au lieu de faire regner chez soy la tranquillité, semble n'estre destinée qu'au carnage & à la cruauté, qu'elle y a toûjours veu exercer, & par ses originaires & par ceux que nostre Europe luy a produit, que l'on diroit n'estre attirez dans son sein que pour l'arrouser de leur sang. Les liures de ceux qui ont descouuert cet autre hemisphere, nous enseignent assez quel est ce Bresil, sous quel parallelle il est assis,

AVANT-PROPOS.

de quelle manie les Bresiliens, Topinambous & Tapoyos qui sont les peuples de ce pays-là, se faisoient la guerre autresfois & deuoroient les vaincus; côme les Portugais en subjuguant ces miserables s'y sont signalez par d'horribles effusions de sang; comme aussi les François s'estans rendus maistres d'vne partie du pays auec de sanglants exploits, les Portugais le leur firent quitter auec la vie, & lesquels en apres furent supplantez par les Castillans, où vn grand nombre des leurs passerent par le fer, lors que leur souuerain annexa à sa domination leur Royaume. Les Estats generaux des Pays-bas y porterent leurs armes du depuis & en conquirent la meilleure partie, où les rauages & saccagemens qui accompagnent la guerre, ne furent pas espargnez. En ces derniers temps que les Portugais se sont remis en leur premiere liberté, les anciens de cette race de Portugal tirerent raison des Castillans qui les maistrisoient, & les enuoyerent en l'autre monde; & finalement ces mesmes Portugais apres auoir traitté la paix auec les Hollandois de ce Bresil, tant les sub-

AVANT-PROPOS.

jets de Dom Iean quatriefme Roy de Portugal, que les autres qui reconnoiffoient les Eftats generaux pour fouuerains & viuoient fous leur protection, fe font foûleuez contre eux, & apres plufieurs meurtres, maffacres & efgorgements des Hollandois, fe font emparez d'vne bonne étenduë du pays & de prefque toutes les places, ont ruiné, deftruit & defolé celuy dont ils n'ont peu gagner les forterefses: deforte que quelque effort & refiftance qu'ayent fait les Hollandois, ils ont toûjours eu du pire fur la terre, mais de grands auantages fur la mer, où ils font beaucoup plus vaillans & adroits que leurs ennemis, qu'ils traittent tres-mal quand ils tombent entre leurs mains. Or c'eft de cette guerre & derniers troubles, de leurs caufes & tragiques fuccez dont i'entreprends particulierement de difcourir dans la fincerité, autant que nous a pû fournir ce que i'ay veu, ouy affeurer, appris par experience & memoires à moy donnez, que par les inftructions que i'ay leuës dans les regiftres de la Compagnie des Indes d'Occident, pretentions à mon aduis affez receuables pour fonder mon dire.

Extraict du Priuilege du Roy.

PAr grace & Priuilege du Roy, Donné à Paris, le 28. iour d'Aoust 1651. Signé par le Roy en son Conseil CONRAT. Il est permis à Augustin Courbé Marchand Libraire à Paris, d'imprimer ou faire imprimer, vendre & debiter, *l'Histoire des derniers troubles du Bresil entre les Hollandois & les Portugais*, & ce durant le temps & espace de dix ans, à compter du iour qu'il sera acheué d'imprimer. Et deffences sont faites à tous Imprimeurs, Libraires & autres de contrefaire ledit liure, à peine de trois mil liures d'amande & de tous despens, dommages & interests, ainsi qu'il est plus amplement porté par lesdites Lettres, qui sont en vertu du present Extraict tenuës pour bien & deuëment signifiées, à ce qu'aucun n'en pretende cause d'ignorance.

Les exemplaires ont esté fournis.

Acheué d'imprimer pour la premiere fois le 10. iour de Septembre 1651.

Fautes suruenues en la Relation de la guerre du Bresil.

PAge 5. ligne 13. *plus auant appellé,* lisez *plus auant en vn lieu appellé,* &c. Pag. 43. ligne 18. *Elle reuiendroit à bien plus grand prix,* lis. *Elle reuiendroit à plus de vingt liures chacune.* ibidem. *mercenaires,* lis. *maneuures.* pag. 44 fin de la page apres ces mots *Roy de Portugal,* faut adiouster *quatre millions quatre cents mille ducats,* &c. *Iohan Fernandez Diera,* par tout où se trouve ce nom faut lire *Iohan Fernandez Vieta.* p. 192. lig. 5. *de sa nuë,* faut lire *de sa venuë.*

DESCRIPTION DV RECIF.

ETTE place se peut dire la plus forte du Bresil & l'vne des plus fortes du monde; aussi les Gouuerneurs & hauts Magistrats de la Compagnie des Indes d'Occident pour les Estats generaux y sont leur residence & y tiennent leurs magasins, là abordent tous les nauires, comme au lieu où fleurit le commerce. Elle est située à huit degrez par delà l'Equateur, sur le bord de la mer Oceane, qu'elle a pour son Orient, à l'Occident la Terre-ferme, du Septentrion la ville d'Ollinde, Goyanne, Parayba & Rio grande, & ses costes tirant à l'Equateur; de midi le Cap saint Augustin & les costes de Rio San Francisco, tirant à la Baye de todos los Santos. Cette forteresse en a plusieurs autres qui en dépendent, leurs assiettes sont merueilleuses & ne se pouuoient mieux choisir. Pour se les bien representer à l'imagination il faut obseruer que le Bresil de l'vne à l'autre extremité, que l'on dit estre de mille cinquante lieuës, est entierement bordé d'vne grosse, longue & platte roche, large com-

munement

Description du Recif.

munement de dix à vingt pas dans la mer, & à vne moufquetade plus ou moins, diftante du riuage de la hauteur d'vne pique ou plus, que l'on apperçoit lors que la mer fe retire & non autrement, parce qu'elle en eft toute couuerte. Ce ne feroit qu'vn perpetuel écüeil le long des coftes du Brefil, n'eftoient les ruptures de cette roche en diuers lieux, qui feruent de paffage aux nauires pour entrer & fortir. Le Recif eft bafti non pas vis à vis de l'vne de ces ruptures, mais à cinq cêts pas par delà, à l'vn des bords de ce paffage, large de cent pas & fur la roche mefme du cofté du midi. Il y a vn chafteau de pierre tout rond, de cent pas de circuit, que la mer léche de toutes parts, muny de vingt groffes pieces de fonte & d'vne garnifon ordinaire de cinquante hômes, & duquel il faut que les vaiffeaux en arriuant, fe donnent bien garde d'approcher de trop prés, auffi n'ancrent-ils qu'à demye lieuë, puis fe viennent faire connoiftre dans des efqu'ifs auec les lettres qu'ils portent au Recif: ce fait on depute vers ces nauires pour les confiderer, premier que leur accorder l'entrée du havre. Au pied de la montagne fur laquelle eft baftie la ville d'Ollinde au riuage de la mer, vne ifle ou pluftoft digue naturelle prend fon commencement; elle eft de quelques deux cents pas de largeur & d'vne lieuë

Roche du Brefil.
A

Chafteau de pierre du Recif.
B

Ifl. ou digue naturelle du Recif.
C

Description du Recif.

de longueur du cofté du midy, entre la Terre-ferme & cette grande & fpatieufe roche, au moyen de l'eau de la mer qui fe diuife deçà & delà au pied de la montagne, & fait vn petit trajet que l'on paffe librement quand la mer eft baffe : l'eau qui eft entre le riuage de la terre & la digue s'appelle la riuiere falée, à caufe que la riuiere douce eft à vne lieuë auant dans la terre, & celle qui eft entre cette mefme digue & la grande roche fe nomme le havre du Recif. Or c'eft fur la pointe, autre bout ou extremité de cette digue, que l'on a edifié le Recif, compofé de quelques mille maifons. Il n'a aucunes deffenfes deçà ny delà le havre & la riuiere falée, finon de trois bouleuards reueftus de pierre, & deffus deux bateries de chacune trois pieces de fonte, l'vne fur l'auenuë de la ville d'Ollinde par la digue; l'autre commande fur la riuiere falée, & l'autre fur le havre. Mille pas plus auant fur la digue il y a auffi vn bon fort de pierre que l'on fait feruir d'hofpital, & où neantmoins il y a toufiours vne compagnie en garde, trois bateries de quatre pieces de canon commandans fur la digue, le havre & la riuiere falée. Plus par delà encore il y a encore vn grand & vn petit fort, tous deux quarrez auec doubles fraifes & de bons foffez bié pourueus d'hommes & de munitions de guerre & de

Marginalia:
Riuiere falée du Recif. **D**
Havre du Recif. **E**
Le Recif. **F**
Bouleuards du Recif. **G**
L'Hofpital. **H**
Le grand fort de la digue. **I**
Le petit fort de la digue. **K**

Description du Recif.

bouche, à vne cannonade l'vn de l'autre. Les Hollandois auoient fait faire encore vne redoute au pied de la montagne, qui fut venduë & liurée par vn des leurs aux Portugais, comme l'on trouuera dans l'histoire; lesquels de leur part pour se contregarder des Hollandois ont fait faire deux autres forts de leur costé, sur cette digue de conuenable distance. A la pointe du Recif cette riuiere salée se diuise; vne partie se rẽd dans le havre, & l'autre fend la terre & en embrasse vne lieuë & demie de circuit, quasi en ouale, dont elle forme vne isle du costé le plus prochain, & qui a son aspect sur le Recif; il n'y a que le trajet à passer sur lequel on a fait vn pont de bois, & sur le bord est bastie vne autre ville appellée autresfois par les Portugais saint Anthonius, & à present par les Hollandois Mauristad ou la ville Maurice, enceinte de bons bastions de terre, auec fraises en bas & en haut, fausses brayes, demie lune & rauelins, doubles fossez & leurs contrescarpes, & bien autant de maisons qu'au Recif, & auec trois places d'armes beaucoup plus belles, grãdes & larges qu'au Recif, & où l'on entretient toûjours mille hommes en garnison. Vn peu en deçà, à costé & tout ioignant, il y a vn autre fort à cinq bastiõs appellé le Cloistre, parce que c'a esté autresfois vn Conuent de Cordeliers, & encore vn peu plus auant sur le riuage est la belle maisõ qu'a fait bastir le Comte Iean Maurice de Nassau, dans laquelle l'on a fait vn corps de garde pour la cõseruer & les auenuës aussi, parce qu'on y pourroit venir à guay du costé & par la riuiere salée quand la mer est basse. Ce Cloistre & la maison du Comte Maurice de Nassau sont separez de Mauritstad par vn canal, où l'on fait passer cette riuiere salée dans le havre, sur lequel il y a vn pont-leuis.

Auant dans les traiets il y a encore vn petit fort en triangle, également éloigné de la Terre-ferme, de la ville Maurice & du Recif, où vingt hommes sont or-

Redoute faite par les Hollandois.
L

Grand fort des Portugais sur la digue.
M

Petit fort des Portugais sur la digue.
N

Trajet du Recif à la ville Maurice.
O

Pont de bois du Recif.
P

Isle de Mauritstad
Q

La ville de Mauritstad.
R

Fort appellé le Cloistre.
S

Maison du Comte Maurice de Nassau.
T

Triangle qui est dans les traicts.
V

Description du Recif.

dinairement garde auec de petits brigantins pour découurir les Portugais, s'ils entreprenoient de paroistre sur l'eau, & en venir donner aduis dans les forts. Maintenant au delà de la ville Maurice dans la mesme isle sont encore deux forts, l'vn a cinq angles & l'autre quarré, distants d'vne canonnade l'vn de l'autre, pourueus de munitions de guerre & de bouche, remparez de fraises & bons fossez, auec de bonnes garnisons. A vne demie lieuë par delà encore & à vn quart de lieuë du pont qui separe l'isle de la Terre-ferme, il y a vn autre fort dit les Affogades à six bastions, gardé par quatre cōpagnies; en delà encore & à demie lieuë de ce fort sur le bord de la mer & à trois quarts de lieuë du Recif dans la Terre-ferme, à vne mousquetade de la roche est encore basti vn autre fort appellé Barrette, de forme quarrée, bien retranché par de bons fossez reuestus de doubles fraises, qui commande sur les aduenuës de la mer & de la terre, du costé du Cap S. Augustin pour contregarder le Recif. D'où le lecteur peut voir que parmi toutes les circonspections dont les Hollandois se sont aduisez pour le rendre imprenable, ils se sont oubliez, outre les douze forts cy dessus, d'en faire bastir vn treiziesme vis à vis du Recif, sur le bord de la riuiere salée, afin d'auoir tousiours retraitte en la Terre-ferme, & de l'eau douce pour leur vsage, veu qu'ils en sont dépourueus au Recif, sur la digue & dans l'Isle mesme, où ils ne trouuent autre source que d'eau braque; car en temps de paix on la faisoit venir par des canaux de la ville d'Ollinde au Recif, qui sont rompus à present. En la place mesme où les Hollandois deuoient faire ce fort, les Portugais en ont basti vn d'où ils les battent en ruyne.

Grand fort de Mauritstad.
  X
Le petit fort.
  Y

Les Affogades.
  Z

Le fort de Barrette.
  &

Fort que les Hollandois deuoient faire & que les Portugais ont fait.
  Aa

FIN.

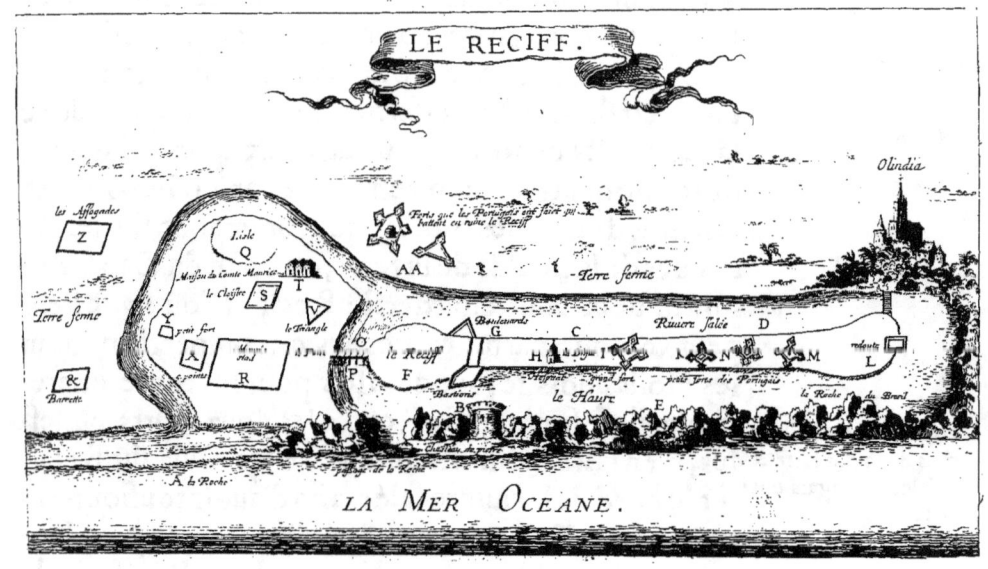

RELATION
VERITABLE
DE CE QVI S'EST PASSE' EN LA
Gverre faite av Pays dv
Bresil entre les Portugais & les Hollandois, depuis l'an 1644.
iusques en 1648.

Es Estats Generaux des Prouinces Vnies des Pays-Bas, non contents d'auoir fait de grandes conquestes en Flandre sur le Roy d'Espagne, se resolurent de luy faire la guerre sous vn autre Pole que le nostre. Mais auant que de trauailler à l'accomplissement d'vn si genereux dessein, il estoit raisonnable que pour en auoir vn heureux succez ils prissent leurs mesures: A cet effet ils enuoyerent quelques vaisseaux pour sçauoir l'estat du Bresil qu'ils projettoient de conquerir; lesquels retournez, com-

A ij

me ils reconnûrent qu'il n'y auroit pas seulement de la gloire à s'en rendre maistres, mais aussi vn profit inestimable, ils permirent aux riches marchands d'Amsterdam, qui s'offrirent eux-mesmes de tenter les auantures de ce voyage, d'equipper des nauires de guerre qui se hazarderent en ce penible chemin, passerent la Ligne Equinoctiale, & à la fin descouurirent la Terre-ferme du Bresil, suiuirent les costes de Riogrande & Paraïba, allerent contre le Sud iusqu'en la Capitainie de Fernambourgh, surprirent en plein midy vn fort sur le riuage au bas d'vne montagne, au dessus de laquelle est bastie la ville d'Ollinde, à huict degrez delà la Ligne, & à vne lieuë du Recif, dont il sera cy-apres plusieurs fois parlé. Cette ville dépourueuë de ses habitans, qui alors cultiuoient les champs, se trouuant sans resistance fut incontinent gagnée, & toutes les richesses dont elle abondoit furent le prix des victorieux : Les soldats Hollandois firent main basse d'abord de grand nombre d'hommes & de femmes, flatterent les esclaues qui estoient traittez plus rigoureusement que les bestes par les Portugais, leur donnerent la liberté, & par cette grace les obligerent de prendre les armes auec eux, leur enseigner le pays & ses destours. Ces nouueaux conquerans amorcez d'vn bon-heur si

faite au pays du Bresil.

auantageux enuoyerent diligémment en Hollande faire sçauoir ce bon succez, qui rauis d'vne si rare nouuelle en mesme téps on leur dépescha d'autres nauires, lesquels arriuez & ioints aux premieres troupes allerent attaquer vn fort de pierre, éloigné de la ville d'Ollinde de trois quarts de lieuë, situé sur vne digue, ou pour mieux dire vne isle d'vne lieuë de lógueur & de cinq cens pas de largeur, entre la Terre-ferme & cette longue & large roche qui borde toute la coste du Bresil, à vne mousquetade dans la mer. Apres cet exploict ils allerent à vn quart de lieuë plus auant appellé le Recif, basti sur le bout de cette digue, composée pour lors de deux cents maisons, duquel ils s'emparerent facilement, & s'en étant asseurez y firent de bons bastions de terre sur les auenuës de la digue: prirent par famine le chasteau de pierre, sis sur le bout de la rupture de la roche, à l'embouchure du havre, dit Pharnaboco, mot Portugais qui veut dire bouche d'enfer, à cause qu'il est facile d'y entrer, & mal aysé d'en sortir: & dont a pris le nom la Capitainie qu'on appelle de Pharnaboco; les Hollandois par corruption de langage Pernambuco, & les François Fernambourgh; passerent le traject du Recif de saint Anthonius, autre isle d'vne lieuë de circuit, embrassée de la moitié du cours d'eau qui

Premiere attaque des Hollandois.

Commencement & origine de la ville Maurice.

A iij

vient d'Ollinde & passe entre la Terre-ferme & l'isle ou digue du Recif, appellée la riuiere salée, y bastirent la ville Maurice & plusieurs forts deçà & delà, des debris de la ville d'Ollinde qu'ils firent ruiner en partie, selon qu'il se voit à present & qu'on pourra mieux comprendre en la description qui en est faite au commencement de ce discours. Tout le plat pays fut en proye, les habitans esperdus à qui on ne donnoit point de quartier, fuyoient de toutes parts dans les bois & places fortes voisines. Auparauant que les Castillans & Portugais, dõt le pays estoit peuplé, se fussent reconnus & eussent armé, que le Viceroy qui estoit à la Baye de tous les Saincts, ville à cent lieuë de là, qui n'auoit iamais preueu vne semblable inuasion, eut donné ses ordres ; vaisseaux sur vaisseaux d'Hollande arriuoient aux havres d'Ollinde & du Recif, qui donnoient la chasse aux nauires, gallions & carauelles d'Espagne chargées de sucre & riches denrées, en prenoient tousiours quelques-vnes & battoient par fois leurs flottes, empeschoient par leurs frequentes courses la communication par mer des places du Nord & du Sud, c'est à dire de Riogrande & Paraïba, auec la Baye de tous les Saints, parce qu'ils tenoient le milieu du chemin où il se falloit battre. Par terre il estoit tres-difficile, outre que les aduis venoient tousiours trop tard: car ils ne pouuoient pas porter promptement des nouuelles, & en rapporter en vn pays où on ne peut aller qu'à pied, plein de bois touffus, souuent inondé de grandes & profondes riuieres qu'il faut passer à la nage & tout trauerser auec la Boussole, quelquesfois cent ou deux cent lieuës d'espace. Le bruit qui se respandoit en Hollande que le Bresil estoit le centre des richesses, où tous leurs soldats & matelots trouuoient leur fortune, qu'il estoit capable d'accomoder toute l'Europe, fit ouurir les oreilles aux principaux marchands d'Amsterdam qui en escriuirent à ceux des bonnes villes des Prouinces Confederées, en tindrét assemblées, & firent representer aux Etats generaux, que puis que c'estoit aux frais des marcháds que ce qu'ils possedoiét desia au Bresil, auoit esté fait, ils offroiét encore de cótinuer à le conquerir, qu'ils equiperoient des flottes entieres & armeroient tel nóbre de soldats qu'il seroit besoin à leurs propres despés, si on leur vouloit laisser la ioüissance de la cóqueste faite & à faire, auec tous les droits, profits & reuenus qu'ils en pourroient retirer pendant vn certain nombre d'années. Cette demande leur fut accordée pour l'espace de tréte ans, à commencer en l'an 1624. & finissant à 1654. & le priuilege de nommer, pouruoir,

Nouuelle proposition faite aux Estats Generaux pour aller faire la conqueste du Bresil.

Conditions sous lesquelles cette proposition fut receuë.

eſlire & choiſir tous les hauts & bas Officiers du gouuernement, iuſtice, police, milice & marine, en preſtant par eux le ſerment de fidelité entre les mains des Eſtats Generaux, comme à leurs Souuerains, & en obtenant d'eux confirmation, à la charge d'entretenir les places, villes & fortereſſes & ce qui en dépend, les ports, ponts & paſſages en bon eſtat, y faire faire les reparations neceſſaires, démolir ou baſtir quand le beſoin le requerroit; bié payer les Officiers, ſoldats & tous ceux qui ſeront à leurs gages, adminiſtrer bonne iuſtice à leurs ſubiets, faire inſtruire les Braſiliens & Tapoyos en la connoiſſance de Dieu & de la religion Chreſtienne, &c. auec condition qu'au bout des 30. ans, en remettant le pays à leurs Souuerains, ils ſeroient rembourſez de la valeur de tous les nauires, canons, munitiós de guerre, equipage, deniers qu'ils auroient employez à la conſtruction des forts, murs, maiſons & magazins publics qui ſe trouueroient en nature, &c. La ſocieté de ces Marchands & particuliers fut appellée la Compagnie des Indes d'Occident, laquelle ſe diuiſa par chambres en chaque bonne ville libre, qui auoient leurs adminiſtrateurs à part, & toutes enſéble pour Directeurs generaux dixneuf perſonnages des plus opulents, & prirent le Prince d'Orange pour Chef honoraire, afin que

Comme s'appella cette ſocieté qui proietta ce voyage des Indes.

Prince d'Orange fut leur Chef.

faite au pays du Bresil.

que son nom les rendit plus considerables, concertoient leurs deliberations à la Haye, où ils estoient tenus de faire leur residence, se faisoient obeïr absolument par toutes les chambres, leur commandoient au nom de la compagnie de freter & mettre en mer des nauires, leuer des soldats selon leur portée, aux flottes de partir; enuoyoient visiter les nauires chargées venants des Indes, reconnoistre les denrées dont ils estoient remplis, distribuoient les sommes qui prouenoient de ladite vente à chaque chambre, & à proportion de ce dont elles auoient fait fonds. Leurs administrateurs partageoient aussi aux particuliers, & participants le profit qui leur reuenoit, à raison de l'argent qu'ils auoiét fourny, les deniers & dépense publique au prealable remplacez & les gages payez & à payer à ceux estant à leur seruice aussi pareillement precôptés. Cet ordre ainsi obserué en cette côpagnie, leurs gens de guerre se faisoient faire large de iour à autre au Bresil, battoient leurs ennemis, prenoient les places fortes, rendoiét tributaires les habitans du plat pays qui se venoient soûmettre à leur mercy, & les maintenoient en la iouyssance de leurs biens. Et parce que les officiers des places commençoient à trouuer trop de besogne, les Dix-neuf, ainsi appellez par excellence, creerent vn haut

Conseil des Dix-neuf

B

conseil appellé des Politiques, la pluspart mieux versez dans la science du negoce, que dans celle des lettres, qu'ils enuoyerent au Recif pour gouuerner le peuple & le pays, & rendre iustice souuerainement, & qu'ils rappelloient de six ans en six ans & en remettoiét d'autres. Ces Politiques commettoient vn de leur corps en chaque place ou capitainie conquise qu'ils nommoient Directeurs, connoissoient de toutes appellations emanées des iuges inferieurs, & priuatiuement en premiere instance de tout ce qui regardoit la compagnie, & des fraudes qui se faisoient à la perception de ses droits, de tous crimes, vols, brigandages & assassinats, les appellations de leurs iugements se releuoient pardeuant les Politiques, qui establirent deux autres iurisdictions au Recif, l'vne des iuges commissaires qui estoient alternatifs & pris d'entre les bourgeois, l'autre des Escheuins dont les sentences par appel ou en premiere instance au ciuil s'executoient toutes par prouision & à caution, à moins qu'elles n'excedassét 3000. liures. Ils auoient vn aduocat & procureur Fiscal qui accusoiét & concluoiét par tout. Le conseil de guerre en campagne, & celuy de marine sur la mer estoient souuerains; mais au Recif tous les politiques y étoient appellez. Les limites des Hollandois

Quelle estoit la fonction & la puissance de ces dixneuf.

Deux Iurisdictions establies au Recif.

s'augmentás à veuë d'œil par la valeur de leurs soldats, cōme auſſi le cōmerce & le negoce, & cela obligea encore les dix-neuf d'inſtituer vn autre conſeil d'Eſtat & college ſouuerain, auquel ils ſouſmirét celuy des politiques, à qui ils ne laiſſerent que la fonction de rendre iuſtice en dernier reſſort (& le priuilege d'eſtre directeurs) encore falloit-il qu'apres auoir donné quelque arreſt de mort, auparauant que de le faire executer, il le fit voir au grand cōſeil, pour faire grace au condamné ou moderer la peine, s'ils le iugeoient à propos. Donc noſtre milice Hollandoiſe encouragée de ſes victoires & du butin qu'elle emportoit, ſe rendoit tellement redoutable, que vingt ne craignoient pas d'en attaquer cent des ennemis. Le Roy d'Eſpagne & ſon Viceroy allarmez à iuſte ſubiet d'vn malheur ſi ſurprenant, armoient de toutes parts pour garātir le pays du Breſil, dont les Hollandois aduertis, pour ſe concilier les affections & l'amitié de tous les Breſiliens & Tapoyos que les Portugais faiſoient eſclaues, firent publier deffences de les retenir ny captiuer ſur peine de la vie, à la reſerue des Negres d'Afrique, des Molates procreez du meſlange d'vn Portugais & d'vne Negrine, des Mammelus qui naiſſent d'vn Portugais & d'vne Breſilienne. Ces ſauuages nourris dans la nonchalance, & qui ne

Politique iudicieuſe des Hollandois.

cheriſſent rien dauantage que la vie oiſiue, & n'ont pour ſoucy que le boire & le mãger, ne ſe mõſtrerent point ingrats de ce riche preſent de la liberté qu'on leur redõnoit, au lieu qu'auparauant ils ne pouuoient viure en ſeureté, cherhoient les deſerts pour refuge, & auoient vne telle terreur des armes Portugaiſes & de ce feu qui ſortoit de leurs mouſquets & fuſils qui leur cauſoient des playes mortelles ſans le voir, qu'ils s'eſtrangeoient de la conuerſation des Chreſtiens. Rauis donc d'vne grace ſi peu attenduë, ils vindrent eux-meſmes faire offre de ſeruice à leurs bien-facteurs, qui par adreſſe les appriuoiſerent par de petits preſens, apprirent aux Breſiliens à manier les armes & en tirer droit comme eux; mais les Tapoyos, nation plus brutale, & qui nuds comme la main ne viuent que dans les bois, comme vagabons (au lieu que ceux-cy habitent les Aldées ou villages en commun, qu'ils tranſportent de leurs places de ſix mois en ſix mois pour en eſtre plus ſains, & hantent par tout) ne s'y ſont iamais

Crainte des armes à feu chez les Tapoyos.

pû accouſtumer, & ſe iettent incontinent par terre ſi toſt qu'on leur preſente vn baſton à feu, ſe releuent promptement ſans par fois donner le temps de recharger, portent ſeule-

Maſſuës des Tapoyos.

ment des maſſuës larges & plattes au bout, faites d'vn bois dur, auec leſquelles ils fendent

d'vn seul coup des hommes en deux. Pourtant
& des vns & des autres les Hollandois s'en sont
seruis & fort bien trouuez, leur armée faisoit
auec eux de merueilleux progrez, les conduisoient par les lieux les plus aspres & les plus
difficiles, passoient eux-mesmes à la nage les
soldats qui n'osoient s'hazarder dans les grandes riuieres, marchoient & couroient d'vne
vitesse nompareille deuant, derriere & à costé, coupoient auec des haches qu'on leur
bailloit, les ronces & buissons espais qui re-
tenoient auparauant le monde tout court,
portoient deux à deux dans vne Aumacque, *Aumacque est vne*
qui est vne toile de cotton faite comme des *toile de coton dont se seruent les Ta-*
rets de pescheurs. Les officiers lassez ou indis- *poyos.*
posez, & les soldats malades, ils marquoiét les
embuscades, les menoient en lieu où les ennemis estoient surpris & tuez; s'il se falloit battre en raze campagne, les Portugais estoient
certains de perdre la vie s'ils ne se sauuoient;
car ces Tapoyos & Bresiliens acharnez vou- *Inhumanité des Ta-*
loient mesme tuer ceux qui les pensoient re- *poyos & Bresiliens.*
tenir prisonniers. Aussi iamais cela ne se fai-
soit que rarement & de soldats à soldats en
absence des autres: Les habitans de la campagne pris sous la protection de la compagnie
des Indes, encore qu'on leur donnast des sau-
uegardes, n'estoient pas neantmoins en seureté; de sorte que ce peuple Portugais ge-

B iij

missoit accablé d'vne si impreueuë desolatiō, virent les grands biens, or & argent dont ils regorgeoient, à l'abandon & au pillage, leurs voisins, parens & amis à chaque moment miserables victimes de ces sauuages qui se repaissoient de leurs corps, ausquels ils auoient fait esprouuer par le passé toute sorte de barbarie, ce que le Ciel irrité n'ayant pû souffrir, leur enuoya ce fleau, tant pour les chastier de cette tirannie, que pour les punir & estouffer les actions abominables dont ils estoient entachez, & si communement, qu'ils fournissoient d'exemples à toutes sortes de crimes & de saletez, viuoient à leur fantaisie & non selon Dieu qui sçait bien arrester les prosperitez de ceux qui le mesprisent.

Nous auons dit que le Roy d'Espagne & son Viceroy armerent puissamment pour s'opposer au rauage de cette compagnie des Indes, laquelle de sa part enuoyoit toutes les forces & munitions possibles pour les contrequarrer. Mon dessein n'est pas de parler en détail des batailles gagnées par les Hollandois, des sieges, prises, reprises & surprises des places, lieux & villes d'importance, du grand nombre d'hommes qui ont esté tuez en diuerses rencontres: seulement ie diray qu'en dixsept ans par la valeur de leurs soldats (dont la plusparty estoient François) & soubs la con-

faite au pays du Bresil. 15

duitte des Generaux Sigismond Schop, & Artichau Allemands, & le Comte Iean Maurice de Nassau, tousiours favorisez de la fortune, ils conquirent prés de trois cent lieuës de pays en longueur contigus l'vn à l'autre, & tous les forts & places qui le tenoient en bride, à le prendre par delà la Capitainie de Siara, proche la Ligne, iusques à la Baye de Todos los Santos qu'ils rangerét sous leurs loix. Tous les Portugais du pays, qui par ce moyen rentrerent peu à peu en leur premiere felicité, & principalement les maistres (ou comme ils appellent les Seigneurs d'Engins à sucre) épars par la campagne, qui possedoient plus de terre là que les grands Seigneurs n'en possedent en France, lesquels auoient communement à leur seruice iusques à cent & deux cents esclaues; des facteurs qui les faisoient trauailler à cultiuer les Canauia ou champs de sucre, à cueïllir les cannes ou roseaux de sucre, les porter & mettre au pressoir pour en faire sortir la liqueur, couper & amener le bois pour les fourneaux, se tenir auprès des chaudieres, faire cuire & recuire ce sucre pour le figer, luy donner sa couleur; & finalement le blanchir en cassonnade (auparauant que le raffiner) auec de certaine terre, de la cendre d'vn certain bois, & de l'huile d'oliue: Mais pendant la stabilité de ces aduantages les Ta-

Les premiers Generaux des Hollandois pour aller aux Indes ont esté Allemands.

Puissance des seigneurs d'Engins à sucre.

Façon de faire le sucre.

poyos & Bresiliens deuenus rusez, cacherent les hardes & ioyaux pris & butinez sur les Portugais : mais les officiers & magistrats du Recif en ayans connoissance & pretextants le bien de la compagnie pour se procurer le leur, firent deffences à ceux d'Europe (qu'ils appellent les blancs) de leur rien vendre, ny pareillement d'achepter d'eux soubs de grosses peines, cependant que leurs Commis leur debitoient de l'eau de vie, du vin d'Espagne & du Tobacq, desquelles choses ils sont extremement friands, & aussi d'autres petites curiositez, comme des toiles, peignes, cousteaux, aiguilles & espingles; de sorte qu'ils attirerent par cet artifice ce qu'ils auoient reserré & qu'ils abandonnoient à tel prix qu'on vouloit. La conuoitise de ces magistrats croissant dauantage, ils desseignerent de retirer encore des mains des soldats ce qu'ils auoient pû acquerir de ces sauuages & du pillage sur les Portugais ; & pource employerent l'inuentió de ne permettre qu'à ceux qui auoient leur ordre de leur vendre ny debiter aucune denrée, lors qu'ils les tenoient en campagne, que ce qu'ils disoient prouenir du magasin de la compagnie : rié donc en suite de ces ordres ne leur estoit refusé en leurs débauches, si long-temps qu'ils auoient dequoy, ou des gages pour payer ; de sorte que par cette dexterité
ils

faite au pays du Bresil.

ils s'attribuerent à la fin tout le profit : Et de plus afin de rendre leur commerce plus celebre, & pour augmenter leurs reuenus, ils appellerent des Iuifs d'Amsterdam en faueur des grands tributs qu'ils payent, leur donnerent deux synagogues, l'vne au Recif & l'autre en la ville Maurice, où ils leur permirent, comme aux autres de bastir. Plusieurs Portugais alors & qui auparauant auoient fait profession du christianisme en apparence y renoncerent ouuertement & se rangerent auec eux, & prattiquerent tant d'vsures & d'exactiõs indeuës, qu'ils succerét la cresme & la substance des biens des chrestiés insensiblement.

Iuifs d'Amsterdan appellez au Bresil & pourquoy.

Ces administrateurs de la chose publique qui n'auoient en recommandation que le lucre & profit de la compagnie (afin, disoient-ils, de supporter les frais de la guerre) exigerent de plus encore de tous les sujets des villes, bourgs & plat pays le vingtiesme denier de la valeur de leurs possessions à leur estimation, & à diuerses fois le dixiesme des loüages des maisons : si bien mesme que le pont de bois pour passer le trajet du Recif à saint Anthoniuas, sans les autres, fit gagner plus d'argent à ceux qui l'entreprirent pour l'vtilité publique, cent fois plus qu'il ne cousta, par les impositions que les partisans qui s'accordoient auec les Magistrats firent payer au Re-

Exactions pratiquées par les Holandois.

C

cif, à la ville Maurice en particulier, & à tout le plat pays en general, exigeás des impofitiõs pour les hommes, cheuaux, charretes & marchandifes, fi exceffiues, qu'vn homme à cheual & fon efclaue payoit trente deux fols, pour le droit de paffage fur ce pont: De plus il n'eftoit pas permis à qui que ce fut, mefme aux Hollandois d'y trafiquer & rien amener que dans les nauires de la compagnie, outre que les marchandifes y contenuës eftoient chargées de tant de gabelles pour les droits d'enregiftrement, reconnoiffances, controolles, auaries de mer, defcente, verification, place de magafin, droit de traite foraine, que le peu de gain qui reftoit apres ces fubfides, auroit degoufté les plus laborieux, n'eut efté la vente qu'ils en faifoient aux Portugais à prix exceffif & déraisónable: de méme les facteurs de la cõpagnie qui en fon nom faifoiét commerce de toutes chofes, iufqu'à des chapeaux, cazaques, pourpoints, toiles, chemifes, rabats, vin, bierre, eau de vie, beure, fromage, huile, fuif, farine, &c. leur en donnoient à credit à des prodigieufes fommes, fe payants en apres en fucre, cotton, gingembre, tobac, qu'ils prenoient à tel taux qu'il leur plaifoit. Au regard du bois de brefil il eftoit cenfé du domaine de la compagnie qui le faifoit couper & en ofter le aubourg par leurs efclaues, dont elle tiroit de grands deniers. Auffi, le haut confeil decla-

faite au pays du Bresil.

ra luy appartenir tous les tresors, hardes & butins cachez dans les bois & par les champs, les cheuaux (approchans en bonté à ceux d'Espagne, dont pourtant on ne se peut seruir à la guerre pour la difficulté des chemins) les bœufs, vaches, brebis, porcs, chevres & autre bestail domestique delaissez par les Portugais morts, ou qui s'estoient retirez du costé de la Baye de tous les Saints.

Alors les Portugais sousmis à la domination Hollandoise, ausquels il estoit deffendu étroitement de peur d'emotion, de tenir en leurs maisons aucune poudre à canon, ni bastó à feu, venoient souuent faire d'aigres plaintes contre ceux qu'on enuoyoit foüiller leurs logis, de ce que ces deputez mêmes iettoient, disoient-ils, en secret ordinairement de la poudre dans les recoins, & ausquels ils étoient contraints de débourcer de bonnes sómes crainte d'estre accusez, & sur leur denonciation mis en peine & constituez prisonniers, comme il estoit ià aduenu à plusieurs. *Infame inuention des Hollandois pour tirer de l'argent des Portugais* Les officiers & soldats, tant des garnisons que de la campagne se monstroient aussi mal contents, de ce qu'au lieu de leur distribuer les viures pour leur ration de chaque sepmaine, selon qu'on les trouuoit aux magasins, les commissaires choisissoient les meilleurs pour les vendre aux Portugais, & ne leur donnoiét que les gaftez & corrompus qu'ils alloient plutoft rechercher ou efchanger chez les particuliers. C'eftoit vne grande faueur à tous ceux gagez de la compagnie de leur aduancer en hardes ou en argent quelques mois de leurs falaires, qu'on leur contoit au triple: la plus grand part preffez de la neceffité, pour eftre fecourus n'auoient point d'autre refource, que de vendre & ceder aux bourgeois, ou aux Iuifs les pretentions de leurs feruices de 2. 3. 4. ou 5. ans pour le quart en argent comptant de ce qui leur eftoit deub. Encore qu'on n'en-roolaft perfonne que pour trois ans, ceux qui auoient ferui dix à douze ans, à peine obtenoient-ils leur congé, & ce qui eftoit infupportable, c'eft qu'apres qu'ils eftoient embarquez pour s'en reuenir, auec bon paffe-port, s'il arriuoit que les nauires trop vieux, par la faute du pilote ou autre accident, vinffent à fe brifer, échoüer, ou eftre pris des pirates, ou des ennemis, on refufoit en Hollande, à ceux que le bon-heur auoit refchappé du peril, le payement & la recompenfe de leurs falaires, parce (leur difoit-on) qu'ils n'auoient pas fçeu conferuer le nauire qu'on leur auoit fié, où la cōpagnie perdoit mille fois plus qu'eux: mais les Anglois faifoient reparer cette iniuftice à ceux de leur nation, en iuftifiant par billets (qu'on donnoit au Recif) du temps de leur seruice & des gages promis, arrestoient le premier vaisseau Hollandois qui ancroit dans leurs havres & n'en sortoit point que le patron n'eut payé, dont on luy donnoit quittance, & son recours sur la compagnie, qui estoit en apres condamnée à le rembourcer auec interests. Les gouuerneurs de Dieppe & Calais ont aussi imité ce procedé pour les François, mais rarement & auec plus de longueur. Les teneurs des liures où les noms des gagez au seruice de la compagnie estoient enregistrés, le iour & datte de leur venuë & les auances qu'on leur faisoit, estoient escriptes en feüillets separez pour deuenir riches durant leur sejour, faisoient mille friponneries, & remplissoient les papiers de faux payeméts, & apres l'auoir fait verifier en la chambre des comptes, approuuer par les tresoriers qui en donnoient mandats sur les payeurs d'Hollande qui s'accordoient ensemblement, foy y estoit adioustée: les soldats auoient beau crier & iurer de n'auoir rien receu, ceux qui sçauoient escrire qu'ils en eussent passé quittance, le teneur de liure estoit loin, il n'y auoit plus de remede; tellement que quelques-vns de ces ieunes hommes qui auoient essuyé tant de dangers & consumé leurs plus belles années à ce seruice, n'ayants rien de reste par la fraude de ces faussaires s'estranglerent de desespoir.

C iij

Les autres qui eurent plus de conſtance, accompagnez des inconſolables eſtropiats &
manchots, qui ne pouuoient eſtre ſatisfaits
des ſommes promiſes par les articles de la
compagnie pour la perte de leurs membres,
auec les vagabonds & banqueroutiers furent tenir les bois, & à l'impourueu alloient
ſaccager les Engins à ſucre & maiſons cham-
peſtres, eſloignées à l'ordinaire d'vne ou deux
lieuës les vnes des autres, tuoient les paſſans
& les deſtrouſſoient : Il eut fallu des regiméts
pour les emieloper : mais les gens de guerre
eſtans occupez ſur les frontieres, les marchands & voyageurs ſe virent contraints
de ſe ſeruir des ſoldats des garniſons pour eſ-
corte, qu'ils nourriſſoient & payoient de leurs
iournées. Il eſt vray que pour y remedier l'on
ſupplicioit exemplairement tous ceux qui
tomboient entre les mains de la iuſtice, cependant que les autres ne ceſſoient pas de rauа-
ger. Auſſi ce fut ce qui donna iour aux Portugais de venir demander inſtamment permiſ-
ſion aux ſeigneurs du Conſeil d'auoir des armes pour ſe deffendre des incurſions & volleries de ces brigans, qui leur viendroient couper la gorge : mais la crainte que ces ſeigneurs
conceurent que s'ils leur donnoient des armes, cela pourroit exciter de la ſedition & les
obliger à tramer & minuter quelque de-

sordre, leur en fit faire d'abord quelque difficulté : mais à la fin considerant qu'il n'y auoit point d'apparence de les exposer à la boucherie des voleurs & les priuer des moyés de leur resister, ils leur accorderent d'auoir des fuzils & mousquets à la marque de la Compagnie seulement, à la charge de les rapporter dans le magasin, incontinent qu'il leur seroit ordonné, & de receuoir en chaque maison vn ou deux soldats, expres pour prendre garde à leurs deportemens. Apres cette permission ils furent du commencement si exactement obseruez, qu'au moindre soupçon de remuëment, ou qu'ils eussent quelque communication auec les autres Portugais du party contraire, le Comte Iean Maurice de Nassau faisoit emprisonner les chefs & principaux, qui ne sortoient pas de ses mains, sans y bien faire son compte, comme en d'autres choses, dont la compagnie des Indes ne luy en sçait pas trop de gré, parce, disent-ils, qu'il en a plus que pas vn escumé le pot, auant qu'en sortir. Pourtant auec succession de temps les Portugais sçeurent si bien charmer par leurs presents & cajolleries les grands & les petits, & se monstrerent si liberaux pour les armes qu'on leur prestoit, que leur gratitude estoit au triple de leur iuste prix : aussi l'enuie de gagner, qui saisit tout le monde, porta les commissaires &

Auarice honteuse de Iean Maurice de Nassau.

beaucoup de particuliers de leur en vendre; de sorte que les Portugais curieux de s'é pouruoir les achetoient tousiours argent comptant, & en donnoient communement trois à 400. liures de la piece, & dit-on mesme d'vn seigneur d'Engin qui en achepta deux 700. liures chacun. Mais Dieu qui délors recognut l'auarice extreme des Hollandois, les aueugla tellement par l'interest, qu'il permit enfin que les Portugais estans munis d'armes à feu & de cette nature, dont ils tiroient vn profit inestimable; ces mesmes armes qui auoient esté les instrumens de leur auarice furent ceux de leurs ruines & de leurs pertes, comme le lecteur le recognoistra par la suitte de ce discours.

Quant à l'estar de la religion, il y auoit liberté de conscience, mais la Messe ne se disoit que dans le plat pays (& non dans les villes & places fortes) par des Capucins & Cordeliers, (& non des Iesuites qu'on n'y vouloit pas voir) lesquels y estoient enuoyez par l'Euesque de la Baye de tous les Saints, & estoient obligez auparauant que de s'ingerer d'officier, de se presenter aux seigneurs du Conseil du Recif, demander leur consentement, prester le serment de fidelité de ne se mesler que d'instruire le peuple en la crainte de Dieu, honorer les magistrats, bien viure auec leur prochain,

La Messe ne se disoit que dans le plat pays, & non pas dans les places & villes, par Capucins & Cordeliers seulement, & non par les Iesuites.

prochains, & non des affaires d'Estat, donnoient caution & respondants de leurs actiós. Les Hollandois faisoient prescher par tout en Flamand, François, Portugais, Anglois, & aux Bresiliens par des ministres, qui dés leur ieunesse auoient appris leur langage, & auoient esté estudier aux Vniuersitez de Leyden, Vtrecht, & Groningen, qui demeuroient parmy eux auec des maistres d'escole qui les y apprenoient à lire & à escrire en chaque Aldée. Pour les Tapoyos il n'auoit pas encore esté possible de les persuader, à cause que le diable les menaçoit & mal-traittoit lors qu'ils en pésoient conferer, & qu'ils ne voyoient point reluire de sainteté entre les Chrestiens, leur reprochoient d'estre plus meschans qu'eux, propres à dire merueilles & ne rien faire qui approchast de leurs belles leçons, & d'effect la pieté ne fut iamais si refroidie en vn pays où l'air a tant de chaleur : tous les vices y estoient en vogue, les temples de l'vne & l'autre religion peu ou point frequentez, le peu de soin d'y enuoyer leurs esclaues & leur enseigner à prier Dieu estoit cause qu'ils viuoient comme des bestes, sans autre soucy que d'en tirer seruice, à peine auoient-ils le iour du Dimanche pour repos. Les Iuifs s'adonnoient bien mieux à instruire les leur en leur creance, mais tous indifferemmét menoient vne vie lasciue

Irreligion de ce pays.

D

& scandaleuse, Iuifs, Chrestiens, Portugais, Hollandois, Anglois, François, Allemands, Negres, Bresiliens, Tapoyos, Molates, Mammelus & Criolles habitoient pesle-mesle, sans parler des incestes & pechez contre nature, pour lesquels plusieurs Portugais conuaincus furent executez à mort. Mais voicy vn prodigieux effect d'auarice qui ne paroistra pas de prim'abord vray semblable, que les vns & les autres de ces Iuifs & Chrestiens faisoient commerce non seulement des enfans des femmes esclaues qu'ils permettoient aux Negres de venir abuser en leurs maisons, mais encore de ceux qui auoient esté engendrez de leur propre sang auec les Negrines lesquelles ils débauchoient & tenoient comme concubines, vendoient & acheptoient, comme l'on fait icy les veaux & les moutons, estant remarquable que tout ce que les magistrats firent à cela, fut d'ordonner la liberté à l'esclaue débauchée par son maistre.

Exemple d'vne prodigieuse auarice.

Remede contre les lasciuetez qui se pratiquoient aux Indes.

Nonobstant cette generale corruption de mœurs qui ne presageoit que quelque étrãge calamité, les armes des Hollandois ne laisserent pas de fleurir & de remporter de continuelles victoires sur le Roy d'Espagne, de sorte qu'ils deuindrent paisibles possesseurs, comme nous auons dit, de prés de trois cents lieuës de pays, dans lesquelles sont comprises les Capitanies & places de Siara, faint André, Riogrande, Conhahu, Parayba, Frederichftad, Goyane, Olinde, le Recif de Fernambourgh, Cap faint Auguftin, Serinhan, Porto Caluo, Rio S. Francefco, les ifles Fernandes & de Tamarica, &c. Ils mettoient defia la Baye de tous les Saints en ceruelle, laquelle ils auoient vne fois prife, gardé vn an feulemét, & máqué vne autre fois; & les foldats ne demandoient qu'à reparer cette bréche à leur reputation, & y retourner planter vn fiege : Ils eftoient au nombre de dix ou douze mille hommes effectifs tous braues guerriers, ils auoient les Brefiliens & Tapoyos à eux, leurs places fortifiées & munies de bonnes garnifons : car puis que tout cedoit à leur valeur, ils fe promettoient d'y foufmettre encore vne fi confiderable, riche & importante ville ; auffi ce n'eftoit pas fans raifon que de vouloir entreprendre vn fi bel exploict, & de s'efforcer à y reüffir, veu que c'eftoit le plus haut point où pût monter leur ambition, & que par la poffeffion de cette ville ils fe rendoient abfolus d'vne fi lógue, fi belle & fi fertile contrée que le Brefil : Les preparatifs de guerre eftoient autát bien ordonnez pour ce deffein, que le courage des foldats eftoit difpofé à vaincre : auffi à confiderer l'eftat de cette place alors, les Hollandois l'euffent emportée facilement, mais la

Pays conquis par les Hollandois.

reuolte de la couronne de Portugal de l'obeyssance de celle de la Castille aduenuë en 1641. fut le coup fatal qui borna leurs triomphes, arresta les trophées que le merite de tant de genereux soldats auoient acquis à la compagnie des Indes, ainsi que nous allons monstrer cy-apres.

Chacun sçait que la haute resolution des Portugais à s'affranchir de la sujetion d'Espagne, fut si ingenieusement executée, que presque en mesme temps & en tous les lieux où ils auoient esté les dominateurs, & dont les Castillans s'estoient rendus maistres, quoy que distans de mille à deux mille lieuës les vns des autres, ils furent exterminez par ces Portugais ; particulierement au Bresil où la race en fut esteinte ; Ce que ceux de la Baye de tous les Saincts firent soudain sçauoir au Conseil du Recif, auquel ils demanderent trefue sous esperance de traitter des moyens de viure bōs amis par ensemble : cela confirmé par lettres d'Hollande, on ordonna vn ieusne publiq au Recif, & dans l'estenduë de la conqueste pour remercier Dieu de l'affoiblissement des forces d'Espagne & de la liberté recouurée par ceux de Portugal. Dom Iean quatriesme leur nouueau Roy enuoya des Ambassadeurs aux Roys, Princes & Republiques de l'Europe, demanda leur amitié & du secours au Roy

1641.

Execution prompte, des Castillans par les Portugais.

Ieusne public ordonné en action de graces.

de France & à ses alliez. Les Estats generaux luy enuoyerent des nauires armez, des soldats & des viures, & à sa poursuitte & priere traitterent la paix auec luy pour tous les pays & subjets qu'ils possedoient l'vn & l'autre delà & deçà la ligne equinoctiale, Europe, Afrique & Amerique, & specialement au Bresil, dont voicy les articles sommaires. Que les Etats generaux & la Compagnie des Indes sous eux demeuroient seigneurs souuerains & proprietaires de tous les pays, isles & peuple qu'ils y auoient conquis depuis qu'ils y auoient porté leurs armes iusqu'à l'an 1641. & que l'autre partie de ce Bresil appartiendroit à Dom Iean quatriesme & ses successeurs, comme legitime Roy. Que toutes guerres & actes d'hostilité cesseroient à l'aduenir, seroient oubliez de part & d'autre, que leurs subjets pourroient aller & venir & negotier ensemble, & que defences leur estoient faites de s'entrequereller pour le passé à cause de la religion, &c. Les Etats generaux n'auoient point d'enuie de comprendre le Bresil dans ce traité, par l'aduis que quelques iudicieux leur en donnerent: mais la Compagnie des Indes par ses importunes remonstrances les y fit condescendre: Les Religieux de Portugal qui vindrent à la Haye auoient visité les Dix-neuf, & representé que puis qu'il leur estoit facile de viure tous heu-

Articles accordez au Roy Dom Iean quatriesme.

Remonstrance faite par les Religieux aux Dixneuf.

reux en vn si beau climat, il n'en falloit plus faire le theatre de la guerre pour respandre le sang chrestien, que les hommes, ces precieux ouurages du Dieu viuant, apres tant de meurtres & de carnages, dont la pensée donnoit de l'horreur, fissent reflexion & reconnussent qu'ils n'estoient pas sur la terre pour s'égorger, mais plustost pour s'épargner & s'entresecourir; que la guerre estoit la mortelle ennemie des vertus, l'eschole de l'impieté, la ruyne & le degast des dons & biens que la bonté diuine nous départ & rendoit les lieux où elle étoit receuë tousiours miserables; que la Compagnie deuoit butter à vne prosperité innocente; & non pas puiser sa felicité dans les saccagemens & destruction de leurs voisins; qu'il n'y auoit que la paix qui pût les rendre contents également : & d'effect ces Dixneuf examinerent combien de tresors il en reuiendroit dans leurs coffres, que de deniers épargnez pour eux qu'il falloit destiner aux gés de guerre par terre & par mer, & qui consumoiét la quintessence de leur reuenu, qu'ils auoient assez de pays & d'habitans pour le cultiuer, & que dans vne tranquillité de 13. à 14. ans qu'ils auoient seulement à en iouyr, ils feroient des profits immenses & auroient des commoditez sans exemple. Les Estats persuadez de ces raisons approuuerent ces sentiments, & creurent aussi que ce seroit-là vn puissant lié pour les attacher à cette nation, & par ce moyen terrasser les Espagnols, & faire la conqueste de ses plus belles prouinces.

La paix donc estant generalement establie, auparauant que la nouuelle en fut publique au Recif, pendant que les nauires qui la portoient estoient en chemin, les seigneurs du Conseil mirent en mer vne flotte laquelle prit sa route vers l'Afrique où ces Portugais auoient de bonnes places, & aussi auoient fait mourir les Castillans qui les y auoient maistrisez. Ces Portugais disent que ces nauires partis d'Hollande pour porter la paix, la rencontrerent & qu'ils furent priez par celuy qui la conduisoit de ne diuulguer pas les auoir veus, qu'on ne fit pas si tost trompetter cette paix, parce qu'ils alloient exploitter vne belle entreprise en peu de temps; que continuants chacun son chemin, la flotte fut prendre terterre en Angola à 700. lieuës du Recif en diamettre, surprirent & forcerent la ville & forteresse de Loanda de san Paulo, Marahon, saint Thomas & autres lieux, firent main basse des Portugais, en prirent d'aucuns prisonniers & en vn instant se virent seigneurs du pays. La paix ce pendant se publia de part & d'autre au Bresil, le Viceroy & le Comte Iean Maurice de Nassau iurerent de la faire garder inuiolablement de point en point, s'entreviſiterent à la Baye & au Recif; ce ne fut alors qu'acclamations, feux de ioye, que feſtins & paſſetemps. Mais la priſe d'Angola fit du murmure, & le Viceroy ſe contenta d'en faire uertir incontinent le Roy de Portugal ſon maiſtre qui eſtoit occupé à s'eſtablir: Les ſeigneurs du Recif enuoyerent pareillement des deputez aux Eſtats generaux & à la Compagnie des Indes pour les inſtruire de leurs raiſons: Dom Iean quatrieſme ne manqua pas d'en faire faire plainte à ſa Majeſté Tres-Chreſtienne, laquelle en fit faire des remonſtrences par ſon Ambaſſadeur ordinaire en Hollande, aux Eſtats generaux, où celuy de Portugal preſent allegua que ces places auoiét eſté priſes côtre leur traitté de paix, duquel les Hollandois & Portugais eſtoient aduertis au Breſil; qu'on en auoit eſcript à ceux d'Angola qui ſe laiſſerent aborder par les troupes de la Compagnie, & ſans reſiſtance les y laiſſerent entrer pour les accuëillir comme amis, & qu'au meſme inſtant ils s'en virent generalement maſſacrez, & leur pays & places perduës; & en demandant la reſtitution auec intereſts, comme pareillement iuſtice de cet attentat: Les deputez du Recif dirent que ce diſcours eſtoit ſuppoſé & calomnieux, qu'ils n'eſtoient aduertis de la paix, & que leur flotte eſtoit

Recif eſt la capitale ville & la Cour du pays poſſedée par Meſſieurs les Eſtats au Breſil.

estoit partie & desia en Angola quád les lettres arriuerent: que quoy que les Portugais dissent qu'il y auoit paix, elle ne leur estoit pas certaine, qu'ils n'estoient pas tenus, ny ne deuoient adiouster foy qu'aux lettres de leurs superieurs, qu'incontinent la paix sceuë & publiée ils le manderent à la flotte, qu'on trouua auoir desia conquis les pays & places, qu'ils mirent aussi tost les armes bas & demeurerent seulement dans la deffensiue, que les Portugais s'estoient bien deffendus, & valeureusement employez pour les empescher de leur dessein, que plusieurs Hollandois y estoient demeurez morts, & qu'on ne pouuoit pas dire que ceux du Recif eussent enfraint la suspension d'armes accordée pour le Bresil, & non pour l'Afrique: que la conqueste qu'ils y auoient faite estoit de bonne guerre, leur appartenoit legitimemét par le droit des armes, & qu'ils ne deuoient ny ne pouuoiét la rendre. Les Estats generaux firent sçauoir que cette affaire estoit de quelques particuliers, & qu'il estoit necessaire qu'ils fussét informez de la verité auparauát que de répondre: mais par prouision les Hollandois garderét les places & le pays, y mirent vn directeur auec quelques officiers de plume, pour le regir par leur ordre, & portant le pouuoir de iuger souuerainement à mort, excepté les officiers, dont les

Politiques se retindrent la cognoissance, rechercherent l'alliance des Roys de Congo & Reyne d'Angola, qui leur permirent de bastir & habiter à deux ou trois lieuës le long de leurs costes & non plus, & tirerent plusieurs richesses du trafic qu'ils faisoient auec leurs subjets.

 Encore que le Roy de Portugal ne peust digerer cette perte qu'il appelloit vne vsurpation, il n'osa pas toutesfois renouueller la guerre, parce qu'il ne se sentoit pas assez puissant, outre que le Bresil n'estant peuplé & cultiué que par ses subjets naturels, il creut qu'il ne luy seroit pas impossible vn iour de s'en faire seul possesseur par vne autre voye que celle des armes: qu'il falloit dissimuler & ne point faire esclatter son ressentiment, ne plus parler d'Angola & passer cela sous silence, se preualoir de cette paix & s'en seruir autant qu'il le verroit propre à disposer ses desseins. Et en effet cette prise d'Angola n'apporta aucune alteration, & demeura en apparence comme assoupie. Les Portugais du Roy semblerent pluftost ietter les fondemés d'vne perdurable concorde, pour nous apprendre combien il est dangereux de se fier aux ames doubles, & qu'il vaut bien mieux auoir vne perpetuelle guerre auec les perfides & dissimulez, que de leur donner la paix, puis qu'elle ne leur est

qu'vne couuerture & vn voile pour mieux
deceuoir & tromper ceux quis'y fient. Ainsi
ces nouueaux reconciliez diligents à preue-
nir les Hollandois par compliments & ciuili-
tez, qu'ils accompagnoient de curieuses &
riches liberalitez, passans dans l'estime des
seigneurs du Recif, pour les plus sinceres des
hômes, les aueuglerent par leurs caiolleries, &
pendant ce temps ils estudioient auec les Portugais du pays les moyés de les suplanter, ani-
mez de l'enuie qu'ils auoient de ne se voir que
sous vn mesme maistre; si bien qu'ils se monstroient fort soupples aux magistrats, qu'ils ne
les approchoient qu'auec de profõds respects
& si humbles soubmissions, qu'il eut fallu lire
dans leurs cœurs pour mal presumer de tant
d'accortises; mesmes ils ne vouloient point
de procez, passoient au mot des Hollandois,
& les faisoient iuges de leur cause propre. Les
Portugais assez sobres à leur table se contrai-
gnoient à faire de splendides banquets, ausquels ils inuitoient les Hollandois, pour s'in-
sinuer insensiblement en leur bien-veillance; de sorte qu'ils sçeurent si bien les endormir
par ces agreables artifices, ausquels se ioignoit
l'affluence de l'or & de l'argent, que les Portugais du Roy apportoient expres au Recif,
pour l'achapt de toute sorte de denrées, qu'ils
feignoient de venir rechercher, quoy qu'on

leur en fournissoit assez de Portugal & d'aussi bonnes, que les piastres y deuindrent si communes, que les merciers & reuendeurs en remplissoient les cassettes. Les choses estoient montées à vn prix incroyable, la liure de mouton ou de veau quarente sols; celle de porc, qui est en ce lieu-là la plus saine & la plus delicate, trois liures, vn œuf frais dix sols, vne poule dix liures, vn cochon de laict quinze liures, & vn cocq d'Inde vingt-cinq liures, la paire de pigeons trois liures, le vin d'Espagne, de France, & la bonne biere cinq liures la pinte mesure d'Amsterdam, qui n'est que la chopine de Dijon, la grosse toile cinquante sols ou trois liures, la moindre monnoye étoit vn sol; vne pistole par teste dans les hostelleries aux gens de mediocre condition étoit l'ordinaire. Les facteurs des seigneurs d'Engins auoient des trois à quatre mille liures de gage, tellement que qui estoit libre, auec vn peu d'industrie amassoit beaucoup de biens. Toutes marques que la colonie Hollandoise imputoit à la grandeur de ses conquestes: mais plustost si elle l'eust pû connoistre, des augures sinistres de son prochain aneantissement, semblable à ces flambeaux qui ne rendent iamais vne plus lumineuse clarté, que lors qu'ils sont prests à s'esteindre.

La compagnie des Indes, auprès de laquel-

Cherté extraordinaire.

le le conseil du Recif auoit mis en si bonne opinion tous les Portugais, leur mandant le grand fruit que la paix produisoit, fut inuitée de retrancher tant de dépenses inutiles, que la guerre auoit rendu necessaires, & ne considerant plus sa milice que comme vne épine au pied, dont elle se pouuoit deffaire ayséement, en retint seulement 15 ou 1600. à sa solde, qu'elle entretint comme des mortes-payes dans les fortes places, & tout le reste fut congedié & renuoyé en Hollande. Plusieurs demeurerent dans le pays à trafiquer, qui seruirent d'autant d'habitans, & afin de les y mieux obliger, leur prestoient ou vendoient à bon prix des esclaues de la compagnie qu'ils faisoient trauailler. Le Comte Iean Maurice de Nassau s'en reuint en Hollande apres diuerses semonces, ayant emmené auec soy quantité de richesses qu'il y auoit amassées pendant le sejour de six années, auec deux mille soldats pour vne fois, & laissa le faix du gouuernement au College du haut Conseil, dont il estoit chef, composé de trois personnes, Hamel marchand d'Amsterdam, Bassi orfévre de Harlem, & de Bullestrate maistre Charpentier de la ville de Mildebourg en Zelande, qui auoient le sens commun tres-bon à balancer en vn contoir les ventes & achapts, dépences & receptes de la compagnie & propres

College du haut Conseil composé de deux marchands & vn Charpentier.

E iij

à se souuenir du nombre des coffres de sucre des magasins : mais que la nature n'auoit pas doüé des qualitez necessaires pour tenir le timon d'vn souuerain gouuernement ; & leur education dans les arts mechaniques les declaroit incapables du iugement & preuoyance requises pour maintenir & conseruer vne si grande estenduë de pays, & tant de peuples, & differentes nations. Le Roy de Portugal qui auoit l'œil au guet, ne manqua pas d'en auoir aduis par les pensionnaires secrets qu'il auoit parmy ceux de la sujettion Hollandoise, qui prenoient vn soin particulier de s'instruire & penetrer dans les affaires sans estre apperceus des seigneurs, qui n'auoient l'esprit tendu qu'à ces nauires d'Angola qui arriuoient de mois en mois au havre du Recif, chargez en partie d'or de Guinée, dents d'elephants & autres choses : mais sur tout de multitude de pauures esclaues nuds, nourris comme des chiens, que le Roy de Congo, Reyne d'Angola, ou leurs Fidalques, c'est à dire gouuerneurs, eschangeoient pour de la toile, des chapeaux, diuerses sortes d'instruments de fer, vin & eau de vie : car l'or & l'argent n'est pas en vsage parmy eux, & se seruent de petites coquilles fort iolies, qu'on trouue sur le bord de certaines riuieres, au lieu de monoye. Ces esclaues sont des prisonniers de guerre,

Fidalques & ce que c'est.

ou quelques-vns qui ont commis des crimes, pour lesquels ils ne font iamais mourir personne, excepté pour ceux d'Estat, & pour toute peine sont condamnez à estre vendus. Le profit que la compagnie faisoit, ou plustost pensoit faire à la vete de ces hommes eut esté indicible, s'ils eussent été payez: car ils ne pouuoient suffire à en faire venir, chacun les desiroit comme vn fonds où consistoit leur reuenu, dautant que les habitans qui sont faineants ne subsistoient que de leur trauail, mesme les Portugais du Roy en venoient achepter, à cause qu'ils n'en pouuoient presque plus auoir que des Hollandois qui s'estoient rendus maistres du pays, comme il a esté dit, où il les alloient querir auparauant. Tel esclaue bien robuste & puissant coustoit 15 à 1600. liures: mais ce qu'il y auoit icy de simplicité aux Hollandois qui faisoient tant les fins en vendant cherement, c'est que ces ventes & marchez, aussi bien que les autres marchandises n'etoient qu'à credit, moyennát pourtant quelques presens, qui tindrent à la fin lieu de principal & interests. La precaution que prenoient les seigneurs du conseil, estoit de faire donner respondants à ceux de la Baye, de personnes qui fussent leurs subiets, pour les sommes dont ils s'obligeoient, & qu'ils promettoient d'acquitter en sucre.

J'apprehende quaſi d'exprimer la façon inhumaine & impitoyable dont on vſe enuers ces malheureux captifs, puis qu'elle va au delà de la compaſſion, & excite le fremiſſement. Ils eſtoiēt tellement gehennez au trauail aſſiduel qu'on leur marquoit, qu'encore qu'il excedaſt leurs forces, ſi quelqu'vn manquoit à point nómé à faire ce qui luy eſtoit preſcript, on le lioit & garrottoit en preſence de tous les autres eſclaues qu'on faiſoit aſſembler : le facteur commandoit au plus fort & vigoureux d'entr'eux de le frapper, & donner deux à trois cents coups de corde ſans diſcontinuer, depuis la plante des pieds iuſques ſur la teſte, de ſorte que le ſang en ruiſſeloit de toutes parts, & que la peau toute deſchirée de coups eſtoit frottée de vinaigre & de ſel, ſans qu'ils oſaſſent crier ny ſe plaindre, à peine d'en receuoir le double : quelquefois ſelon la grandeur de la faute ce chaſtiment ou pluſtoſt bourrellement eſtoit redoublé par deux ou trois iours conſecutifs ; delà on les ſerroit en vn lieu obſcur enchaiſnez, & le lendemain plus ſouples qu'vn gant on les remettoit à la beſongne, où pluſtoſt que de manquer ils ſe tuoient de peine, tout nuds comme les beſtes, leurs corps fondants en ſueur enduroient patiemment l'ardeur des fourneaux qui purifioient le ſucre & les rotiſſoient tous vifs, ſans oſer

Cruauté prattiquée enuers les captifs.

faite au pays du Bresil.

oser se retirer ny cesser de remuer auec des pesles & grands bastons le sirop; de sorte que pour diuertir les flammes & les estincelles de feu qui s'attachoient à leur peau & la grilloient, ils n'auoient autre liberté que celle de se tremousser. La nourriture mesme leur étoit déniée, & on ne leur départoit seulement que quelques pieces de terre dans lesquelles, pendant le temps limité pour leur repos (car on les releuoit de douze heures en douze heures) ils semoient des poids, des febues & du mil, ou bled de Turquie, & faisoient eschange de leur grape (boisson qu'ils font auec de l'eau qu'ils iettent sur la gesne des cannes de sucre brisées, lors qu'elles sont hors du pressoir) auec de la racine & farine de Mandioque qui leur sert de pain, que les esclaues de Labrador, qui se meslent d'en faire, & viuent de cette sorte, leur fournissoient, & estans malades ils en auoient moins de soin que des bestes. Que si quelqu'vn tuoit l'esclaue qui n'estoit pas sien, il en estoit quitte en payant au maistre ce qu'il estoit estimé, & n'y auoit que l'action ciuile pour ce regard; estants morts la ceremonie étoit de leur faire lier le corps par trois ou quatre endroits à vne perche, & deux de leurs camarades les troussoient sur leurs espaules & les alloiét ietter dans la mer ou en quelque riuiere. Il leur estoit impossible de se desgager d'v-

Boisson extraordinaire.

Ceremonie apres la mort des esclaues.

F

ne si detestable seruitude, veu que s'ils pensoient s'échapper, au lieu de trouuer du refuge, reconnus à la marque de leurs maistres qu'ils leur imprimoient en diuers endroits de leurs corps auec vn fer chaud, ils y estoient ramenez & traittez comme il a esté dit. Ez lieux aussi où ils ont pû se soûleuer, il n'y auoit point de cruauté comparable à la leur, & il est impossible de bien representer de quel genre de langueur ils faisoient finir la vie à ceux qui les auoient ainsi tourmentez de la sorte, comme on l'a veu arriuer plusieurs fois.

Il est vray que les Hollandois n'exerçoient pas cette sorte de barbarie, mais leur auarice y contribuoit indirectement: car cette grande cherté où ils auoient mis toutes choses, au moyen de leurs imposts, obligeoit les marchands & particuliers qui vouloient beaucoup profiter, d'en hausser excessiuement le prix aux Portugais, qui de necessité passoient par leurs mains, & ausquels il eut esté impossible de subsister ny se conseruer dans leur condition ordinaire, tant pour l'entretien de leurs familles, que pour les presens & les gros payemens qu'il falloit faire, sans redoubler leur rigueur à leurs esclaues, dont ils estoient obligez de grossir le nombre, ce qui ne se pouuoit faire qu'en s'endebtant, afin que leur trauail pût suffire à les acquitter. Durant quelque temps pour se maintenir en bonne odeur, ils fournirent si grande quantité de sucre au Recif, pour la compagnie & à leurs autres creanciers, que les magasins n'estoient pas pluftost vuides qu'on les voyoit remplis, & dont on chargeoit les nauires qui estoient menez en Hollande, d'où on en enuoyoit d'autres pleins de denrées qu'on debitoit confusemét toufiours à credit ; en sorte qu'il se trouua que les seuls interests absorboient tout le reuenu qui pouuoit prouenir du labeur des Portugais & de leurs esclaues, consideré que la liure de sucre noir fut mise à si vil prix, qu'on la donnoit à vn sol, & celle de blanc à trois, au lieu que s'il eut fallu payer les esclaues de leurs iournées, & les nourrir, comme l'on fait les mercenaires en ce pays, elle reuiendroit à bien plus grand prix.

C'estoit ce que le Roy Dom Iean souhaittoit le plus que de voir les Portugais de la conqueste fort engagez aux Hollandois, il leur auoit fait mesme conseiller de ne point craindre de s'endebter, & toufiours prendre ce qu'ô leur voudroit donner à credit, afin d'alliener toufiours dauantage les debteurs de leur creanciers, quand pour l'acheminement de ses intentions, il leur proposeroit non seulement l'exemption de tout payement, mais qu'il leur abandonneroit les moyens de ceux qui auoiét

F ij

droit de leur demander. Il n'y auoit encore que quelques affidez qui sçauoient le secret & donnoient des aduis en cachette de tout ce qui se passoit chez les Hollandois, nommément Iohan Fernandes Diera Molate, qui exageroit iusques aux moindres choses. Par luy on sçeut en Portugal la punissable negligence de ces seigneurs du haut Conseil qui laissoient déperir les bastions & bouleuards des forteresses dégarnies de soldats, admettoient les Portugais aux charges & offices de iudicature dans le plat pays, qui n'estoit peuplé d'autres gens, ne parloient plus de s'enquerir s'ils auoient des armes, distribuoient les facultez de la Compagnie sur des cedulles, viuoient comme dans vne securité, & sans autre preuoyance que de faire courir les sergents leur demander de l'argent; estoient facilement charmez & tous les autres magistrats par des dons & presents. Le Roy de Portugal iugea que c'estoit là le vray temps dont il se falloit preualoir pour les supplanter & s'en faire absolu. Il estoit tres-bien informé que le Bresil n'estoit pas peu de chose, qu'il se pouuoit estimer autant que son Royaume, s'il en estoit le seul seigneur, qu'il rendoit autresfois à Dom Sebastien Roy de Portugal ***** ducats clair & net annuellement dans ses coffres, sans les dons gratuits, & ce nom-

Iohan Fernandes Diera.

Richesse du Bresil.

bre de ses subiets qui en retournoient chargez de richesses: Que la Compagnie des Indes retiroit tout le profit, esteignoit le negoce de ses subjets. Il auoit des memoires qu'elle chargeoit au Recif & dans ses autres havres quatre-vingt à cent nauires par an, remplis de sucre & bois de Bresil, creut qu'il estoit facile de les en sortir pour iamais, que cela fait il y auroit mille raisons pour iustifier ce procedé, aussi bien que les Hollandois auoient sceu faire leur prise d'Angola, que c'estoit la saison de s'en souuenir & leur rendre le change, & qu'on se riroit encore de ces marchands, & que les habitans, qu'il nommoit son vray peuple, seroient tousiours prests de viure & mourir à só seruice, aussitost qu'il auroit parlé, ce dont il ne doutoit point.

Cette resolution prise par le Roy de Portugal de s'approprier ce que les Hollandois auoient au Bresil, nonobstant la paix, il en cōmit l'execution à son Viceroy de la Baye de tous les Saints, grand zelateur de sa nation, & qui en donna des preuues en l'extinction des Castillans: Il estoit sur les lieux, en auoit parfaite connoissance, & seul mieux qu'homme du monde pouuoit inuenter les moyens d'y bien reüssir; on luy en escriuit, il promit de s'en emparer, mais qu'il falloit vn peu temporiser, & qu'on ne manquât pas de lui dépescher secrettement des nauires auec des hommes de guerre & quantité de bonnes armes & munitions auparauant que d'esclatter. L'Ambassadeur des Estats generaux à la cour de Portugal eut le vent de cet armement & du départ de ces carauelles pour la Baye; il l'escriuit à la Haye; mais comme on ne sçauoit deuiner à quel sujet, les Dixneuf manderent au Conseil du Recif (cela estoit sur la fin de l'an 1644.) de s'en enquerir. Les rusez Portugais connurent bien que cela donnoit de l'ombrage aux Hollandois, lesquels à ce bruit les regardoiét d'vn œil de méfiance, & estoient tousiours à leur demander à quoy faire ces hommes & ces armes, & s'ils se vouloient reuolter. Les principaux se trouuoient à tous momens chez les magistrats, se plaignoient & prenoient à haute offence qu'on les soupçonnast, & auec d'horribles sermens protestoient n'en auoir iamais ouy parler; ne reconnoissoient point d'autres superieurs que la Compagnie des Indes, & ceux qu'elle leur enuoyoit pour leur commander, n'espouseroient de leur vie autres interests que celuy-là, que s'ils apprenoient le moindre mauuais dessein, ils seroient les premiers à le reueler, tueroient de leur propre main celuy d'entr'eux qui en coucueroit la pensée: Comment, disoient-ils, oserions-nous pretendre de troubler cet estat?

Ruses & artifices des Portugais.

faite au pays du Bresil. 47

seroit-ce pas attirer nostre ruïne, puis que c'est nous qui le composons en partie? quelle raison nous y obligeroit, ne viuons-nous pas paisiblement & soubs vne domination si douce? n'auons-nous pas l'exercice de nostre religion, la possession de tous nos biens qu'on nous pouuoit oster, lesquels on nous a remis, & on nous fait aussi la meilleure part de ce que tous vos nauires amenent d'Europe: mais quand on voudroit brasser quelque entreprise, le pourrions-nous de nous-mesmes? seroit-ce le Roy Dom Iean qui nous y fauoriseroit? Quoy! qu'il voulust rompre auec les Estats generaux, l'alliance desquels il honore tant & luy est si chere, par les ordinaires bien-faits, & le support qu'il en reçoit; bien loin de nous auctoriser, il employeroit plustost toutes ses forces pour nous destruire. Ces traistres & artificieux discours secondez de dons & presents, firent changer la deliberation prise par les seigneurs du Conseil, de se saisir de tous les principaux, & d'enuoyer faire vne recherche exacte partout: Ils se persuaderent que la coniecture estoit trop foible, & que quand les Portugais auroient le cœur à quelque reuolte, que cela se descouuriroit assez, qu'il leur estoit impossible d'en venir à bout, que le Roy Dom Iean se donneroit bien garde d'heurter les Estats generaux qui luy estoient si necessaires: par ainsi ils ne diminuerent rien de l'estime où ils auoient ces Portugais, s'occuperent au negoce, mépriserét les diuers aduis qu'on leur donna, & leur continuerent le mesme accez & priuautés qu'auparauant: mais entr'autres estoit tresbien venu Iohan Fernandes Diera, Molate de naissance, esclaue affranchy, pourtant intelligent & homme subtil; il auoit esté quelques années domestique de l'vn des politiques, prit connoissance des affaires, s'acquit de la creance, tenoit à ferme les droits de la Compagnie sur le sucre qui se faisoit dans les Engins, faisoit couper le bois de bresil, auoit tousiours quelque proposition à faire pour le profit de la Compagnie, & tousiours quelques raretés curieuses ou de valeur qui n'auoient pas esté veuës, qu'il venoit offrir aux seigneurs & magistrats pour gagner leurs affections; il estoit en tel credit & faueur parmy eux, que souuent il estoit appellé pour dire son opinion, concernant les affaires de la Compagnie, qui ne luy estoient pas autremét cachées, parce qu'on se fut mesfié de tout autre plustost que de luy; mais son pere estant Portugais il les aimoit mieux que les Hollandois. Il fut remarqué qu'il publioit en diuers lieux certains mescontentemens contre le Conseil, de ce qu'on ne luy auoit voulu rien rabattre

Engins sont les lieux & maisons de la campagne où l'on fait le sucre.

battre du prix de sa ferme, où il disoit auoir beaucoup perdu, sans ses peines: cela fut écript au Viceroy qui le prattiqua, l'attira à son seruice, luy donna pension & promesses de le faire grand, moyennant qu'il luy mandast fidellement ce qui se passeroit, les aduis & le temps qu'il iugeroit propre pour chasser les Hollandois; enfin il ioüa si bien son personnage pour ne point manquer à sa parole, & pour l'acheminement de ses intentions, qu'il fist prouision de longue main dans sa maison, de mousquets, fuzils, poudre & plób: cependant qu'il donnoit les instructions à la Baye de ce qui se disoit & faisoit au Conseil du Recif & parmy le peuple; ses lettres n'estoient pas addressées au Viceroy, mais au nommé André Vidal son fauory, fils d'vn seigneur d'Engin de Parayba, qu'il connoissoit particulierement, auquel il escriuit vne fois que les Portugais auoient gagné leur cause au Recif, qu'ils auoient eu le temps de serrer leurs armes, qu'il estoit temps de se défaire des Hollandois & surprendre leurs places, qu'il vint le trouuer en diligence & prist le pretexte de venir visiter son pere; Vidal luy fit responce qu'il seroit bien-tost à luy pour reconnoistre leurs forces & aduiser à tout, qu'il faisoit equipper vne bonne flotte, laquelle paroistroit en temps & lieu. En attendant auec im-

Parayba est vne Capitanie ou Prouince du Bresil, la ville & le chasteau s'appelle aussi Parayba du nom de la Prouince, & autrement le fort sainte Marguerite.

G

patience la venuë de Vidal, il aduint qu'vn Iuif nommé Moyse d'Accoignes s'estoit absenté du Recif à cause de ses grandes debtes, qu'il eut bien acquittées, s'il eut peu estre payé des Portugais, & pour esuiter la prison s'alla cacher dans la maison de ce Iohan Fernandes Diera, à vne lieuë du Recif: L'vn de ses domestiques qui sçauoit le secret, inuita indiscrettement ce Iuif d'estre du party & de vouloir y contribuër son possible, que c'estoit le moyen de le rendre riche, lequel feignant d'en estre bien aise, respondit qu'il ne demandoit pas mieux que de restablir sa fortune ruynée: mais le lendemain il n'attendit pas la pointe du iour pour en venir donner aduis au Recif, enuoya supplier les seigneurs du Conseil par vn soldat, de lui accorder vne seureté de corps, pour leur aller declarer de bouche vne conspiration contre l'Estat. Ils luy permirent seulement d'en approcher de demy lieuë, où Vvalbech leur secretaire, auec trois autres Iuifs, furent sçauoir ce qu'il auoit à dire; apres qu'ils l'eurent escouté, ils en allerent faire leur rapport au Conseil, qui repartit que ce n'estoit que des bruits mal fondez du peuple & vne inuention de ce banqueroutier, afin d'en auoir recompense, & exemption ou répit pour payer ses debtes, que cela les rendroit mesprisables, si sur le moindre rapport du

Dessein descouuert

premier venu ils faisoient à tous momens des affrons aux Portugais, & qu'ils sçauoient bien que plusieurs personnes portoient enuie à Diera. On leur donna aussi aduis que le nommé Manuel Franc Portugais, familier & grand amy d'André Vidal, & lequel frequentoit ordinairement chez son pere, donnoit ouuertement tous ses moyens en Parayba à personnes soluables, à condition de luy rendre trois pour vn, lors que les Portugais seroient absolus dans le pays, & en passoient des contracts par deuant Notaires publics, & dit-on qu'il se deffit ainsi de plus de vingt mil liures.

Le départ du Comte Maurice, le dépeuplement de soldats, la visible nonchalance de ceux du Conseil, à diuertir le mal qui les menaçoit, & le murmure du peuple, donnoit de l'apprehension à plusieurs, notamment à ceux qui auoient fait leurs affaires: ils prirent enuie de se retirer au lieu de leur naissance, ils s'empressoient de ramasser leurs biens au mieux qu'ils pouuoient, & s'embarquoient à la foule dans les vaisseaux qu'on retournoit en Europe: mais cette prudence humaine ne seruit qu'à les haster à rechercher la perte de leurs vies & de leurs moyens, car plus de douze beaux nauires prisez à tant de millions, & les personnes qui estoient dedans furent miserablement engloutis dans la mer à diuers temps, sans qu'on ayt iamais sçeu ny ouy dire comment, ny de quelle façon. Les habitans du Recif qui s'estoient presentez pour partir, benirent le refus qu'on leur en auoit fait, sans sçauoir que la suite du reste de leurs iours ne seroit qu'amertume, & que leur fin alloit estre autant digne de compassion, que la mort de leurs compatriotes estoit déplorable.

André Vidal asseuré par ses espions que les Hollandois ne remuoient rien, accompagné d'vn officier de la Baye appellé Nicolas Oraigne, se rendit au Recif en vne carauelle; dit aux seigneurs qu'allant rendre ses deuoirs à son pere en Parayba, il leur venoit faire la reuerence, & porter les baise-mains du Viceroy, & les asseurer de sa part de ne point prendre d'ombrage des nauires venus de Portugal, qu'il n'y auoit dedans que de petites recreuës pour mettre dans la Baye & enuoyer à Rio genero, à la place de ceux qui seruoient depuis quatre ou cinq ans, & qu'ils ne pouuoient retenir par force: Il fut mérueilleusement bien traitté & accüeilly, receut plusieurs visites des seigneurs d'Engins des enuirons; d'où il prit occasion de demander permissiõ, selon les loix de la ciuilité, de leur en donner reuanche; cela accordé il alla loger chez ce Iohan Fernandes Diera où il fit venir les principaux de la Vergue, nom du plat pays aux enuirons du Recif, les exàmina les vns apres les autres, & apres les auoir fait iurer de viure & mourir pour Dom Iean quatriefme Roy de Porugal leur legitime Prince, il leur decouurit qu'il auoit ordre exprés de sa Majesté & du Viceroy de les deliurer du ioug des estrangers, qu'ils deuoient estre portez à le seconder, que cela regardoit leur liberté, afin que la nation entiere ne fust assujettie qu'à ce souuerain: qu'ils connoissoient bien que les loix des Hollandois estoient insupportables, que c'estoient gens de qui ils estoient differens en mœurs, langage, religion & façon de faire, que le Bresil estoit leur patrie, qu'ils l'auoient eu en partage par l'industrie de leurs ayeux, que c'estoient leurs peres qui l'auoient peuplé, & que les Hollandois ne le possedoiét que par vsurpation & tiranniquement; qu'il voyoit à leur front que l'inclination naturelle de n'obeyr qu'à leur Roy, n'estoit pas esteinte en leurs cœurs, qu'ils estoient pour estre miserables sans resource par leurs debtes, s'ils ne se seruoient de bonne heure du pouuoir de leurs creanciers, & que mesme il y auoit lieu de s'approprier de leurs richesses, qui ne prouenoient que de leur sueur; que s'ils se pouuoiét rendre maistres de trois ou quatre places, tout le reste seroit sans résistance, qu'il falloit trait-

G iij

ter ces beuueurs de bierre, comme on auoit fait les Castillans. Que quant au serment de fidelité qu'ils leur auoiét iuré, cela ne leur deuoit point causer de scrupule; qu'ils y auoient esté forcez par les armes, & les en feroit absoudre par le Pape, qu'ils n'auoient qu'à se souuenir d'Angola. Il n'estoit pas besoin de tát de propos choisis pour les émouuoir à promettre de faire tout ce qu'il leur commanderoit; il coula dans son discours des remerciements de leur affection, les pria de ne s'en point départir, leur promettant qu'il escriroit au Roy qu'il n'auoit point de plus fidelles subjets, & leur feroit accorder de grands priuileges, immunitez & recompenses. Eleut pour chef de ce dessein Iohan Fernandes Diera, & pour ses Lieutenans Antonio Caualgante & Amador d'Aragouse, seigneurs d'Engins de la Capitanie de Fernambourg, les supplia de les reconnoistre, deferer à leurs ordres, prendre les armes quand il faudroit marcher en campagne, & pour l'execution de ses entreprises, lors qu'ils en auroient aduis. Cela concerté, Vidal s'en reuint au Recif, où il eut passeport pour passer en Parayba: estant en vne maison champestre de son pere il conuoqua aussi sous ombre de resiouyssance les chefs & principaux de la Capitanie, leur tint de semblables discours, & resolut auec eux la mesme chose,

Iohan Fernandes autheur de la conspiration contre les Hollandois.

qu'il auoit fait en Fernambourgh: si bien que ceux-cy promirent d'obeyr en tout & par tout à Iohan Fernandes Diera, Anthonio Caualgante & Amador d'Aragouse, & de plus en leurs absences à Francisco Gomes Morres beau-frere de Vidal, Loppes Coriadero, & Ieronimo Cadexa, aussi seigneurs d'Engins de la Capitanie de Parayba, & au Colonel Manuel de Heyros Sequeira, que Vidal choisit pour leurs conducteurs. Puis apres il alla au fort de Parayba, dit de sainte Marguerite, plustost pour le considerer que pour saluer le commandeur Blaubech, lequel ayant leu son passeport, portant de l'honorer comme l'vn des seigneurs, il luy fit vn festin, luy enuoya l'ordre par vn sergent & quatre mousquetaires, & à son embarquement fit lascher trois coups de canon : Vidal & Nicolas Oraigne de retour à la Baye auec leur carauelle, s'allerent conjoüir auec le Viceroy, de leur heureux voyage, il ne restoit plus qu'à deliberer de quelle façon ils executeroient leur dessein, & quel stratageme il falloit ioüer.

L'or & l'argent estoit deuenu rare dans la conqueste des Hollandois, à cause de celuy qu'on auoit sorty du pays, pour mettre dans ces nauires qui perirent, & de ce que peu à peu espuisé, qui en auoit le resserroit, & ceux mesmes qui en auoient le moins, ne se vantoient que de leurs facultez; vingt & trente mille liures estoient les basses & vulgaires fortunes: mais à la verité & grandes & petites n'auoient autre assignat que sur des papiers & obligations que leur deuoient les Portugais, de qui à la fin ils voulurent estre payez & du principal & des interests, pour faire valloir & entretenir leur negoce, qui diminuoit de sa splendeur; disoient que les Portugais engageoient leur sucre à d'autres sur des auances, & qu'eux qui estoient les anciens creanciers restoient en arriere, & ne sçauoient comme se pouruoir; tellemét que sur le refus de payer, les marchands & particuliers Hollandois faisoient saisir & sequestrer les Canauia ou cháps de sucre, leurs esclaues & tous leurs meubles. Ces Portugais eurent de cecy vne rude espouuante, ils voyoient bien qu'ils n'auoient autre garantie qu'en vne mutation, mais la saison de ce faire n'estoit pas encore à propos: Suiuant donc l'aduis que leur fit donner là dessus André Vidal, par ses lieutenans, ils preuindrét par presens les seigneurs du Conseil, & les Politiques, leur remonstrerent auec vne contenance effrayée, qu'ils estoient tous perdus & reduits au desespoir, si on les traittoit à la rigueur, demanderent vn répit, en payant les interests, si mieux il ne plaisoit à la Compagnie des Indes de se charger de toutes leurs debtes;

faite au pays du Bresil. 57

debtes, acquitter leurs creanciers & faire cesser leurs poursuittes, qu'ils obligeroient leurs personnes, leurs biens & la recolte generalle de leur sucre, lors prochaine, sous telles autres conditions qu'on desireroit. Les seigneurs du Conseil firent assembler les creanciers ausquels ils communiquerent cette proposition, qu'il y auroit de l'inconuenient à se faire payer tout d'vn coup, ioint que la chose estoit impossible, puis qu'il n'y auoit point d'argent, & que le sucre n'estoit pas prest à cueillir, que s'ils vouloient perdre quelque chose, ils leur asseureroiét leurs sommes: ces marchands bongré, malgré donnerent leur consentement au contract qui en fut passé, par lequel les seigneurs du Conseil, au nom de la Compagnie, & se faisants forts pour elle, s'obligerent de payer les debtes des Portugais à leurs creanciers, qui se contenteroient de septante-deux pour cent des debtes vieilles qui estoient au delà d'vn an, & de cinquante-huict pour cent des debtes nouuelles, lesquelles entreroient en compensation auec les sommes dont ces creanciers se trouueroient redeuables à la Compagnie, & pour le regard de ceux qui n'estoient point debteurs à la Compagnie, qu'on ne leur payeroit que cinquante-huict pour cent, generallement pour les debtes vieilles & nouuelles. Ce paye-

H

ment leur fut fait en ordonnances & mandats sur les tresoriers & receueurs de la Compagnie, qui au lieu de leur donner de l'argent, comme on leur auoit fait esperer, estoient contraints d'accepter des Negres & esclaues d'Angola pour le prix qu'ils estoient estimez en public. Que s'il arriuoit à quelques-vns de vouloir auoir de l'argent, ils ne trouuoient en vendant ou cedant leurs mandats à d'autres, que vingt liures pour cent, argent comptant, & par ainsi les marchands perdoient quatre-vingt liures pour cent, & encore demeuroient les vendeurs, cautions & obligez de restituer aux achepteurs les sommes qu'ils en receuoient, au cas qu'ils ne peussent rien recouurer de la Compagnie.

Les Portugais de leur part affecterent particulierement la recolte de leur sucre à la Cópagnie, promirent de n'en vendre ny liurer à personne, qu'ils ne se fussent entierement dégagez enuers elle, sans aucun rabais. Ces seigneurs du Conseil s'imaginerent par là de faire vn gain inestimable sur les vns & sur les autres, & ils n'eurent rien du tout, pour n'auoir sceu penetrer l'intention des Portugais, de toutes les actions desquels ils auoient sujet de se deffier: car enfin s'estans mis à couuert pour quelque temps, le delay leur seruit, non pas pour payer auec plus de facilité, mais pour entierement fruftrer la Compagnie, comme nous allons voir.

Auffi-toft que le Viceroy eut nouuelles de la teneur de cette conuention, & que les Portugais n'eftoient plus en crainte d'eftre moleftez ny vifitez par les fergens, il leur enuoya par terre des foldats qui fe difperferent deçà & delà, pour encourager ces habitans & les preparer au complot. Vn feigneur d'Engin de Serinhan, tout Portugais qu'il eftoit, n'ayant pas l'efprit factieux, vint exprés au Recif aduertir les feigneurs du Confeil, que chez luy eftoient paffez plufieurs hommes armez, venants de la Baye de tous les Saincts, qui fe vantoient qu'en peu de temps ils efperoient de voir le Brefil fous vn feul maiftre. Ce fut ceux-là mêmes qui porterét à Iohan de Pontes, qui les eftoit allé trouuer, l'ordre concerté par le Viceroy & André Vidal qu'il falloit obferuer pour s'emparer du Recif, de Parayba & Riogrande, lefquels pris ils tenoient les autres places & le pays à eux: A cet effect il eftoit refolu de marier la fille d'Antonio Caualgante, homme très-riche, au fils d'vn homme de fa condition, que les nopces fe feroient le iour de faint Iean Baptifte de l'an 1645. en la maifon de Iohan Fernandes Diera, que le banquet feroit celebre & des plus magnifiques, où tous les gens de marque des

H ij

Portugais deuoient venir, que les seigneurs du Conseil ou Politiques & autres officiers Hollandois seroient inuitez, qu'apres auoir fait bonne chere, & à l'issuë du repas on empoigneroit les maistres & les valets, & qu'on les esgorgeroit, que sur le soir quelques-vns iroient au Recif dire que les seigneurs reuenoient, & qu'on les attendist, que comme on n'y faisoit pas bonne garde, les vns de ceux-cy entreroient & les autres demeureroient à la porte pour receuoir le gros qui deuoit suiure vn quart d'heure apres, puis comme en sursaut se saisir de la porte, des ramparts de Mauritstad, & des places d'armes ; qu'à la mesme heure quantité de barques qu'on feindroit venir de Barrette chargées de sucre, comme il se voit à l'ordinaire, se presenteroiét au havre, & incontinent qu'ils seroient à terre se feroient maistres du port, donneroient la charge, gaigneroient les places & bastions de la digue, & main basse par tout iusqu'au lendemain. Et quát à Parayba & Riogrande, qu'à cette mesme feste l'on conuoqueroit par passe-temps des ieux de tournois publics aupres des forteresses, que les Hollandois, selon leur coustume ne manqueroient de venir voir, & là que chacun fourny de poignards & pistolets sous leurs vestements, se saisiroit de son pareil & le tueroit, sans pardonner à femmes ny enfans qu'ils ne fuſſent maiſtres des places, & que tout ſeroit abandonné au pillage, cependant que la flotte promiſe par Vidal s'approcheroit. Iohan Fernandes Diera receut le pacquet, il le communiqua aux principaux qui firent d'execrables ſerments ſur les Autels de le tenir ſecret. Pourtant comme la vertu loge par tout, & que parmy les peuples les plus vicieux & corrompus, il s'y rencontre touſiours quelques gens de bien, deux ſeigneurs d'Engins Portugais, & de grande reputation, pouſſez d'vn mouuement de bonne conſcience eurent horreur d'vn ſi barbare projet, & exagerants combien il deuoit apporter de mal heurs, taſcherent à le diuertir, l'eſcriuirent dans vne lettre non ſignée qu'ils donnerent à vn Iuif qui la porta aux ſeigneurs du Conſeil, auec aduis que tous les habitans du plat pays eſtoient ſecretement enroollez: Cinq autres Iuifs ſecrets, & qui paſſoient pour Chreſtiens chez les Portugais, quitterent leur demeure des champs pour venir confirmer la meſme choſe au Recif: mais quaſi à l'inſtant le Politique Moucheron & le Capitaine Aduocat en garniſon à la Goüe, enuoyerent en diligence dire aux ſeigneurs du Conſeil, qu'ils auoient aduis certain que les nommez Camarron & Henricquez Diez Colonels Portugais auec nombre de gens de guerre estoient partis de la Baye, & trauersoient le pays pour la commencer. Il ne faut pas demander de quelles transes & esmotions fut surpris ce conseil Hollandois à ces fascheuses nouuelles, mais comme s'ils eussent esté aueugles en vne si pressante occasion, au lieu d'enuoyer prendre sur le champ Iohan Fernandes Diera, ils luy manderent seulemét par le Iuif Abraham Coing de les venir trouuer pour paracheuer vn contract qu'il auoit commencé auec la Compagnie, auec intentió pourtant de l'arrester s'il fut venu: Il s'en douta incontinent, renuoya le messager leur dire qu'ils le verroient sur le soir ; ce qu'il se donna bien garde de faire, & sans dauantage consulter en vn tournemain fit sçauoir aux autres qu'il falloit déloger, s'enfuit auec eux dans les bois où ils emporterent leurs armes: Le lendemain comme il n'estoit pas arriué au Recif on enuoya chez luy main forte pour l'emmener, & tous les peres de famille Portugais pareillement, ils ne rencontrerent dans les maisons que les pauures vieillards qui furent en apres relaschez. De Ligne Politique & Directeur de Parayba, craignant qu'il n'y arriuast quelque surprise, s'y achemina en diligence du Recif où il estoit, & à son arriuée fit desembarquer tous les soldats estans dans sept vaisseaux chargez de sucre & prests à partir pour

Hollande, qui n'attendoient que le vent: il les logea dans les forts & redoutes, monta à la ville Frederich à trois lieuës de la mer, sur la riuiere de Parayba, y fit retirer tous les Bresiliens & abandonner leurs Aldées, à cause que les Portugais auoient quitté; il ordonna que quatre des vaisseaux reuiendroient au Recif, mais le vent contraire les ietta en Riogrande, à soixante lieuës en deçà du costé du Nort.

Nos Portugais ayant appris que leur entreprise sur le Recif, Parayba & Riogrande estoit découuerte, faillirent d'en creuer de despit, la populace s'escrioit qu'elle estoit perduë, ne pouuoit esuiter de deuenir miserable: pourtant de s'en dédire il n'y auoit plus moyen, la chose estoit trop auancée; leurs chefs & principaux, qui auoiét ioüé de leur reste, promettroient victoire dans trois mois, dépeschérent des hommes à Camarron & Henricquez Diez pour les presser de se rendre à Fernambourg, pendant qu'ils s'allerent recacher eux & leurs esclaues dans les bois: Le lieu où premieremét ces Portugais se soûleuerent ouuertement, & respandirent du sang, fut au bourg de Poiougue à six lieuës du Recif, & vne du cap sainct Augustin, que le 20. Iuin 1645. le peuple assemblé à la place & parmy eux vn ieune Iuif, ils l'attaquerent de paroles, luy dirent que c'estoiét les Iuifs qui auoient semé qu'ils se vouloient reuolter : luy qui connut d'abord qu'il n'y auroit pas du bon pour luy, sans plus s'amuser à les escouter ny à leur respondre, se recommanda à ses iambes, eux le poursuiuirent, criants viue le Roy de Portugal : les soldats d'vne redoute qui estoit au bout du bourg s'amusants à iouër au deuant, s'effrayerent & se sauuerent au cap saint Augustin auec le Iuif, & sur l'heure mesme tous ceux de Poiougue prirent les armes & marcherent en troupe par la campagne, commandez par Amador d'Aragouse, pourueu par Vidal. Leur premier exploict fut de tuer sept matelots Hollandois nouuellement arriuez en vne barque qu'ils pillerent, poignarderent trois Iuifs qui demeuroient parmi eux, & leur vendoient de petites denrées, erigerent plusieurs gibets & potences, afin, disoient-ils d'y attacher ceux qui refuseroient de prendre les armes pour le seruice du Roy de Portugal. Ce fut alors que le Conseil du Recif n'eut plus le temps de remedier comme ils eussent desiré, au malheur qui alloit accabler leur conqueste, & trop de loisir de se repentir du mespris qu'ils auoient témoigné des aduis qu'on leur auoit donné de toutes parts, la raison n'estoit plus de mise, il falloit chastier les rebelles par les armes. Le sieur Hous Lieutenant Colonel du Comte Maurice fut nommé general de la milice: Il assembla

Le sieur Hous Lieutenant Colonel du Comte Maurice arme pour la defense des Hollandois.

assembla habilement cinq cents hommes, tant de ceux qui estoient à la solde, que d'autres qui auoient porté les armes, parmy lesquels il entremesla des Bresiliens, & auec eux battit la campagne & prit son chemin à Poiougue, pour y deffaire les mutins : arriué à Talbatingue, hameau à demy-lieuë de là, le nommé Godigno Portugais contrefaisant le fidelle, & feignant estre esperdu, vint luy demander où il alloit : à quoy Hous respondit que c'estoit pour mettre en piece les rebelles : ce Portugais qui taschoit de l'empescher d'auancer, le pria de plustost rebrousser, qu'ils estoient en plus grand nombre & le mettroient en déroute : n'importe, dit ce General, ie les veux voir, & toi qui parles il faut que tu y viennes aussi; puis se rendit à Poiougue, où ceux qui le virent approcher sonnerent le tocsin pour faire prendre les armes à chacun, qui au lieu de l'attendre & de tenir bon, s'enfuirent par les bois & buissons : Godigno fut estranglé en vne potence de celles qu'il auoit fait luy-mesme dresser, pour y pendre ceux qui refuseroient de prendre les armes pour le Roy de Portugal, à cause que le conseil qu'il donnoit, n'estoit que pour faire auoir du temps aux ennemis de former vn gros, pendant que Hous se retireroit, lequel entré à Poiougue, aussi-tost qu'il eut logé ses gens, comme son dessein n'estoit que de tuer ceux qu'il trouueroit les armes au poing, il deffendit aux soldats de courir chercher les femmes, enfans & autres qui s'estoient cachez, taschant à les ramener par la douceur. Il fit afficher dans le bourg (& les seigneurs du Conseil enuoyerent aussi par tout) des placarts d'abolition generale à tous ceux qui auoient trempé, adheré ou consenti à la rebellion, fors Iohan Fernandes Diera, Antonio Caualgante, & Amador d'Aragouse, autheurs, si dans huit iours ils reuenoient en leurs maisons, & prestassent de nouueau serment de fidelité. Quelques Portugais fugitifs connoissans que le sousleuement estoit trop precipité, & qu'il falloit auparauant attendre la flotte & du secours de la Baye de tous les Saincts, qui n'estoit retardée que pour les grandes pluyes, reuindrent chez eux, & en furent quittes en promettant de n'y plus retourner. Hous enuoya de tous costez des partis pour descouurir le gros des Portugais armez: cependant les trois nauires des sept qui estoient en Parayba, allerent porter en Hollande nouuelles du peril de leur conqueste du Bresil. Diera, Caualgante & d'Aragouse, principaux autheurs de la sedition, ayants sçeu qu'ils estoient exceptez de l'abolition generalle par les placarts, en firent publier à Malliapes, bourg où ils s'estoient desia fortifiez, par lesquels en prenant la qualité de protecteurs de la diuine liberté, ils promettoient dons, presents & liberté de conscience à ceux, qui tenants le party Hollandois, de quelle nation, religion & condition qu'ils fussent, qui se viendroient ranger auec eux: en suitte dequoy les seigneurs du Conseil mirent les personnes & vies de ces Iohan Fernandes Diera, Antonio Caualgante, & Amador d'Aragouse, à prix d'argent, promirent à celuy ou ceux qui les ameneroient vifs, & pour chacun d'eux trois mille liures, & qui les tueroit, ou apporteroit leurs testes, quinze cens liures & d'autres priuileges, comme si c'estoit vn esclaue, de l'affranchir.

Quelques deux cens habitans du Recif prirent les armes, & auec le Capitaine Blar qui leur commandoit, s'escarterent dans le pays pour surprendre les chefs des mutins, ils y cōmirent diuerses hostilitez, pillerent les maisons de ceux qui estoient reuenus sous la foy de l'abolition, mais qui n'estoient pas venus presenter, ny prester de nouueau serment, puis ils allerent ioindre le General Hous, & ensemble poursuiuirent les ennemis qui se reculoient. Nonobstant ces murmures & bruits de longue main, la preuoyance des seigneurs parut aussi peu sur la mer que sur la terre, il ne se trouua alors qu'vn nauire & vn patache au

I ij

havre du Recif : dans celuy-cy ils deputerent les Capitaines Vandervorde & Dierich Hoochstrate au Viceroy de Portugal appellé Dom Antonio Telles de Silua, ils le furent trouuer à la Baye de tous les Sainċts, luy remonstrerent le sousleuement que faisoient les Portugais de la conqueste, contre leurs souuerains & maistres, les Estats generaux, & la Compagnie des Indes d'Occident, qu'on les auoit informez que c'estoit luy qui les y auoit suscitez, auoit enuoyé Henricquez Diez & Camarron pour fomenter la diuision, qu'ils auoient pourtant peine à croire de quel front il oseroit violer & contreuenir à la paix faite par l'entremise de sa Majesté Tres-Chrestienne, entre le Roy de Portugal & les Estats generaux, qu'il y deuoit bien aduiser, qu'il estoit plustost obligé de leur refuser assistance & à les exhorter au respect & à l'obeyssance, comme ils voudroient faire en semblable cas, qu'autrement vne si lasche action alloit deshonorer son maistre, luy & sa nation : que Messieurs les Estats s'en ressentiroient, feroient repentir ceux qui auroient entrepris de les trahir, qu'il ne deuoit pas ignorer qu'ils auoient la force & le pouuoir de se vanger de cet affront.

Pendant ce voyage, deux nauires chargées de viure arriuerent d'Hollande, & en apres trois autres de Guynée & Angola, remplies d'esclaues, ce qui vint tres-à propos dans ce besoin. Aussi-tost que les Tapoyos eurent sçeu du fonds des bois qu'ils habitent, que les Portugais mettoient en trouble le pays, quelques cent cinquante des plus determinez, cómandez par Iacob Rabbi Allemand de nation leur Capitaine, se rendirent en diligence à Conhahu, bon bourg de la Capitanie de Riogrande, trouuerent vn Dimanche matin les habitans assemblez pour ouyr la Messe, les massacrerent tous au nombre de soixante à quatre-vingts personnes, mangerét de leurs corps, saccagerent les maisons des enuirons: mais incontinent que les seigneurs du Conseil eurent appris cette incursion, ils firent embarquer promptement quatre-vingts soldats pour les aller faire cesser, mais ils les contraignirent de se retirer eux-mesmes en Parayba.

Les deux Ambassadeurs enuoyez à la Baye, retournez au Recif dirent auoir esté mal & froidement receus, que le Viceroy leur auoit respondu, que iamais il n'auoit pensé à enfraindre la paix, la vouloir de son costé faire estroittement obseruer, qu'il s'estonnoit fort de la plainte qu'on luy faisoit, que Camarron & Henriquez Diez estoient auec des troupes en la Capitanie de Fernamboug, qu'ils n'eſtoient plus au ſeruice du Roy de Portugal ſon maiſtre, leur enuoyeroit des perſonnes d'authorité pour les faire retirer, & lettres aux chefs & principaux des reuoltez pour les ranger à leur deuoir, qu'il offroit à la Compagnie tout ce qui dependroit de ſon pouuoir.

Hoochſtrate l'vn de ces deputez eſtoit Major du Cap ſaint Auguſtin, & lors de ſon ſejour à la Baye rechercha vne ſecrete conference auec le Viceroy & l'Eueſque de la Baye, à l'inſçeu de ſon compagnon, auſquels il promit de liurer la place où il commandoit, ſelon qu'il ſe verra : il craignoit d'eſtre accuſé vn iour & mis en peine, mais ſongeant à ſa ſeureté, & pour touſiours ſe conſeruer, quoy qu'il peuſt aduenir, alla luy-meſme declarer au Conſeil qu'il auoit eſté ſollicité à part, par le Viceroy & l'Eueſque de leur vendre la place qu'il auoit l'honneur de commander, qu'ō luy auoit offert de groſſes ſommes & de belles charges; mais que les ayans connus ſi hardis, que d'eſſayer à corrompre ſa fidelité, pour leur mieux tendre des pieges & les punir de leur perfidie, il leur auoit à la verité promis de leur liurer le Cap, que s'ils eſtoient ſi ſots que de s'en approcher, il les y attendroit, & ſçauoit l'inuention de n'en laiſſer iamais eſchaper vn ſeul; adiouſta que ce qu'il venoit de dire, n'eſtoit pas pour affecter à y commander dauantage, qu'il se donneroit mille fois la mort, si seulement on le vouloit soupçonner de la moindre desloyauté & qu'on pouuoit y en mettre vn autre : les Seigneurs admirerent sa souplesse, le confirmerent en sa charge, & de plus le pourueurent d'vne plus haute au Cap, & au lieu de Major luy donnerent celle de Commandeur, auec promesse qu'en faisant bien son deuoir ils recognoistroient dignement son merite : puis dés le lendemain, comme il arriuoit vne nauire d'Hollande chargée de viures & de soldats de recreuë, ils firent partir Vandervorde pour Hollande, dans l'vn de ces quatre vaisseaux que le vent auoit chassé en Riogrande.

Le General Hous tenoit tousiours la campagne en cherchant les ennemis pour les battre, il apprit qu'ils auoient tué vne douzaine de soldats par les champs, Hollandois & Bresiliens qui cherchoient de la farine de Mandioque, & qu'ils s'estoient retranchez sur la montagne appellée Santantan, autrement la montagne Camarron, il les y fut vertement assaillir, sans qu'il luy fut possible de les forcer, & contraint de se retirer auec perte de cent soldats & du Capitaine Vanlo, l'vn de ses vaillans hommes : ce malheur le fit reuenir à la Verge.

Les habitans du Recif penserent à leur conseruation, retrancherent la ville Maurice de bons baſtions & remparts, la racourcirent des deux parts de ce qu'elle eſtoit, démolirent les maiſons qui compoſoient de belles ruës, ſe trouuans hors les limites qu'ils auoient tracez, couperent les beaux & curieux arbres de bois de breſil, palmiers, d'ebenne, de cedre, bois blanc comme neige, bois de violettes, & marbré, & autres de ſenteurs qui embeliſſoiét les ſpacieuſes & longues allées à perte de veuë, qui entouroient la ſuperbe & magnifique maiſon de plaiſance que le Comte Iean Maurice y auoit fait baſtir, dont les Iuifs luy donnoient & de ſes appartenances, ſix cents mille liures pour y faire leur Synagogue; ce que le peuple empeſcha, ialoux de leur voir poſſeder le plus bel edifice du Breſil, pour y celebrer leurs Sabats: le large & incomparable verger qu'il auoit fait plâter & peupler de ces arbres fruictiers, recherchez en ſept ou huit cents lieuës de pays, fait venir d'Afrique & des Indes d'Orient, fut entierement ruïné, auec les grandes eſcuries & agreables pauillons, conſtruicts au milieu & aux extremitez des allées & coings du verger; & du iardin que la grande varieté de ſes fleurs en toute ſaiſon rendoit admirable, furent auſſi mis par terre. Le corps de logis preſt d'eſtre razé, demeura entier, & fut iugé plus à propos d'y

eſtablir

faite au pays du Bresil. 73

establir vn corps de garde, que de le perdre. L'on trauailloit aussi d'vn labeur assidu à reparer les bréches & demolitiõs suruenuës par negligéce aux réparts & forts du Recif, quand par surcroist de frayeur ils virent ancrer à leur rade vne flotte Portugaise de trente quatre voiles, de laquelle l'Admiral se nõmoit Dom Saluador Correa de Bonauides; son vaisseau estoit vn puissant gallion Royal venu de Rio-genero & muny de soixante pieces de fonte, auec vingt-vn autres nauires, le reste estoit de la Baye de tous les Saints. *Arriuée d'vne flotte Portugaise commandée par Dom Saluador Correa.*

Licthart Lieutenant Admiral des Hollandois n'auoit que cinq nauires tout proche le havre, qu'il fit incontinent appareiller, déploya le drapeau rouge, au milieu duquel estoit representé vn bras nud tenant vn coutelas à la main, signal ordinaire à prouoquer quelqu'vn au combat, s'auança en mer, & fit dire à l'Admiral Portugais qu'il eust à descendre, puis qu'il estoit sous le vent, lequel fit respondre par deux deputez qu'il manda au nauire de Licthart, qu'il estoit là pour les secourir & non pour se battre contre eux, qu'il auoit à ce sujet desia mis quelques troupes à terre à Tamandere, auoit enuoyé des lettres aux chefs & principaux rebelles pour les ramener à leur deuoir, sinon qu'il auoit ordre du Viceroy de les y forcer. Licthart sans leur

K

rien repartir les emmena au Recif dans vne chaloupe, où ayans esté ouys des seigneurs, le Conseil commit deux Politiques à cet Admiral Portugais pour examiner son ordre, voir ses lettres, & sçauoir de luy de quelle façon il entendoit s'y prendre, veu qu'il n'auoit point donné aduis de sa venuë: vn autre nauire lequel estoit dans le havre s'efforçoit, nonobstant le vent contraire, de sortir pour aller ioindre les autres cinq nauires de Licthart, dont la flotte Portugaise qui y prit garde, en eut si fort l'espouuante, que sans attendre le retour de ses deputez elle leua les ancres, & cingla contre le Nort.

Ces deputez Portugais auec ceux du Recif s'estoient mis en vne barque, suiuoient le nauire Admiral pour conferer ensemble, lequel courant tousiours le deuant, il ne leur fut pas possible de l'atteindre; tellement qu'ils firent entrer les Portugais dans vne carauelle de leur flotte, & la barque reuint au Recif, où on arresta vn nauire d'Hollande qui estoit là venu faire aiguade pour aller aux Indes d'Orient, partagerent auec luy ses viures & munitions de guerre, luy firent faire sentinelle quelque espace de téps à la bouche du havre.

Licthart & ses nauires allerent apres la flotte fuyarde, de laquelle il prit vne carauelle qui s'estoit esgarée du gros, qu'il amena au

Recif. Mais les Portugais eurent bien vne autre victoire sur la terre; deux mille, tant de ceux venus de la Baye de tous les Saincts, que des habitans du pays, auec les Colonels André Vidal, Henricquez Diez, Camarron, & Martin Seuarez d'Accongnes, assiegerent le fort de Serinhan, dans lequel commandoit le Capitaine la Montagne François, auparauant Lieutenant de Venlo, le sommerent de la part du Roy de Portugal de se rendre à composition, il se treuua surpris, n'auoit auec luy que quarante soldats, sans viures, poudre ny plôb, & sans esperance de secours, si bien qu'il fut forcé de leur quitter la place, bagues sauues, & s'en reuint au Recif dans deux barques qu'ils luy permirent d'emmener; le peuple découragé de cet accident crioit qu'il falloit faire reuenir Hous & ses gens, qu'ils n'estoient plus bastans à faire teste à l'ennemy.

Lors que cette flotte dont a esté parlé se vit auant en mer, ils se rejettoient la faute les vns sur les autres de ce qu'ils n'auoient rien operé, & qu'il ne falloit pas encore paroistre deuant le Recif; comme ils ne peurent s'accorder & de dépit, les vns s'en allerent en Portugal auec le gallion Royal, les autres le vent les amena repasser deuant le Recif, & furent ancrer à la Baye de Tresson, où quelques-vns ayants mis pied à terre, l'vn d'eux fut pris prisonnier par des Bresiliens & conduit en Parayba; par celuy-cy on sçeut que la flotte Portugaise auoit débarqué douze cents hommes à Tamandere, outre trois compagnies parties de la Baye de tous les Saints pour les venir trouuer par terre, sans les gens de Camarron & Henricquez Diez, & qu'ils n'auoient ancré deuant le Recif, que pour esmouuoir les habitans par leur presence à prendre tous les armes.

Hous surpris. Hous General, qui n'estoit qu'à trois lieuës du Recif, receut commandement de faire retirer ses troupes dans les forts; mais pour auoir trop tardé à obeyr, en attendant le Capitaine Blac qui cherchoit par tout les femmes Portugaises pour les prendre prisonnieres, il aduint que sur la nuit du lendemain on luy vint dire que l'ennemy estoit fort proche, & n'ayāt pas mieux pour cela pourueu à sa seureté ny à celle de ses gens, qui n'estoiēt pas enuirō cinq cents, il se sentit rudement attaqué sur la minuit de deux mille Portugais commandez par André Vidal; les Bresiliens qui en faisoient *Attaque d'Hous par deux mille Portugais* presque la moitié lascherét le pied auec quelques autres, deux cents seulement soustindrent quelque temps le choq, & quand ils eurent veu vne trentaine des leurs de tuez, & autant de blessez, ils demanderent quartier qu'on leur donna, furent tous faits prisonners, Hous, le Capitaine Blac & autres offi-

faite au pays du Bresil.

ciers emmenez à la Baye, les soldats furent retenus parmy eux. Tous les Portugais rauis de ces aduantages ne retentissoient que de cris de Viue le Roy de Portugal : & quant aux Hollandois qui estoient parmy les champs, ils n'eurent autre recours que dans les places fortes, ils abandonnerent dés lors la campagne à leurs aduersaires qui ne les laisserét plus sortir librement des lieux où ils s'estoient enfermez; les auenuës du Recif furent bloquées par le moyen des embuscades qui y estoient incessamment de nuit & de iour posées.

Pour Parayba, ce qui restoit de Bresiliens se rangea au fort sainte Marguerite, où tost apres ils trouuerent estrange le pain & les viandes qu'on leur distribuoit, comme aux soldats, & dont il leur falloit viure, se plaignoiét qu'elle les rendoit malades & faisoit mourir, qu'ils eussent mieux aimé de leur farine de Mandioque, laquelle à nous autres d'Europe fait le mesme effet, à s'en tousiours alimenter, interesse & gaste l'estomac, & auec succession de temps corrompt le sang, change la couleur & debilite les nerfs. *La farine de Mandioque est vn aliment nuisible.*

Ceux du Recif priuez de tout secours des champs, de fruits & de rafraichissements, iusques à de l'eau douce, qu'ils faisoient auparauant puiser de là la riuiere salée, dans les sources de la Terre-ferme, firent des creux & puits

Ce que c'est qu'eau Bracque. autour de Mauritſtadt & de ſes forts, mais ils n'y trouuoient que de l'eau braque, c'eſt à dire demy ſalée, qu'il leur falloit neceſſairement boire & qui leur apportoit diuerſes incommoditez : au lieu de ſe preparer de bonne heure contre la diſette, & chaſſer leur nombre d'eſclaues, bouches inutiles, qui ne ſeruoient qu'à manger leurs viures, ils les laiſſerent demeurer parmy eux, iuſques à ce que tous défaillant ils ſe ſauuoient l'vn apres l'autre chez les ennemis, auſquels ils rapportoient tout ce qui s'y faiſoit.

André Vidal auec ſes deux mille hommes, glorieux de la deffaite des principales forces des Hollandois, s'en alla, ſelon l'ordre que luy enuoya Hoochſtrate, camper deuant le Cap ſaint Auguſtin, où cinq ou ſix fois autant s'en fuſſent retournez honteux, ſans trahiſon. Il y mit le ſiege & ſomma ce Commandeur de luy rendre la place : mais Hoochſtrate n'oſa pas le faire ſi toſt, pour trois conſiderations : premierement il craignoit qu'vn puiſſant ſecours qu'on attendoit d'Hollande n'arriuaſt, & en ce cas ſe fut mocqué des Portugais ; en ſecond lieu, qu'il n'euſt peut-eſtre pas pû en eſtre le maiſtre, & que les ſoldats l'euſſent mis priſonnier ; & la troiſieſme, qu'il vouloit faire d'vne pierre deux coups, qui eſtoit de rendre pourtant la place, & faire consumer, sous ombre de tenir, les munitions du Recif : à cet effect il fit tirer incessamment & à coups perdus, les canons & mousquets sur les ennemis, l'espace d'vne douzaine de iours, apres quoy il prit occasion d'enuoyer demander de la poudre, mesche, plomb & boulets aux seigneurs du Conseil, qu'il sçauoit bien n'en auoir pas trop, tâchât d'espuiser leur magazin. Il fit partir deux barques pour le Recif, remplies de vieillards, femmes & enfans, lesquels s'y estoient venu retirer, & qu'il conseilla en apres de s'aller retirer là, afin de tousiours leur ayder à manger leurs viures. Il leur dit que c'estoit parce qu'ils ne seruoient qu'à l'ébarasser au temps où il se trouuoit, qu'il ne luy falloit que des gens propres à veiller & à se battre auec viue resolution, comme luy, de mourir pour le seruice de sa patrie ; par eux donc il supplioit par lettres les seigneurs de ne le point necessiter de quitter vne place tant importante, faute de secours. Ces deux barques voulurét s'arrester par le chemin le long du riuage pour aller chercher des fruicts, lesquelles tomberent en la puissance des Portugais, qui massacrerent tous ceux qu'ils trouuerent en l'vne, laisserent expressément échaper l'autre, afin de porter les lettres d'Hoocstrate, & que sur icelles on luy fist tenir de la munition, qu'ils sçauoient bien n'estre pas pour leur nuire : comme en effect le Conseil luy en enuoya tout autant qu'ils iugerent le pouuoir faire, mais beaucoup moins qu'il ne s'attendoit.

Ces vaisseaux Portugais qui estoient à la Baye de Tresson, dont il a esté parlé, furent apperceus voilants contre le Sud, par vn seul nauire de Zelande qui croisoit la mer, qui les suiuit; aborda, le dernier luy fit vne descharge de cannonnades dessus, en tua & blessa plusieurs, & l'acrochoit desia pour sauter dedans, n'eut esté que les autres nauires tournerent voile pour l'enuironner, qui ayma mieux quitter sa prise que de les attendre.

Le mesme iour les Portugais surprirent vne barque Hollandoise sur le port de l'isle Tamarica à sept lieuës du Recif, dans laquelle ils estoient entrez du costé de Goyane, noyerent tous ceux qui estoient dedans prests à partir, & de trois Iuifs en pendirent deux, le troisiesme eut la vie sauue, parce qu'il promit de se faire Chrestien : ils le firent baptiser & prendre les armes, mais huit iours apres il s'eschapa & retourna au Recif reprendre son Iudaïsme.

Les Portugais par mocquerie des Hollandois firent sommer le Recif par vn heraut, de se rendre au Roi de Portugal, auquel l'on fit sçauoir que pour cette fois il lui estoit pardonné:

donné, mais que si luy ou vn autre retournoit dire la mesme chose, qu'ils le feroient pendre sur le champ. Le Lieutenant Admiral Licthart si tost qu'il eut appris que ces nauires ancrées à Tresson estoient encore en mer, & le vent deuenu fauorable, prit quatre vaisseaux, vne patache & vn brigantin, les suiuit & trouua au havre de Tamandere en nombre de dix-sept, tant grands que petits, mouilla l'ancre à vn quart de lieuë loing, & renuoya promptement sa patache au Recif pour faire venir promptement quatre autres nauires qu'il y auoit laissé; mais qui tardants trop, l'impatience & la crainte qu'il eut qu'ils ne s'en allassent de nuict, leua ses ancres, & apres auoir exhorté ses gens au combat & fait la priere, il entra par force à pleines voiles auec ses cinq vaisseaux seulement, dans le havre de Tamandere. Vne partie des Portugais estoient à terre qui auoient dressé vne batterie sur le riuage, laquelle auec les canons de leurs nauires donnoient impetueusement sur les Hollandois. Pourtant Licthart deffendit à ses gens de lascher vn seul coup de boulet ny mousquet, qu'il n'eust ioint les ennemis & ne fust meslé parmy eux, lesquels les voyants venir de fureur, pas vn n'osa tenir ferme, la pluspart allerent eschoüer sur le sable, il n'y eut que le nauire Admiral commandé par le nom-

Bataille nauale de Tamandere.

mé Ieronimo Ferra qui fit quelque refiftance, lequel Licthart crampona & d'a-
bord moüilla l'ancre, afin de l'arrefter & af-
faillir brufquement; les foldats & matelots
faifis de frayeur fe precipiterent à la nage a-
bandonnants leur Admiral, accompagné de
quinze ou feize fils de bourgeois qui fe defen-
dirent affez bien, mais ils furent enfin contraints de fe rendre auec bon quartier, au lieu
que les autres poltrons qui penfoient trouuer
leur falut en la fuitte, furent pourfuiuis dans
les barques, efquif & chaloupes Hollandoi-
fes, & vne grande partie tuez dans l'eau, fur
l'eau & fur terre, iufqu'au nombre de fix à fept
cens hommes, les autres fe fauuerent & le refte fut fait prifonnier & emmené au Recif, a-
uec trois des plus beaux de ces nauires, apres
que Licthart eut fait brufler tous les autres.

 Il ne faut pas demander combien cette victoire apporta de ioye à nos Hollandois, mais
qui fut le lendemain balancée par la nouuelle de la perte du Cap faint Auguftin, que le
perfide Hoochftrate auoit vendu & liuré aux
Portugais pour dix-huict mille liures & vne
charge de Colonel parmy eux, outre trente
liures qui furent diftribuées à chacun des trois
cens foldats qui eftoient dedans, aufquels de
gré ou de force ils firent prendre les armes; &
de tous les autres qui s'eftoiét fauuez à eux, en

Cap de S. Auguftin vendu aux Portugais

firent vn regiment de six cents cinquante hõmes, duquel Hoochstrate fut chef, qui donnerent puis apres plus de terreur que tous les Portugais ensemble, à cause qu'ils estoient l'élite de leurs soldats.

Tellement que par la desloyauté, ambition & auarice d'vn homme, la Compagnie des Indes perdit l'vne des plus importantes places de sa conqueste du Bresil, soit pour la force & situation du lieu, que pour la facilité du commerce occasionné par son beau havre, autant seur & commode que celuy du Recif, laquelle apres leur auoir cousté tant de sang & de richesses pour la conquerir, ne leur sert à present que d'escüeil & de retraitte aux partis de leurs aduersaires, lesquels empeschent les Hollandois de paroistre dans le plat pays, qu'auec peril : aussi ils auoient tousiours eu le soin d'y entretenir bône garnison & d'y mettre quelque homme courageux : Hoochstrate pour son merite dans les armes, de simple soldat paruint aux charges de Capitaine, Major d'vn regiment, Major & puis Commandeur de ce Cap saint Augustin, & finalement Major general des troupes ; & voicy qu'au milieu des honneurs dont sa nation l'auoit declaré digne, & sur le point d'estre nommé chef & general des gens de guerre, il s'allienne laschement de la vertu, enseuelit son estime, &

L ij

par vn motif infame trahit honteusement sa religion, son honneur & sa patrie, à laquelle il a causé par là vn dommage irreparable, luy a osté non seulement le moyen, mais l'esperance de s'y pouuoir restaurer, qu'auec vne ruyne totale de ce beau pays. Les Portugais mesmes à qui cette trahison agrea tant, en abhorrent & detestent l'odieux instrument, ne l'appellent que le Colonel traistre, & s'en fussent desia défaits sans la protection du Viceroy qui le tient à sa Cour.

Il fut question, puis que tout alloit de mal en pis pour les Hollandois, & qu'ils ne pouuoient conseruer les autres places par delà le Cap saint Augustin iusqu'à la Baye de tous les Saincts, au moins de garantir les hommes qui les gardoient & les faire reuenir pour se deffendre ailleurs. Les seigneurs donc leur enuoyerent promptement des nauires & barques à Porto Caluo & à Rio san Francisco: mais ils y arriuerent trop tard, les Portugais s'en estoient desia emparez, & retenus prisonniers emuiron cinq cents hommes, tant soldats, qu'habitans du plat pays: aux vns ils auoient fait prendre les armes, les autres furent emmenez à la Baye. Quelques iours se passerent qu'vn Carabin à pied, de ceux-cy qu'on auoit fait aller autour du Recif, s'y sauua & asseura que les Portugais se disposoient à venir dans l'isle de Tamarica. George Garfman Major d'vn regiment fut esleu General de la milice à la place de Hous prisonnier, partit auec deux compagnies & s'alla loger au fort d'Orange, place sur le bord de la riuiere ou traiect qui separe l'isle d'auec la Terre-ferme de Goyane; & Bullestrate l'vn du haut Conseil, alla à la ville Schop, bastie au sommet de la montagne dans la mesme isle, où il fit retirer les habitans d'embas. Les Portugais ne faillirent point d'y venir deux iours apres cette arriuée, & au lieu de s'adresser au fort qu'ils sçauoient estre sur ses gardes, allerent donner l'assaut & voulurent forcer en plein iour la ville Schop, dont ils furent vertement repoussez, auec perte de trois cents hommes morts sur la place. Sleutel Capitaine & Gouuerneur de l'isle accusé de trahison fut constitué prisonnier, mais n'y ayant eu aucune preuue contre luy, on le renuoya absous & remis en sa charge de Capitaine seulement.

Les Portugais qui auoient perdu leur peine d'essayer à prendre de haute lutte Tamarica, tournerent leur dessein sur le fort sainte Marguerite de Parayba, & tenterent par subtilité & non pas par les armes de se l'acquerir, sçachants que le nommé Fernandes Boüilloux Portugais Secretaire de la Iustice & qui viuoit sous la faueur de l'abolition, estoit intime amy & familier de Déligues directeur de la Capitanie, se seruirent de luy pour le pratiquer & tascher à le corrompre, pour leur liurer la place, luy firent promettre par cettuycy cinquante mille liures en ce cas, & vn office Royal à la Baye de tous les Saints, lequel n'eut pas pluftoft ouy cette propofition, que fans autre formalité il fit pendre & eftrangler ce Boüilloux à la mesme heure.

 Le Sergent Hollandois qui commandoit la redoute de la ville d'Ollinde ne fit pas tant le difficile, & fur l'offre de mil liures & vne charge d'Enfeigne, la leur liura, auec quatorze foldats qui eftoient dedans qui furent tuez: de forte que de toutes parts le Recif fe vid abfolument bloqué. Il ne leur refta plus que la mer de Libie, où fans ceffe ils iettoient la veuë pour y defcouurir quelque flotte Hollandoife, afin de les fecourir. La patience leur deuint vertu tres-commune au milieu des cruelles atteintes que la rigueur de la faim commençoit à liurer à plufieurs, & la foif à tous, fomentée par les ordinaires viandes falées d'Hollande, la continuelle chaleur du pays qui n'eft qu'vn perpetuel efté, qui ne pouuoit s'eftancher par les mauuaifes eaux bracques qu'il falloit boire.

 L'implacable & cruelle neceffité, qui ne veut autres loix que celles qu'elle fe prefcript, elle qui authorise tant de choses, quoy que de leur nature iniques, & que pourtant elle fait passer pour iustes, suggera aux Magistrats du Recif, pour estouffer le murmure des pauures contre les riches qui menaçoiét d'vn renuersement, les vns & les autres, d'aller en personne de maisons en maisons, accompagnez de soldats armez, faire enleuer tous les viures qu'ils y trouuerent, apres les auoir fait enregistrer, & les faire emporter dans les magazins publics, & distribuer en suitte à chacun esgallement, autant au petit qu'au grand, & au pauure qu'au riche, & tousiours en amoindrissant les portions de sepmaine en sepmaine en attendant le secours; le bois méme deuint si rare, pour le peu de terrain où ils en osoient aller chercher, que les soldats mágeoient la plufpart du temps leur viande cruë, ou mal cuitte auec l'eau bracque: on estoit contraint pour chauffer les fours à cuire le pain du publiq, de se seruir des debris des nauires, barques & carauelles eschoüées sur le sable du riuage du havre, ou contre les roches, enduits & remplis de poix & goudron, qui donnoient vne si mauuaise saueur à ce pain, qu'il en faisoit souleuer le cœur & souffrir beaucoup l'estomach: ioignons à cela les continuelles peines & trauaux qu'il falloit apporter, sans exception de personne, pour les reparations des baſtions & ramparts du Recif que les grandes pluyes auoient bouleuerſez. Quantité d'hommes, femmes & enfans moururent de miſere, & les plus robuſtes ne viuoient qu'à regret, ſans ceſſe ſur les bouleuarts à ſouſtenir les frequentes allarmes que leur donnoient les Portugais, à qui il ne manquoit que le cœur pour les forcer ; ce n'eſt pas qu'ils ne s'approchaſſent ſouuent, mais les coups de canōs ne plaiſoient pas à leurs oreilles, & aimoient mieux ſe contenter de faire la peur aux Hollandois, que de s'y aller ioüer de trop prés.

Deux nauires d'Amſterdam pleins de viures qui arriuerent d'Hollande, ſeruirent de reſtaurant à ces corps abbatus, auſquels ils promirent vn bon, puiſſant & prochain ſecours pour les réjoüir, & ce qui les anima d'autant plus à la conſtance, fut l'euaſion du nómé Flaure l'vn des leurs, d'auec les Portugais, & de ce qu'il aſſeura que grand nombre de ſoldats Hollandois ne les ſeruoient que par cōtrainte, qu'ils eſtoient remplis d'affection enuers leur patrie, & ne ſouhaittoient que la commodité de ſe pouuoir ranger auec eux ; que ſi l'on hazardoit quelques troupes pour aller eſcarmoucher, ils ne manqueroient à les venir ioindre : deux compagnies furent là deſſus commandées, conduittes par les Capitaines Rinbach

Rinbach & la Montagne, sortirent à l'entrée de la nuit, & cheminerent iusqu'au bois où Flaure les mena, poserent leurs embuscades, & enuoyerent vingt hommes faire la découuerte, lesquels apperceuants leurs ennemis firent leurs descharges & se retirerent en bon ordre; les Portugais s'allarmerent, firent vn gros de deux mil cinq cents & allerent aux Hollandois, qui les voyants venir, les embuscades firent aussi leurs descharges & se battirent toûjours en retraitte, attendant que ceux dont Flaure auoit parlé les vinssent trouuer, ce que pas vn ne fit, à cause que pour lors ils estoient à l'arrieregarde; de façon qu'ils se retirerent tout à fait au fort des Affogades, à demye lieuë du Recif, duquel on delascha toute l'artillerie sur les Portugais, qui inconsiderément s'estoient trop auancez, y laisserent vne quarantaine de leurs hommes, & les Hollandois seulement vne douzaine.

Le Capitaine Clas principal de ceux qui ne respiroient que d'abandonner les Portugais, fasché d'auoir failly cette occasion, ne pensoit plus qu'à la recouurer; parmy les Hollandois ce n'auoit esté qu'vn pauure pescheur, il fut de ceux qui furent pris prisonniers & contraints de porter les armes, lors de la déroute du General Hous: André Vidal Colonel Portugais remarqua en luy quelque generosité, & pour

M.

l'obliger particulierement à foy, & pour faire croire aux autres qu'il y mettoit fa confiance, & qu'il fe portoit à recompenfer & reconnoiftre chacun, fuiuant fon merite, luy donna vne compagnie de foldats Hollandois. Clas fe fouuenoit bien qu'il eftoit de beaucoup redeuable à ce Colonel, de l'auoir honoré d'vne charge où fa vile condition lui deffendoit d'afpirer; mais il creut eftre encore plus tenu à fa patrie, & d'aller facrifier fa vie pour elle, que de faire continuer fon addreffe & le pouuoir où la fortune l'auoit monté, à la trahir. Dans ce foucy extreme de luy iuftifier de fa volonté, il aduint que Vidal luy commanda de s'aller mettre en embufcade auec fa compagnie de quatre-vingts foldats, au lieu dit les Salines, à vne petite lieuë & vis à vis du Recif, pour courir & faifir ceux qui pafferoient la riuiere pour entrer dans le pays, où quelquefois les partis Hollandois s'hazardoiét, & s'il n'eut efté le plus fort, l'aduertir ; voyant donc le temps & le lieu fauorable à l'execution de fon deffein, demy-heure apres il affembla tous fes foldats, leur dit qu'il auoit vne remarquable entreprife à executer, fi comme gens de cœur & d'honneur ils n'eftoient pas contents de l'accompagner, pour auoir leur part à la gloire qui les attendoit : ils luy refpondirent qu'ils eftoient prefts d'aller par tout où il defireroit

& de mourir auec lui: Apres auoir encore marché vn quart d'heure, il leur dit nettement qu'il entendoit aller trouuer ceux de leur nation, & les secourir contre les traistres Portugais, que chacun d'eux se resolut d'en faire le mesme, ou qu'il poignarderoit de sa propre main le premier qui le refuseroit: luy ayants tous promis de le suiure, il en enuoya deux au Recif les aduertir de sa venuë, & s'y rendit peu apres; ce renfort impreueu surprit à l'abord tellement le peuple, qu'à peine peurent-ils en tesmoigner leur contentement, qui ne se remarquoit qu'en leurs gestes, car les paroles n'y estoient pas employées. Les seigneurs leur firent vn accüeil sortable à cette insigne fidelité & leur fut départy des presents, chacun selon sa qualité, & de plus beurent tout leur saoul du bon vin de Madere, pris nouuellement en vne carauelle Portugaise qui en estoit chargée, par le nommé Pieter Dunhertre auec sa barque, peuplée de quarante matelots qui tuerent trente Portugais & en ammenerent quarante prisonniers au Recif auec cette carauelle: le iour de la venuë de Clas arriua aussi vn autre nauire des Terres-neufues chargé de bacraillo, poisson fort sec qu'on grille sur les charbons & mange auec de l'huile d'oliue.

Quelques trois cents Hollandois & Bresiliens de Parayba s'ennuyants dans leurs forts, voulurent aller prendre l'air de la campagne, & firent rencontre de huit cents hommes, tát Portugais que Negres vers les Campinos d'Edoüard Gomez de Silua, sur lesquels ils se ruerent brusquement sans leur donner temps de se reconnoistre, se battirent l'espace d'vne heure, leur firent perdre trente-cinq ou quarante soldats & quitter le champ de bataille, où les Hollandois ne perdirent qu'vn homme, parce que n'ayant qu'vne iambe de bois il ne peut pas suiure & fut assommé. Les Bresiliens non encore satisfaits, au lieu de s'en retourner au fort auec les autres, se promenerent dans le pays, & par vn Dimanche matin surprirent à l'Engin d'André Diez de la Figuerede quatre-vingts personnes Portugaises qui escoutoient la Messe, ruerent les Prestres, hommes, femmes & enfans: & ceux qu'ils trouuerent en saccageant les maisons, horsmis la fille du seigneur d'Engin du lieu, dont la rare beauté rauit en telle admiration ces

Aduantages de la beauté. brutaux, qu'elle eut l'auantage de bannir la ferocité de leurs cœurs, & fit succeder dans ces armes barbares & acharnées l'humanité & la courtoisie; l'esclat que tant d'appas faisoient briller sur le teint delicat de sa face attrayante, esmeut à compassion ces cruels, qui affligez par la sensible douleur qu'vn si lamentable de-

faite au pays du Bresil. 93

saftre faisoit endurer à cette belle ; quand elle se consideroit toute seule, & à ses pieds ses pere & mere & autres plus chers parens, amis & voisins deschirez en pieces, tremper dans leur sang & destinez à seruir d'aliment à ces creatures desnaturées, ils essayerent à la consoler par gestes, puis auec le respect, la ciuilité & la douceur dont ils sont capables, la menerent en la forteresse de Parayba, la recommanderent au directeur, afin qu'aucun tort ne luy fut fait.

Toutes ces choses rapportées à André Vidal & aux siens, ils en deuindrent comme forcenez, ils desarmerent tous les Hollandois qui estoient parmy eux à leur seruice, renuoyerent quelques-vns de ceux qui auoient de bons amis, à la Baye de tous les Saincts, & des autres en nombre de six à sept cent, en firent vn prodigieux carnage. Les diuersitez des plus horribles supplices furent exercées par ces maudits bazanés sur ces miserables de nostre Europe : les vns estoient liez deux à deux, dos à dos & hachez à coups de coutelas; les autres iettez vifs, des pierres aux pieds, dans les riuieres, d'autres attachez & suspendus par leurs parties naturelles aux branches des arbres, d'autres meurtris à coups de massuës, & le reste finit par l'espée en plusieurs façons : les Hollandois ne s'en sont pas souciez ny for-

M iij

malifez, & pluftoft imputé ce traittement, comme vn falaire deu à des foldats, pour auoir embraffé le party des traiftres, & porté pour eux les armes contre leurs fuperieurs, ce qu'ils ne deuoient point faire, ou imiter le Capitaine Clas. Mais les Portugais difent que ce qu'ils en ont fait, eft en haine de la fuitte du Capitaine Clas & de fa cōpagnie, & de crainte que ceux-cy n'en fiffent de mefme, & qu'il leur auoit empefché par cette fuitte l'entreprife qu'ils auoient fur le Recif, laquelle on n'a pû fçauoir. Ils firent auffi toft baftir vn fort, au mefme lieu où Clas auoit efté pofé en embufcade, y mirent vne garnifon pour attraper ceux qui fortiroient du Recif. Les feigneurs du Confeil donnerent la liberté à vn Turc & vn Negre fauuez des Portugais, qui rapporterent que plufieurs feigneurs d'Engins à fucre qui s'eftoient retirez à la Baye, lors que les Hollandois y entrerent, auoient efté remis en la poffeffion de tous leurs biens.

Ceux d'Angola, à qui les feigneurs du Confeil auoient enuoyé demander du fecours & des viures, efcriuirent qu'ils eftoient reduits en la mefme extremité que le Recif, par le Gouuerneur de Rio genero pour le Roy de Portugal, qui auec fix cens hommes fermoit tous les paffages, & leur enuoyerent vne patache chargée d'efclaues, dont ils n'auoient que faire; les vns furent enuoyez en l'isle Fernandes & les autres à saint Chrestophle, pour y estre vendus.

Comme si ce malheureux Recif eust deu estre affligé de toutes sortes de playes, & que la guerre de dehors, la priuation de toutes les commoditez, auec la mort ordinaire de ses habitans qui perissoient de misere, n'eussent pas esté d'assez pesantes douleurs, il luy fallut encore combattre la dissention ciuile qui s'engendra dans son enceinte: les gens de guerre ramassez de diuerses nations disoient tout haut qu'ils ne s'estoient obligez à languir, & aimoient mieux aller perdre leur vie en vne attaque, que de finir leurs iours à la façon des gueux & des belistres, que la pauureté lassée de ronger retire du monde; que c'estoit trop baffoüer leur profession, la plus noble de toutes les autres, que de les confisquer à la vermine qui les consumoit, qu'aussi bien puis qu'on sçauoit qu'ils n'estoient qu'vne poignée de gés, & qu'õ ne leur enuoyoit point de secours d'Hollãde où l'on se plaisoit à les amuser; que dans l'impuissance où ils se trouuoient d'attaquer, de se deffendre, & qui pis estoit de subsister, il valloit mieux rechercher de bonne heure vne composition honorable des Portugais, que d'attendre que la pressante indigence les forçast de s'aller abandonner à leur mercy, lors qu'ils n'en auroient plus, ou bien leur faire sentir ce que vaut leur vigueur, auparauant qu'elle fut extenuée, & aller fondre tout d'vn coup sur leurs aduersaires. Ils voulurent piller les magasins des viures, commirent diuerses insolences contre les personnes des hauts Magistrats & des Politiques, les arresterent trois ou quatre fois tout court par la barbe au milieu des ruës, les menaçoient de les ietter dans la mer, disoient que c'estoient eux qui auoient védu le pays pour des preséts, & que seuls ils auoient attiré leur ruïne; quant à eux qu'ils auoient esté tousiours dans le mépris, & comme de la bouë, & les Portugais que leur bras auoiét humiliez, leur étoiét toûjours preferez. Vn iour que les seigneurs s'estoient assemblez chez l'vn d'entr'eux pour y disner, vne douzaine de soldats hardis le sçeurent, monterent dans la chambre à l'heure que ces Messieurs faisoient les ceremonies pour prédre place, ils se mirent eux-mesmes à table, iurants & reniants, & firent si belle peur à ceux cy, que croyants que c'estoit pour les assassiner, ils sortirent habilement de la maison, & les laisserent manger, bien aises d'en estre quites pour vn festin, & les soldats rauis de leur costé de ce qu'on leur laissa faire bonne chere en paix.

Or, lecteur, ie te laisse à penser de quelles
inquietudes

inquietudes estoient trauaillez ces magistrats, ce leur estoit peu de chose de supporter ces indignitez, ce n'estoit plus eux-mesmes qui gourmandoient autrefois auec tant de rudesse iusques aux officiers, quand ils leur venoiét faire quelques demandes : ils oublierent à s'irriter, & leur visage humble & gracieux inuitoit chacun, si on ne leur vouloit point de bien, au moins de ne leur point faire de mal; il fallut sçauoir comme quoy appaiser ces soldats, lesquels fleschis en fin par douces paroles, remonstrances, promesses & esperance d'estre en bref secourus, ils redruisirent leurs demandes à de l'argent, il en falloit trouuer, n'en fut-il point, & les coffres de la Compagnie estoient vuides, les receueurs & tresoriers en étoient dégarnis: Les Iuifs qui voyoiét cette necessité, & que dans vn desordre ils deuenoient la proye de tous, se souuindrent que la perte de Constantinople prise de force par Mahomet, n'estoit arriuée que par la sordide auarice des citoyens, qui desnierent de contribuer de leurs tresors à leur Empereur pour le payement de ses soldats, & pour en faire venir d'autres, quoy que ce bon Empereur les allast supplier le chapeau à la main, & de porte en porte, pour leur propre conseruation: si bien qu'eux mesmes & tous leurs biens furent le pillage des Turcs. Eux donc sans attendre qu'on leur parlast, se cottiserent tous & fournirent la somme de cent mille escus que l'on distribua aux soldats pour en côtenter leur veuë, parce qu'ils ne s'en pouuoiét seruir qu'à iouër, & non à achepter aucuns viures, qui se donnoient aux magasins sur des billets signez des seigneurs, à chacun pour sa sepmaine, par les Commissaires & non autrement, à peine de la vie. Ces seigneurs du Conseil, cela assoupi, eurent apres encore en teste les particuliers ou bourgeois, qui à leur tour leur firent diuers affronts, ils les maudissoient ouuertement, les accusoient d'intelligence auec les ennemis ; faisoient semer le bruit qu'ils se vouloient sauuer de nuit pour les aller trouuer, tantost par mer, tantost par terre ; & pour persuader vn chacun qu'il estoit vray, & dauantage brauer leurs superieurs, ils faisoient des corps de garde aupres de leurs maisons, de iour & de nuit, de leur mouuement, & posoient des sentinelles deuant & derriere & sur les aduenuës de leurs logis, pour les empescher ; de façon qu'ils n'osoient point sortir depuis les six heures du soir iusques à sept heures du matin, & le iour ne se trouuoient point asseurez ; ce qu'il leur fallut souffrir aussi.

Mais venons maintenant à la Hollande, que dirons-nous de tout ce peuple des Prouinces-Vnies & de quel estonnement ils furent saisis au recit de tant de sinistres & funestes euenements qui se diuulguerent auec rumeur parmy eux. Les Ministres des diuerses religions & en toutes les langues qui s'y preschent, exageroient auec passion dans leurs sermons, la desloyauté des Portugais, se seruoient de tous les termes capables de faire naistre la haine & l'horreur contre eux, dans le recit de cette eloquence qu'ils faisoient des cruautez qu'ils auoient fait endurer à leurs compatriotes, par des voyes qu'ils estimoient ne se pouuoir pas assez expier.

Le peuple de la Haye esmeu, voulut se ietter sur l'Ambassadeur de Portugal qui y faisoit sa residence, la canaille assiegea son hostel, qu'ils eussent forcé, razé & mis tout en pieces, sans la prudence du Prince d'Orange qui y accourut en personne auec son regiment des gardes, & les compagnies des garnisons franches des villes voisines, qu'il fit promptement venir, escarta cette troupe populaire: l'Ambassadeur de France demanda audiance aux Estats generaux pour celuy du Roy de Portugal, lequel pour son maistre, desaduoüa tout ce que les Portugais, tant ses subjets que les leurs, auoient fait au Bresil, protestoit que c'estoit à son insceu & dont il auoit extreme déplaisir, offroit de prester

N ij

main forte pour ayder à chastier les vns & les autres, donnoit aux Estats tout pouuoir de faire Iustice eux-mesmes de ses propres subjets, qu'il detestoit & improuuoit le procedé des vns & des autres, vouloit employer tel secours que ses forces luy permettroient, pour les remettre en la possession de leurs conquestes, se faisoit fort de leur faire liurer les autheurs de la sedition, & de leurs biens en reparer leurs dommages.

Mais cet Ambassadeur auoit-il bonne grace de faire cette harangue de piperie à ces sages & aduisez Republiquains; croyoit-il qu'ils ne fussent pas exactement informez de tout, pour ne pas connoistre que son discours n'estoit estoffé que de dissimulation, de mensonge & de fraude, que ses offres & propositions n'auoient pour garands que la cautelle & la tromperie; aussi sans luy daigner respondre, ils enuoyerent se plaindre à sa Majesté Tres-chrestienne, de la perfidie & ingratitude du Roy de Portugal qui leur auoit tant d'obligations, apres auoir employé tant de soins & leurs propres tresors à l'esleuer, leur auoit en recompense laschement pris leurs places du Bresil, corrompu les Gouuerneurs & exercé mille barbaries sur leurs subiets par pure trahison, en violant la paix generale iurée entre eux en l'an 1641. & qu'ils se voyoient cōtraints de luy declarer la guerre. Sa Majesté leur fit dire qu'il s'agissoit icy d'affaires de particuliers, comme eux-mesmes l'auoient par le passé allegué, lors qu'il estoit question d'Angola; Que le Roy de Portugal nioit d'auoir iamais consenty, conseillé ny fait faire ces desordres, & s'offroit à s'y employer pour eux & leur procurer satisfaction: qu'il estoit trop important à ces deux puissances souueraines, voire à toute l'Europe, de ne se faire ennemis & mener la guerre icy pour vn pays si esloigné; qu'au lieu de rompre cette vnion, que l'Espagnol l'ennemy commun de tous trois souhaitteroit, il faudroit plustost imiter les François & les Anglois, lesquels nonobstant les troubles & difficultez qui arriuent entre eux aux Terres-neufues, ne laissent pas de viure en bonne paix en Europe, & n'alterent en rien leur commerce ensemblement, encore que ces deux peuples de costé & d'autre y enuoyent telles forces que bon leur semble, pour s'y battre, sans que cela leur apporte icy la moindre contention: que les Estats generaux & le Roy de Portugal en tout cas deuoient faire le semblable, mais que pourtant il falloit traitter d'accommodement, & faire droit à celuy à qui il appartiendroit.

Les Estats generaux resolurent de ne point deferer à cet aduis, ains de se venger & tirer raison tost ou tard du Roy de Portugal, par tous les moyens qui s'en presenteroient : Or comme ils iugerent qu'il n'estoit pas encore temps de remuer cette corde, qu'auparauant il leur falloit concerter quelles maximes ils deuoient obseruer, & en attendant aussi quelle seroit la satisfaction que les Portugais leur feroient, ils ne retirerent pas leur Ambassadeur de Lisbonne, & celuy de Portugal ne bougea de la Haye, sans qu'aucun se prouoquast sur mer ou sur terre, ny qu'il y eut discontinuation du negoce deçà la ligne Equinoctiale : mais afin de ne point perdre temps, & ne pas laisser perdre vn si beau & grand païs qu'on leur vouloit oster contre la foy promise, les Estats persuaderent la Compagnie des Indes d'Occident, à qui il restoit encore quelque fonds en banque, d'esquipper vne flotte de cinq ou six mille hommes, plus que suffisante, à ce qu'les seigneurs du Conseil augét escript, pour se restablir par tout & battre les rebelles, que les meilleures places leur appartenoient encore, que pour leur dédommagement ils leur continueroient leur bail pour la iouyssance du Bresil, pour quinze ans, afin de leur donner moyen de se rembourser, & pour leur faire plus facilement trouuer des hommes, ils congedierent vingt-cinq compagnies du corps de leur armée, dont la plus gráde part, auec ce qu'on pût ramasser en chaque regiment & par toutes les villes, au nombre de quatre mille hommes effectifs (sans les matelots & gens libres) furent enroollez, & les nauires pour les embarquer, fretées & appareillées aux despens de la Compagnie. La flotte fut en estat de partir en Nouembre de l'an 1645. & le rendez-vous des nauires, sur le chien de Flessingues: mais vne froidure extraordinaire suruint qui glaça tous les havres & y retint les vaisseaux l'espace de trois mois. Le dégel venu elle cingla en mer au commencement de Febvrier 1646. & dans icelle s'en alla aussi le College du haut Conseil du gouvernement de la conqueste du Bresil, nommez & pourueus au lieu & place de ceux qui estoient en charge depuis six ans, lesquels auoient plus d'enuie de retourner, que ces nouueaux Magistrats d'entreprendre ce voyage, croyants fermement estonner les Portugais par leur presence, tout restaurer en arriuant, & ainsi eterniser leur memoire; mais ils eurent asses de temps pour reconnoistre leur erreur, & de faire penitence de cette presomption.

Ces seigneurs furent choisis d'entre les plus entendus en la science & experience de gouvernement & police de leurs bonnes villes, qui furent suppliez d'accepter cette commission, au nombre de cinq, sçauoir Monsieur le

President Schonemburg, tiré expressément du corps des Estats generaux, Monsieur Vangoch Magistrat & pensionnaire de la ville de Flessingues, deputé ordinaire de la Prouince de Zelande aux assemblées des Estats generaux, Monsieur Van Beaumont Aduocat Fiscal de la ville & pays de Dordrecht & du long de la Meuse, tous trois de singuliere vertu & probité, consumez dans les lettres & dans l'art de policer, qui auoiét entiere cónoissance des belles lágues, & des vulgaires qui sót en vsage en Europe, & voyagé en leurs ieunesses en tous les Royaumes & Prouinces de la Chrestienté; & pour adjoints, afin de verifier les comptes de la Compagnie, les sieurs Haecz & Trouire, notables marchands de la ville d'Amsterdam, & pour secretaire le sieur l'Hermite, Aduocat de la ville de Delft, fils de ce grand Pilote l'Hermite qui a fait le tour de la terre, auquel College ils donnerent le priuilege de prendre le titre de nobles puissans, pour les distinguer des autres qu'on n'appelloit que noble noblesse, laquelle qualité de nobles puissants n'auoit iamais esté permise qu'aux Estats particuliers des Prouinces-Vnies, par les Estats generaux qui se font honorer en terme superlatif, de Tres-hauts & Tres-puissans; & sous eux pour chef des gens de guerre sur terre, le sieur Sigismond Schop Allemand, qui y auoit desia

desia esté General, & dont il a esté cy-deuant parlé, homme vaillant & genereux, mais qui paſſoit pour cruel. Il fut exhorté de ſe rendre plus doux & traictable aux ſoldats qu'il n'auoit fait autresfois, pour les mieux obliger par ſon amitié à eſtre fidelles, & à bien faire leur deuoir: & pour chef de la guerre ſur mer le ſieur Baucher, Admiral de Zelande, Commandeur des coſtes des Pays-bas, qu'ils firent Admiral des mers du Breſil & d'Angola, tous leſquels s'embarquerent en meſme temps. Les villes, forteresses & nauires des havres de ces prouinces exprimoient leurs ſouhaits, de les voir heureuſement reüſſir en leur entrepriſe, par la multitude de canonades qu'ils firent tonner au départ de ce grand nombre de vaiſſeaux qui montoit à cinquante-deux nauires.

De toutes les flottes enuoyées d'Hollande au Breſil, il ne ſe lit point qu'aucune ayt eu tant de trauerſe que celle-cy, elle ſeruit de perpetuel ioüet aux inconſtances outrageuſes de la mer, pendant l'eſpace de ſix mois qu'elle demeura par chemin: car comme elle deſancra en la plus fâcheuſe ſaiſon de l'année pour nauiger; auſſi ſe vit-elle expoſée à diuerſes ſouffrances, les grandes tempeſtes qui s'éleuerent auec le vent contraire, deux iours apres noſtre départ, nous fit ancrer & ſejourner à la rade des Dunes d'Angleterre vis à vis de Nieuport, laquelle pour n'estre pas seure, exposée à tous les orages, les ancres ne pouuants pas bié mordre la terre, les rudes secousses des ondes firent rompre les cables de deux de nos nauires qui eschoüerent en apres sur le sable; quelques-vns se noyerent, les autres furent secourus & sauués par les esquifs Anglois, qui desroberent, en payement de leurs peines, tout ce qui se trouua dans ces nauires: Quant à l'artillerie, munition, voiles, cordages, mats, ancres & cables, le Capitaine des Dunes les fit emmener dans les forteresses, dit que cela, auec les vaisseaux qui eschoüoient, ou faisoient naufrage sur les ports, rades & havres d'Angleterre, qu'ils appellent la Chábre du Roy, estoit vn droit & appartenoit à l'Admirauté, voire tout ce qui tombe dans la mer à deux lieuës du riuage; contraignit à luy rendre les ancres des cables brisez, que nos matelots auoient peschez & retirez du fonds de la mer. Cette tempeste nous empescha par trois iours d'aller à terre, pendant lesquels les soldats & matelots eschappez, qui auoient tout perdu, attaquez du froid & de la faim, parce qu'on leur refusoit l'aumosne, voulurent s'escarter dans le pays pour y chercher à viure; mais aussi tost les Anglois armerent les compagnies du pays qu'ils appellent les Trenne-bandes, lesquelles prirent tous ces soldats & matelots, les ramenerent aux Dunes, & firent sçauoir à Monsieur Vangoch qui commandoit la flotte, qu'il eut à les faire passer dans ses nauires promptement, ou qu'ils les feroient mener en Hollande aux despens de la Compagnie. Il fallut sans autre delay loüer vn nauire exprés au double, de ce qu'on eut pû faire à loisir pour les retourner à Mildebourgh, & faire reuenir en d'autres vaisseaux.

Le vent deuenu vn peu fauorable, apres deux autres iours de chemin le mesme vent contraire enfla tellement la mer, qu'il nous fallut à la haste venir ancrer en l'vn des ports de l'isle de Vvicht que nous auions desia passée, appellé sainte Helene, entre l'isle & la Terre-ferme, dans laquelle est à trois lieuës de là la ville d'Antonne, où l'on nous fit voir quelque reste du débris d'vn riche nauire d'Hollãde, estimé à deux millions, qui venoit du Bresil, lequel estoit peri il n'y auoit que trois iours, en se fracassant cõtre vne roche, à vne portée de mousquet de l'autre costé de l'isle; de 300. personnes qui estoient dedans, on n'en pût sauuer qu'vne trétaine. Quelque orage qu'il face, la mer y est assez paisible, mais nous n'en sortismes qu'auec de grandes difficultez, l'inconstance des vents nous y arrestãt neuf sepmaines entieres; par vingt fois l'on desancra & nauigions par fois vne, deux, quatre, dix ou douze lieuës, & par vingt fois l'oppofition des mauuais vents nous fit retourner fur nos pas : Les nouuelles que nous receufmes d'vn autre nauire du Recif, qui par cas fortuit vint ancrer aupres de nous, que les Hollandois eftoient en grande extremité en ce lieu-là, & que nous treuuerions peut-eftre le pays perdu, qu'il en eftoit party il y auoit deux mois, & que le peuple auoit fort peu de viures, fit qu'auec peines incroyables, malgré le vent côtraire, la flotte gagna la mer de la Manche, où les vents impetueux groffirent fi fort, qu'ils nous ietterét le lóg des coftes de Vvehtmur en Portland, lieux tres-dangereux, & cela en partie par la faute des Pilotes qui n'auoient pas affez tenu le haut de la mer : les vagues furieufes de la marée pouffoient nos nauires contre le riuage bordé de roches & efcüeils, là où perit & fe brifa à nos yeux vn vaiffeau Efcoffois, & dedás quelques deux cents perfonnes qui furét la proye de cet infidelle element, auec des cris & gemiffemens qui redoubloient noftre frayeur d'en faire de mefme: mais la bôté diuine, apres nous auoir tenu en crainte & fait voir les horreurs de la mort qui nous eftoit plus apparente que la vie, nous en garantit par l'induftrie qu'il donna à nos Pilotes qui auoient tout abandonné & attaché le manche du gouuernail, nous laiſſoient flotter au gré des ondes qui nous auoient deſia auancez à quelques dix ou douze pas des rochers, que promptement, comme la coſte prenoit vn deſtour ils tournerent les voiles & le nauire contre le vent qui ſouffloit du coſté de la terre, ſa violence conteſtant contre la grande agitation de la marée, empeſchoit qu'elle ne portaſt nos nauires ſur le riuage, les faiſoit pancher & renuerſer tous ſur vn coſté, moüiller & creuer les voiles, tremper les pointes des mats dans la mer, rompre les cordages, l'eau entroit à grãds flots par les caillebots ou treilles des tillacs, laquelle ſe diſperſant au dedans gaſta vne partie de ce qui y eſtoit, & demeuraſmes en cette épouuante l'eſpace de ſept heures, en n'attendant que le moment de nous voir liurer entre les bras de la mort, lors que par ſurcroiſt de terreur, l'obſcurité des tenebres ſuruint, laquelle nous faiſoit perdre toute eſperance de reſchaper au milieu de tant de perils : mais la tourmente s'eſtant enfin appaiſée, & la marée s'en retournant, nos vaiſſeaux ayants quelque temps flotté au hazard, les Pilotes ietterent les ancres, & nous arreſterent à l'abry derrierrre vne petite colline.

Les ſoldats, matelots & paſſagers, harraſſez d'vne ſi rude fatigue, l'eſtomach rompu des vomiſſements & ſoûleuements de cœur

O iij

que la tempeste nous auoit prouocquez, furent facilement assoupis par le repos que la douceur du sommeil apporta, mais aussi tres surpris d'estonnement de l'aubade & fascheux resueil que nous donnerent six volées de canons à boulets qu'on enuoya dans nos nauires dés la pointe du iour, d'vn chasteau de pierre situé sur le bord de la mer, à deux mousquetades de nous, qui tuerent trois hommes, & en blesserent quatre ou cinq; Monsieur Vangoch enuoya promptement dans la chaloupe à ce chasteau, le patron & Capitaine du nauire qui estoit Zelandois, Hameling Anglois capitaine des soldats, & moy qui parle, afin que les vns ou les autres de nous trois fussions entendus: Nous nous addressasmes à celuy qui y commandoit, luy demandasmes la raison de ce mauuais traittement, de qui il auoit charge de nous caresser de la sorte, qu'il auoit pû connoistre à nos bannieres que c'estoit vne flotte des Estats generaux, lesquels estoient amis communs du Roy d'Angleterre & de son Parlement, & s'il vouloit commencer sur nous à rompre la paix; Il nous respondit que le chasteau où nous estions auoit esté pris il n'y auoit que huit iours par le Parlement pour lequel il tenoit sur le Roy, qu'on l'y auoit mis pour le garder & que sa teste en respondroit, qu'il estoit entré en deffiance

Surprise fort estonnante.

Chose remarquable.

faite au pays du Bresil. 111

que tant de vaisseaux ne fussent là pour le surprendre, qu'il auoit non seulement fait tirer sur nous, mais fait donner l'alarme par tout le pays, & qu'en moins de trois ou quatre heures il auroit plus de sept ou huit mille hommes, qu'il estoit déplaisant des morts & des blessez, n'auoit pourtant fait que son deuoir, parce que nous deuions saluër le fort, ainsi que tous les nauires qui ancrent ou passent auprès, sont tenus; que quant à la banniere, il n'estoit pas obligé d'y deferer: car outre qu'on la pouuoit desguiser, il n'estoit point permis à aucune nation de desployer la leur sur les mers d'Angleterre, qu'eux-mesmes: Nous luy dismes que nous estions là arriuez sans dessein, que tenants le chemin du Bresil, la tempeste nous auoit là fait surgir parmy les tenebres de la nuit, au danger de nostre vie, sans connoistre le lieu où nous estions, ny sçauoir qu'il y eust vn chasteau: Il repliqua que c'estoit vn malheur & que personne ne le pouuoit supporter que nous, & neantmoins se fit payer six liures pour chaque coup de canon, plustost pour l'honneur, disoit-il, que pour l'argent; & quant au reste, nous fit faire grande chere, enuoya à nostre nauire Admiral du vin d'Espagne, auec mille excuses à Môsieur Vangoch; cela fait on leua les ancres, & apres auoir tiré trois coups de canon deuant

Interest desguisé de nom d'honneur.

le chasteau, duquel on en tira vn autre. Quelques trois iours apres que nous estions sur la mer de la Manche, les soldats Allemands de nostre nauire Admiral esmeurent sedition, & firent prendre les armes aux autres, comme eux se plaignans qu'on ne leur donnoit point de fromage, eau de vie ny tabacq, & sous ce pretexte osterent au boutelier du vaisseau les clefs du magazin, y beurent & mangerent l'espace de deux iours, se moquoient de leurs officiers, & menaçoiét de ietter en la mer Monsieur Vangoch, & tous ceux de la cahutte ou chambre du Capitaine: pendant cette fougue nous nous mismes sur nos gardes, les portes de la chambre du gouuernail furent barrées, & celles du Lieutenant & des Pilotes qui sont au dessus pareillement; on disposa les petards & pieces d'artillerie pour battre sur le tillac, en cas d'attaque, outre vne bonne prouision de toutes sortes d'armes; pendant quoy on eut moyen de nous faire approcher és enuirons des vaisseaux de la flotte, & remplir nostre cahutte d'officiers, qu'on fit entrer par les fenestres de la châbre du canonnier, ce qui fit moderer la fougue des mutins, qu'on ne vouloit pourtát pas perdre, à cause qu'on en auoit besoin; & s'estants apperceus de n'estre pas les plus forts ils demanderent pardon à genoux à Messieurs Vangoch & Beaumont, qui

apres

apres leur auoir remonstré que ce n'estoit pas les armes au poing & auec menaces qu'il falloit requerir quelque chose, que cela se deuoit faire par requeste verballe ou par escript, & ne meritoient rien moins que la mort, que neanmoins ils leurs accordoiét leur pardon, à la charge de ne plus retourner à pareille faute, & de demeurer fidelles; fit distribuer à chacun vne liure de tabaq, de l'eau de vie & vn fromage d'Hollande, pour les appaiser: les autheurs pourtant de cette sedition, encore qu'on leur eut pardonné par consideration, furent marquez, comme l'on dit, sur le papier rouge, ausquels la corde ne fut pas espargnée au Bresil, à la moindre faute qu'ils commettoient : mais afin qu'ils ne reuinssent plus à semblable émotion, ils furent diuisez par septaines & départis en autres nauires, deux patrons qui voulurent refuser d'en receuoir leur part furent cassez de leurs charges, leurs gages confisquez & renuoyez en Hollande.

Au sortir du grand canal de France & d'Angleterre & en entrant dans la grande mer de l'Ocean, entre le Royaume de Gallice & l'Irlande, comme Monsieur Vangoch eut fait assembler dans son nauire tous les officiers de marine & milice, pour leur donner l'ordre qu'ils deuoient tenir durant le voyage, pour se recorroistre de nuit, & s'entresecourir en

P

cas de combat, de tempeste ou autre accident; Monsieur de Beaumont, qui seul des Seigneurs estoit à nostre flotte, les autres s'en estans escartez dés les Dunes d'Angleterre, & auoient pris vne autre route, ne la voulut point receuoir, dit que c'estoit à luy à la donner, qu'il deuoit commander à mettre la banniere, parce qu'il representoit l'vne des plus fameuses Chambres de la Compagnie, & de la prouince d'Hollande, laquelle sans contredit, passoit la premiere par tout; qu'en son particulier il voudroit bien dépendre dudit sieur Vangoch & luy deferer; mais qu'en qualité de personne publique cet honneur luy appartenoit, & que iamais ceux qui l'auoient esleu ne luy reprocheroient de laisser perdre leurs prerogatiues. Monsieur Vangoch luy respondit que l'vn ny l'autre ne representoiét pas en cette occurrence les prouinces d'Hollande & de Zelande, qui toutes deux receuoient loy des Estats generaux & non l'vne de l'autre, mais seulement les Chambres qui les auoient nommez, & fait confirmer, que Mildebourg marchoit apres celle d'Amsterdam, & non celle de Dordrecht, & que de refuser de luy obeyr, vouloir aller le premier & porter la banniere à son vaisseau, c'estoit ignorer le rang que tenoit la Chambre de Mildebourg aux assemblées de la Compagnie des Indes,

faite au pays du Bresil. 115

pardeuant les Dixneuf. Les officiers ayants tenu conseil, ceux de Zelande dont le nombre se trouua plus grand, opinerent pour Monsieur Vangoch, & que Monsieur de Beaumont ne seroit que Vice-admiral, les autres d'Hollande au contraire fauoriserent le party dudit sieur de Beaumont, & vouloient qu'il fut Admiral. Ne s'estans donc pas pû accorder, Monsieur de Beaumont qui voyoit que Monsieur Vangoch tenant tousiours l'auantgarde, les nauires d'Hollande meslées auec les autres le suiuoient & tenoient sa mesme route, afin que ceux-là n'en tirassent gloire, appella à soy tous les Hollandois, voulut qu'ils prissent vne autre course, & en vn instant d'vn coup de canon qu'il tira nous dit adieu, & se separa de nous, faisant par là acte d'Admiral, qui changeant de chemin tire pour aduertir les autres de l'accompagner, mais on le laissa aller. *Action glorieuse & spirituelle du sieur Vangoch.*

Vn bon vent constant qui dura vn mois tout entier nous fit faire douze cents lieuës sur les hautes mers d'Espagne où les vaisseaux nauigent habillement, pour les vagues qui y sont trois fois plus hautes qu'aux autres lieux, estant cette mer ordinairement agitée; & dautant que nos nauires retardoient trop à s'attendre les vns les autres, & qu'il falloit par fois baisser les voiles des iours entiers, à cet effect il fut dit que chacun prendroit telle course qu'il voudroit, & gagneroit le deuant pour arriuer au pluftoft au Recif: Nous paffafmes donc deuant le Cap de Fineterre, le long des coftes de Portugal, puis dix à douze lieuës vis à vis de la ville de Lifbonne, & en apres proche les grandes & hautes roches qui paroiffent en mer, & qu'on appelle les coches de Barrolles, les matelots pretendants que tous ceux qui n'auoient pas encore efté par là, leur deuoient de l'argent pour boire, ou qu'ils auoient droit de les plonger dans la mer, que c'auoit toufiours efté la couftume, & que le Roy d'Angleterre encore Prince de Galles, allant en fon voyage d'Efpagne, fut contraint de donner vne fomme de deniers aux mariniers : Les foldats fe mocquoient d'eux & de toutes les raifons fur lefquelles ils fondoient leurs demandes, & ne voulans pas ouyr parler de rien donner, les matelots entreprirent d'en faifir quelques-vns, qu'ils auoient defia liez de cordes fous les aiffelles pour les moüiller, qund ils fe virent chargez par les autres foldats qui auoient couru à leurs armes & prefts à s'entretuer. Monfieur Vangoch fut bien empefché d'appaifer cette rumeur aduenuë en moins de demye heure ; il commanda aux officiers d'arrefter chacun ceux qui eftoient fous leur conduitte & de venir déduire leurs

faite au pays du Bresil. 117

raisons pardeuant luy: Les matelots mal satisfaits mettoient toute la coulpe sur les soldats, demanderent que quelques-vns d'eux fussent punis, & qu'ils vouloient recommencer vne autre rebellion : les soldats au contraire monstrerent que c'estoit les matelots qui estoiét les aggresseurs, qu'ils ne se laisseroient gourmander par eux, qui ne cesseroiét de les maltraitter ordinairement, s'ils ne leur monstroient les dents & n'estoient en plus grand nombre: Monsieur Vangoch remonstra à ces matelots qu'il estoit expressément deffendu par les ordonnances des Dix-neuf, qu'il fit lire, de batiser personne (qui est le terme dont on vse en mer, au lieu de dire moüiller) que par ordre de Iustice. D'ailleurs, que le droit dont ils parloient ne se deuoit demander qu'à l'amiable, & qu'ils ne pouuoient forcer personne, & que quand mesmes les soldats auroient tout le tort, s'il les vouloit chastier, il en seroit empesché & feroit recommencer le murmure. Puis il tança aigrement les soldats d'auoir couru aux armes, au lieu de se plaindre à luy, leur osta leurs mousquets, fuzils & espées, qu'il fit serrer en la chambre du canonnier, pour leur restituer au besoin : de fait pour les rendre contents il fit donner à chaque matelot vne pinte de vin de France, & à chaque bacq ou septaine de soldats deux pintes pour

P iij

vne fois : les matelots brocardoient les soldats, de les auoir fait desarmer & d'auoir esté bien payez, & les soldats se rioient de les auoir battus, & d'auoir eu encore du vin en recompense.

Et en continuant ainsi nostre nauigation, les Pilotes dirent que nous estions de la hauteur du destroit de Gilbraltar, & à septante lieuës loing, & en apres de celle du port de Santo ; nous passasmes proche les isles de Madere & vismes le Tenarif & Picq de Canarie, cette haute montagne dont le superbe sommet penetre au delà la moyenne region de l'air, & lequel s'apperçoit en vn temps calme & serain, de quelques septante lieuës, mais aussi quand cela arriue, il denote vn prochain & impetueux orage. Nos Pilotes pour s'estre mépris en la supputatió de leur course qu'ils prenoient au compas marin, à l'Astrolabe sur le midy, & par fois la nuit à l'estoile du Nord, nous firent voir les costes de Maroc en Barbarie d'Afrique. Lors mesmes qu'ils croyoient estre fort auancez dans le Couchant, ils changerent leur route contre les isles salées : mais au lieu de nous aller rafraischir en l'isle saint Vincent, l'vne d'icelles, comme c'est l'ordinaire des voyageurs, Monsieur Vangoch ne voulut pas qu'on s'y arrestast, afin de nous rendre plustost au Recif, traitte par trop fati-

Le Tenarif.

gable. A seize degrez & demy proche la ligne, nous vismes aussi les isles de Sal & de Bella Vishera, voisines de celle de saint Vincent, habitées des bannis d'Espagne, qui sont là releguez & qui se racheptent par vn nombre de peaux de boucs, qu'on leur ordonne de liurer par an, dont on fait les marroquins d'Espagne. Nous eusmes la recreation de voir sur cette vaste & spacieuse estenduë des eaux vn nombre innombrable de diuers poissons, quantité de ceux qui auec leurs aisles de cartilages, de la grosseur des gros harangs & d'excellent goust, voltigeants en l'air, venoient donner communement dans nos voiles, comme beccasses dans les pentaines, des tonins, marsoüins, emisselles & bonites, dont nous peschasmes & prismes abondamment à la ligne & à la flesche. La grande chaleur du Soleil, les viandes salées & la portion d'eau douce qu'on retrancha à vn verre par iour, toute puante & pleine de vers, les biscuits moisis & gastez de l'humidité de la mer, causerent de grandes souffrances & incómoditez; mais sur tout vn calme de six iours qui se fit sous la ligne, faillit à nous faire tous estouffer de chaleur, sans qu'il fust possible pendant cet espace, d'auancer d'vn demy quart de lieuë (prodige merueilleux de cette formidable plaine humide, qui demeuroit auec moins d'agitation qu'vne eau croupie) & esmeuë des vents fait trembler le monde & fait naistre de la terreur & de l'effroy dans les ames les plus constantes & resoluës, se ioüe, furieuse, des nauires les plus puissants, malgré l'industrie de ses conducteurs, comme des coquilles, les éleue au faiste de ses hautes montagnes d'eau, & les abbaisse en vn moment dans ses profonds vallons, comme si elle les descendoit en vn golphe inéuitable, lors qu'au mesme instant elle les remonte derechef au dessus de ses bosses, & fait tousiours retomber dans ses abysmes consecutiuement, puis dés le lendemain se fera voir douce & sans mouuement.

Les rayons ardents du Soleil qui estoient à nostre veuë côme des bluettes de feu, engendrerent, auec ce qui a esté dit, plusieurs infirmitez, le Schorbut maladie de mer qui retient le mouuement des nerfs, pourrit les muscles, courbe les membres, s'attache aux genciues qu'elle corrompt & fait toutes noires, & qu'il faut en apres decouper auec des rasoirs, incommoda grande partie des soldats & matelots; n'y en eut pas vn qui ne tombast malade d'vne fiebure continuë & d'vne douleur de teste dangereuse durant neuf iours, lesquels passez il n'y auoit rien à craindre, elle en fit mourir vn grand nombre, sur tout ceux qui n'ayants pas beaucoup de soin de leur conseruation,

Le Scorbut dangereuse maladie de mer.

uation, s'exposoient l'estomach descouuert à la delicieuse fraischeur de la nuit, qui leur estoit en apres mortelle: nostre Medecin, les Chirurgiens, le premier Pilote, le commis du nauire, le maistre des voiles & vne cinquantaine d'autres de ce vaisseau moururent, qu'on enueloppoit d'vne couuerte du linceul & iettoit en la mer trois ou quatre heures apres leur trespas, auec deux boulets de canon aux pieds, vn tison ardent & vn coup de canon, qu'on délaschoit pour la derniere ceremonie: Tous ceux qui deuindrent malades les derniers, dont Monsieur Vangoch & moy fusmes du nombre, ne peurent estre secourus de medicaments, à cause que les drogues estoient toutes consumées ; ce qui resta estoit de l'huile d'oliue qui seruoit à faire des medecines, des boüillons & des lauements. Cette dure misere nous estoit vn peu supportable, à cause du diuertissement des baleines qui se venoiét frotter contre nostre nauire pour nous regarder, les dauphins qui se ioüoiét deux à deux en nostre presence, les dorades plus beaux, plus agreables & plus delicats poissons de la mer, auec les gros & grands poissons qu'on appelle les souffleurs, lesquels remplissoient leur ventre d'eau iusqu'à creuer, puis la venoient dégorger proche & dans nos nauires, le gosier en haut l'espace d'vn demy quart d'heure. Si ce

Q

Danger du calme. calme eut encore continué, il estoit capable de nous faire perir tous, comme il estoit arriué l'année d'auparauant à vn nauire Portugais sous la mesme Ligne, dans lequel ne fut trouué aucun homme viuant, & seulement six sepmaines apres qu'ils furent tous morts, ainsi qu'il fut remarqué par le iournal, & selon que l'asseurerent deux matelots qui faisoiét voyage, & furent là presents : *Eau mortelle.* L'eau mesme qui sortoit des nuës estoit desia corrompuë, parauant qu'elle fut tombée, pleine de petits vers, & de plus estoit si venimeuse, que les gouttes n'estoient pas plustost sur les mains, sur la face ou autres endroits du corps, qu'il s'y formoit des vessies & ampoules, auec quelque legere douleur.

Le vent deuenu fauorable nous fit voir le pole du midy ; & cognusmes par là les discours de certains historiens fabuleux, qui disent que sous la Ligne l'on peut considerer de la veuë les deux poles en vn instant ; veu que tout au contraire, alors qu'on s'y rencontre iustement, l'on n'y void ny l'vn ny l'autre ; pareillement ce qu'on escript, que les flots de la mer des costes du Sud & du Nord viennent à s'entrechoquer l'vn contre l'autre sous cette Ligne, pour la marquer : car cette Ligne qui n'est qu'vn cercle imaginé au Ciel, & que nous disons estre dessous, quand nous en sommes

Mensonge de quelques historiens combattu.

à deux ou trois degrez deçà ou delà, ne se peut ainsi connoistre sur l'eau: Il est vray qu'on apperçoit insensiblement de la difficulté aux vaisseaux, parce qu'en l'approchant il faut monter, & vne grande facilité à descendre, quand on l'a passée. Vne quinzaine de iours s'escoulerent à nauiger, que les Pilotes nous dirent estre de la hauteur de la Baye de todos los Santos, à cent lieuës par delà le Recif, où ils estoient allez expressément chercher le vent du Sud, cent lieuës plus haut que de prendre deux ou trois lieuës plus bas, pour la saison de ce vent, qui comme celuy du Nord, souffle six mois, & partagent ainsi l'année ; & ayants pris leur course contre la terre, ils nous promettoient de iour à autre de nous la faire voir. Six iours entiers se passerent en cette esperance, que voguáts à pleines voiles nous descouurismes enfin le Cap saint Augustin, & deux heures apres la ville d'Ollinde, puis le Recif, & en vinsmes ancrer à demye lieuë. Monsieur Vangoch fut le premier des nouueaux seigneurs qui y arriua : Il y auoit desia d'autres nauires venus depuis quatre ou cinq iours, mais si à propos, que s'ils ne nous eussent deuancez de la sorte, nous n'eussions iamais mis pied à terre au Recif, mais forcez à nous en reuenir. Ce pauure peuple languissant se trouuoit tellement pressé de l'extremité de la faim, qu'ils en auoient perdu la patience & l'esperance, & sans faire plus d'estime ny du pays, ny des moyens qui leur restoient, ne pensoiét plus qu'à sauuer leur vie & se garantir de la mort. Dans cette impuissance de pouuoir subsister dauantage, ils auoient resolu dans le Conseil, & en l'assemblée des bourgeois, d'enuoyer le lendemain du iour que ces trois nauires arriuerent, capituler auec les Portugais, se rendre à leur misericorde, & leur tout abādonner, moyenant la vie, & qu'ils leur donnassent des viures & des nauires pour s'en retourner. De tous ces habitans il n'y en auoit point de plus transis de frayeur que les Iuifs, ausquels les Portugais auoient iuré de ne iamais donner de quartier, & de les brusler tous vifs; aussi s'estoient-ils proposez de mourir les armes au poing & védre leur peau bien cheremét, plustost que de tóber entre leurs mains. Nos vaisseaux ne furent pas si tost reconnus, que toutes les barques & esquifs nous vinrent au deuant & nous amenerent en ce Recif, où nous entrasmes sur les huit heures du soir: Ie laisse à l'imagination du lecteur quelle fut la ioye, & les acclamations de ce peuple accablé de famine, quand il vit ses restaurateurs. Il y auoit trois mois entiers qu'on ne leur distribuoit qu'vne liure de farine d'Europe de pois ou de febues par sepmaine, contraints pour le surplus de se rassasier d'herbes, racines & feüilles qui croissoient sur leurs bastions & cimetieres, qu'ils faisoient boüillir quatre ou cinq fois dans l'eau bracque, c'est à dire ceux qui pouuoient recouurer du bois, pour en oster l'amertume, & les mangeoient assaisonnez d'vn peu de sel, auec les poissons qu'ils pouuoient pescher; tous les magazins estoiét vuides, il ne restoit pour plus de deux mil bouches, qu'vn tonneau de farine, trois de pois, & quelques trois cents de stochvisch, poisson fort secq & sans humeur : enuiron quinze cents personnes moururent de misere ou de faim, & bien autant qui furent tuez, pris prisonniers & qui se sauuerent aux ennemis, depuis le commencement de la reuolte iusques à nostre arriuée.

Toute la soldatesque & la bourgeoisie se mit sous les armes, on n'entendoit que le tonnerre des canons des nauires du havre & des forteresses, qui furent tirez auec tant de desordre & de confusion, qu'vn vaisseau & vne maison furent ruynez & consommez par le feu de ces canons. Si les obiets les plus hideux peuuent surprendre, nous eusmes bien raison d'estre estonnez à l'aspect des esclaues & sauuages, qui estoient tous nuds: leurs visages noirs comme ebenne, bazanez, oliuastres & de couleur enfumée, &

Q iij

leurs yeux qu'ils affectoient de rouler dans leur teste d'vn regard farouche, & leurs corps maigres & secs comme des squelettes, eussent inspiré de la frayeur aux plus asseurez. Ils estoient placez aux fenestres des maisons, & le long des costez des ruës, tenants en leurs mains des flambeaux & lumieres, de sorte que cette nuit estoit mieux esclairée qu'vn iour serain. La resiouyssance fut si publique, qu'elle fut accompagnée de mille cris d'allegresse, les vns en marque de leur ioye frappoient de toute leur force la terre de leurs pieds, les autres faisoient des pas estudiez & extraordinaires : Et le lendemain, afin que cette liesse ne fut point troublée par vn odieux spectacle, Monsieur Vangoch fit grace à deux criminels conuaincus de larcin nocturne, qu'on alloit executer à mort. Le temps de six sepmaines se passa, auant que les autres seigneurs, le General, ses Colonels, l'Admiral & tous les autres nauires de la flotte se fussent rendus au Recif: Ils auoient esté contraints par les orages, & pour aller faire aiguade, d'aller ancrer aux isles fortunées, à saint Vincent, Marahon, Angola, Guynée, &c. & se trouuerent finalement au nombre de quarante-cinq, les cinq autres furent submergées, qui auec les deux qui perirent aux Dunes, firent sept vaisseaux que la Compagnie des Indes perdit en ce voyage,

Grace aux prisonniers en marque de resiouyssance.

& quatre à cinq cens hommes de la flotte qui moururét par le chemin de maladie, misere & autrement. Si les habitans du Recif auoient subjet d'estre ioyeux de ce secours, ceux qui le composoient ne le furent pas moins, de se voir arriuez à bon port & à l'abry des peines & fatigues que la mer fait endurer ; mais peu de iours apres bien estonnez de n'estre plus traittez à la mode d'Europe. Plus d'vn mois se passa, toute la flotte venuë, qu'on ne pouuoit trouuer vne bouchée de pain pour vne pistole; ce n'estoit que les Commissaires qui en donnoient sur des billets signés des Seigneurs, à chacun par sepmaine deux liures de pain noir, vne liure & demye de chair, & vne liure de lard, des pois & des febues, de l'huile d'oliue, de l'eau de vie & du vinaigre, & quelques fois du vin d'Espagne vne mutse, qui est la huictiesme partie d'vne pinte, & deffence estoit faite d'en donner dauantage que ce qui estoit prescript dans ces billets, sur peine de la vie : mais pourtant qui auoit beaucoup d'argent trouuoit assez moyen d'en achepter des Commissaires, en secret : car pendant mesme la disette la plus extréme, vn Iuif pour cent escus recouura d'eux vn alquéere de farine, qui est vne mesure qui peut peser quinze à seize liures.

Les nouueaux seigneurs apres auoir fait

voir leurs lettres de prouision à ceux qu'ils trouuerent en charge, ils leur cederent incontinent la place. En entrant en possession de cette dignité, il y eut difficulté entre les Conseillers pour la seance; la Chambre d'Amsterdam en auoit choisi deux, comme nous auons dit, les sieurs Trouire & Haecx qui n'estoient que marchands; Messieurs Vangoch & de Beaumont gens de lettres & officiers en leur patrie, ne vouloient pas souffrir qu'ils les precedassent : mais le President Schonemburgh ordonna que de mois en mois & tour à tour, chacun d'eux seroit assis aupres de luy, que l'vn de ceux d'Amsterdam commenceroit, Monsieur Vangoch apres, puis Monsieur de Beaumont, & en suitte l'autre d'Amsterdam. Ils eurent tost connu que leurs forces n'estoient pas bastantes de la moitié pour attaquer les Portugais, blasmerent fort les anciens seigneurs d'auoir fait le mal moindre qu'il n'estoit & n'en auoir pas escript au vray (c'estoit exprés qu'ils l'auoient fait, afin qu'il s'en trouuast plus facilement d'autres pour les venir releuer). Les officiers de la Iustice, Capitaines & soldats, gens de mer, bourgeois & habitans, se plaignirent tous de leur gouuernement, qui d'vne façon, qui d'vne autre. Ils s'en retournerent en Hollande, où ils n'eurent pas plus de reception

Difficulté pour la seance.

des

des Chambres, ny de la Compagnie des Indes, que des personnes priuées, furent veus auec mespris des Dixneuf; on fit courir par toutes les villes des libelles diffamatoires imprimez, qui se vendoient publiquement contre leurs personnes, & façons d'agir dans le gouurnemét, plusieurs particuliers interessez les menaçoient de leur faire faire leur procez.

Au lieu que l'aduenement de ces Messieurs à la magistrature eust deu estre secondé de quelques heureux succez, il semble que la mauuaise fortune se declara d'abord contre eux. La premiere nouuelle qu'on leur porta, fut que la plus grande partie des Tapoyos & Bresiliens, qui auoient tousiours esté amis des Hollandois & combattu pour leur seruice, les auoient abandonnez; & pris le party de leurs ennemis, en hayne de ce que six mois auparauant Georges Garsman General de la milice, auoit fait tuer Iacob Rabbi Allemand, homme determiné, qui s'estoit si bien façonné auec ces Sauuages en leurs mœurs & façons de viure, qu'il estoit deuenu comme l'vn d'eux, l'ayants pris en si grãde affection, qu'ils en firent l'vn de leurs principaux Capitaines. Du subiet pourquoy Garsman fit tuer Iacob Rabbi, ses amis l'attribuoient au ressentiment que Garsman auoit du meurtre & assassinat que ce Iacob Rabbi auoit commis contre le

R

pere de sa femme : car il choisissoit les plus meschans Tapoyos, & auec eux exerçoit diuers brigandages dans le pays : sa mort, disoient-ils, n'estoit qu'aduantageuse au public, & qu'il auoit bien fait en vangeant la mort de son beau-pere, d'auoir osté hors du monde vn volleur qui meritoit cent fois le supplice, qu'il n'y auoit en tout cas en cela que la formalité de le punir, qui deuoit estre condamnée. Ceux qui connoissoiét particulierement Garsman & sçauoient iuger de ses actiós, soustenoient que ce n'auoiét pas esté là ses motifs, mais qu'ayant appris que Iacob Rabbi du fruit de ses volleries, auoit amassé vn riche butin, caché en lieu que Garsman sçauoit bien, il le fit tuer pour en profiter, & en effect on luy trouua quelques ioyaux recognus pour ceux que Iacob Rabbi auoit desrobez. Incontinent que Iean Dary & tous ses principaux amis sçeurent cette mort, ils enuoyerent demander que la personne de Georges Garsman leur fust liurée, pour en faire la Iustice eux-mesmes, pour auoir tué vn de leurs chefs, dont la connoissance leur appartenoit, quand bien il eut esté coulpable, suiuant le priuilege qui leur en auoit esté donné par les Estats generaux & la Compagnie des Indes, de connoistre seuls des crimes de ceux de leur natió ; mais que Iacob Rabbi ne pouuoit estre de rien accusé, qu'il n'auoit iamais esté traistre au pays. Que pour le meurtre qu'il fit du beau-pere de Garsman, celuy qu'il tua luy en auoit donné le sujet, comme ils sçauoient tres-bien; que quant à ses vols & larcins, s'il auoit pris du bestail, c'estoit pour viure seulement; qu'il n'estoit pas raisonnable que luy & ses gens mourussent de faim, lors qu'on leur refusoit à manger: si des instruments de fer, c'estoit pour s'en seruir par la campagne, pour le seruice mesme des Hollandois, à qui ils n'auoient iamais demandé solde, & pour lesquels ils s'estoient souuent exposez; que pour l'or & l'argent ils n'en auoient que faire, & l'eussent fait rendre si on leur en eut parlé; & qu'en tout cas s'il auoit à estre chastié, ce deuoit estre selon la coustume des Hollandois, mais qu'on l'auoit assassiné lors qu'on le pouuoit facilement prendre, qu'ils le cherissoient plus que cent autres, vouloient bien neantmoins estre tousiours leurs amis, mais qu'ils vouloient aussi auoir Garsman pour le faire mourir. Les Seigneurs leur respondirent que Garsman estoit haut officier & n'auoient pas le pouuoir de le liurer, ny mesmes de le faire mourir souuerainement, hors les crimes d'Estat; qu'il auoit la voye d'appeller aux Dixneuf du iugement qu'ils rendroient, & qu'auparauant que de le condamner il le falloit ouyr, & se pouuoient asseurer qu'il seroit fait bonne iustice de ceux qui auoient tué Iacob Rabbi, qu'ils en estoient fort déplaisans ; & pour leur monstrer qu'ils tiendroient leur parole, ils firent venir Garsman qu'on emprisonna en leur presence, & les seigneurs du Conseil dirent aux Politiques qu'ils vouloiét connoistre de cette affaire auec eux. Les deputez des Tapoyos s'en retournerent vers les leur, pourtant mal satisfaits de ce qu'on leur auoit refusé Garsman, & dirent en partant que les Hollandois s'en repentiroient. Garsman en apres fut interrogé, il nia d'auoir fait ni fait faire le meurtre de Iacob Rabbi, accusa deux soldats de sa compagnie qui en auoient esté les instruments, lesquels furent aussi serrez, aduoüerent que c'estoit eux, mais que Iacques Boulan leur Enseigne le leur auoit commandé. Boulan fut pareillement pris, dit que ce qu'il en auoit fait, c'auoit esté par l'ordre que luy en auoit donné Garsman son Capitaine, & General, lequel au confront le nia tout à plat, & dit à Boulan que c'estoit vn imposteur. Les deux soldats sur la confession de Boulan qui les auoit deschargez, furent eslargis & les deux autres demeurerent prisonniers. Pendant que les Iuges agitoient cette haute difficulté, en attendant quelque preuue certaine, lequel de ces deux deuoit estre creu, Garsman

faite au pays du Bresil. 133

disoit qu'vn officier pourroit donc faire son General l'autheur de ses crimes, & Boulan au contraire alleguoit qu'vn General abusant de son authorité, feroit dépendre de luy la vie & la mort de son officier, en l'employant à vanger sa hayne sous quelque specieux pretexte de guerre, & en seroit quitte en le desniant, que s'il le refusoit, il le casseroit & publieroit comme poltron, sinon qu'il faudroit introduire des notaires & tesmoins pour dresser actes des ordres & commandements secrets, & autres qui se donnent en vne armée : mais il fut enfin descouuert que Garsman & Boulan auoient esté d'intelligence pour faire tuer Iacob Rabbi, & qu'ils auoient partagé le butin. Tous leurs biens & leurs gages furent cófisquez, cassez de leurs charges, bannis du Bresil & renuoyez en Hollande pour schelmes, c'est à dire pour gens deshonorez. *Nota le terme dont vse l'autheur.*

Auparauant que de tenter la fortune des armes, qui ne promettoit pas beaucoup aux Hollandois, ce nouueau Conseil eust bien desiré, en oubliant tous les maux passez, ramener par douceur les Portugais en leur obeyssance, ce qu'ils essayerét de faire par la publication & affiches de diuers placards, par lesquels prenáts pretexte d'estre esmeus à cópassion de tant de sang respandu, & prest encore à se verser au Bresil, pour la mauuaise condui-

R iij

te des vns & la rebellion des autres leurs subjets, lesquels ils pouuoient faire perir par le fer, mais qu'inclinants pluſtoſt à la miſericorde qu'à la rigueur, & afin d'eſtablir vne vie heureuſe à chacun & faire reuenir leur premiere proſperité, ils donnoient pardon & abolition generale à tous les Portugais & à tous autres, qui de force ou de gré s'eſtoient ſoûleuez & pris les armes contre l'Eſtat, par le paſſé iuſqu'alors, ſi dans quinze iours, retournants à leur deuoir ils ſe preſentoient pour demander pardon & iurer de nouueau ſermét de fidelité, auec promeſſe de les reſtablir & maintenir chacun en ſes biens, excepté Iohan Fernandes Diera, Antonio Caualgante, Dierich Hoocſtrate & Amador d'Aragouſe, autheurs de la reuolte & criminels de leze Majeſté, permirent de les tuer ſous les meſmes recompenſes à ceux qui les ameneroient vifs ou morts, portées par les precedents placards: Mais ces placarts ne firent point l'effet qu'on s'en promettoit: les Portugais au côtraire par mocquerie en ayans publié d'autres, portans qu'ils pardonnoient & prenoient à mercy les Hollandois & leurs adherans, toutes fois & quantes que de leur gré ils quitteroient ce party & viendroient ſe rendre à leur ſeruice, promettants de bons appointements à ceux qui voudroiét porter les armes pour eux, & de les bien payer des gages à eux deubs par la Compagnie, sinon bon passeport & de les enuoyer en Portugal, pour de là se retirer où bon leur sembleroit. Ces placards estoient escripts en François, Anglois, Portugais & Flamand, & furent trouuez en plusieurs endroits attachés à des branches d'arbres & le lõg des passages, & produisirent vn effet tout differét que ceux du Recif; duquel lieu puis apres plusieurs s'eschapérét du costé des ennemis, quelque soin qu'õ y apportast. Prés de trois mois s'escoulerent que le haut Conseil, les Politiques, le General, ses Colonels & l'Admiral consultoient entre eux par quel endroit ils tascheroient d'entrer dans le pays, si ce seroit auec toutes leurs forces, ou s'ils les diuiseroient, s'ils rechercheroient de donner bataille ou bien de l'esuiter, quelles places ils attaqueroient, &c. Enfin leur but tendit à se rendre le pays & les enuirons du Recif libres, en chasser les Portugais, se faire maistres de la ville d'Ollinde, la ruyner de fonds en comble & aller assieger le Cap saint Augustin & l'assaillir par les deffauts qu'vn ingenieur y auoit remarqués. Schop General enuoya six à sept fois des partis de trois, quatre, à cinq cents hommes passer la riuiere pour descouurir la posture des Portugais & l'estat des lieux, mais aussi tost qu'ils pensoient vn peu s'auancer d'vne ou

Le General Schop.

deux lieuës, ils estoient si brusquement chargez par les embuscades, qu'vne partie y laissoit la vie, & les autres à peine auoient-ils le temps de se retirer. D'ailleurs les soldats dans le Recif non accoustumez à cet air nouueau, où la chaleur est tousiours excessiue, ennuyez de se voir resserrez estroittement sans rafraichissement, auec de mauuaises eaux & peu de viures, deuindrent en peu de téps foibles, décharnés & mal-habiles au mestier de la guerre, le scorbut, flux de sang & les vers qui s'engendroient des serositez corrompuës de leur sang, en toutes les parties de leurs corps qu'on arrachoit de la peau, mais qui laissoient toûjours quelques semences qui en faisoient naistre d'autres, estoient leurs maladies ordinaires; trois ou quatre cents moururent ainsi accablez de langueur, qui dans les Hospitaux, qui par fois au milieu des ruës, comme des bestes, sans pouuoir les secourir que par rafraichissements, dont on manquoit. La derniere sortie que Schop s'hazarda de faire dans le pays luy fut si honteuse, que quoy qu'il y vint en personne auec huit cens hommes, les siens ne peurent souffrir l'approche de cinq cents ennemis qui venoient à eux & prirent la fuite: Il fit tout son possible par menaces & promesses, afin de les obliger à tenir ferme & se battre, il luy fut impossible de les ramasser; de
sorte

forte que de cholere il tua de fa propre main vn Enseigne, vn Sergent, & deux soldats qui auoient tourné le dos des premiers, deux Capitaines ; vn Lieutenant & quelques autres, pour auoir contribué à cette lascheté, furent cassez, leurs gages confisquez, & renuoyez en Hollande comme poltrons.

De laisser perir de la sorte leurs soldats sans rien exploiter, il n'y auoit pas d'apparence, & moins encore de les faire courir dans le pays de la Verge, où ils estoient battus des ennemis, deux fois plus qu'eux en nombre, & qui venoient là expressément se retirer; & c'estoit pourtant par là le lieu où il falloit commencer, que de se rendre maistres des enuirons de ce Recif, prendre Ollinde, & assieger le Cap, afin de s'y restablir. Tout l'expedient qu'ils trouuerent en cecy, fut d'enuoyer Hinderson Colonel auec quinze cens soldats, attaquer Rio santo Francisco, lieu tres-fertile & tres-abondant, & où se fait de tres-excellent tabaq, distant de quatre-vingts lieuës du Recif, du costé du Sud, conieçturants que comme il estoit facile de le surprendre, qu'en subiuguant & rauageant le pays, cela obligeroit ceux des enuirons du Recif d'aller secourir les leur, & que Schop aussi tost les sentant foibles, auec deux mille cinq cens hommes qui ne bougeroient du Recif aux escoutes, fon-

Hinderson Colonel auec 1500. attaque S. Francisco.

S

droient par vne nuit dans le pays, feroient main basse, mettroient tout au pillage, estonneroient les ennemis, & contraindroient les habitans de leur abandonner tout, y bastiroient de bons forts pour leur retraitte, puis manderoient Hinderson de les venir ioindre pour aller donner la chasse à la ville d'Ollinde, & de là prendre leur mesure vers le Cap saint Augustin auec le renfort qu'ils esperoient d'Hollande, en suitte des lettres qu'ils y auoient escrites, mais le succez alla tout au rebours.

Hinderson & sa flotte partie, comme elle estoit par chemin, il aduint que les Tapoyos & Bresiliens qui se separerent de Iean Dary, auoient quitté le party Hollandois & pris celuy des Portugais, à cause de la mort de Iacob Rabbi, & de ce qu'on ne leur auoit pas voulu donner Garsman, firent vne course en Siara, où ils tuerent & massacrerent tous les habitans Hollandois du plat pays, & sollicitoient instamment Iean Dary Roy de leur nation, de s'vnir auec eux & secourir les Portugais, auquel ils enuoyerent de petits presents pour l'y mieux obliger; mais il leur fit responce qu'il auroit plustost la guerre auec eux, que d'y iamais consentir & approuuer leur mauuaise action de Siara. Le Conseil du Recif ayant appris tout cecy, & asseuré de la bonne

Sanglante deffaite des Hollandois par les Tapoyos & Bresiliens.

volonté que Iean Dary auoit pour eux, craignants qu'il ne se laissast gagner, & afin de se conseruer son alliance, luy dépescherent leur truchement ordinaire Roulof Baro qui auoit esté nourry dés sa ieunesse auec les Tapoyos, sçauoit parfaitement leur langage, & l'aymoient grandement, pour le remercier de l'amitié qu'il leur portoit, & pour erres de la leur luy presenterent de leur part des haches, cognées, cousteaux, miroirs, peignes & choses semblables, luy faire entendre tout au long la tromperie & infidelité des Portugais, l'inuiter à ne les point delaisser; à quoy Roulof Baro trouua Iean Dary disposé à leur estre toûjours amy & fidelle à l'aduenir, comme par le passé, quelques semonces que les Portugais luy eussent faite pour l'attirer de leur costé; en haine dequoy ils se sont declarez, auec les autres Tapoyos & Bresiliens mécontents, ses ennemis mortels, le menaçoient luy & les siens de le destruire & le tenoient en perpetuelles alarmes & en crainte de quelque surprise. Le Diable que ce Roy inuoque & auquel il se fie, & va consulter en ses affaires, ne luy pronostiquant rien de bon, il implora l'assistance des Hollādois, & Roulof Baro lui promit vn puissant secours du Recif, qui n'auoit quasi alors des forces que pour se maintenir, & qui en attendoit d'Europe pour luy-mesme, bien loin

S ij

de les aller proteger si tost. La relation du voyage qu'a fait ce Roulof Baro chez Iean Dary, comme il a traitté auec luy, les propos qu'ils ont eu ensemble, ce qu'il a veu des déportemens & ceremonies de ce peuple, se verra cy apres, selon que ie l'ay traduit du Flamand, & adiousté separément à la fin du present discours pour la curiosité du lecteur, auquel ie le renuoye, pour parler de cette flotte enuoyée à Rio S. Francisco.

Incontinent qu'Hinderson & ses gens y furent arriuez & descendus à terre, pendant que le Lieutenant Admiral Licthart gardoit la mer, les Portugais ne les eurent pas plustost apperceus, qu'ils abandonnerent incontinent le fort qu'ils occupoient, s'enfuirent à la haste auec ceux de la campagne dans les bois & du costé de la Baye, où ils allerent se ramasser pour venir chasser ceux-cy. Il fut facile à Hinderson de s'emparer du fort, & aux soldats de s'auancer dans le pays, courir, chasser apres le bestail & se resiouyr, puis que personne ne leur resistoit. Les Seigneurs du Conseil à ces nouuelles crioient desia victoire, & au lieu de permettre le pillage & quelques iours de bon temps aux soldats, ils y introduirent d'abord leur œconomie, firent serrer dás les corals ou parcs le bestail des champs qu'on trouuoit en grand nombre, incomparablement plus là qu'ailleurs, où tel habitant possedoit dix à quinze mille bestes; auec estroites deffences à vn chacun d'en tuer; dont quelques-vns mesmes pour y auoir contreuenu furent seuerement punis. Il est vray qu'on distribuoit aux soldats autant ou plus de viandes, qu'ils en pouuoient manger, mais auparauant qu'elle eut passé par les mains des Capitaines & autres officiers qui choisissoient le meilleur, ils n'auoient que leur reste desia puant & gasté, parce que la chair fraische en ce pays là peut à peine souffrir d'estre maniée, à cause qu'elle se corrompt : car quelque soin qu'on y prenne, elle ne se peut conseruer du matin au soir, à moins que de la cuire & frotter de vinaigre, auquel cas on la peut garder deux iours, en la preseruant des mousches & des fourmis qui se fourrent presque par tout. Il falloit aussi faire part de tant de bestes au Recif pour la prouision des soldats, matelots, & bourgeois qui ne respiroient que de tels rafraischissements, parmy ces continuelles & insupportables chaleurs qui remplissoient les Hospitaux de malades, & les cimetieres de morts.

Ce fort dont nous venons de parler, ne se trouuant pas à la fantaisie d'Hinderson, il le fit desmolir & en bastir vn autre, lequel ne fut pas si tost fait, qu'vne grosse pluye de cinq ou six iours le bouleuersa, de sorte qu'il le fallut refaire. Plusieurs soldats trop contraints au trauail de la terre, se sauuoient dans le pays où les Portugais commençoient à former vn gros : Vn Flamand d'Anuers escriuain d'vne compagnie, conuaincu d'escrire aux ennemis par la voye de son camarade qui seruoit secrettement de messager, c'estoit l'vn de ceux qui s'estoient mutinez dans nostre nauire en venant, & auoit aydé à piller vingt-vn iours durant le magasin, fut pendu & estranglé : mais ce qu'il y eut d'extraordinaire à sa mort, est qu'il fallut quatre cordes, & fut attaché quatre fois auant que de perdre la vie, trois rompirent l'vne apres l'autre comme filets, que tombant tout droit sur ses pieds, sans paroistre autrement esmeu, il demandoit grace qu'on luy eust accordée, si la condemnation n'eust esté pour trahison : mais la quatriesme luy fit passer le pas ; son camarade ne se laissa pas attraper. Le nombre de ces Portugais s'augmentant peu à peu par le secours que de téps en temps ils receuoient de la Baye ; & non des enuirons du Recif, comme Schop s'estoit promis, lesquels ne quitterent point : quelques douze cents hommes, marchants pour venir attaquer le fort d'Hinderson, surprirent à vn quart de lieuë, proche vn poste auancé, de vingt hommes des Hollandois, qu'ils

faite au pays du Bresil. 143

tuerent, le poste voisin qui ouyt du bruit donna l'alarme à ceux du fort. Hinderson incommodé à vne iambe ne pouuant sortir, fit tout mettre en bataille, horsmis trois compagnies pour garder la place, commanda au Capitaine la Montagne de les conduire & aller chercher les ennemis, qu'on croyoit n'estre pas beaucoup : comme il fut au mesme lieu où le poste auancé auoit esté défait, l'auantgarde, corps de bataille & arrierre-garde se ioignans ils apperceurent vn bataillon de deux cents hommes qu'ils coururent charger tout d'vn coup, & en apres comme ils penserent recharger pour suiure ceux qui faisoient mine de s'enfuir, ils se trouuerent enuironnez de cinq bandes de Portugais, qui s'estoient ainsi diuisez, qui de tous costez les assaillirent, deffirent, tuerent & prirent prisonniers, horsmis quatre cents de ceux qui auoient meilleures iambes qui se sauuerét au fort: le Capitaine la Montagne leur chef y mourut sur la place, & le Ministre Astotte qui voulut estre de la partie, fut emmené prisonier à la Baye de tous les Saints.

Quád Schop eut appris cette deffaite, il luy fallut changer le dessein & l'esperance qu'il auoit de s'ouurir le chemin des enuirons du Recif à la faueur d'Hinderson, qui pensoit en attirer les trouppes ; mais son attente s'estant trouuée vaine, il entreprit de faire ses efforts,

& par diuersion aller autant incommoder la Baye de tous les Saints par mer, comme le Recif l'estoit par terre, & luy apporter toute sorte de trauerses possibles. Cependant Hinderson duquel on blasma la conduitte, eut ordre de sejourner encore pour quelque temps à Rio san Francisco auec les six cents hommes qui luy restoient, quoy que les ennemis s'y fussent rendus les plus forts, & que le plus court des Hollandois fust d'en déloger. La barque qui luy alloit porter des viures fut prise par chemin, & ceux qui estoient dedans par les Portugais, lors que sur le riuage où ils s'estoient arrestez, ils s'amusoient à cüeillir des fruits, ils furent tous tuez, excepté vn vieillard qu'ils relascherent, pour en venir dire les nouuelles. Les deux mil cinq cents hômes retenus au Recif furent embarquez tant dans les nauires qu'ô fit venir de Rio San Francisco, que dás ceux qui estoient dans le havre & partoient auec Schop & l'Admiral Baucher. Ceux de la ville d'Ollinde & du Cap Saint Augustin penserent les voyant en mer, qu'ils alloient renforcer les gens d'Hinderson, cóme l'on en auoit expressément fait courir le bruit; ce qui leur auoit esté rapporté par ceux qui se sauuoient: cela mandé à la Baye de tous les Saints, plusieurs de ce lieu-là & de tout le pays accouroient à Rio San Francisco; mais Schop
les

les surprit par l'endroit où ils s'attendoient le moins. Toute sa flotte alla bien ancrer à ce Rio Francisco & s'y arresta quelques iours, pour donner temps à tous les Portugais qui y voudroient venir, de s'y rendre. Puis tout d'vn tourne-main voila vers l'isle de Taparipa à vingt lieuës de là, à trois & vis à vis de la Baye de tous les Saints; à vne lieuë de l'embouchere du canal qui mene au havre de la Baye; sur les bords duquel & du costé de la terre il y a dix-sept forts de bastis : Il alla descendre en cette isle d'enuiron quatre lieuës de tour, qu'il trouua bien peuplée, fertile & pleine de richesses. D'entrée les soldats ne donnerent la vie à personne, tuerent iusques aux femmes & enfans, tout fut mis au pillage, & ne leur fut deffendu que de mettre le feu, deux mille creatures dont cette isle estoit habitée perirent, les vns par le fer, les autres se noyerent dans les barques & bateaux, où à la foule ils se iettoient a l'arriuée des Hollandois, pour se sauuer à la Baye de tous les Saints, lesquels par ainsi eurent leur reuanche de la perte qu'il sauoient naguieres faite à Rio San Francisco. Quelques-vns des plus considerables auec deux Peres Cordeliers furent pris prisonniers & emmenez au Recif. Or parce que les Portugais sçachants que le Ministre Asterte estoit en leur puissance, venoient crier à ceux du

T

Recif & de Rio San Francisco, qu'ils le feroient brusler & ne prescheroit iamais, sa femme esplorée & deuenuë inconsolable, ne s'en donnoit point de repos. Les seigneurs du Conseil firent dire à ces Cordeliers, que le mesme traittement qui seroit fait à leur Ministre en bien ou en mal, leur seroit rendu, & que tous deux souffriroient le semblable genre de mort qu'on luy feroit endurer, sans remission ; que s'ils estoient soigneux de leur conseruation, ils eussent à escrire qu'on ne luy fit receuoir aucun déplaisir, & qu'on consideraft sa qualité, afin qu'ils eussent esgard à la leur. Nos Cordeliers ne se firent pas inuiter deux fois & manderent diligemment au Viceroy & au Superieur de leur Conuent leur déconuenuë, & que leur vie estoit en la disposition de leurs ennemis, qui les faisoient resoudre à la perdre par les mesmes supplices qu'on exerceroit sur le Ministre qu'ils tenoiét prisonnier, auec promesses aussi de ne leur rien ceder au bon traittement qu'ils apprendroient qu'on luy feroit : qu'ils ne pouuoient se plaindre des Hollandois, sinon des apprehensions où ils les mettoient de les faire mourir, au cas qu'il mesaduint de leur Ministre, & les prierent de luy donner tout sujet de contentement, afin d'en receuoir la pareille. Le Viceroy & le Superieur de ce Conuent de la

Baye apres la lecture de ces lettres, firent sortir le Ministre Astette de la sombre chambre où on le detenoit, sans luy permettre la conuersation de personne, auquel de plus on faisoit obseruer, non seulement les vigiles, quatre-temps, abstinences de chaque sepmaine, mais plusieurs autres ieusnes qui ne sont pas commandez par l'Eglise. Il fut mandé au Palais, où liberté luy fut donnée de s'aller promener par les ruës, & deffences de luy médire ny meffaire sur peine de la vie, & au lieu de prison il eut pour logement la maison d'vn bourgeois, la mesme portion pour la table, que celle d'vn Lieutenant de compagnie de soldats, & bouche en Cour quand il vouloit chez le Viceroy & dans le Conuent : ce qu'il fit aussi sçauoir aux Seigneurs du Conseil, à sa femme, & mesme aux Cordeliers, en les congratulants de luy auoir causé ce bon-heur, & ausquels on en fit tout autant ; puis quelque temps apres ils demanderent par requeste à sortir tous deux pour le Ministre, ou de payer rançon, ce qu'on ne voulut pas accorder, ouy bien qu'on relascheroit homme pour homme seulement, mais ils dirent ne se pouuoir pas quitter & aimoient mieux demeurer, si on ne les relaschoit ensemble.

Schop & ses gens s'estants faits maistres absolus de l'isle & pour s'y mieux affermir, y cõ-

struirent vn fort (qu'ils appellerent Royal)
sur le bord du riuage du costé de la Baye, à l'a-
bry duquel estoient ancrez leurs nauires, dont
les vns se tenoient tousiours au guet, à espier
quand quelques carauelles sortiroient ou entreroient à la Baye : car ils n'osoient pas les aller chercher dans le canal, à cause de l'artillerie
des forts, les autres croisoient deçà & delà la
mer, pour en rencontrer d'autres. Licthart
mourut de maladie naturelle en cette isle, que
Bacchus dont il estoit vaillant chápion, auoit
de beaucoup aduancée, son corps fut inhu-
mé au Recif, fort regretté du peuple pour son
courage & addresse sur mer & son zele à la de-
fence de sa patrie. Ceux de la Baye faschez
d'auoir de si dangereux voisins qui les empeschoient de paroistre, n'osoient se monstrer,
aller ny venir en temps clair, beau & serain, &
ne se seruoient que des saisons orageuses &
pleines de tempestes ; pendant lesquelles on
ne peut se ioindre ny battre sur mer, resolus
de chasser par la force les Hollandois de cette
isle de Taparica : ils y firent passer pendant
l'obscurité d'vne nuit quinze cents hommes
dans des barques, pataches & esquifs, où incontinent ils se retrancherent sur vn autre
bout de l'isle, d'où les Hollandois ne sçeurent
les forcer. Ce fut de là en auant à s'escarmou-
cher tous les iours & entretuer de part & d'au-

tre, quantité de soldats de Schop s'alloient donner à ses ennemis, qui bien venus estoient repassez à la Baye. Il en escriuit à ceux du Recif qui voyoient la mesme chose, & ne se descendoit point de garde qu'on n'en trouuast tousiours quelques-vns d'eschappez, qui trauersoient de l'autre costé de la riuiere, alors qu'elle estoit basse. Trois infortunez ieunes soldats ou plustost enfans, dont le plus aagé n'auoit que seize ans, furent surpris en se sauuant, & en apres pendus & estranglez de compagnie : l'vn d'eux estoit fils d'vn grand riche de la ville de Roüen, lequel en cet aage volage & inconsideré, sans chercher autre conseil que celuy de sa teste, prit à son pere l'argent qu'il luy pût attraper, & sans dire adieu à personne, s'acosta d'vn matelot auquel il donna trois pistoles pour le cacher dans vn brigantin d'Hollande, qui ne deuoit partir de deux iours, & promit au surplus de bien payer son passage : ce pere ne trouuant pas son fils, parce qu'il luy auoit ouy dire qu'il vouloit voyager sur mer, le fit chercher partout, & visiter dans les vaisseaux, où il s'estoit si bien fait fermer, qu'on ne le peut trouuer : arriué qu'il fut en Hollande & apres auoir espuisé sa bourse en folles despenses, il s'enroolla dans la flotte dont il a esté parlé, pour venir au Bresil espouser vn gibet. Il essaya plus qu'aucun des autres

T iiij

par toutes les submissions que l'enuie de viure luy suggeroit, mesmes iusqu'à son dernier moment, de fleschir les Seigneurs, de pardonner à sa ieunesse, à la foiblesse de ses tendres années, à la chetiue complexion de son debile naturel, nourri dans les delicatesses d'vn enfant de maison, que voyant son corps perdu & extenué de tant de trauaux & fatigues, de la longueur du chemin, de l'air estrange, & viures extraordinairement salez qu'on luy donnoit pour aliments, sec & descharné qu'il estoit, il s'estoit hazardé pour le soulagement de son estomach qui le brusloit, & pour remede à sa langueur, d'aller querir des oranges & citrons qu'il voyoit à vne mousquetade de sa veuë, afin de le rafraischir, & non pour aucune inclination à se ranger du party contraire; les supplioit de luy donner la vie, que son pere ne craindroit pas de donner dix mil escus pour le rachepter, & qu'on le retint cependant prisonnier, mais nonobstant il luy fallut ignominieusement mourir.

Si cette execution donna de la pitié aux assistans, celle qui se fit quelques sepmaines apres de deux traistres, ne fut pas de mesme: on n'auoit point encore veu vn si grand concours de peuple pour pareille chose, que cette fois là: l'vn estoit Molate demeurant au Recif, & qui gagné par les Portugais, fut surpris

faite au pays du Bresil. 151

en voulant mettre le feu à deux beaux nauires qui estoient au havre, l'autre estoit Portugais, lequel s'estoit aussi retiré au Recif, lors de l'abolition publiée & viuoit sous leur protectiõ. Il fut conuaincu d'auoir voulu corrompre vn matelot, auquel il auoit desia donné de l'argét & promis cent escus, pour porter à la nage vne lettre au Cap Saint Augustin, fermée en vne petite boëte de plomb, pour la mieux faire couler au fonds de l'eau, s'il se trouuoit surpris des Hollandois, escripte en caractere déguisé, par laquelle il donnoit aduis du petit nombre de soldats qui gardoient les forts du Recif, & que tous les autres estoient en Taparipa, qu'ils perdoient desia esperáce, & leur falloit venir donner des assauts tant du costé de la digue que de Mauritstad, & qu'on les emporteroit asseurément: comme on les menoit supplicier, le Portugais dit tout haut que ceux qui venoient se recreer à le voir mourir, se verroient en peu de temps bien estonnez: & de fait l'executeur l'ayant estranglé à demy à vn poteau sur vn eschafaut, en luy brûlant la barbe & les cheueux d'vne poignée de paille, il se commença vne rumeur entre les spectateurs, qui apres s'estre entrequerellez, puis poussez à coups de coudes, de poings & du dos, vn grand tourbillon s'esleua peu à peu au milieu de la place qui les fit chanceler quelques momens, comme des yurongnes, & finalement les coucha tous par terre pefle-mefle, les vns fur les autres, & eurent telle frayeur, que les foldats en armes quitterent leurs places & s'enfuirent fe cacher dans les maifons, plufieurs chapeaux & couurechefs furent perdus ou changerent de maiftres ; le bourreau eut part à la peur, & fe voyant feul fauta du haut en bas, faillit à fe rompre le col : durant ce defordre lequel dura plus d'vn quart d'heure auparauant qu'vn chacun fe fut raffeuré, & fans qu'on ayt fçeu depuis rendre raifon de la caufe, comment & pourquoy cela eftoit aduenu, finon qu'on a creu que c'eftoit l'ouurage de quelques demons qui auoient rendu cet office à ce Portugais : le bourreau eftant en apres remonté leur couppa le nez, les oreilles, les tefticules, le membre viril, leur ouurit l'eftomach & arracha le cœur, duquel il leur battit & enfanglanta les ioues, & donna le tout à manger à deux gros chiens. Leurs corps mis en quatre quartiers furent portez fur les fourches patibulaires.

Encore que tous ces prodiges deuffent imprimer de la terreur aux plus mal intentionnez, pourtant ils ne pouuoient retenir ny empefcher les foldats du Recif de fe fouuent éuader, à caufe que les Magiftrats n'auoient point d'égard aux plaintes & remonftrances
qu'ils

qu'ils faisoient contre leurs officiers, qui leur retranchoient la troisiesme partie des viures qu'on leur donnoit au magasin, qu'ils faisoiét porter de leur authorité dans leur maison & départir à leur gré, & que lors qu'ils se vouloiét mettre en deuoir au sortir du magasin, de les aller partager en lieu publiq & non suspect en presence de tous, on les mettoit prisonniers, estoient accusez de sedition & mutinerie, & pour leurs moindres fautes condamnez à la mort & à l'estrapade: que la seuerité de la discipline militaire estoit si extraordinaire, qu'au lieu de chastier ceux qui meritoient punition, ne donnoient que des exemples d'horreur: Que si vn soldat sortoit sans le congé de son Caporal, ou qu'il demeuroit plus que le temps qu'on luy auoit limité, qu'il s'oublioit à prendre les armes en sentinelle, alors que quelque officier passoit, on le tenoit des iours entiers à l'ardeur du Soleil sur vn cheual de bois, des boulets aux pieds, & cinq ou six mousquets sur ses espaules, ou bien on les faisoit promener incessamment en faction deuant vn corps de garde sept ou huict heures durant, sans s'oser reposer, auec huict ou dix mousquets sur le corps; qu'ils auoient mille difficultez d'estre secourus sur leurs gages & sallaires en leurs maladies, estoient cótraints de vendre leurs viures d'vne sepmaine

V

pour auoir deux ou trois boüillons, & languiſſoient le reſte du temps miſerables: Que quand bien on leur accordoit des mandats, les receueurs leur faiſoiét faire vingt ou tréte voyages, pour en faire le payement: que l'ordonnance faite par les Seigneurs, par laquelle, afin de retrancher les fraudes des teneurs de liures, ils deffendoient de rien donner aux ſoldats ſans mandats ſur requeſte ſignée de leur main, & en faiſoient faire regiſtre, apres les mettoient en de ſi grandes longueurs, que auparauant que tant de formalitez fuſſent faites, & que leurs requeſtes mémes fuſſent reſponduës, qu'on gardoit des quinze iours & trois ſepmaines, & la pluſpart mouroient ſans eſtre aſſiſtez.

Les Portugais qui eſtoient reuenus & fortifiez en l'iſle de Taparipa, s'accreurent en nombre, pendant que les Hollandois diminuoient du leur au Recif & en cette iſle, où il en mouroit beaucoup, outre ceux qui ſe ſauuoient, & que Schop faiſoit pendre quand ils retomboient entre ſes mains. C'eſt ce qui facilita aux ennemis à prendre pied de iour à autre, & enfin d'occuper entierement l'iſle, horſmis le fort, ſans que Schop oſaſt liurer bataille; Hinderſon fut mandé de quitter Rio San Franciſco, de reüenir au Recif, & de renuoyer ſes gens à Taparipa.

faite au pays du Bresil. 155

Baucher Admiral estoit autant fortuné sur mer, que Schop malheureux sur terre ; toûjours il harceloit les Portugais, en prenoit ou couloit à fonds quelques-vns, auec les nauires des particuliers, à qui la Compagnie des Indes auoit permis de venir croiser les mers du Bresil, pour ne pouuoir en équipper à suffisance à ses frais, rodant autour de la coste de la Baye & cinq nauires auec luy. Il apperçeut vne flotte de sept vaisseaux venans de Portugal qui s'y alloient rendre, laquelle le Roy de Portugal y enuoyoit, il l'attaqua, la battit, en coula vn à fonds, vn autre s'eschapa à la Baye, & les cinq autres furent pris, chargés de draps, toiles, munitions de guerre & de bouche, bons vins de Madere, estimez à plus de deux millions, tua & noya dans le combat enuiron quatre cents Portugais, donna la vie à deux cents cinquante qu'il emmena prisonniers au Recif, liez & clouëz dans le fonds de calle, entre lesquels se trouua le nouueau pourueu Viceroy du Bresil, qui alloit releuer celuy qui estoit en charge, l'Admiral & Vice-admiral, le Prouidor & Regidor pour le mesme pays, trois Cordeliers & nombre d'autres officiers qui furent mis separément dans les forts, & les soldats & passagers en prisons communes auec les autres ; de sorte que les Portugais estans generallement hays, le Commandeur du

Bon heur de l'Admiral Baucher.

Valeur de Bauchez sur les Portugais.

Le Viceroy nouuellement pourueu du Bresil par le Roy de Portugal pris par Baucher, l'Admiral & le Vice-admiral, &c.

V ij

fort & chasteau de Riogrande dépité de ce que les Tapoyos desunis auoient tué tous les Hollandois de Siara & du Cersan, chassa enuiron deux cents Portugais qu'il tenoit en sa protection, en faueur de l'abolition & habitoient autour des forts, leur disant qu'il ne pouuoit plus se fier en eux, & les contraignit de déloger du iour au lendemain : mais ils ne furent pas plustost dans le pays, que les Tapoyos & Bresiliens de Iean Dary massacrerent les petits & les grands, sans pardonner à personne, & aussi les autres Tapoyos du party contraire ayants sçeu ce nouueau carnage, sortirent des bois & vindrent fondre sur tous les Hollandois de Riogrāde & Parayba, qu'ils trouuerent escartez dans le pays, où ils se croyoient en seureté, faisans de la farine de racine, les tuerent, bruslerent les Engins à sucre & maisons champestres, depuis Siara en suiuant iusques deçà Goyane proche la ville d'Ollinde, c'est à dire qu'ils desolerent prés de deux cents lieuës de pays, & delà se vinrent retirer entre le Recif & le Cap Saint Augustin.

Massacre des Portugais en Riogrande.

Massacre des Hollandois en Riogande & Parayba & incendie du pays.

Puis tost apres arriuerent sept vaisseaux d'Hollande au havre du Recif, cinq desquels auoient esté loüez par mois par la Compagnie, pour vn dernier effort, n'ayant le moyen d'en équipper plus grand nombre, dans les-

faite au pays du Bresil.

quels estoient quelques cinq cens soldats, & le sieur Hous auparauant General, pris prisonnier par André Vidal, mené à la Baye & renuoyé en Portugal auec plusieurs autres officiers, & de là auoient passé en Hollande & reuenus au Bresil, qui asseurerent que la Compagnie manquoit de facultez, allant tout abandonner, si les Estats generaux ne prenoient la deffence du pays en main. Ces nouueaux venus furent incontinent enuoyez en Taparipa, où peu de iours apres vne partie de ceux-cy, & le reste d'autres Hollandois, au nombre de six cents, voulurent sortir en party dans le pays, par le commandement de Schop : mais mille Portugais s'estans opposez à leur rencontre, les obligerent de se retirer en diligence, vne vingtaine furent tuez & quarente faits prisonniers, d'entre lesquels ceux qui furent recognus auoir desia esté vne fois pris & renuoyez en Portugal & qui estoient reuenus, furent mis en quatre quartiers à la Baye de tous les Saints; & ayants appris de ceux à qui ils donnerent la vie, que Schop n'auoit pas douze cents hommes de combat, les autres estoient malades & mal propres aux factiõs de la guerre ; qu'ils esperoient bien-tost vn puissant secours, & n'estoient pas fournis de beaucoup de viures; le Viceroy se resolut d'aller faire forcer le fort, commanda cette execution à

Hous pris par Vidal renuoyé en Portugal.

Choq des Hollandois & Portugais en Tapacipa.

V iij

Hoochstrate, lequel accompagné de trois mille hommes qui auoiét passé dans l'isle, parmy l'espaisseur des tenebres & broüillards, vinrent assaillir vertement ce fort des Hollandois par deux endroits. Schop General qu'on ne pouuoit surprendre, pour sa continuelle vigilance & bonne garde, se trouua prest à leur resister, se deffendit valeureusement durant deux heures, repoussa ses ennemis, qui apperceuants la pointe du iour, de crainte que le Soleil ne fut tesmoing de leur honte, firent retraitte & perte de quatre cents hommes morts sur la place sans les blessez: dans le fort il n'y en eut que soixante de morts & blessez: mais ce qu'il y eut là de remarquable & qu'il ne faut pas oublier, fut de grandes feüilles de papier, sur lesquelles estoiét peints des mousquets, fuzils, picques, hallebardes, pertuisanes, espées, traits & flesches que les Bresiliens portent tousiours auec leurs armes, & s'en seruent au combat, & parmy plusieurs croix petites & grandes entremeslées auec des H qui furent trouuez sur l'estomach de ces cadavres, au bas desquelles estoient escriptes des coniurations en Latin contre les armes Hollandoises, qu'ils appelloient armes heretiques, & dont les figures estoient là representées, pour ne point offenser les soldats qui les porteroient sur eux, ayans la foy. Il falloit sans

Assaut donné par les Portugais au fort des Hollandois en Taparipa.

Mort de quatre cents Portugais.

Plaisant charme des Portugais.

doute qu'vn si plaisant & ingenieux charme ne fut introduit que pour les poltrons, lesquels on ne peut animer qu'en leur persuadât facilemét d'estre inuulnerables auec cet écriteau: mais dautant que les occis n'auoient pas eu cette foy & ferme confiance requise à ces billets, afin que la vertu qui leur estoit attribuée operast; inuention de la folle superstition, pour se tousiours maintenir en credit & ne dégouster personne, & que possible ils s'en estoient distraits dans la chaleur du combat. Schop fut si obligeant qu'il en renuoya vne partie à ses ennemis pour les appliquer sur leurs lasches, soldats, afin qu'il n'eust à l'aduenir à combattre qu'auec des vaillans par artifice; ou naturellement; le reste fut porté au Recif & en Hollande aux Estats generaux pour vne singuliere rareté.

Quelques trois sepmaines apres cet exploit, neuf autres nauires d'Hollande vinrent ancrer au Recif, mais ce n'estoiét que nauires de particuliers & non de la Compagnie, tout à fait dans l'impuissance de plus rien fournir pour le secours du Bresil: ceux-cy ne descendoient point à terre, croisoient sans cesse la mer pour battre les Portugais, parce que les Estats generaux leur auoient accordé les prises qu'ils feroient sur eux, en attendant qu'ils missent en mer vne puissante flotte. Cela obligea les Seigneurs de renuoyer de mois à autre les nauires à loüage de la Compagnie & vne partie de ceux qui luy appartenoient en propre, defquels le meilleur auoit plus de vingt ans, & quoy que l'Admiral, les patrons des nauires & charpentiers les iugeaſſent incapables de s'en retourner fans vn euident peril, attendu leur vieilleſſe, l'impatience d'vn chacun les faifoit mettre à l'abandon ; outre qu'il falloit auoir des amis pour s'embarquer & trouuer le moyen de fe perdre. Six de ces freſles nauires de la Compagnie & ceux qui fe trouuerent dedans furent fubmergez par le *Perte de fix nauires Hollandoiſes en mer.* chemin, fans que iamais on en ayt ſçeu apprendre nouuelles. Cependant les autres particuliers faifoient merueille fur la mer du Breſil ; & des carauelles Portugaiſes qu'ils prenoient rarement amenoient-ils prifonniers ceux qu'ils fe rendoient à leur mercy, finon ceux qu'ils remarquoient de condition ; & les autres qu'ils foupçonnoient auoir feruy par le paſſé les Hollandois. Car comme ils n'auoient pour but qu'à profiter de leurs captures, celle qui leur fembloit onereuſe eſtoit iettée dans la mer; & l'on a ſçeu au vray que de cinq vaiſſeaux Portugais qui furent pris de temps en temps, apres auoir choifi le plus beau & le meilleur, dont les particuliers Hollandois chargeoient les leurs, qui n'eſtoient feulement

lement pourueus que de viures & munitions de guerre, ils iettoient les Portugais tous vifs dans la mer, couloient à fonds leurs nauires, pour de là chasser apres d'autres. S'estás quelque temps apres ioints auec l'Admiral Baucher qu'ils rencontrerent, ils attaquerent & prirent sous la Ligne quatre autres carauelles des Portugais chargées de sucre, qui venants de la Baye de tous les Saints s'en retournoient en Portugal; à l'abord six vingts Portugais furent tuez, & vne cinquantaine des Hollandois. Ces nauires furent auec les prisonniers conduits au Recif, entre lesquels furent recognus cinquante soldats qui auoient esté au seruice de la Compagnie, & s'estoient sauuez vers le party contraire, dont vne bonne partie estoient François, & qu'on renuoyoit tous en Portugal, pour les laisser aller chacun chez soy, selon qu'il leur auoit esté promis par ces billets qu'on auoit fait semer au Recif & ailleurs; & voicy que lors qu'ils s'estimoient auoir obtenu leur salut, ils sont pris & liurez à ceux qu'ils faisoient gloire d'auoir abandonnez. Cette trouppe de mal-heureux, à qui il fut impossible d'éuiter l'arrest de la destinée, furent tous pendus & estranglez en vne sepmaine, & leurs corps morts dans les voiries: plusieurs de ces miserables eurent encore assez de cœur de publier à leurs dernieres heu-

Traistres pendus.

res les raisons & les plaintes qu'ils n'auoient osé declarer en leur condition militaire. Ils reprochoient aux Hollandois d'vn front hardy, qu'ils leur auoient en toutes façons faussé leurs promesses, & par consequent qu'ils n'auoient point esté obligez de leur tenir la leur, puisqu'ils les auoient trompé les premiers, qu'ils auoient delaissé leur propre pays pour venir seruir au continuel hazard de leur vie vne nation estrangere, leur venir conquerir vn pays à deux mille lieuës de celuy de leur naissance, qu'ils auoient tant de fois affronté la mort, franchi tant de dangers, respandu leur sang, leurs corps couuerts de playes, passé leurs plus belles années à surmonter & vaincre leurs ennemis, les rigueurs & miseres de la guerre, les iniures de l'air & les calamitez du temps : qu'au lieu de reconnoistre leurs trauaux & leurs peines, ils estoient mesprisez & traittez comme des bestes : qu'on ne vouloit point escouter leurs plaintes & supplications, qu'on ne les auoit point secourus sur leurs salaires en leurs maladies, qu'on fraudoit leurs gages & les portions des viures qu'on leur auoit promis, qu'on ne leur rendoit point de iustice de ceux qui les pilloient à leurs yeux, qu'au lieu de trois ans de seruice, qui est le téps seulement pour lequel on les engage en Hollande, on les faisoit tripler & quatrupler le

Reproches faits aux Hollandois par les François auparauant que de mourir.

faite au pays du Bresil. 163

terme, & qu'au bout du compte ils n'auoient rien de reste; qu'vn nombre d'entre eux qui auoit esté declaré libre, auoit esté contraint de reprédre les armes par force pour six mois, qu'on auoit refusé de les remettre en leur premier estat & leur accorder leur passeport. Que les Portugais tenoient parole à leurs gens & les auoient mieux traitté qu'ils n'eussent osé esperer; d'autres faisoient des excuses, d'autres demandoient pardon, mais enfin pas vn ne peut trouuer misericorde, & comme deserteurs de leur party, ayant esté prendre le contraire, ils furent suppliciez par le iugement du conseil de guerre.

Mais ce que ie trouue icy d'inexcusable dás la rigueur de leur Iustice, ce fut la mort de deux miserables qui furent pris apres dans vne autre carauelle de la Baye qui alloit en Portugal. Ie me vois contraint de particulariser cette aduanture; l'vn estoit Vvallon natif de l'Isle en Flandres, il auoit serui quatorze ans entiers les Hollandois, desquelles années la plus grande partie de ses gages luy estoit encore deuë. Ce pauure Vvallon par vn reuers de fortune qui poursuit tous les malheureux, deuint prisonnier des Portugais au Cap Saint Augustin, lors qu'Hoochstrate le liura, & faillit d'estre massacré sur le refus qu'il voulut faire de prendre les armes, n'eut esté la cõnoiſſance de quelques-vns qui le firent mener à la Baye, où eſtant il ne peut obtenir congé de paſſer en Portugal, on le remettoit de ſepmaine à autre, pédant quoy on le laiſſoit ſans luy donner à boire ny à manger; il ſe vid contraint enfin de vendre ſes habits pour auoir du pain, reſta nud comme la main, rodant les ruës, lors qu'en ſa preſence ſes camarades eſtoient habillez, bien nourris & n'eſtoient pas ſans argent ſitoſt qu'ils prenoient ſeruice: cette conſideration l'obligea de prendre les armes comme eux, & ſeruit l'eſpace de dix-huit mois, leſquels paſſez il fit tant par ſes importunitez enuers le Viceroy, qu'il luy accorda ſon paſſe-port: L'autre eſtoit vn Anglois qui auoit ſerui douze ans les Hollandois, il eſtoit l'vn de ceux qui auoit eu ſon congé & auoit eſté embarqué en l'vn de ces ſept nauires eſtás en Parayba preſt à partir pour Hollande, lors du commencement de la reuolte. Ce ſoldat pareillement fut pris priſonnier à Rio San Franciſco, lors de la deffaite des gens d'Hinderſon, & de là emmené à la Baye de tous les Saints, où la grande neceſſité luy fit prendre les armes; de ſorte qu'apres pluſieurs prieres il obtint auſſi ſon congé, & ne voulut point, non plus que ce Vvallon, reſiſter ny ſe deffendre, quand les Hollandois attaquerent leur carauelle, quelque commandement qui leur

faite au pays du Bresil. 165

en fut fait, & nonobstát ces allegations qu'ils prouuoient par la bouche des Portugais & autres qui les auoient veus en l'estat qu'ils disoient, ils furent aussi estranglez; auant que de mourir ne sçachants comme digerer vn si mauuais morceau, leur recours fut d'exclamer contre leurs Iuges, deuant lesquels ils disoient d'vn ton de voix aussi genereux que pitoyable, si c'estoit ainsi qu'ils reconnoissoient les peines & trauaux, où tant d'années de leur vie auoient esté sujettes pour leur acquerir du pays, & employées à deffaire leurs ennemis, que de traitter ignominieusement leur innocence; si c'estoit là la recompense deuë à leur fidelité, que de les faire perir dans l'infamie, par vn trépas plein d'horreur. Sommes-nous criminels, disoient-ils, de ce que les ennemis estoient les plus forts, de ce qu'ils se sont trouuez en plus grand nombre, nostre condition n'estoit-elle pas bien mal-heureuse, puis qu'il falloit mourir de faim ou prendre les armes par necessité, & que cette mesme necessité nous ayt conduit au gibet: car voulans retourner à vous autres (ce qui nous estoit impossible) surpris des Portugais, quel supplice ne nous eut-on pas fait endurer, & lors que le sort nous a remis entre vos mains & que nous nous trouuons parmi vous autres, helas! au lieu que vous nous deuriez cherir & faire estime

X iij

de nostre constante loyauté, vous mesmes nous sacrifiez à vne fin honteuse. Les sensibles regrets de ces pauures infortunez furent portez aux oreilles du haut Conseil, qui leur enuoya leur grace, & dont ils n'auoient plus que faire quand elle arriua, car on les auoit menez supplicier proche les Affogades, à demye lieuë du Recif, à la veuë des Portugais, qui sçeurent à l'heure mesme par vn soldat qui se sauua à eux, la cause & le suiet de leur mort. Cinq cents des leur vinrent sur la minuit, les osterent de la potence, les enterrerent au pied, & sur leur tombeau firent trois salues de mousquetades, voulans monstrer par là qu'ils reparoient l'iniustice exercée à ces miserables.

Mort honteuse suiuie de beaucoup de gloire.

Il est à croire que ces frequentes & odieuses executions n'imprimoient pas l'amour au cœur des soldats, neantmoins la terreur qu'ils en receuoient fit perdre à plusieurs l'enuie de se sauuer. Il n'y eut que les desesperez qui se mettoient tousiours au hazard, & tout cela autant d'affoiblissement des forces des Hollandois, contre lesquels les Portugais, & sur tout ceux qui s'estoient retirez de leur costé, conceurent vne hayne si implacable, à cause qu'on auoit pendu leurs camarades, & qu'ils couroient peut-estre vn iour la mesme fortune, lors qu'ils penseroient s'en retourner, qu'il ne falloit plus esperer de quartier pour les troupes de Schop. Ils pendoient eux-mesmes aux premiers arbres ceux qui se laissoient attraper & qu'ils venoient expressément espier deçà la riuiere, lors qu'ils alloient chercher du bois, ou pescher. Quant aux femmes, ils se contentoient d'en abuser, les despoüiller & renuoyer sans chemise: mais quand c'estoit les Tapoyos, ils faisoient de bons repas des hommes & des femmes. Comme l'on enuoyoit du Recif vn conuoy de viures à la garnison des Affogades, les Portugais cachez dans les buissons sur le bord de la riuiere, attaquerent ce conuoy par le chemin & iustement entre les deux forts de la ville Maurice, à vne portée de canon l'vn de l'autre, se meslerent parmy les Hollandois, sans que ceux des forts osassent tirer, crainte de blesser les leur, ny sortir sans ordre, ne sçachans si c'estoit pour les surprendre. Il y en eut vne cinquantaine de part & d'autre tuez, mais le lendemain vne vingtaine de Tapoyos cachez au mesme endroit, pensants prendre quelqu'vn, furent pris par les Negres du Recif, qui leur osterent la teste qu'ils porterent sur des piques par les ruës, chantans & dançans à leur mode, en ioüerent à la boule sur le paué, puis les ietterent dans la mer. Le fort de Barrette manqua d'estre surpris le mesme iour par les Portugais, qui ame-

Hollandois punis de mesme façon qu'ils auoient fait les Portugais.

Cruauté exercée apres la mort.

nerent durant la nuit deux pieces de campa-
pagne tout proche, qu'ils esleuerent sur vne
batterie qu'ils firent derriere des arbres; & dés
la pointe du iour iusques sur le midy tiroient
incessamment dans le fort & aux enuirons,
tuerent & blesserent plus de soixante soldats;
ceux du Recif y accoururent par mer, mais ce
fut alors que ceux-cy s'estoient desia retirez.

 Les Prouinces Vnies des Pays-Bas ne pou-
uoient pas pouruoir si bien ny si promptement au secours que le Conseil du Recif desiroit, à cause de la diuision qui menaçoit leur Estat. Le Roy d'Espagne qui estoit pleinemét instruit de tout ce qui se passoit au Bresil & du mécontentement des Hollandois, auoit enuoyé vn Ambassadeur à la Haye vers les Estats generaux pour faire la paix auec eux, lequel fut tres-bien receu & accüeilly, & s'y monstroient quasi portées trois Prouinces, mais sur tout celle de Zelande s'y opposoit fermement, laquelle protestoit tout haut de rechercher plustost la protection de la France, que d'y iamais consentir, qu'ils ne vouloient paix ny trefue auec les Espagnols, qu'ils craignoiét d'en estre aussi bien trahis, que leurs compatriotes l'auoient esté des Portugais au Bresil, qu'ils estoient leurs plus proches voisins & seroient les premiers surpris: Les Estats generaux leur firent entendre que cette paix leur
seroit

seroit aduantageuse, qu'ils sçauroient bien pouruoir à leur salut & demeurer tousiours tranquilles chez eux; que cependant il leur seroit facile de se vanger du Roy de Portugal, assembler le puissant secours necessaire pour le recouurement du Bresil, que le Roy d'Espagne s'offroit à les y ayder, & ne demandoit pas mieux que de contribuer à destruire ce Prince desloyal. Mais les Estats particuliers de Zelande ne trouuans pas ces raisons à leur goust, s'opiniastrerent à declarer qu'ils improuuoient & improuueroient tout ce qui seroit par eux fait, concernant cette paix. Les Estats generaux dirét à ces deputez, qu'ils deuoient sçauoir qu'ils estoiét le nauire de la Republique, & les Zelandois seulemét la chaloupe; qu'ils feroient inonder tout leur pays, s'ils tesmoignoient dauantage de l'inclination à se desvnir, & vouloient absolument n'estre point contredits, puis qu'il s'agissoit icy du bien de leur Estat, dont la direction leur appartenoit. Dans l'incertitude de ce qui arriueroit là dessus, les Estats particuliers de Zelande, par vn nauire qu'ils enuoyerent exprés au Recif, manderent l'Admiral Baucher commandeur des costes de leur Prouince & Zelandois naturel, de s'en reuenir promptemét, & que sa patrie auoit besoin de sa personne; & les Estats generaux en enuoyerent vn autre

Brauade des Estats generaux.

par lequel ils manderent aux seigneurs du Conseil, que c'estoit eux qui entreprenoient la deffense & restauration de la conqueste du Bresil, puis que la Compagnie des Indes ne pouuoit plus y subuenir, & que cette guerre ne se feroit plus à l'aduenir qu'en leur nom; que des deniers du publiq ils équippoient vne bonne & puissante flotte, qu'ils trauailloient à mettre leur pays en repos, afin de n'auoir plus à faire qu'auec les Portugais, à qui ils esperoient de tailler bien de la besogne; que cependant ils tinssent ferme & eussent bon courage. Ces nauires arriuerent tous deux au Recif, mais auparauant leur venuë ce discord publicq qui commençoit à naistre fut assoupi. Il fut representé aux Zeladois ce qu'ils pensoiét deuenir en refusant de se soûmettre à leurs superieurs; que de recourir aux estrangers & les logeant chez eux, ou ils s'en verroient enfin maistrisez, ou ils feroient du tout asseruis aux Estats generaux; qu'ils estoient l'vne des Prouinces libres, pour laquelle toutes les autres periroient pour la secourir; qu'ils feroient exclus & frustrez de leur part & droit qui leur appartenoit à tant de belles villes, places, pays & forteresses, que les communes armes des Pays-bas vnis auoient conquises en Flandres, Brabant, sur la Meuse, sur le Rhin, en Orient, Occident, Afrique & Amerique : tellement qu'enfin ils enuoyerent des deputez pour se trouuer à toutes les assemblées des Estats generaux, auec pouuoir special d'approuuer & consentir à tout ce qui seroit par eux fait, dit, conclud & arresté pour le sujet de cette paix.

Le haut Conseil du Recif & tout le peuple furent grandement surpris & faschez du discord qui sembloit vouloir naistre en leur pays, celebrerent vn ieusne publiq, pour prier Dieu qu'il ne prit point racine, mais que plutost l'esprit de paix seruit de guide à leurs souuerains, & ce qui aggrauoit particulierement leur desplaisir, fut quand Baucher se monstra resolu à les quitter & d'obeyr à la lettre qui lui auoit esté escripte, parce qu'il estoit leur bouclier & la frayeur des Portugais sur la mer. Les Seigneurs & les Politiques bien empeschez à iuger du succez de ces nouuelles qu'ils ne sçauoient pas, apres auoir diuerses fois tenu conseil, s'aduiserent de faire monstre de leurs soldats & visiter leurs magasins; trouuerét qu'ils n'auoient plus que dix-huict cents combattans tant en Taparipa, le Recif, Parayba que Riogrande, quinze nauires, & pour sept mois de viures seulement, apprehendoient que ces murmures ne retardassent de beaucoup le secours qu'on leur promettoit. Cela leur faisoit passer de tres-mauuaises heures, encore qu'en publiq ils paroissoient la face ioyeuse,

Y ij

publioient qu'ils auoient receu de bonnes nouuelles de la flotte qui venoit les secourir, qu'elle estoit desia par chemin, & peut-estre proche la Ligne, taschant de persuader à chacun qu'il estoit vray, puis qu'ils le disoient pour les entretenir en esperance, mais ils ne se pouuoient pas tromper eux-mesmes ; il s'agissoit icy de leur conseruation, de celle du peuple & du pays, & d'aduertir serieusement les Estats generaux d'y donner ordre promptement, afin de ne se voir pas engagez dans vne semblable misere à celle qu'ils trouuerent à leur aduenement; auquel cas infailliblement ny les soldats ny les bourgeois n'auroiét iamais eu la mesme patience en vne pareille aduersité que la precedente. De se contenter d'escrire par Baucher & de la recommander & faire entendre de viue voix aux Estats & aux Dixneuf le peril qui les talonnoit, ils ne sçauoient pas quand ils en receuroient responce: de sorte que dans cette vrgente occasion, où il ne se falloit fier qu'à soy-mesme, le haut Conseil iugea necessaire de deputer vn de leur corps à la Cour d'Hollande, pour faire mieux impression sur leurs esprits, & par l'exacte deduction de l'estat des choses, les obliger, presser & haster à les enuoyer secourir; remonstrer, si on les auoit là releguez pour les y laisser perir, qu'ils n'estoient plus en

faite au pays du Bresil. 173

estat d'attaquer, mais dans la deffensiue, que leurs forces s'estoient dissipées petit à petit en diuerses façons, qu'il leur falloit dix mil hommes effectifs, & qu'auec ce nombre, ce qui leur restoit & les Tapoyos, & Bresiliens de leur party qu'ils appelleroient, ils pouuoient assieger la Baye de tous les Saints, & escarter ceux qui occupent les enuirons du Recif; qu'il leur falloit brusler la ville d'Ollinde pour leur oster toute retraitte, qu'il ne leur faudroit plus que le Cap Saint Augustin pour se restablir, iroiét ruyner & saccager tout le pays depuis la Baye iusqu'à Riogenero, qu'à moins d'vn puissant secours il ne falloit rien esperer; & leur mandassent plustost de se retirer que de perdre dauantage de monde & de biens, s'ils n'auoient enuie de leur enuoyer des forces à suffisance.

Cette deputation concluë, la difficulté fut de sçauoir lequel de ces Seigneurs iroit faire l'Ambassade, chacun voulát prendre pour soi la commissió. De tous le President Schonemburgh desiroit le plus, non seulement de s'en aller, mais de iamais n'auoir eu la pensée d'y mettre le pied, souhaittoit qu'il luy en eust cousté tréte mil liures & n'estre point bougé de la Haye. Ne se pouuás pas accorder, les Politiques furent appellez; leur opinion fut d'enuoyer le sieur Haecx le plus ieune d'entr'eux,

Y ij

& le moins versé aux affaires d'Estat, dirent que le peuple ne permettroit pas que les meilleures testes s'esloignassent, & s'opposeroient à l'embarquement de l'vn des trois autres ; tellement qu'ayant esté conuenu que Haecx s'en iroit, tout son train fust prest du iour au lendemain. Hinderson Colonel qui n'estoit plus en estime, à cause de la déroute de Rio San Francisco, demanda son congé qui luy fut donné ; ils se mirent auec Baucher dans son vaisseau Admiral, qui partit du Recif auec cinq autres nauires chargez de sable, au lieu de sucre, de soldats & personnes malades & inutiles au seruice, de Iuifs, de particuliers, des prisonniers Portugais, des matelots pour le retour desquels on ne pourueut de viures que pour dix sepmaines seulement, au lieu que l'ordinaire estoit tousiours du moins de trois mois.

 Il y auoit là vn ordre introduit à ceux qui vouloiét s'en retourner, par lequel quoy qu'ils eussent leur congé, il leur estoit deffendu de s'embarquer, que six sepmaines auparauant ils n'eussent fait escrire leurs noms dans vne liste, qu'on affichoit à la porte du Temple, afin que le publiq fut aduerty de leur départ, & pour faire arrester les debteurs & les criminels ; auec estroittes deffences aux maistres des nauires de ne receuoir que ceux compris en la liste, dont on leur donnoit copie, à peine de demeurer responsables des debtes & des crimes de ceux qu'ils feroient euader, confiscations de leurs gages, caſſez de leurs charges & en de groſſes amandes, & à toutes perſonnes de s'y preſenter, à peine de punition exemplaire, & du double de leurs debtes, de la priſon pour trois mois, & de l'amande de trois cents liures; & afin de reconnoiſtre s'il y auoit de la contrauention auparauant que les nauires deſancraſſent, le Procureur fiſcal, vn Politique & des ſergents, cependant que l'vn faiſoit monſtre ſur le tillac, les autres alloient foüiller dans les coins & recoins du nauire, pour cognoiſtre ſi autre que ceux dénommez en la liſte y eſtoient cachez. Il aduint qu'vn homme & vne femme qui n'auoient ny leur congé, ny fait eſcrire leurs noms, eſtoient entrez par la faueur de quelques matelots dans noſtre nauire pour s'en reuenir, & apperceuants le Procureur fiſcal s'eſtoient faits muſſer en vn tonneau dans le fonds de calle, d'où n'oſants ſortir, à cauſe du fiſcal, furent eſtouffez: vne autre femme le coffre de laquelle fut viſité & ayant eſté trouué mille liures d'argent monnoyé dedans, fut remmenée au Recif auec ſon coffre, pour voir adiuger la confiſcation de cette ſomme au fiſc, à cauſe de la défence expreſſe de ſortir aucun or ou argent du pays sous cette peine, mais de le consigner entre les mains du Receueur qui donnoit lettre de change pour le receuoir en Hollande, à dix pour cent.

Nos ancres enfin leuées & les voiles desployées, Haecx qui auoit mille fois promis de reuenir luy-mesme rendre raison de sa commission, & d'amener du secours, s'en mocqua & dit que iamais il n'y retourneroit; il n'y en eut pas vn de nous autres qui ne fit le mesme vœu, rauis de quitter vn si funeste climat, nos souhaits n'estoient que de pouuoir arriuer heureusement en Europe. Nous fusmes trois mois à nauiger incessamment, dans lesquels se passa quatre-vingt iours entiers, sans voir autre chose que le Ciel & les eaux. Nôtre course ne fut pas la mesme que celle par laquelle nous estions venus, car nos Pilotes prirent plus bas la route du Nord. Baucher nostre Admiral rendit l'esprit sous la Ligne, douze iours apres nostre embarquement d'vne apoplexie qui le saisit, sa patrie perdit beaucoup en sa mort, aussi fut-il fort regretté, parce que c'auoit esté l'vn des excellens Corsaires que les Estats generaux eussent. Sa valeur & son merite l'auoient fait môter de simple matelot, & de degré en degré, à la charge de Commandeur des costes de Zelande, & Admiral des mers du Bresil, ce qui fit fleurir sa reputation,

tation ; lors que n'eſtant que Capitaine d'vn nauire, auec ſon vaiſſeau il ſe battit vne fois contre treize Dunquerquois, en coula trois à fonds, ſe demeſla glorieuſement des autres, percé comme vn crible, ſon grand courage & le meſpris qu'il fit lors de la mort le fit toûjours admirer, quand aſſailly, cramponné & accroché de coſté & d'autre par deux nauires, & enuironné du reſte, pluſtoſt que de fleſchir & ſe rendre à ſes ennemis qui l'inuitoient à demander quartier ; il auoit mis ſon fils aiſné aupres des poudres, vne meſche allumée à la main, & ordre de ne manquer point d'y mettre le feu auſſi toſt qu'il luy commanderoit, ou qu'il le tueroit luy-meſme. Il eut la meilleure part à la victoire que les Eſtats generaux ſes maiſtres obtinrent en l'année 1639. ſur l'armée nauale d'Eſpagne, aux Dunes d'Angleterre. Il rendit de grands ſeruices à la France au ſiege de la ville de Grauelines, laquelle il tint cependant bloquée par mer; c'eſtoit le fleau des Eſpagnols & deuint redoutable aux Portugais au Breſil; mais il mourut enfin comme les autres hommes, & non pas ſon renom. Les deux fils qu'il auoit là empeſcherent qu'on ne iettaſt ſon corps gros & replet dans la mer, ny qu'on l'ouuriſt aucunement pour ietter du ſel dans ſes entrailles, afin de le conſeruer : la puante odeur que rendoit ce

Z

cadavre faillit à nous faire creuer, le gouſt des viures du nauire ſembloit eſtre infecté de ſa putrefaction. La grande quantité de poix dót on auoit enduit ſon corps & ſon cercuëil couuert & eueloppé de quarre ou cinq pieces de voiles l'vne ſur l'autre, deſtrempées dans le gauldron, & ainſi caché dans le ſable en la piſcine, ne pouuoit pas nous garantir du mauuais air qu'apportoit cette corruption : par cinq ou ſix fois l'on ſe mit en deuoir de luy donner les eaux & les poiſſons pour ſepulture, afin de nous deliurer de cette incommodité, mais à cauſe qu'il nous falloit aborder en Zelande, où eſtoient leurs parens, il eſtoit à craindre que n'y eſtans pas les plus forts, ils ne nous en euſſét fait mordre les doigts, nonobſtant toutes nos raiſons cela nous obligea à conſtamment patienter. En cette ſouffrance accompagnée de l'eau puante, pleine de bouë & de vers pour noſtre boiſſon, & des vieilles viandes gaſtées pour noſtre manger, nous ne viſmes preſque point ou peu de poiſſons, les Pilotes nous menerent paſſer à quelques cinquante lieuës, & derrierre les iſles Flamandes, & par vn endroit où on aſſeure que iamais on n'y a veu la mer paiſible, mais ſans ceſſe eſmeuë & agitée : nous fuſmes cinq iours à le paſſer auec vn vent tant contraire & vne ſi continuelle tempeſte, que nos nauires qui n'eſtoient pas des meilleures nous donnerent de l'apprehenſion, les groſſes vagues entroiét ſouuent dedans & faiſoient pomper pour rejetter l'eau, trois fois plus qu'à l'accouſtumée : le Vice-admiral qui ne pût reſiſter aux rudes ſecouſſes des ondes ſe fendit, & le trauail & le ſoin furent grands à ſecourir & ſauuer ceux de dedans, dont quelques-vns ſe noyerent; les reſchapez furent diſperſez dans les autres vaiſſeaux, celuy-là & tout ſon équipage perit entierement; vn autre faillit à en faire de meſme, ce qu'il éuita par l'induſtrie des charpentiers, qui radouberent ſoigneuſement les endroits par où l'eau entroit, & la quantité de trous que les vers auoient fait dás le bois pourri du fonds du nauire où ils s'eſtoient engendrez, mais non pas ſi parfaitement qu'il ne fallut par iour, & ſans relaſche donner quatre mille coups de pompe, à moins que de ſe laiſſer ſubmerger. Apres eſtre ſortis de deſſus ces ordinaires orages nous entraſmes dans vne mer plus tranquille, mais où auſſi nos vaiſſeaux ſe trouuerét arreſtez à tous momens par quantité de tirſes & feüilles grádes & larges, entrelaſſées les vnes dans les autres à la façon du lierre, ayants vn fruit ſemblable au guy de cheſne, aſſemblées en forme de bandes grandes & vnies, de cinq ou ſix pas de largeur & de longueur à l'infini, diſtants comme de cinq ou six cens pas plus ou moins, qui arreſtans nos vaiſſeaux tout court, nous obligeoient à deſcendre dans les chaloupes pour couper les obſtacles qui nous empeſchoient: les Pilotes qui ne voyoient point paroiſtre la terre, iettoient trois ou quatre fois la ſonde par iour, afin d'apperceuoir ſi nous en eſtions proches : ne trouuants point de fonds, dans l'incertitude du ſejour que nous pouuions faire, la portion de nos viures fut retranchée, & lors meſmes que les Pilotes nous iugeoient derrierre l'Eſcoſſe, nous viſmes paroiſtre deux nauires, couruſmes apres & ſçeuſmes qu'ils eſtoient & s'en retournoiét à Hambourg, Republique du Septemtrion qui n'a guerre auec aucun Prince de la Chreſtienté & n'apprehende que le Turc & les Pirates; ils eſtoient partis de Deſportes, port le plus renommé de Portugal apres Liſbonne, chargez de vins d'Eſpagne, oranges, citrons & marrons, nous tournaſmes nos voiles à eux pour les approcher, qui ſe doutans bien que nous n'eſtions que quelques affamez, & qu'il n'y auoit point de profit à nous accoſter, taſchoient à nous eſloigner. Cela recognu en les pourſuiuant & ne pouuants les ioindre que d'vne portée de mouſquet, on leur laſcha vn coup de canon, & la nuit ſuruenant, le lendemain matin ils ſe rencontrerent malgré eux

faite au pays du Bresl.

par le moyen du vent tout proche de nous: on leur fit à l'abord present de deux boulets de canons ; eux qui virent qu'ils ne pouuoient plus nous esuiter, enuoyerent en vne chaloupe dans nostre nauire Admiral, outre ce qu'ils donnerent en apres aux autres, deux bariques de vin d'Espagne & trois corbeilles de citrõs, oranges & marrons, & de plus en distribuerẽt confusément quantité sur le tillac, qu'ils faisoient achepter aux soldats & matelots à tirepoil & coups de gourmades. Ils aduoüerent auoir apprehendé nostre accez, crainte que ce ne fust des Pirates, parce qu'il n'y auoit pas quinze iours que cinq vaisseaux Turcs ayants la banniere Hollandoise surprirent trois nauires d'Hambourg sortans de Lisbonne & à quelques trente lieuës en mer ; que le Capitaine & le Pilote de l'vn de ces nauires qui les emmenoient auec eux, ayants reconnu que c'estoit des brigands, que les autres estoient pris & venoient pour traitter de mesme leur nauire, ne pouuoient eschapper de leurs mains, sans dire mot à leurs gens & feignants d'aller visiter ces vaisseaux incognus, descendirent seuls dans vn esquif, s'exposerent à la mercy des vagues sans boussole, voiles ny viures, voguerent à l'hazard l'espace de trente lieuës, & finalemens ils arriuerent comme miraculeusement à Desportes, sans du depuis auoir ap-

Z iij

pris qu'eſtoient deuenus leurs trois vaiſſeaux, aſſeurerent que le Roy de Portugal armoit vne puiſſante & nombreuſe flotte, dont partie eſtoit compoſée de François pour enuoyer au Breſil, que nous eſtions proches du grand canal de France & d'Angleterre, comme en effet deux iours apres nous viſmes & paſſaſmes proche l'iſle de Sorlingues en Angleterre, ſur le bord de laquelle eſt vn fort baſti ſeulement pour empeſcher les Pirates de s'en ſeruir pour retraitte, comme ils auoient fait autres fois. Dix iours durant nous nauigeaſmes dans le grand canal entre la France & l'Angleterre, & auprés de l'iſle de Vvicht, où le defunt & dernier Roy d'Angleterre eſtoit lors detenu priſonnier dans la tour de la ville de Nieuport au milieu de l'iſle. Apres auoir paſſé Douures & Calais ſe preſenterent à nous huit nauires Oſtendois (car l'Eſpagnol auoit deſia perdu Dunquerque) leſquels au lieu de nous liurer combat, à quoy nous eſtions tous preparez, ils nous firent offre de leurs perſonnes, de leurs viures, munitions de guerre, d'argent & de leurs vaiſſeaux, qu'ils auoient ordre & commandement du Roy d'Eſpagne leur ſeigneur de ce faire. Les officiers de nos nauires ſe contenterent de les remercier, ſans rien vouloir accepter d'eux, horſmis vn nauire Hollandois pris par les Biſcayens il y auoit trois sepmaines, que le Roy d'Espagne faisoit restituer & renuoyoit auec les hommes & tout ce qui estoit dedans lors de la capture & sans aucun dommage. Passants deuant Ostende ce n'estoit que barques & nauires qui alloient & venoient de Zelande à Ostende remplis de viures; & finalement nous vinsmes ancrer à la rade de cette belle & gentille ville de Flessingues, pasmez de ioye d'auoir surgi à vn port si heureux, à l'abry de toutes les miseres que nous auions supportées, mais ce qui nous occasionna mieux à loüer & remercier le souuerain Createur de son assistance & de sa faueur, fut quand on nous monstra les magasins des viures de nos nauires vuides, & qu'il ne restoit plus au nostre que pour deux ou trois iours au plus à maigrement subsister, de sorte que si quelque calme ou tempeste nous eut escarté & retenu sur les eaux, la famine nous estoit certaine & en danger d'estre contraints à nous deuorer les vns les autres.

A cette arriuée ce fut à qui nous viendroit visiter dans des barques, pour apprendre l'estat certain du Bresil. Nos nauires donnerent à connoistre le trespas de l'Admiral Baucher, par des petits drappeaux noirs attachez au haut des perroquets, & les bannieres à demy descéduës le long des mats en forme de deüil. Le corps de ce considerable officier fut pompeufement enfeuely dans la principale Eglife de Fleſſingues, où les Eſtats particuliers deZelande feants à Mildebourg deputerent pour y aſſiſter. J'obmettrois icy de dire que nous trouuaſmes deuant Fleſſingues, Rammequin & Treuers, vne groſſe flotte de cinquante nauires, peuplée de ſix mille hommes, équippée & miſe en mer aux frais des Eſtats generaux, preſte à partir pour le Breſil, & ſur le moment de cingler en mer, qui eut deſia eſté par chemin ſans les artifices de l'Ambaſſadeur de Portugal, qui auoit employé toutes ſes ſubtilitez pour l'empeſcher de partir, en tout cas de la retarder, afin de la rendre inutile. Il fit entendre aux Dix-neuf que ſon maiſtre n'eſtoit pas bien abſolu au Breſil, qu'il auoit grand deſplaiſir que tous ces deſordres y eſtoient ſuruenus, qu'il auoit appris que les Portugais du pays auoient telle auerſion des Hollandois, pour les indignitez & vexations qu'ils en auoient receuës, qu'ils eſtoient pluſtoſt reſolus de tout ruyner & de ſe perdre eux-meſmes, que de les ſouffrir dominer ; qu'il ne croyoit pas y auoir apparence que dans cette grande hayne fomentée par tant de ſang reſpandu & d'actes d'hoſtilité de part & d'autre, les deux nations ſe peuſſent iamais concilier ny reſtablir en bonne paix ; qu'il falloit pourtant quelque voye d'accommodement,

par

par lequel chacun trouuast sa satisfaction; que personne ne doutoit pas que ce n'eussent esté les Portugais qui auoient descouuert le Bresil, que c'estoient eux qui l'auoient fait habiter par les Chrestiens, qui auoient cultiué le pays, construit & edifié les villes, bourgs chasteaux & forteresses qui s'y remarquent à present; que le Portugal n'auoit iamais eu difficulté auec les Estats generaux, & que tous les Portugais estoient asseruis sous la tirannie des Castillans alors qu'ils conquesterent vne partie du Bresil; que les Hollandois en les subiuguants les consideroient comme appartenāts au Roy de Castille, qu'il estoit certain que c'estoit aux Portugais sur qui ils auoient vsurpé le Bresil; que la raison ne vouloit pas que pour se vanger d'vn ennemi on deust s'approprier le patrimoine de ceux qu'on sçait que notoirement il opprime; qu'il estoit donc iuste que le Roy de Portugal fut restitué en tous ses pays & en celuy du Bresil, qu'il s'offroit à dédommager en deniers la Compagnie des Indes de toutes les pertes, dommages & interests; qu'ils pouuoient auec iustice pretendre & demander au dire de tel Roy, Prince ou Republique de leurs voisins & amis communs qu'il leur plairoit d'aggréer. Les Dix-neuf que cet Ambassadeur auoit preuenus par vn notable present pour mieux les amadoüer, ne

Aa.

visoient seulement qu'à remettre sur pied leur premiere fortune, & celle de tous les particuliers qui composoient cette Compagnie. Ils essayerent donc par diuers moyens à porter les Estats generaux d'accepter cette proposition, laquelle ils rebuterent aigrement autant de fois qu'on leur en pensoit faire l'ouuerture; reprocherent à la Compagnie des Indes que c'estoit leur insatiable auarice, & pour auoir abusé du pouuoir qu'ils leur auoient donné d'eslire des magistrats, qu'ils n'en auoiét pourueu que d'indignes & incapables de gouuerner; qu'ils ne s'estoient adonnez qu'à extorquer des biens à tort & à trauers, sans preuoir ny pouruoir aux maximes necessaires pour se maintenir & conseruer; qu'ils ne quitteroient iamais le pays qu'ils auoient conquis au Bresil à la pointe de l'espée en guerre ouuerte sur leurs ennemis; que la raison, dont se seruoit le Roy de Portugal, apres les auoir laschement trahis, pour se dire vray seigneur du Bresil, à cause qu'il l'a descouuert, & que sa nation n'a point eu de contention auec eux, ne sentoit rien moins que la chicane; que par cette mesme loy il deuoit donc totalement se déporter d'y dominer, & laisser ce pays-là libre aux Bresiliens & Tapoyos qui en sont originaires, naturels & legitimes seigneurs, que c'estoit leur patrie, comme aux Portugais le Portugal: quel droit ils auoient eu de s'aller emparer de leurs terres, captiuer leurs personnes, & exercer tât de massacres enuers ces pauures gens qui iamais ne les auoient cognus ny desobligez, qui au lieu d'y planter le Christianisme y auoient semé l'impieté. Que le Roy de Portugal & ses subjets depuis leur reuolte du Roy d'Espagne les auoient recognus pour souuerains de la conqueste du Bresil, traitté & iuré solemnellement la paix, laquelle ils ont perfidement violée; que par les droits de conqueste ils pouuoient déchasser de la leur tous les Portugais qui l'habitoient; qu'on s'estoit contenté de leur promesse d'obeyssance & fidelité, moyénant quoy ils les ont laissez & maintenus en la iouyssance de tous leurs biens, bien qu'au contraire ils pouuoient les faire tous exterminer & leur rendre le mesme traittement qu'ils auoient fait souffrir à des millions de creatures, en s'establissant en ce pays-là, dont leurs propres histoires faisoient fremir d'horreur. De penser authoriser leur perfidie, pretextants qu'on leur dénioit iustice, & estoient exposez à toutes sortes d'iniures & violences, que c'estoit là vn effect ordinaire de l'iniquité qui regne parmy les hommes. Que si de semblables causes suffisoient à legitimer les rébellions, tous les peuples prendroient occasion d'épouser les reuoltes, que le Roy de Portugal ne se deuoit pas faire iuge ny donner le droit à leurs subjets, quand bien il l'eust peu faire, au moins sans les auoir oüis. De leur part qu'ils estoient obligez de s'adresser premierement à eux, leurs souuerains & à la Compagnie des Indes, & leur faire sçauoir leurs plaintes, mais que iamais ils n'en auoient ouuert la bouche, ny mandé la moindre chose, qu'ils eussent nō seulement fait chastier les hauts magistrats, mais aussi les autres officiers & particuliers, grands & petits qui maluersoient, estoient exacts à faire rendre iustice par leurs officiers, qui n'estoient pas là introduits pour de l'argent, mais selon leur merite, vouloient qu'on rendit iustice ez complaignant, sans argent, & punissoient sans remission & exception ceux qui conniuoient & manquoient au deuoir de leurs charges, qu'ils entendoient n'estre exercées que par gens vertueux, capables & de bonne conscience, & non par des voleurs & sangsuës du peuple ; vouloient mesme qu'à cette nouuelle & surprenante denonciation recherche fidelle fut faite de la vie & des mœurs de tous ceux qui auoient possedé, & possedoient quelques offices au Bresil, tant de ceux qui y estoient encore, qu'autres qui estoient de retour, ensemble des bourgeois & particuliers, afin de chastier exemplairemét les coupables ; en effect ils enuoyerent des

Commissaires exprés pour en dresser informations, mais que neantmoins ils ne cederoient pas vn seul poulce de terre aux Portugais, qu'ils hazarderoient leur Estat auant que de leur relascher le Bresil, qu'ils estoient plustost resolus de le desoler & saccager entierement de l'vn des bouts iusqu'à l'autre, afin d'empescher aux Portugais de s'en preualoir, qu'ils apprendroient à ce Roy perfide leurs maximes, qui est de ne iamais commencer les supercheries, mais aussi de se vanger au quatruple de ceux qui leur faussent la foy.

Genereuse maxime des Hollandois.

Nostre Ambassadeur de Portugal auquel tout cela fut rapporté, n'attendoit pas cette rude repartie. Le Roy d'Espagne ne faillit nullement d'estre aduerty par le sien de cette broüillerie, & ce fut alors qu'il ne douta plus de faire sa paix auec les Estats generaux, en leur faisant faire tous les iours des offres de les secourir, de leur fournir vne flotte, de l'or & de l'argent, des viures, ou des vaisseaux pour les restablir au Bresil & en déchasser les Portugais, & mesme demandoit ligue offensiue & deffensiue pour les pays de Flandres & des Indes d'Orient & d'Occident, enuers & contre tous: pendant quoy les Ambassadeurs ordinaire & extraordinaire de France employoient tous leurs soins pour diuertir & s'opposer à cette paix; neátmoins l'Espagnol

A a iij

fit tant qu'il obtint par prouision vne tréve d'vn an, laquelle aussi tost concluë & signée, les Estats generaux équipperent cette flotte que nous auons dit auoir trouué ancrée aux ports de Zelande en arriuant, composée presque de regiments congediez expressément de l'armée Hollandoise, aussi tost la tréve faite.

{Tréve d'vn an octroyée à l'Espagnol par les Hollandois.}

Le Roy de Portugal qui s'estoit, auant que de commencer son entreprise sur le Bresil, promis deux choses, l'vne qu'en trois mois il reduiroit les places & le pays à son obeyssance, l'autre que les Estats generaux ne prendroient iamais à cœur l'affaire, & ne s'y interesseroient point, se vid bien trompé. Il appréhendoit la paix que le Roy d'Espagne procuroit, son Ambassadeur estoit regardé de trauers & n'auoit plus de voix en chapitre pour y former empeschement, c'estoit celuy de France qui estoit escouté & iouoit à ce subjet toute sorte de ressorts, & lequel sur la reflexion qu'il fit que les Estats s'estoient dauantage aigris de la proposition faite par les Portugais de dédommager la Compagnie, en leur restituant le Bresil, & qu'au contraire ils vouloient absolument auoir & rentrer dans leur conqueste. Les offres du Roy d'Espagne à les aider, la puissante flotte des Hollandois preste à partir pour ce pays-là, leur pressante necessité qui les contraignoit à l'y enuoyer, &

que difficilement pourroit-on dilayer ce départ & faire naiſtre quelque obſtacle à l'acheminement de la paix, par l'impulſion de celuy de Portugal, remonſta aux Eſtats que ce Roy accordoit la reſtitution de leur conqueſte du Breſil, promettoit & s'obligeoit de les y remettre, de les faire dédommager de tous leurs intereſts & pretentions ſur les biens de ſes propres ſubiets de la Baye, au cas que ceux des rebelles ne ſuffiroient, leur liureroit les chefs & les mutins qui tôberoient en ſa puiſſance, qu'il appareilloit vne belle flotte pour cette execution, & enuoyoit vn nouueau Viceroy qui ſuiuroit ponctuellement ſes ordres; que c'eſtoit tout ce que les Eſtats pouuoient demander, & deuoient eſtre ſatisfaits, qu'il n'eſtoit pas de beſoin de conſumer tant de richeſſes & hazarder ce nombre d'hommes de leur flotte qui ne leur pouuoit reuenir qu'à de tres-grands fraits, pour obtenir des choſes qu'ils peuuent auoir ſans coup ferir, que cela ne renouuelleroit que les carnages, & qu'il vaudroit bien mieux la deſtiner pour d'autres vtiles deſſeins: tellement que les Eſtats s'aſſembloient pour deliberer de la reſponce qu'on feroit là deſſus, & par ainſi le départ de cette flotte dont il s'agiſſoit, eſtoit touſiours téporiſé, qui attendoit de iour à autre l'heure de deſancrer: de ſorte qu'on tenoit meſme pour incertain, si elle partiroit ou non.

Mais quand le sieur Haecx fut arrivé à la Haye, qu'il eut eu audiance, rendu raisõ de sa nuë, & les lettres des seigneurs du Conseil du Recif leuës, cela aussi tost divulgué par tout, l'Ambassadeur de Portugal courut pour la seconde fois danger de sa vie, ce qu'on empescha aussi par le moyen de quelques-vns qui vouloient exciter la populace, lesquels furent promptement constituez prisonniers. Les Estats generaux manderent à la flotte de partir incontinent & de haster leur voyage, qu'on leur envoyeroit dans deux mois vne autre flotte de cinq ou six mille hommes de renfort. Haecx s'excusa d'aller asseurer en personne ceux du Recif de la responce des Estats, mais afin que son refus ne descourageast personne, il fit l'indisposé, escrivit aux Capitaines & officiers de marcher les premiers, & qu'il les suiuroit aussi tost qu'il seroit guari, dans vn nauire qu'il avoit donné ordre de luy estre preparé expressément.

Les soldats & matelots de cette flote instruits par nous autres nouueaux venus, de la posture & calamité où nous auions laissé le Bresil, des peines & trauaux qu'on enduroit à y aller, & pendant le sejour & le retour, & la façon comme on y estoit traitté, se voulurent dédire & refuserent de s'y acheminer. Tous ceux méme
qui

faite au pays du Bresil. 193

qui pouuoient auoir permission de descendre de leurs nauires à terre, taschoient à s'éuader, se cachoient & ne reuenoient plus, & de plus les autres retenus dans les vaisseaux murmurerent & firent grand bruit: les Bourgmaistres des villes & ports de Zelande firent deffences aux maistres des nauires & barquiers de ne laisser sortir personne de leur prouince, sans exprés congé signé de leur main, sous de grosses peines ; pendant quoy ils firent faire recherche par tout des soldats enroollez, qu'ō remenoit dans les nauires, desquels quelques-vns se voulans entierement mutiner, les vaisseaux des Estats gardants les ports & havres, les menacerent de les couler à fonds, neantmoins afin de les ramener par douceur, on leur donna à chacun trois reales par aduance sur leurs gages, & non par present, comme ils se l'imaginoient, & leur saoul de biere à boire l'espace d'vn iour: ce fait la flotte desancra sur la fin de Decembre 1647. auec retentissement de canonnades, & prit le chemin du Bresil.

On ne laissa pas d'amasser d'autres troupes par toutes les Prouinces vnies, pour les enuoyer en vne autre flotte; & ce faisant il aduint qu'en la ville de Mildebourg deux francs belistres, qu'on nomme en ce pays là des vendeurs de Chrestiens, à cause que tout leur art

Bb

n'est que de prattiquer les ieunes estrangers qu'ils remarquent, & à les engager à prendre party pour le voyage des Indes, les cajollent & leur representent les pays esloignez, comme vn Paradis terrestre qui fournit toutes les felicitez desirables, font esperer vne haute fortune, les retiennent en leurs maisons auec grande chere & fournissent à leurs débauches iusqu'au départ, qu'ils font saisir & arrester les gages de ces duppes aussi tost apres leur embarquement, pour la dépense faite chez eux qu'ils content au quatruple de ce qu'elle vaut; tellement qu'ils font consumer en deux mois ce qu'à l'aduenir ceux-cy peuuent meriter en deux ans. Ces marauts essayerent de tromper de la sorte six ieunes François, cinq desquels venoient nouuellement de France, & l'autre estoit fraischement retourné du Recif, auec ces cinq nauires nouuellement arriuez, ce que ces fripons de vendeurs de Chrestiens ne sçeurent pas distinguer. Leur dirent en les accostant, s'ils ne vouloient pas imiter tant de belle ieunesse qui entreprenoient le voyage du Bresil, qu'vne telle curiosité n'appartenoit qu'aux gens de cœur, & leur profitoit en mille façons, à la veuë d'vne si longue estenduë de mers & de terre; que le pays estoit de soy tres-excellent, la guerre bonne, que les Hollandois auoiét le dessus sur les Portugais & de-

Enroolleurs de soldats pour les Indes sont appellez vendeurs de Chrestiens.

Raisons plausibles de ces vendeurs de Chrestiens, pour engager les soldats au voyage des Indes.

uenoient tous riches de leurs biens qui estoiét au pillage; qu'apres trois ans on s'en reuenoit chargé d'or & d'argent; qu'eux qui parloient en estoient nouuellement de retour, & ne se croyoient point heureux qu'en vn si bõ pays, où ils alloient establir leur demeure, qu'ils voyoient bien à leurs visages qu'ils estoient trop picquez d'honneur, pour laisser passer l'occasion d'acquerir tant de gloire, qu'ils n'a-uoient qu'à prendre party, & leur feroient donner bon apointement & bien traitter. Ces cinq François eussent esté facilement persua-dez, n'eut esté ce nouueau venu qui leur auoit tout autrement parlé de ce Bresil, & au dire duquel adioustans plus de creance qu'à ces impudents menteurs, ils prirent enuie de les chastier, feignirent que leur dessein estoit porté à cela, leur firent quelques questions, puis parlerent de boire, & en suitte s'en alle-rent en vn cabaret à l'escart, où ces trompeurs furent transis d'estonnement, de ce qu'au lieu d'enrooller ces six hommes, ils leur enrolle-rent sur le corps vn si grand nombre de ba-stonnades, que les laissans sur la place, ils leur donnerent occasion de maudire leur fonctiõ, & l'heure d'vne si mauuaise rencontre; les au-tres s'estimants tres-obligez à celuy qui leur auoit baillé cet aduis, sans lequel ils s'alloient inconsiderément exposer à d'estranges & cer-taines miseres.

Vn mois apres le départ de cette flotte, deux nauires du Recif se rendirent à Flessingues auec lettres des Seigneurs, portans que le General Schop auoit esté côtraint d'abandonner l'isle Taparipa & son fort Royal, en Octobre 1647. à la mercy des Portugais, pour venir secourir le Recif qu'ils battoient en ruine, en faueur d'vn fort que les ennemis auoient fait vis à vis, sur le bord du riuage & de la riuiere salée, dans la Terre-ferme ; tuoient quantité de monde par les rües & dans leurs maisons, qu'ils bouleuersoient, & n'y pouuoient pas demeurer en seureté, auoient emporté d'vn boulet de canon la niepce du deffunt Lieutenant Admiral Licthart, estant en vne chambre haute où elle faisoit de la tapisserie. Puis quelque temps apres l'on apprit nouuelles que la flotte Hollandoise y estoit heureusement arriuée, & que celle de Portugal, partie de Lisbonne estoit en chemin pour la Baye de tous les Saints, que les Hollandois se preparoient à luy liurer combat, & se mettoient aux aguets afin de l'attendre, sans que depuis i'aye pû sçauoir quel auoit esté le succez de tout cela.

Mais pourtant s'il est permis d'asseoir quelque iugement de l'aduenir par le raisonnement, appuyé des coniectures des choses du passé, auec celles du temps present, il semble qu'il n'y ait pas apparence que les Hollandois pûssent iamais se restablir & restaurer au Bresil, comme ils estoient auparauant, quand bien leur flotte auroit deffait la Portugaise, & quand on leur enuoyeroit encore vn autre secours semblable au dernier, ils ne feront iamais que de perdre des hommes & espuiser leurs tresors sans rien aduancer: parce que, comme il a esté remarqué, le plat pays qui leur reste depuis Siara iusqu'à la ville d'Ollinde est entierement perdu & sans habitatiõ, les maisons, bourgs, aldées ou villages, iusqu'aux arbres fruictiers brûlez & ruynez, leur estát par ainsi inutile & sans profit; & quoy qu'ils soiét les maistres des forteresses de Riogrande & Parayba, qui sont celles qui tiennent seulement auec le Recif, elles leur seruent à peu & n'en peuuent tirer aucun secours: car ceux qui s'emancipent à y rebastir des logettes, afin de cultiuer la terre, ou qui s'hazardent à s'en escarter quelques fois, sont surpris & tuez lors qu'ils y pensent le moins, par les courses ordinaires des Portugais, des Tapoyos & Bresiliens desunis qui n'ont pitié de personne. Les Portugais tiennent le Recif bloqué de tous costez de la terre, par le moyé de la ville d'Ollinde, du Cap saint Augustin & des forteresses qu'ils ont basti aux enuirons, sont absolus par toute la campagne fertile & abondante,

& de toutes les places fortes, ports, havres & passages, depuis le Recif iusqu'à l'autre extremité du Bresil par delà Riogenero. Tout le pays qu'ils possedent est tres-bien peuplé, auec nombre de gens de guerre, sçauent subsister, & viuent de ce que la terre produit abondamment, & se passent aisément de ceux d'Europe, ce qui est impossible aux Hollandois de faire, qui n'ont d'ailleurs que des soldats ramassez de diuerses nations, acheptez plustost que choisis, de la fidelité desquels ils ne peuuent beaucoup s'asseurer, mal propres aux coustumes & à l'air estrange du pays, ne sçachás pas les destours & embuscades des lieux; au lieu que les Portugais pour la plusparty ont pris naissance, & en sont originaires depuis la quatriesme generation, sont robustes, vn mesme peuple, de mesmes mœurs & complexions & qui s'entresupportent, ne laissent & de faire valoir la terre & d'en profiter, sçauent iusques aux moindres endroits & n'ont qu'à attendre leurs aduersaires dans les passages pour les deffaire. Les Portugais se sont maintenant tous duits aux armes, & ont fait bastir des forts en tous les lieux & aduenuës, où ils l'ont iugé necessaire, pour empescher aux Hollandois la mesme facilité qu'ils ont eu par le passé à les conquerir. Les Hollandois n'ont point d'ouuerture pour entrer dans le

faite au pays du Bresil. 199

pays des Portugais, ny aucune retraitte pour s'y maintenir, pendant quoy ils ne feront iamais en estat d'assieger des places, ne font que dépenser & sont priuez de tous leurs droits & reuenus. Les Bresiliens & Tapoyos desunis sont plus forts & en plus grand nombre que les autres qui tiennent encore le party Hollandois, lesquels il est à craindre qu'ils n'abandonnent tout à fait : considéré aussi que les soldats Hollandois perissent d'eux-mesmes par les maladies du pays qui attaquent leur foible naturel, qui sont là toutes mauuaises marques pour leur donner à gagner.

Aussi de la part des Estats generaux, nous dirons qu'estants picquez au ieu, & estimants auoir le droit de leur costé, s'ils ne sont les plus forts sur la terre, ils sont incomparablement plus puissans sur la mer que les Portugais, qu'ils incommoderont incessamment & tiendront tousiours en allarme : car combien qu'il ne leur reste que trois places, ils ne perdent pourtant pas courage, & ne sont pas prests de les abandonner : leur Recif seul est vne des fortes places du monde, où la nature y contribuë beaucoup plus que l'art; & combien que le commerce en soit esteint, ils la destinent pour leur ville de guerre, qu'ils peupleront d'vne nombreuse garnison, qu'ils sont resolus d'y enuoyer des recreuës de temps à autre. *Force du Recif.*

Le havre est autant spacieux qu'vne rade, & les nauires en bonne seureté, où à toutes heures ils peuuent arriuer ou ancrer à la faueur du chasteau de pierre: tellement que comme plus adroits & courageux sur la mer que les Portugais, ils rendront tous les voyages qu'ils entreprendront du Bresil en Portugal & du Portugal au Bresil tres perilleux : car n'y ayans plus rien à perdre, ils perdront le negoce des Portugais, & des prises qu'ils feront sur eux ils esperent d'en entretenir leurs garnisons & les soldats de la marine : mais expressément afin que les Portugais ne leur eschappent, ils permettent ce qu'ils n'auoient auparauant iamais fait à tous les marchands & particuliers, d'armer à leurs despens, aller croiser sur les mers du Bresil, moyennant certains droits qu'ils se reseruent sur les captures qu'ils feront, & neátmoins tiendront ces Portugais en continuelles craintes le long des costes, qu'ils obligeront d'estre tousiours sur leurs gardes. Que s'ils peuuent entrer dans le pays par quelques endroits, dont il ne faut pas douter qu'ils n'en veillent soigneusement les occasions, auec main forte ou par stratagemes, irritez qu'ils sont de la fourbe qu'on leur a faite, ils ont ordre exprés de se dépoüiller de toute misericorde, passer au fil de l'espée les habitans, de quelque aage, sexe & condition qu'ils soient, sans exception, exceptió, ruïner, brusler, perdre & desoler tout le pays generalement en tous les lieux où ils mettront le pied, depuis le Recif iusqu'en Riogenero & au delà, & les rendre plus deserts qu'ils n'estoient lors qu'on les a descouuerts, afin que les Portugais ne s'en puissent preualoir, ny tirer aduantage de leur déloyauté: Car quant à vn accommodement, il n'y en a pas apparence. Les Estats generaux disent que la restitution qu'on leur offre du pays depuis le Recif iusqu'à la Baye, ne suffit pas, parce qu'il leur appartient, & qu'il est à eux ; que la dificulté n'est qu'au dédommagement qu'ô leur a procuré, & au payement des grosses sommes & interests d'icelles, dont les Portugais sont redeuables tant à la Compagnie, qu'aux autres particuliers leurs subjets, au rébourcement des frais faits & par la Compagnie & par eux, pour équipper tant de nauires qu'ils ont enuoyez au Bresil, pour s'opposer à la reuolte; que toutes ces choses ont ruyné entierement plus de deux mille familles opulentes de leur Republique, sans parler de la perte d'vn grand nombre de leurs subjets & d'estrangers à leur seruice, qu'ils eussent employez à d'autres bonnes occasions ; que tous ces torts arriués à cause de la foy violée estoiét irreparables; que le Royaume entier du Roy de Portugal, qu'ils soustiennent estre respon-

C c

sable, non seulement des fautes de ses subjets, mais aussi de celle des Portugais de la conqueste, pour les auoir prattiquez, induits, portez & fauorisez en leur rebellion, contre leur traité de paix ; que son Royaume n'estoit pas bastant pour les rembourcer de la valeur de leurs iustes pertes : tellement qu'ils aiment mieux se vanger, que d'entrer en vne composition où ils ne croiroient pas estre satisfaits, & encore auec des gens, aux serments & promesses desquels ils protestent de ne se iamais arrester. Et de fait ils monstrent bien que c'est tout de bon qu'ils se ressentent viuement de la trahison que la nation Portugaise leur a faite, & veulent ioüer de leur reste pour en tirer raison, car non contents de la tenir en eschec au Bresil, ils l'attaquent encore en Europe par mer & par terre, & dans son propre Royaume : & pour mieux ébranler tout son Estat, les Estats generaux on fait paix auec le Roy d'Espagne grand ennemy du Roy de Portugal, se sont alliez & ioints auec luy pour le terrasser en tous les lieux où se peut estendre sa domination ; & de plus ces mesmes Estats generaux ont attiré dans leur querelle la Republique & le Parlement d'Angleterre, qui luy ont aussi declaré la guerre par tout, tellement que ces trois puissans ennemis que le Roy de Portugal a sur les bras, ne le laisseront pas sans occupation, ayant fort à faire à se tenir sur ses gardes en ses pays, & à n'enuoyer point de vaisseaux ny de flottes en mer, qu'elles ne soyent capables de leur resister, mais il aura bien de la peine à s'en garantir.

Pourtant quoy qu'il arriue en l'estat où le sort a à present conduit & amené les affaires dont nous traittons, les hauts & grands desseins de long-temps concertez par les Estats generaux ont eschoüé pour le moins, s'ils n'ont fait naufrage, flattez de cette prodigieuse felicité dont ils se voyoient comblez aux Pays-bas & dans les Indes. Ils n'eussent accordé aucune paix au Roy d'Espagne, s'ils n'eussent point esté troublez en leur Bresil, & qu'ils en fussent demeurez paisibles possesseurs. Leur intention estoit apres l'année 654. de ne le plus laisser regir à ces particuliers, & de le faire gouuerner eux-mesmes par vn de leurs corps, rendre le commerce libre à tout le monde, n'exiger que des droits & tributs modiques, faire du Recif vne Vniuersité d'Amerique qui auroit esté l'Academie de tous les arts & sciences, fondée de reuenus pour l'entretien des gens sçauans qui y eussent enseigné les bonnes lettres, & vn soin particulier d'en donner connoissance aux Bresiliens & Tapoyos, les ieunes enfás desquels ils eussent eu ordre de faire estudier de bône heure, pour mieux & plus facilement les morigener & rendre capables d'instruire les leur dans les sciences humaines & dans les mysteres du Christianisme, esquels ies Bresiliens auoient desia quelque commencement. Les Iesuites sont loüables d'auoir formé vn ortographe qui exprime tous les mots & dictions de leur langage, tres-approchant de la naïfue pronóciation, en lettres de nostre caractere, & de leur auoir les premiers appris à lire & à escrire: les Hollandois en apres leur ont aussi toûjours entretenu des Ministres & maistres d'escoles pour leur prescher & enseigner la religion Chrestienne en ce mesme langage: mais celuy de tous qui merite de plus grands eloges, pour auoir le mieux rencontré, c'est vn ieune Ministre Anglois qui auoit esté nourri comme les autres ses Collegues expressément parmy eux dés l'aage de six ans iusques à quatorze ou quinze ans, & de là fut enuoyé en l'Vniuersité de Leyden, où ayant estudié quelque temps & deuenu Theologien, il reuint au Bresil, & apres só retour chez ces peuples, leur a traduit le vieil & nouueau Testament, du texte original en leur langue Bresilienne, dont ils tesmoignent estre merueilleusement satisfaits, puisque par là ils entendent entierement l'histoire sainte, inconnuë à tous leurs ayeux, & s'adonnent auec plaisir à la lire & à en enten-

Loüange des Iesuites

dre la lecture. Les Eſtats generaux projettoiēt auſſi d'amener peu à peu les Tapoyos à la cōnoiſſance de Dieu, par la douceur & les meſmes voyes, dont on s'eſtoit ſerui enuers les Breſiliens, leſquels different de langage auec ceux-cy, & à qui on n'a pû encore donner aucune impreſſion de la vraye religion, à cauſe des demons qui continuellement les accompagnent dans les bois & lieux ſolitaires, ſe fōt craindre & adorer par ce pauure peuple, ſe communiquants à eux toutesfois & quantes que leurs ſorciers & deuins les euoquent pour les conſulter touchant le paſſé, l'aduenir, & ce qu'ils iugent auoir beſoin de ſçauoir.

Demons accompagnent ſans ceſſe les Breſiliens.

Les Eſtats encore vouloient pour vne plus grande facilité d'auoir des liures, y eſtablir vne Imprimerie pour le ſoulagement des vns & des autres; de plus ils euſſent auſſi fait enſeigner à la ieuneſſe de l'vne & de l'autre natiō de ces Sauuages, nos arts mechaniques, à trauailler, cultiuer la terre & gagner leur vie, cōme perſonnes libres, vouloient diſtribuer le pays par portion à vn chacun, comme Remus & Romulus firent à Rome, faire apporter d'Orient les arbres de muſcade, giroffle, canelle, poiure & autres eſpiceries, pour les y planter & faire croiſtre, faire exacte recherche des mines d'or & d'argent qui ſont dans les deſerts & lieux ſteriles du Breſil, qu'onn'a encore peu auoir la commodité de defcouurir pour y trauailler, vnir & aſſocier de leur authorité le cõmerce de leurs Indes d'Orient auec celles d'Occident, ce que iamais la Compagnie de ces meſmes Indes Orientales, dont les Seigneurs tiennent leur Cour & reſidence en Batauia, n'auoient voulu accorder; les rendre connexes & dépendantes l'vne de l'autre, & eſtablir à cet effect vn Conſeil ſouuerain à la Haye qui euſt eu la direction & gouuernement de ces deux belles conqueſtes; conſtituer le Recif pour la commodité de ſon aſſiette, comme vn dépoſt general, où fuſſent deſcendus tout ce qui fuſt venu d'Europe, pour le diſtribuer ez places d'Afrique qui leur appartenoient, & en ces pays d'Orient; & pareillement pour receuoir tout ce qu'on leur eut enuoyé de riche & de curieux de ces lieux eſloignez, pour les faire mener en Hollande. Mais combien que ces choſes ſembloient ne regarder que la ſplendeur du Breſil, qu'ils feignoient enuier à le rendre conſiderable, & mieux dilater l'opulence en tous les lieux de leur ſujettion, par cette communication publique des diuerſes denrées que la terre leur produit, ſoit d'vne façon ſoit d'vne autre. Neantmoins ce n'eſtoit-là que l'ombre de leurs grands deſſeins qui prenoient bien vn vol & vn eſſor plus haut : car ſous le pretexte de ce fameux traficq qui eust seruy de couleur pour ne faire douter à personne de la quantité de nauires & nombre d'hommes qu'ils eussent mis en mer quand bon leur eut semblé, & fait accroire qu'ils dispersoient à saint Eustache isle des Terres neufues qu'ils possedent, pour le Bresil, pour Angola & pour leur pays d'Orient ; ils s'estoient proposé d'assembler vne grosse & puissante flotte au Recif, place qu'ils posoient, & en effect estoit la plus certaine & fauorable à leur entreprise, qu'ils tenoient & eussent tenu tres-secrete, & à l'impourueu sans que personne en eust sçeu rien descouurir ; puis à iour premedité que feignans aller les vns deçà, les autres delà, ils eussent pris la route du Nort vers Maragnan, & de là prendre terre & subiuguer Cartagene, & le Royaume de la Terre-ferme du Roy d'Espagne, où sont toutes les mines d'argent qui luy fournissent tant de tresors. Tous les ans ils estoient soigneux d'enuoyer des nauires d'autre façon que la Hollandoise, pour en estre moins soupçonnez, pour roder les mers, & les costes de ce pays-là, & espier en quelle contenance estoit le peuple, qui auoient tousiours rapporté qu'il y auoit plusieurs entrées faciles à aborder & fort peu de places fortes, que les Espagnols plongez dans les delices & plaisirs du monde, pensoient à n'estre iamais attaquez, n'estoient point preparez à la guerre, & sans soucy de se tenir sur leurs gardes, qu'il seroit aisé de surprendre ce peuple & de se rendre maistres du pays auec moins de difficulté, qu'on n'auoit fait du Bresil.

Intelligence des Estats generaux auec le Roy de Chili.

Les Estats generaux auoient aussi pratiqué de longue main intelligence auec le Roy de Chili à mille lieuës du Recif, dans le midi, au delà du destroit de Rio de la Plata, l'vn des confins du Bresil ; l'enuoyoient visiter vne ou deux fois l'année, luy fournissoient souuent des armes pour en dechasser les Espagnols qui en possedent vne partie, & auoient fait naistre guerre entre eux, pour mieux occuper ces Espagnols de ce costé là. C'est vn Royaume temperé d'vn terroir fertile & abondant comme la France : ce Roy ne demandoit pas mieux que de se voir seul obey, ny les Hollandois pareillement qui faisoient là vn bon amy, & auquel ils vouloient enuoyer quelques troupes, afin d'obliger le Roy d'Espagne de porter là ses soins & y mander aussi des forces, pendant qu'ils se fussent exercez en Cartagene.

Tellement que ces Estats generaux auoient desseigné de faire du Bresil vne tres-riche, tres-belle & redoutable Republique, sans les troubles qui y sont à present : car auec leurs grandes conquestes des isles & pays qu'ils ont en Europe,

faite au pays du Bresil. 209

Europe, Afrique & Amerique, Orient, Occident, Septentrion, deçà & delà la Ligne en l'vn & l'autre Hemisphere, & ce qu'ils esperoient de conquerir sans grande peine, au moyen de leurs forces & des alliances qu'ils auoient faites par tout le long, plus de trois mille lieuës de chemin, depuis la Hollande iusques à la Chine, auec le Roy de Maroc, de Fez, de Congo, Reyne d'Angola, les Perses & Ethiopiens, Roys de Iua, de la Chine, du Iapon & de ce Roy de Chili, sans parler de celles qu'ils ont en Europe, chez presque tous les Princes Chrestiens & Republiques de la Chrestienté, & mesme du Grand Seigneur, ils projettoient de se rendre les plus florissants & recommandables du monde; faire de leurs Prouinces vnies, au moyen du beau negoce que leurs subjets menent parmy tout le Septentrion, iusqu'en Moscouie & sur la mer Mediteranée, vn magasin general & incomparable de toutes les choses rares, precieuses, vtiles & necessaires qui se rencontrent dans tous les coins & parties de l'vniuers, auec ces innombrables diuersitez que nous peut produire la nature.

Alliances faites par les Hollandois.

Mais à cette heure qu'ils sont autant reculez de ces hauts projets, qu'ils en ont esté proches de l'execution, ils voyent ce dõt ils iouissoient au Bresil desolé, & le funeste flambeau

Dd

de la guerre allumé non seulement en ce lieu, dont ils faisoient tant d'estat, mais aussi dans les Indes, Orient & en Afrique, où les mesmes partis taschent à se destruire; & que pour se mieux vanger du Roy de Portugal ils se sont accordez & fait paix auec ce mesme Roy d'Espagne, car c'a esté l'vn de leurs plus puissants motifs, qu'ils taschoient de despoüiller de son plus clair & plus beau reuenu; & se sont plus estroittemét liez auec les Anglois qu'auparauant, & pour le mesme sujet, le tout à cause du malheur & desordre suruenu en ce Bresil. Pour fin & conclusion de ce present discours & sans approuuer la trahison du Roy de Portugal enuers les Hollandois, & toutes autres qui ont esté, sont & seront prattiquées par quelque peuple & nation que ce soit, nous dirons auec les iudicieux Politiques, que les Estats generaux sont à blasmer d'auoir manqué aux bonnes maximes qu'ils deuoient obseruer pour se maintenir & conseruer perpetuellement au Bresil; à quoy ils deuoient prendre bien garde, puis qu'il leur estoit si important; sçauoir qu'il leur falloit auoir là toûjours vn Conseil composé des plus excellents hommes de leur pays, comme ceux qu'ils y ont enuoyé apres le malheur, qui eussent peu & sçeu entretenir vn bon ordre, & vne parfaite police, qui se fussent munis & contre-

faite au pays du Bresil.

gardés des perfidies des Portugais, & n'eussent pas souffert que les affaires importantes eussent esté confiées à des gens de basse profession qui preferoient leur interest particulier à celuy du publicq, & qui à la fin pensans tout auoir ont tout perdu ; comme aussi de n'auoir pas fait peupler le pays à mesure qu'ils le conqueroient, de leurs propres subjets naturels : car pour cet effet ils deuoient ramasser vn nombre suffisant de pauures & necessiteux pour les y enuoyer, y confiner les proscripts & mal viuants, & départir aux vns & aux autres les terres fertiles sous de certaines censes, & mesler ces gens icy parmy les Portugais, ainsi qu'ont fait adroitement les Roys de Portugal pour le faire habiter ; si bié que ce sont les enfans des enfans de ceux-là qui l'occupent & qui s'y sont si bien naturalisez & accoustumez à se substanter des seuls fruits que la terre leur donne, que rarement mangent-ils du pain d'Europe, & duquel ils font autant d'estat, que l'on fait icy des dragées de sucre, lorsqu'ils en recontrent, ce que les Hollandois ne peuuent faire. De plus, de ce qu'ils ont souffert que ces Portugais mesmes possedassent les charges & offices de Iudicature, les plus grosses fermes, & prissent connoissance de toutes les affaires publiques & particulieres de l'Estat ; finalement d'auoir

Raisons pour lesquelles les Hollandois ont perdu le Bresil.

cõgedié presque tous leurs soldats, n'en auoir retenu que la moindre partie, auoir trop negligé leur conseruation & s'estre trop confié à vn peuple qui leur obeyssoit par force.

Passons neantmoins par dessus ces considerations & disons que la vraye cause & l'origine de tant d'estranges & pitoyables calamitez où ce pays du Bresil se voit reduit & exposé, où tant d'hommes perissent & s'égorgent malheureusement, & font gloire à qui plus commettra d'inhumanitez; pays pourtant de soy bon, fertile & abondant, & où six fois autant d'habitans pourroient viure heureux & contents sans s'incommoder, s'ils eussent sçeu se contenir en paix & amitié: attribuons, disje, cette prodigieuse desolation & ce changemét si pitoyable à vne iuste punition & chastiment du Ciel, pour le mespris que ces deux peuples ont fait les vns & les autres au violement de la iustice & de la pieté, qu'ils auoient comme bánies de leur commerce, sans se soucier d'y composer leurs déportemens, ny sans considerer qu'ils ne pouuoient s'appuyer que sur ces deux colomnes, qui sont tellement necessaires à faire fleurir & prosperer vn Estat & les familles qui le forment, que sans elles les plus fermes Monarchies, Royaumes, Principautez & Republiques vont en decadence.

F I N.

TROIS
RELATIONS
D'ÆGYPTE,
ET AVTRES MEMOIRES
curieux des singularitez dudit
Pays.

RELATION D'VN
VOYAGE DE PERSE FAICT
és Années 1598. & 1599.

RELATION
DV SIEVR
CÆSAR LAMBERT
DE MARSEILLE,
DE CE QV'IL A VEV DE PLVS
remarquable au Caire, Alexandrie &
autres Villes d'Ægypte és années
1627. 1628. 1629. & 1632.

LA ville du Caire en Ægypte a
son chasteau sur vne colline,
il est fort spatieux, sans fossez, faict à l'antique, basty sur
le roc. Ceux qui en ont escrit,
au moins quelques-vns que i'ay veus, marquent qu'il est basti le tiers de marbre de diuerses couleurs. Il faudroit donc que ce marbre se fust conuerty en pierre de taille & brique, dont toutes les murailles sont faictes.
Auant que d'entrer dans la premiere cour

a ij

du departement du Baſſa, l'on paſſe ſix à ſept portes ſeparées de pluſieurs & diuers baſtimens, qui ſont entre les vnes & les autres, où demeurent les officiers du chaſteau & diuerſes autres perſonnes. La pluſpart de ces portes ſont de bois, doublées de barres de fer, & fermées par de groſſes ſerrures de bois faciles à couper, par conſequent cela eſt peu aſſeuré.

Il n'y a aucun pont-leuis, & cela eſt gardé negligemment. A l'entrée eſt la ſuſdite cour capable de contenir dix ou douze mille hommes en bataille, & il y a ordinairement grand nombre d'auſtruches priuées fort grandes qui ne font mal à perſonne.

A l'abbord on void vn vieil baſtiment, auquel on monte par vn ſpatieux degré à repos de pierre de taille au premier eſtage : il s'y trouue nombre de belles ſales dédiées pour les aſſemblées du Baſſa auec les grands du pays pour reſoudre les affaires ordinaires; Le Baſſa ayant cognoiſſance de la plus grande partie de toutes celles du Royaume, mais pour les importantes il n'en reſout point qu'auec l'aduis du *Cadileſcher*, qui eſt comme le premier Preſident, & des grands du pays. Ils s'aſſemblent ordinairement le lundy & le ieudy, & appellent ces aſſemblées *Diuan*, qui veut dire le conſeil.

Pour ce qui concerne les affaires particulieres des *Genitzaires*, ils ont leur chef. Les *Spahis* de mesme. Cõme les *Chiaoux*, que ie deuois mettre les premiers, d'autant que d'iceux sortét tous les principaux officiers du Royaume, & peuuent beaucoup ces chefs-là, & iugent des differents qui les concernent, & ne se pouuant accommoder ils recourent au Diuan du Bassa & des Grands, ce qui arriue fort rarement.

Pour ce qui regarde les affaires de peu d'importance pour le ciuil, l'on s'addresse aux *Cadix* iuges des quartiers & de la police, & pour le criminel au *Soubachi*, qui est comme le grand Preuost, ainsi que ie marqueray cy-apres.

Pour les François & Venitiens toutes sortes de differents qu'ils peuuent auoir soit entr'eux ou auec les Turcs, Mores & Iuifs, ils se vuident par les Consuls desdites nations, sans que la iustice du pays en puisse prendre aucune cognoissance, mesmes quand les Francs y recourent sans le consentement desdits Consuls, ils sont amendez, & les amendes destinées pour le sainct Sepulchre.

Il est dangereux de passer par les mains de telles gens, car pour vne affaire de neant suiuant le suiect l'on y despend gros; & pour d'autres importans l'on en sort pour peu de chose. C'est la coustume des Turcs, Mores, & Iuifs.

Il s'y plaide de partie à partie, qui disent leurs raisons; sur quoy par le tesmoignage de canailles que l'on faict parler le plus souuent comme l'on veut, à force d'argent, le different est deffiny sur l'heure mesme.

La ville du Caire commence par la descente du chasteau, & s'estend en vne grande planure, estant en forme d'ouale, mais beaucoup plus longue que large, & n'est fermée d'aucun costé, sinon par les portes qui sont à chacune contrade gardées la nuict par les *Macaderis*, qui respondent de ce qui se desrobe dans leur contrade. L'on dit qu'il y a 24. mille contrades, chose difficile à croire pour le peu d'estenduë de la ville. Neantmoins il s'y voit vn grand nombre d'hospitaux & Mosquées bien rentées, beaucoup de belles maisons de Baschas, Sangiacs, Beys, Chiaoux, Desterdars financiers & autres grands; y ayant d'ailleurs grand nombre de belles maisons pour les gens de negoce, qui s'appellent *Occhelles*, pourueuës de quantité de magazins, & autres choses necessaires pour le logement des marchandises. Quoy que le negoce n'y soit plus si florissant comme par le passé, à cause que ceux qui confinent les Indes se sont rebellez contre le Grand Seigneur qui n'a rien oublié pour rendre les passages libres, mais il ne luy a pû reüssir. Tellement que par ce deffaut l'on enuoye maintenant de Chreſtienté au Caire des girofles, canelles, muſcades, poiures, gimgembres & autres eſpiceries, comme auſſi de l'Indigo que l'on y alloit prendre il n'y a pas quinze ans, & en tel nombre que de ce coſté-là venoient la plus part de telles marchandiſes. C'eſt ce qui rend le negoce du Caire ſi miſerable, & par conſequent la ville moins floriſſante. Les marchandiſes qui s'y trouuent à preſent en abondance ſont ſucres, lins, cuirs, & toiles qui ſe font ſur le pays. Venant encore du coſté de l'Hiemen quantité d'encens, & du coſté d'Ethiopie des gommes Turiques Arabiques, des plumes d'Auſtruche & quelques drogues. En vn mot ce n'eſt plus cette floriſſante ville du Caire tant renommée, mais l'ombre à ce que i'en ay veu, & ſuiuant le rapport que m'en faiſoient meſmes ceux du pays.

Il s'y voit encore diuers Bazars les plus renommez, le KANIALLI des Merciers, & le FAHAMIN des eſpiciers. Les Occhelles où ſe vendent les eſclaues ſeparées de celles où ſe vendent les blancs, qui s'acheptent ſelon la qualité des eſclaues, de vingt à ſoixante pieces de huict reaux, les maſles: Et les femelles particulierement les blanches iuſques à 500. piaſtres, meſme mille ſelon la beauté.

Par fois ces filles deuiennent femmes des plus grands, & les garçons Princes & Seigneurs selon les patrons qui les acheptent, & les occasions qui s'offrent.

Si l'on veut ioindre nombre de bourgades & villettes comme eux font, qui touchent cette ville, à la verité elle seroit digne d'estre appellée le Grand Caire: mais separée comme elle est, ce n'est ce que l'on en escrit iournellement. Le tour s'en faict facilement en quatre heures, à le prendre à commodité. Il y a au moins le tiers de la ville en viuiers ou petits estangs à l'opposite des maisons des grands, comme aussi en maisons ruinées & abbatuës, qu'ils ne font que rarement rebastir, moins accommoder d'aucune chose. Et qui voudroit y adiouster les places & iardinages, cela occuperoit plus de la moitié de cette ville: Auec quoy elle n'est si grande en circuit comme Paris, au iugement mesmes de Messieurs de Thou, de Chappes & de S. Liebaud. Et pour le peuple i'ay opinion qu'il y en a dauantage qu'à Paris, veu que l'on asseure y estre mort en mil six cent dix-huict en moins de trois mois plus de six cens mille ames. Ce que l'on voit du peuple n'est rien à l'esgal de ce qui reste dans les maisons & palais, femmes & esclaues de tous sexes qui ne sortent que rarement. Le nombre

bre des pauures est incroyable en Mores, Nazeranis, qui sont Chrestiens du pays, Iuifs & Grecs. Les derniers sont plus vicieux que tous les autres, ils ont leur Patriarche, & les Nazeranis vn autre, & leurs Prestres auec certains religieux dont les Grecs se seruent en leurs prieres. Les Turcs & Mores, leur grand Mufti de la lignée de Mahomet.

Toutes sortes de viures s'y trouuent en abondance & à bon marché. Ils mangent tous assis selon leur coustume, sur des tapis ou pieces de vache de Russie selon leur qualité. Et quand ils viennent voir les Francs, ils sont bien aises de s'asseoir dans nos chaires. Mesmes tous les grands en tiennent pour eux seulement & ceux qui les vont voir. Ils boiuent de nostre vin contre leur loy auec telle auidité, qu'ils s'enyurent comme des bestes. L'eau de vie leur est fort commune, & les gaste fort, dautant qu'ils la boiuent sans mesure & brutalement.

Les bastimens sont assez bien accommodez, & pourueus de commoditez, auec de grandes cours & iardins. Ils se seruent de pierre & de brique pour ce qu'ils veulent bastir. Le parement de leurs maisons est aux sales & quelques chambres particulieres, pauées de marbre de diuerses couleurs & façons, & par fois les murailles reuestuës de grandes pieces de marbre de cinq ou six pans de hauteur, & separées de mesme distance. Le reste des murailles peint comme les planchers bien accommodés de bois, & dorez par dessus. Ces marbres & peintures sont leurs tapisseries ; & le plancher des salles & chambres, quoy que pauées de marbre, est couuert de natte, & par dessus des tapis excellents aux deux bouts, y ayant à la plus-part desdites sales des fontaines basses, auec nombre de tuyaux & figures qui iettent continuellement de l'eau, qu'ils font porter par des roüages en telle quantité & hauteur qu'ils veulent. Ces sales & tapis sont souuent nettoyez par des esclaues. Ils ont quantité de coussins d'estoffes rares, & en broderie sur les tapis contre les murailles pour s'appuyer lors qu'ils sont assis. Les gráds & commodes marchands caressent extraordinairement les Francs qui les vont voir selon la qualité des personnes. Ils leurs donnent à tous du *Cauuéh*, ou *Cafeh*, à quelques-vns du Sorbet auec le sucre, & l'eau Nasfle meslées, & par fois des myrobalans, gimgembres, muscades confits, & autres fruicts au sucre qui viennent des Indes. Et font ainsi lors qu'ils ont quelque obligation, ou qu'ils ont besoing de nous.

 Retournant au chasteau & à la iustice du Caire, il a esté de beaucoup plus grand qu'il n'eſt, comme l'on voit par les veſtiges qui reſtent ſur la main gauche, lors que l'on y va de la ville. Apres auoir paſſé trois portes il y a vne grande place encloſe audit chaſteau; en laquelle prenant le chemin pour y aller, l'on trouue vne grande ſale ouuerte, dont les murailles ſont rompuës, où ſe voyent vingt-deux colomnes de cinquante pieds de hauteur, & dix de rondeur enflées par le milieu, releuées ſur leurs baſes. Les chapiteaux d'icelles grauez de lettres Hebraïques fort entieres de couleur obſcure comme tané, & de matiere comme les colomnes, que l'on dit fonduës: ce neantmoins elles viennent comme celles de la roche. Ils diſent que c'eſtoit le lieu du Diuan du temps des premiers Roys d'Egypte.

L'on ne voit de ce coſté-là autre choſe de remarquable que ces colomnes, & force veſtiges de beaux baſtimens; en ſuitte deſquels l'on trouue le quartier du *Tehaia* ſeconde perſonne apres le Baſſa. Delà on paſſe par cette grande cour, & montant au departement du Baſſa, l'on voit à coſté gauche vne grande galerie qui regarde ſur cette cour, laquelle galerie eſt pauée, & enrichie de marbre comme les ſales ſus-mentionnées. C'eſt pour le Diuan des Chiaoux le lundy, & des Genitzaires le ieudy. Il s'y voit quatre pilliers de marbre façonnez & taillez à facettes, grauez de fueillages, qui fouftiennent le deuant de la galerie qui a fon furciel, ou plat fonds azuré, & doré à l'antique. Les pilliers ont auffi efté dorez, mais le temps a diffipé l'or, dont il ne s'en voit que fort peu de marques dans le vuide de la graueure. De ce cofté-là, il n'y a autre chofe qu'vne grande place derriere le chafteau, partie taillée dans le roc, où fe voit vn arbre de vaiffeau fort gros & haut, au fommet vne pomme d'eftain doré, où le Baffa tire de l'arc auec les grands; il y a auffi de grandes efcuries, & nombre de beaux cheuaux pour le feruice dudit Baffa, & de ceux de fa fuitte.

Si les Baffas bien que Vice-Roys du Grand Seigneur font quelque action remarquable au defauantage de ceux du pays, particulierement des grands, on les faict à l'inftant comme ils difent, *Manzouls*, fans pouuoir, & luy donnent vn departement feparé, par fois dans le chafteau, par fois dehors, & mettent en charge le *Caimacan*, qui reprefente le Baffa, & faict fa charge plus fouuent mieux que luy. Ce *Caimacan* eft d'ordinaire le plus ancien *Sangiac* du Caire, comme à prefent l'eft Camfon Bey vieil homme qui a plus de nonante ans, & treize de fes efclaues font *Beys* ou *Sangiacs*; & de plus vn appellé Camfon Bacha Vizir auec vne armée pour le seruice du Grand Seigneur, pour l'entretien de laquelle il a fourny quatre millions de sequins du sien; & cét homme ne fut achepté que trente-cinq piastres fort ieune par ledit Camson Bey, qui l'a depuis employé pour le seruice du Grand Seigneur en de bonnes occasions, où il a acquis ces grandes commoditez, & vne reputation incroyable auant son depart, qui s'est perduë depuis n'ayant pû vaincre les rebelles. Il est natif du Royaume de *Tarsse*, petit de corps, mais vaillant, & continuellement en campagne.

Le Bassa Mehemet nepueu du Grand Vizir, qui commande l'armée du Grand Seigneur en Perse, ayant esté receu au Caire, y demeura enuiron cinq mois à tenir tous ceux du pays en apprehension. Car il fit mourir dans ce temps cinq ou six mangeurs du pauure peuple fort riches & redoutez, en suitte de quoy le mercredy treisiéme d'Octobre mil six cent trente & vn, Gayetai Bey des plus riches d'Egypte remuant & ambitieux, & qui mesmes auoit dessein de s'en faire Roy, alla voir sur les huict heures du matin le Bassa, qui auoit faict naistre par subtil moyen cette occasion de visite, en laquelle il le receut à l'ordinaire, luy faisant plus de caresses qu'il ne desiroit. Apres plusieurs discours & conclusion de l'affaire du Bey, où il demeura enuiron deux heures: le Cafeh, & le Sorbet pris, il voulut sortir. Le Bassa l'accompagne trois ou quatre pas à l'opposite de la porte de sa chambre, à costé de la sale, où il donne audience; Lors il luy dit qu'il luy vouloit faire voir vne lettre du Grand Seigneur qu'il se fit apporter; laquelle portoit commandement au Bassa de luy enuoyer la teste du Bey, & au deffaut la sienne: Surquoy voulant repartir, il n'en eut le temps, fut pris & conduict par la galerie de la sale qui va dans vne autre, à costé de laquelle est le lieu, où l'on tient ordinairement l'eau. Là l'on luy couppa la teste, qui fut iettée à l'instant par les fenestres de la sale en la cour, & le corps par la galerie des Chiaoux fut aussi ietté dans la cour. Le Bassa qui se retira sans bruict, homme posé, de bonne mine d'enuiron de trente-cinq ans, est à l'instant attaqué, apres l'affaire diuulguée par cinq ou six mille Genitzaires. Il leur parle & les contente: & le lendemain les grands qui s'assemblerent tous au chasteau accompagnez desdits Genitzaires, & autres gens de guerre demanderent au Bassa le commandement du Grand Seigneur, qu'il dit ne vouloir rendre qu'à son maistre, ny le monstrer qu'en le rendant. Ils luy demanderent sa teste faute de cela, qu'il offrit auec des paroles libres. On le fit sortir du chasteau, & garder iusques à ce que le Grand Seigneur eut ordonné que l'on luy enuoyast: & auiourd'huy il est vn des quatre Vizirs. Voila comme les Bassas ne sont au Caire que ce qu'il plaist à ceux du pays, y en ayant veu trois en deux ans.

Il y a dans ce chasteau trois ou quatre Mosquées, dont les petites tourettes sont peintes de verd couleur de Mehemet. C'est ce qu'il y a de remarquable de ce costé-là.

En vn autre quartier qui est comme separé de la demeure du Bassa, en mesme enceinte neantmoins, il y a vne forme de chasteau beaucoup moindre que le susdit, où demeure ordinairement le chef des Genitzaires, où l'on voit sur la porte, qui est à l'opposite de la cour des colomnes sus-mentionnées, vn casque de fer antique passé d'vne fleche encore en sa place, & quelques vieilles massuës d'extraordinaire mesure, & de fer comme les autres antiques; A present elles se font d'or & d'argent, & metail enrichies de toutes sortes de pierreries.

C'est en cét endroit dudit chasteau, où se voit cét admirable puis de Ioseph, dans lequel l'eau est portée par des Aqueducs de trois cent cinquante arcades de vingt en trente pieds de hauteur selon les endroits. Ils com-

mencent au bord du Nil proche le Caire
vieil : partie de l'eau coule dans le puis, &
l'autre dans les cifternes qui font au bas du
chafteau pour la commodité des iardinages,
& maifons du bas auec les efcuries. Ce puis
eft taillé dans le roc en quarré de cent toi-
fes de profondeur, cinquante pans de longueur, & quarante-deux de largeur. L'on y
defcend par des degrez taillez dans le mefme roc qui tournent en defcendant, & prennent leur iour des feneftrages aux murailles
d'entre l'efcalier & la cifterne. Ces degrez
font fi longs, larges & peu hauts, que les
bœufs defcendent iournellement iufques à la
moitié du degré de la cifterne ou puis, où
fe trouue vn grand efpace pour cinq ou fix
paires de bœufs, qui trauaillent les vns apres
les autres à vn roüage, qui tire l'eau auec des
vafes attachez à des cordages du fond de ce
puis à vn referuoir qui eft en cét efpace-là:
duquel l'eau eft portée par mefmes roüages
au plus haut du puis, d'où elle s'en va par
vn canal en beaucoup d'endroits dudit chafteau pour le feruice neceffaire. Cette eau-là
eft vn peu afpre, à caufe qu'elle fe mefle auec
d'autre eau, qui vient de fource du roc qui
coule dans le puis. C'eft pourquoy il y a
d'autres eaux aux chafteaux pour le boire des
perfonnes, mefmes l'on y en porte de la Matalie

talie, dont ie traiteray cy-apres, & de Boulac de l'eau du Nil par chameaux.

Il y a nombre de grandes cisternes dans les Mosquées & maisons principales de la ville, où les patures & les gens de basse qualité prennent ce qui leur en faict besoing: pour les autres l'on en porte aussi de Boulac par chameaux, mulets, & asnes en tel nombre que c'est chose incroyable. Les conducteurs de ce bestail fournissent les maisons moyennant vn tant que l'on accorde auec eux par mois. Tant que i'y ay demeuré i'en payois vne piastre de Reales par mois. La plus-part des maisons ont des puis dont l'eau est de mauuais goust ; ce neantmoins les Maures en boiuent, & les Francs pour le mesnage, y ayant ordinairement en Iuillet, & Aoust de la difficulté à trouuer de bonne eau. Les eaux nouuelles du Nil sont boüeuses, & par fois de fort mauuais goust, quand on les prend dans la riuiere du Nil. L'eau du Cally qui dure seulement du commencement de Septembre iusques en Octobre, soulage fort le peuple.

Ce Cally est vn canal artificiel, qui commence au Caire vieil, trauerse la ville, & continuë son cours iusques auprès de Damiete loing du Caire enuiron cinquante lieuës, & c'est pour arrouser les lieux qui en sont proches, s'assemblant auec les autres & se rendant dans la mer.

L'eau dudit Cally est plus boüeuse que celle qui se prend dans la riuiere, qui se met dans de grands vases faits exprez pour la conseruer, & la faire deuenir claire par le moyen des amandes dont l'on frotte le haut des vases au bord de l'eau qui est dedans. Il seroit facile de le faire couler toute l'année à le prendre de plus haut, mais les ministres du pays ne pensent qu'à faire leurs affaires, & non le bien du public.

Ils font de grandes resiouyssances pour le Tail du Nil, qui se faict quand il est creu à la hauteur ordinaire, qui est enuiron cinq toises, par fois six selon les pluyes & neiges des monts de la Lune d'où il vient. Son accroissement estoit autresfois au mois de Iuin & Iuillet. Il commence bien encore à present en ce temps, mais il ne finit que pour tout le mois d'Aoust, & au commencement de Septembre.

Le iour dédié de ce Tail le Bassa va à Boulac auec tous les grands du pays, qui ont faict preparer leurs permes & batteaux spatieux, dorez, peints, & accommodez de sales & appartemens par des tapis, & draps de soye, au dessus de grands pauillons accommodez selon la grandeur, des couleurs & armes de ceux à qui ils sont; les vns de velours, damas, & estoffes de soye diuersifiées de couleurs portant banderolles, les voiles sont de taffetas, samis, & mousselines fines de couleurs. Les cordages qui de soye, qui de coton de la couleur des pauillons.

Ils partent de Boulac, vont auec fanfares d'instruments, canonades, & mousquetades; ceux de terre à cheual font des courses en des endroits, que le Bassa les peut voir, ce iour-là passe ainsi; & la nuict auec des fuzées & feux d'artifice. Le lendemain le Bassa va à l'endroit de la leuée de terre, qui empesche le cours de l'eau du Nil audit Cally: il donne vn coup de beche sur la terre, se retire, & soudain l'ouuerture se fait auec des acclamations de ioye. Cela passé chacun se retire, & les grands font à l'instant couper les leuées des Callys, qui portent l'eau dans leurs villes & villages, par consequent vn chacun en prend à l'ordinaire sa prouision. On va ensuitte au Cally qui porte l'eau en Alexandrie, où le Seigneur proche de là faict aussi ses ceremonies, & ainsi est la coustume, comme de se resiouyr pour l'augmentation de l'eau, qui leur donne toutes sortes de biens, sans laquelle il n'y croistroit aucune chose, à cause des chaleurs vehementes & continuelles.

Ceux qui ont escrit qu'il n'y pleuuoit point

c ij.

ne s'y font pas trouuez de mon temps. Ils ont des pluyes en Nouembre, Decembre, & Ianuier, par fois si continuelles, qu'on demeure des iournées entieres sans sortir, mais cela ne continuant n'est pas capable d'abreuuer leurs terres comme l'eau du Nil, qui porte quand & soy certain limon qui engraisse dauantage que nostre fumier.

Ils ont par ce moyen si grand nombre de melons, concombres, pasteques de diuerses sortes, choux fleurs, petites pastenades, qu'ils baillent aux enfans comme nous des pommes, & poires, nombre d'artichaux, cardes, herbes, feues & autres legumes, qu'ils en ont de reste, & l'on les donne quasi pour rien.

Pour des pommes & poires ils n'en ont point, le peu qui s'y trouue s'y porte du mont Sinaï, & se vendent cher. C'est le contraire des abricots, pesches, noix, figues de toutes sortes, & certaines pommettes auec noyau en quantité & à vil prix, ils n'ont le goust ny la perfection des nostres de Prouence.

Il y croist nombre de raisins en ayant mangé de gros aigres en mil six cent trente-deux à nostre Dame de la Chandeleur, & à la fin d'Auril des raisins meurs à perfection, cela sert pour le vin des Iuifs, particulierement ceux du FIVME, village distant de six lieuës du Caire, & les autres se mangent en fruits bien chers, qui durent iufques en Iuillet au plus.

Au refte le Nil deborde rarement, & a fon lict tellement profond, qu'il eft capable de tenir cette eau furieufe l'arge d'vn quart de lieuë & profonde en fes limites, d'où fe tire l'eau pour arrofer par des roüages en nombre que font tourner des bœufs, qui ne trauaillent qu'vne heure, & les changent de temps en temps felon leur couftume.

Dans cette admirable riuiere croift nombre de cheuaux marins proche Damiate. Et au deffus du Caire en montant vers le Chimen d'vn cofté, & le Sait de l'autre quantité de crocodriles, qui feroient grands dommages, fi l'on ne faifoit auec des pieux vne forme de gabions, où ceux du pais prennent l'eau, lauent leur linge, & abreuuent leur beftail, que ces mefchants crocodiles deuorent les entrainant quand & eux dans les eaux.

Certain grand Magicien leur a limité leur courfe de ce cofté-là, à vne lieuë du Caire en montant au deffus du Caire vieil, & s'en voyent les fignes par des colomnes. Les Maures mangent librement ces crocodiles; qui naiffent comme d'vn œuf d'oye. La femelle en aura de cent cinquante à deux cent, i'efcris ce que i'ay veu en ayant faict efcorcher bon nombre; leur chair a vne fenteur de mufc, auec quantité de graiffe. Cette riuie-

c iij

re abonde en toutes sortes de poissons approchans des especes des nostres d'Europe. Le Variol ressemble à la truite le plus estimé pesant iusques à trois quintaux, qui se donne quelque fois à vil prix, d'autres fois il se vend fort cher.

Il ne se trouue point de perdrix en Egypte, si elles n'y sont apportées des lieux circonuoisins, particulierement du mont Sinaï, & se vendent cher. Ils ont des gelinotes meilleures que les perdrix, appellées poules de Pharaon de couleur gris brun tachettées de blanc, la teste violette auec vne corne au front : elles font vn ramage comme le petit oyseau Bretaut ; elles sont grosses comme nos poules, & coustent le tiers ou la moitié d'vne piastre de reales.

Ils ont nombre de toutes autres sortes d'oyseaux, & quelques especes, dont nous n'auons point en Europe, dont les noms seroient trop longs à deduire. Il y a aussi nombre de lieures, lapins, gazelles, cheureüils, sangliers, lyons, leopards, rhinocerots vers le Sait terre d'Egypte. Et des loups ceruiers blancs comme neige, rayez par ondes de grandes bandes canelées ; fendus de gueule iusques aux oreilles, & cruels. l'offris cinq piastres d'vn qui estoit vif. Le Consul de Venise à qui ie le ceday en bailla six, & porta la peau accommodée auec luy. Il est de la maison Cornaro homme grandement curieux, & qui a de belles raretez.

Pour des cocqs d'Inde, il n'y en peut point viure à cause de la chaleur. Les poüllailles au contraire y sont en grand nombre & à bon marché. L'on faict esclorre les poulets dans des fours doubles, trois ou quatre mille à la fois auec vn feu lent au four de dessous, & peu de feu à l'ouuerture de celuy où sont les œufs, qui demeurent à esclorre de dix-huict à vingt iours. L'on les met apres sur la paille auec du millet pour les vendre à qui en veut auec vne mesure de bois defoncée qui en contient de dix-huict à vingt-quatre selon qu'ils sont gros, & on les a pour deux ou trois medins de six liards de nostre monnoye chacun. I'ay veu tout cela, & en ay faict achepter, & nourrir dans ma maison au Caire, que nous faisions seruir à l'occasion faute d'en trouuer d'autres.

Il se trouue dans les ruës des crocodiles faits comme les autres, mais plus petits, le plus gros que i'aye veu pouuoit peser trente liures au plus, & des autres grands, il s'en trouue de six à huict quintaux. Il y a aussi des serpents volans, d'autres à quatre pieds, d'autres à deux testes, & beaucoup d'animaux differents des nostres. Il y a force Tarentes & Scorpions.

Plin. lib. 5. c. 9.
LA GOVTTE.

Toutes ces raretez ne sont rien au regard de la goutte, qui tombe ordinairement du douziesme au quinziesme de Iuin. Ils la cognoissent (car ce n'est qu'vne rosée) a du coton mis dans vne boëtte sur vne fenestre qui est humide apres la goutte, & auant non. Aussi tost tombée toutes sortes de maladies contagieuses cessent: mesmes l'on peut librement communiquer auec les pestiferez atteints du iour precedent sans courre fortune de prendre le mal. Ce que i'ay esprouué, & veu diuerses fois.

La frequentation des Chrestiens auec les Turcs du pays nuit plustost qu'elle ne sert, & ne la faut faire qu'à l'occasion; & moyennant que l'on se comporte modestement auec eux ils vous honorent, autrement ils se mocquent. On y est fort libre à la ville & à la campagne, où l'on passe dans les iardins des grands. La chasse y est belle pour toutes sortes d'oyseaux, & personne ne vous dit aucune chose, si l'on ne luy faict dommage.

Dans ces iardinages du Caire & aux enuirons croist la Cassia Cairine, qui se porte à Venise, & à Damiate croist la Damiatine qui se porte en France; celle-cy est douce, & l'autre aigrelette. Le Sennéh vient du Sait. Les Armodatis & les Caspes, d'Alexandrie. Le Natron d'vn lac qui a huict milles de circuit,

toussiours

toufiours boüillant. Tout ce que l'on y iette, animal, pierre ou quelque autre matiere, est en vingt-quatre heures conuerty en Natron. Il est entre le Caire & Alexandrie, loing du Nil quatre milles sur la moitié du chemin. A main gauche vers les deserts de la Thebaïde, où se voyent encore les vestiges de trois cens soixante & tant de Monasteres, desquels reste celuy de sainct Macaire entier fermé de petites portes basses de fer, tenu par des Grecs Cophtes, qui viuent en grande austerité. Il s'y voit nombre de corps Saints & de beaux liures du temps de sainct Basile, & autres grands personnages, qui ne se peuuent auoir pour argent, en ayant faict offrir dauantage qu'ils ne pouuoient valoir.

Aux deserts d'allentour croist le Sel de la rosée blanc, mais fort leger, & tient-on qu'il n'est naturel ny bon comme l'autre. *Spuma nitri. Plin. lib. 31. c. 10. vbi & de nitro.*

Entre ce monastere & ce lac, il y a vne plaine d'enuiron quatre heures de chemin sable & pierres, lesquelles representent toutes sortes de pieces de bois, de fer, cordages, voiles, & autres qu'vn nauire naufragé de la tempeste peut faire voir : chose admirable, car cela est distant plus de vingt lieuës de la mer, & y en a tel nombre, qu'on se le peut imaginer en vn si long espace.

Ce Natron sert au blanchissage du linge, *Nitraria calceamenta*

d.

faisant mesme effect que le sauon, mais il brûle le linge. Il s'en porte quantité en France & en Flandre, que l'on modere par le moyen de la cendre.

protinus consumunt Plin. l. 31. c. 10.

Au long de la riuiere du Nil vnique en Ægypte, il se voit vn tel nombre de villes, & villages, tant sur le chemin du Caire à Rosette, qu'en allant en Damiate,* (car cette riuiere dix mille au dessous du Caire faict deux branches) que c'est vne chose incroyable. Au dessus du Caire vers le Sait & la Meque de mesmes, c'est d'où vient ce grand nombre de bleds, legumes, ris, & sucres qui se raffinent au Caire pour tout le Leuant. Les lins de toutes sortes; telle quantité de bestes à corne, chameaux & dromadaires, qu'il est impossible de le comprendre à qui ne l'a veu. Ceux qui ont escrit de l'Ægypte la marquent le grenier des deux Empires. Ce neantmoins ie diray pour l'auoir veu, que les lieux où cette eau ne se peut communiquer, pour estre esloignez de son cours, sont inutiles & deserts de sable : mesmes au long de l'eau, se voyent des profondeurs toutes de sables que l'eau couure de son limon, & terre grasse qu'elle porte auec soy. Tellement que l'Ægypte sans le Nil seroit toute deserte à cause des chaleurs.

* Plin. l. 5. c. 9. ad Scissuram autem Nili, quod appellauimus Delta XV. millia passuum &c. de Memphi loquitur.

Il y a donc apparence que le vieil Caire est l'ancienne Memphis, d'autant qu'il est plus esloigné de la diuision des deux bras que le Caire nouueau, de quelques trois ou quatre milles.

En sortant de la ville du Caire allant du costé de Boulac, il y a vne grande terre appellée les *Bequiers* en lieu bas, place capable de mettre cent mille hommes de guerre en bataille. On dit qu'elle a serui, & qu'elle est encores conseruée pour ce subiect, elle est tres-fertile en lins & toutes autres sortes d'herbages; dont il se faict deux cueillettes l'année; par l'arrosage de deux pouzeraques qui y sont, desquelles l'eau est continuellement tirée par des roüages tournez par des bœufs, & donnent trois mille piastres de rente annuelle à leur maistre.

Elle est regardée d'vn nombre incroyable de belles maisons & iardins, d'orengers, citronniers, myrtes, cyprez, figuiers d'Adam, petits arbres qui portent des figues meslées par gros bouquets, & qui ont des fueilles d'vn aulne de long, & d'vn pan de large vertes toutes l'année. Les arbres naissent en mourant, iettant auant que de mourir certaine gomme de laquelle sort vne nouuelle plante. Il s'y voit encore nombre de treilles de beaux raisins, la plus-part blancs, le grain à oliue fort gros & délicat, la peau en est tendre. Les Iassemins comme ceux d'Espagne y seruent de buissons. Autres en forme de petits arbres en quantité qui portent vne fleur de douze ou quatorze fueilles comme vne petite rose auec vne odeur excellente, & pénétrante extraordinairement.

De là on va à Boulac, lieu où abordent de toutes parts les *Germes* & batteaux, qui apportent les marchandises pour le Caire. Il y a vne doüane, où l'on traicte les Turcs, Maures, Iuifs, & autres du pays à l'égal des Francs, & encores plus rigoureusement, de mesme en Alexandrie, à cause des gratifications que nous faisons aux exacteurs. C'est vne ville longue, fort marchande, y ayant grand nombre de belles *Oquelles* & Mosquées à vne petite lieuë du Caire. C'est-là où se prennent les cuirs, ris, saffranons, lins, dattes, sucres, & autres marchandises qu'on enuoye par le Nil à Rossette, & de là sur d'autres germes en Alexandrie, où il s'en pert souuent à la sortie du Nil dans la mer : & sont quelques fois prises par ceux de Malte qui costoyient ces lieux-là, & qui souuent viennent en veuë d'Alexandrie, où il y aura dans le port vieil nombre de galeres & gallions Turquesques plusieurs dans le port neuf, d'où ils ne veulent sortir fuyant l'occasion de se battre auec les Tartanes de Malte ; l'vne desquelles dans le golphe entre la Candie & Rhodes battit en mil six cent trente & vn dix galeres & vne galiotte Turquesque.

A deux lieuës du Caire, il y a vn lieu appellé la * *Matalie*, où nostre Dame auec son petit Iesus & sainct Ioseph, s'arresterent fu-

* Matari.

yant la cruauté d'Herode, & ayant soif sortit à l'instant l'vnique fontaine d'Ægypte pour leur necessité. L'on dit que cette heureuse compagnie y demeura enuiron deux mois. On y voit vne fenestre dans vne petite sale où reposoit nostre Redempteur. On s'en sert d'Autel pour dire la Messe, que i'y ay entenduë diuerses fois. Cette fenestre est enrichie de marbre graué de diuerses lettres Hebraïques & autres.

L'eau de cette fontaine est tirée par des roüages & des bœufs comme les autres, & passe en cette sale dans vn timbre de marbre de diuerses couleurs, spatieux, & profond, où ie me suis baigné comme c'est la coustume en esté. Cette eau coule dans de grands iardins remplis d'orengers, citronniers, dattiers & autres arbres, particulierement des figuiers de Pharaon beaux & grands, qui font vn grand ombrage; parmi lesquels il y en a vn separé en trois parts, où se cacherent nostre Dame, nostre Sauueur, & S. Ioseph au passage des gens d'Herode; On dit qu'il se ferma pour les couurir, à present il se voit ouuert, & s'en est leué du bois par les Chrestiens, qui en prenent tous; lequel mis ensemble chargeroit des nauires, & demeure tousiours viue & entiere. Il s'en dit vne chose, que ie croy comme les autres, d'vn trou qui est en vne brand iij che, où vne personne passe facilement, où les bastards ne peuuent entrer ny sortir qu'auec beaucoup de difficulté. Ie ne me suis iamais rencontré à tel essay me rapportant à ce qui en est.

Au dessous & à costé de cette sale, il y a vn petit iardin enclos de murailles où estoient par le passé les quatre plantes de l'arbrisseau du Baume tant renommé dans les histoires, à present il n'y en a plus, reste le lieu que ie me suis faict monstrer, où il croist vne herbe appellée *Tignée* remplie de graine, quelques arbres qui apportent de ces pommettes auec le noyau.

Proche delà se voit vne éguille droicte plus belle en grandeur, & graueure que les mentionnées cy-apres. On voit les vestiges d'vne grande ville à l'entrée d'où la Matalie a pris son nom, ie n'en ay pû sçauoir autre chose.

La susdite fontaine arrouse tout le terroir voisin, dont l'eau est excellente, claire, & bonne à boire. Les Turcs y portent quelque respect & s'en lauent par deuotion.

De la Matalie nostre Dame se retira auec sa compagnie au Caire vieil dans vne maison soubs terre, comme estoit la coustume d'alors en ces lieux là à cause des chaleurs. Elle estoit en apparence comme elle est encores bien accommodée; où il se voit dans vne chambrette qui faict le milieu, au fonds dans la muraille vn lieu enrichi de marbre blanc. A l'entour, comme au dedans, d'vne grande pierre de mesme marbre du fonds, sur laquelle il y a vne croix grauée à l'antique, où l'on dit que nostre Seigneur reposoit. Dans la chambrette de main gauche enfermée d'vn treillis de bois, qu'ils disent estre le mesme d'alors, se voit vne forme d'Autel sur lequel il y a vn timbre de marbre blanc, où l'on dit que nostre Dame lauoit ses linges. A la chambre de main droicte vne petite cisterne aussi accommodée de marbre blanc, d'où nostre Dame prenoit de l'eau pour ses necessitez. Cette chambre est aussi fermée de treillis de bois. Cela est tenu fort propremét & nettoyé, frotté, & accommodé par des Grecs Religieux Cophtes, qui ont vne spatieuse Eglise dessus, enrichie de nombre infiny de colomnes de marbre; & se passe du chœur dans cette heureuse maisonnette: de laquelle i'ay faict mon possible pour en auoir quelque piece, ce qui ne s'est pû, disant qu'il y va de leur vie. On entre là dedans auec vne grande reuerence, & force flambeaux de cire blanche, y ayant vne tres-grande deuotion desdits Grecs, cóme ils le monstrent; & faut nombre de personnes, qui ont chacun vne clef pour y entrer. Cette Eglise est tenuë, & accommodée proprement, enrichie d'vn nombre de tableaux dorez antiques & rares.

Proche delà, il y a vne autre Eglise plus grande du double que la susdite, où l'on enterre les Francs qui meurent au Caire, celle-là n'est tenuë si proprement, ny enrichie comme celle de nostre Dame, & sont tenuës l'vne & l'autre par de mesmes religieux.

Les Grecs se seruent de sepultures releuées de pierres, où ils mettent les morts, qui infectent l'Eglise, particulierement l'esté.

Il se voit proche desdites Eglises au Caire vieil les magazins de Ioseph, dont l'histoire saincte faict mention. C'est vn grand parc en forme d'ouale circuit de hautes murailles renforcées, & petits tourions massifs, qui y apportent de l'embellissement. Au dedans contre lesdites murailles, il y a nombre de mypartimens, où l'on met les bleds, ris & legumes que l'on tire du tribut, distribuez aux gens de guerre, & pour les munitions des armées. Les ministres comme l'on dit, en font leur profit: & se traitte d'vn nombre infini de piastres, qu'ils tirent de cela. Ces greniers sont à descouuert, disant que les oyseaux en doiuent auoir leur part; ce neantmoins ils les chassent en certains temps auec des arbalestes à jallet; quand les pluyes sont abondantes l'hyuer, elles ruynent tout cela, mais les pauures mangent bon & mauuais.

A trois lieuës de la ville du Caire pour aller aux pyramides l'on passe par la petite ville de Gize sur le bord du Nil qui est à moitié chemin. Delà on entre dans vne grande pleine cultiuée de lins, trefles, feues, & autres herbages en quantité; estant cette place arrosée par diuers canaux tirez par des roües comme dessus, laquelle passée l'on trouue vn lieu areneux, & releué d'vn grand & long rocher, sur lequel est cette pyramide, qui reste entiere de trois grandes, qui sont en cet endroict accompagnées d'vn nombre de moyénes & de petites. Les deux grandes ont leur sommet entier & le reste vers le bas gasté par l'antiquité, comme toutes les moyennes & petites dont la plus-part sont demeurées imparfaictes, par où il se voit que cela leur seruoit de sepulture.

La susdite pyramide la plus grande en ce lieu-là & entiere, n'a iamais esté finie, elle est quarrée en tout sens, & de trois cent soixante pas d'vn angle à l'autre, autant de hauteur & dauantage: y en ayant partie dans le sable qui ne se voit. Il y a deux cent six pierres par lesquelles l'on monte au dessus d'espesseur, & largeur auec leur mortier & ciment de trois à quatre pieds, longues de six à dou-
e

ze, quelques-vnes de vingt & plus. Le sommet est couuert de douze grandes pierres, entre lesquelles, il y en a vne qui surpasse en largeur & longeur la croyance des hommes, pour la peine que l'on doit auoir euë en la montant si haut.

Ce sommet semble pointu de loing, ce neantmoins il y a d'vn angle à l'autre prés de vingt pans. En descendant il se trouue comme au milieu de la pyramide vn espace, duquel suiuant l'apparence l'on tiroit les pierres pour fabriquer la pyramide; au pied de laquelle du costé de Gize, & au milieu il y a vne entrée par vn petit corridor, par lequel l'on monte à peine dans la pyramide, à cause qu'il est de pierre de taille, fort vnie & droite. On trouue en montant, & à costé vne chambrette, & plus haut vne chambre de dix pas de long, & cinq de large assez haute & couuerte de grandes pierres, qui la trauersent d'vne part à l'autre : au milieu vn sepulchre de marbre tirant sur le noir fort entier, de huict pans de long, quatre de haut, & trois de large sans couuerture, piece tres-rare, qui a esté mise en fabricant la pyramide, lequel deuoit seruir à ce grand Pharaon. En descendant il se voit vn grand puis à costé, qui va sous terre fort loing, ce deuoit estre l'étrée secrette si l'on eust fini cette pyramide.

Proche delà on voit entaillé dans le roc mesme vne teste qui a vne pique de hauteur proportionnée, bien trauaillée auec vn frontal de lettres hieroglyphiques, qui monstroient les heures & certains signes par le Soleil : au moyen de quoy ils auguroient sur les affaires qui se presentoient. C'estoit le Sphinx d'alors qui seruoit d'oracle. Les Genitzaires le gastent de mousquetades qu'ils luy tirent. On voit entre cette piece & lesdites pyramides les carrieres d'où sont sorties toutes ces pierres : & au long du rocher nombre infini de chambrettes entaillées, & enrichies d'vn nombre de lettres hieroglyphiques de diuerses figures. L'on dit & auec apparence, que ce sont les chambres de ceux qui trauailloient ausdites pyramides. Ces pierres contreuiennent à ce que tant d'autheurs ont escrit, qui marquent qu'à cent lieuës delà, il ne se trouuoit aucunes pierres.

A trois lieuës delà sont les Momies, & à cinq lieuës du Caire. Elles tiennent vne grande planure sablonneuse sur le roc, dans lequel sont entaillez les lieux desdites Momies qui seruoient de sepulture, dans lesquelles l'on descend par vne forme de puis quarré de quinze à vingt pieds de profondeur. Au bas l'on trouue des chambrettes où sont les lignées de trois à dix crotes toutes taillées dans le rocher.

e ij

Chaque generation a fa fepulture de pere en fils, & vont des vnes aux autres, celles d'vne generation feparées d'vne autre & ainfi confecutiuement. Elles font accommodées differemment, qui auec des linges mediocres, qui auec des fins qui font peints. Les ongles couuerts d'argent doré, les yeux d'yuoire accommodez, & peints en forme d'œil, des mafques de carton ciré, & peint fur le vifage, auec des couronnes fur la tefte. Il y en a d'enfermées dans des fepultures de marbre blanc qui reprefente vne perfonne : cela eft de deux pieces lourdes & grandes faictes à l'antique, dont i'en ay veu plufieurs, & des idoles, ou ftatuës que l'on trouue dans les corps des Momies, que l'on rompt pour en tirer telles petites ftatuës. Il y a auffi des feparations de pierres enrichies de lettres hieroglyphiques. I'en ay au Caire vne douzaine des plus belles que ie trouuay alors.

Le village Zaccata eft proche où l'on fe retire quand l'on va aux Momies. C'eft vn pauure lieu defert, ce neantmoins proche de cette grande & renommée ville de Memphis dont l'on voit les veftiges de grande eftenduë.

Il fe rencontre par fois des idoles d'or, d'argent, de cornalines & autres pierres d'importance, d'autres grandes de bois auec leur eftuy peint à l'antique auec des lettres hebraïques & Arabiques, comme auſſi des Momies auec tout ce qu'ils ont deſſus doré, mais c'eſt rarement. Retournant delà au Caire l'on paſſe en vn endroit du Caire vieil, où ſe voit la plus ancienne Moſquée d'Egypte, que Beyran Baſſa du Caire, beaufrere du Grand Seigneur d'auiourd'huy, a fait accommoder en mil ſix cent vingt-ſept, où l'on voit vne fabrique antique enrichie de ſix cent colomnes de marbres ; d'autres diſent ſeize cent auec les colomnes des cours, & galleries d'allentour, y compriſes auſſi celles des portiques. Il y en a vne contre laquelle Mehemet s'appuya, ce diſent-ils, & l'ont en grande veneration. I'y ſuis entré; il y a quantité d'arbres dans le milieu, comme c'eſt la couſtume, & vn lieu plein d'eau pour ſe lauer. Il y a deux chambres pleines de liures, autres diſent deux caiſſes, mais ie n'en ay iamais pû tirer, quelque offre que i'aye faite de les ſurpayer.

Vers les Momies & au long du Nil, il ſe trouue nombre de pyramides imparfaites, ſoit qu'on ne les aye paracheuées, ou que le temps les ayt gaſtées : entre leſquelles il y en a qui approchent en grandeur les ſuſmentionnées, & meſmes vne qui les ſurpaſſe, qui a ſeize cent pas de circonference. L'on y entre par vn petit corridor qui eſt à hauteur du milieu de ce qui est faict, car vn tiers reste imparfaict ; l'on descend, & l'on trouue au milieu deux chambres de la qualité des susmentionnées, mais point de sepulture bien qu'elles le soyent, telles qu'ils en font auiourd'huy en forme de petite voute, où les femmes vont pleurer ou faire semblant de pleurer deux ou trois fois la semaine, & quand il meurt quelqu'vn il y a des pleureuses à loüage, tant pour la maison que sur la sepulture. Ils les portent en terre auec beaucoup de magnificence la teste deuant, car ils font tout au contraire de nous, les hommes filent, les femmes tissent, les femmes vrinent debout, les hommes accrouppis, & mille autres choses semblables.

Aux deserts il se trouue par les chemins des endroits auec des vases de terre pleins d'eau pour les passans. Ce sont legats faits par des personnes commodes, qui donnent encores certain argent pour estre employé en pain pour les chiens, & en chair pour les chats, que des hommes vont portant par la ville, & distribuent à certaines places & heures.

Il y a certaine canaille de Santons qui font mille insolences sans respecter personne qui soit, à cause qu'il y va de la vie à qui leur fait le moindre mal du monde. Ce neantmoins *du Sieur Cæsar Lambert.*

l'on couppa la teste à vn, qui auoit esté l'autheur d'vn combat des Spahiz auec les Genitzaires. Ceux-cy qui se disent enfans du Grand Seigneur le voulurent comme cela contre la volonté du Bassa, qui fut contraint de leur donner cette satisfaction.

La Iustice se fait promptement suiuant le delict de meurtre, & larcin euident. L'on meine l'accusé au Subachi, qui le fait conduire au lieu où il a fait le mal, & meritant la mort selon le crime il le fait empaler, escorcher, scier, rompre les bras & iambes, pendre, mais rarement. L'on noye les femmes dans vn sac, le plus commun supplice est de trencher la teste. C'est pourquoy leur plus grand serment est de mettre la main sur la teste en signe qu'ils disent vray, où qu'ils ne manqueront de faire ce qu'on leur recommande.

Ils marient leurs filles à dix & douze ans, & font mille folies indignes d'estre escrites, allant par la ville criant pour les mariages comme pour les morts, mais de voix differente.

Quand ils meinent l'espousée à la maison du mary, ils portent deuant elle ce que l'on luy donne en mariage, sçauoir le mari qui baille de l'argent au pere, des habits & galanteries aux nouuelles mariées. Ce qui se prattique entre ceux de baſſe main : Car pour les grands les peres leur donnent de l'argent, des ioyaux, meubles, eſclaues de toutes ſortes. A telles reſiouyſſances ils font forces courſes à la canne eſtans à cheual, qu'ils s'entreiettent d'extrement, lequel ſpectacle donne beaucoup de contentement.

A vn quart de lieuë de la ville du Caire, ſur le chemin du mont de Sinaï, & du Moucal vers la mer rouge, à l'oppoſite de l'Okelle (grand baſtiment où ſe deſchargent ordinairement toutes les marchandiſes qui viennent dudit Moucal, où elles demeurent d'ordinaire huict iours auant qu'elles entrent dans la ville, pour la commodité de ceux à qui elles ſont addreſſées & des doüanes,) ſe voyent les ſepultures des Roys modernes d'Ægypte en forme de petites moſquées, qui ſont rentées pour entretenir certains religieux qui prient pour eux, cela eſt fort remarquable & beau à voir.

Proche delà & ſur le chemin de la Matalie de ce coſte-là, l'on voit vn cirque fermé de murailles de mille pas de long, & cinquante de large, auec des bancs de pierre ſur de petites arcades tout à l'entour, & en quelques endroits plus releuez pour la commodité des ſpectateurs, où ſe faiſoient anciennement les courſes des cheuaux & combats
à la

à la canne. Cela est ouuert en diuers endroits. C'est, comme il semble, vn ouurage des Empereurs Romains, car c'est vn œuure de grand coust. Ceux du pays n'en peuuent donner autre raison sinon que les Pharaons ont faict faire cela. Ie n'estime pas que ceux qui ont escrit de l'Egypte, particulierement du Caire ayent marqué aucune chose de cela. Ce neantmoins il merite d'estre mis au rang des choses plus remarquables, comme ce que l'on dit des Mosquées, qui sont dans cette grande ville, qu'ils asseurent estre entre grandes petites & hermitages des Santons, au nombre de vingt-quatre milles, car il y en a nombre incroyable qui ne paroissent pas. Ie n'en crois pas le quart, si ce n'est que l'on comprenne celles des villettes, bourgs & bourgades marquées cy-deuant estre au tour de cette grande ville, où il y a pour des Mosquées, vers le chasteau principalement, des masses de pierre incroyables bien basties & enrichies par le dehors de diuerses sculptures, entrelacemens, & autres approchant à cela : ce sont pierres de taille & non marbre; qu'ils ont fort commun vers le mont de Sinaï, & le Sait.

Bien que ie n'aye esté au mont Sinaï, ie marqueray en passant vne chose que i'ay oüy raconter par diuerses personnes dignes de

f

foy, qui l'ont appris des peres Grecs Cophtes qui demeurent au conuent du Mont Sinaï. C'est que la nuict ils entendent des cloches d'vn autre conuent, chanter & psalmodier à mesme heure qu'eux, & n'ont iamais pû sçauoir quelles gens ce sont, ny l'entrée mesme. Que quelques religieux sortis de là les ont asseurez que ce qu'ils entendent de cela est faict par personnes viuantes incognuës, à qui il ne manque aucune commodité, & ne sçauent d'où elles viennent. Ie ne croy rien de tout cela ; encores qu'ils l'asseurent fort veritable.

La mer rouge est proche delà, où l'on voit le passage des enfans d'Israël conduicts par Moyse, & par consequent le lieu où se perdirent leurs persecuteurs, dont les histoires sont remplies.

Dans cette mer rouge il se trouue des choses rares & remarquables en nombre infiny, pour des congelations en formes d'arbres, branches de corail, potirons, figures humaines, d'animaux & autres : des poissons volants, & d'autres façons extrauagantes. I'en ay veu des caisses pleines, qu'emporta le sieur Cōsul Cornaro Venitien mentionné cy-dessus, du voyage qu'il fit au mont de Sinaï. Mais quelque diligence & force d'argent qu'il pûst faire, il ne pût auoir de ces hommes & fem-

Touchant ces Tritōs il faut lire Theophylactus Simocatta lib. 7. c. 16. histor. Mauricianæ, & c. 17 Lydus qui Iustiniano imperante vixit de iis scripsi, quæ ab istis Tritonib s conspectis portendebantur.

mes marins fort communs, & que l'on voit de moment en moment de ce costé-là. A cause que ceux du pays tiennent que tuant de telles creatures, eux & les leurs meurent auant le bout de l'an comme ils l'ont experimenté. Ils sont formez comme nous, ce neantmoins le visage disproportionné en longueur, les mains aussi & les pieds, & sont couuertes d'vne grosse peau fort dure comme cuir & sans escailles. J'en ay veu du cuir sec & des mains fort longues, mais rongeés de vers que le sieur le Gris medecin donna à Monsieur de Thou luy estant au Caire.

J'ay faict de mon costé tout ce qui m'a esté possible pour en auoir. Ils font leurs petits en terre, qu'ils allaictent volontiers au Soleil proche de la mer, c'est ce que i'en ay ouy dire. En l'an mil six cent trente & vn, il s'en trouua vn vers Rosette dans le Nil pris vif que le Bey fit reietter à l'instant dans la riuiere, bien qu'vn Venitien l'eust achepté vingt-cinq piastres, desquelles ledit Bey la desdommagea sur les droits de la Doüane d'Alexandrie qu'il tenoit pour lors. Ceux de Damiete ont la mesme creance, lorsqu'ils tuent des cheuaux marins, ce qui arriue rarement, bien qu'ils gastent leurs bleds, ris, sucres & autres fruits & herbages, tellement qu'il est difficile d'en recouurer.

L'hippopotame. Plin. l. 28. c 8 parle de ce cheual de riuiere.

f ij

ALEXANDRIE.

La ville d'Alexandrie, bastie selon divers autheurs, par Alexandre le Grand, est le port de mer de l'Ægypte le plus commode, le plus facile & frequenté: y ayant deux ports, le vieil & le neuf. Le premier nommé, de difficile entrée pour les navires & propre pour les galeres. L'autre, où les navires de quelque nation que ce soit, sont les bien venus, moyennant qu'ils apportent des marchandises & de l'argent, autrement ils accusent tous les vaisseaux des Francs d'estre corsaires, & par ce moyen les veulent perdre sans la diligence que les Consuls y apportent. Ie le sçay à mes despens à cause d'vn navire de sainct Gilles en Poictou qui me fut addressé, qui outre la despense me causa bien de la peine, ce neantmoins ie le chargeay, & comme il fut sur son depart ils le vouloient confisquer: dont le capitaine adverty qu'ils menaçoient de le vouloir faire brusler, & mettre ses gens à la chaisne, prepara secretement son navire, & la nuict il partit sans estre apperceu; & lors qu'il fut hors du port, il tira forces cannonades contre les forteresses, dont les gouverneurs furent en peine pour avoir manqué à leur devoir. Nostre Consul accommoda tout, & n'en fut autre chose que de l'argent qu'il fallut donner. Ce nauire rencontra quatre ou cinq iours apres quatre nauires corsaires, qu'il ruina & mit en tel estat, qu'ils furent contraints de le quitter, & arriua puis apres à bon port au Haure de grace.

Pour aller du Caire en Alexandrie on s'embarque sur des Germes à Boulac pour faire quarante lieuës de chemin sur le Nil iusques à Rossette belle & riche ville. Delà on prend des mules pour faire douze lieuës par terre. A la moitié du chemin on se repose au lieu dit la Madie, Okelle, propre pour la retraite des passans. On porte auec soy les necessitez du manger, boire & coucher. L'on passe là vn petit bras de mer, qui fait vn grand golphe, & l'on suit le chemin pour aller en Alexandrie, sur lequel on trouue quelques petits villages, & hameaux de maisons. I'y ay fait diuers voyages pour l'expedition des nauires qui m'estoient addressez, & quoy que mes occupations fussent grandes, ie pris le loisir, le vendredy matin vingt & vniesme May mil six cent trente-deux, accompagné de quelques amis, du Chancellier Laugeyret, & du sieur de la Garde pour aller voir la colomne de Pompée, & ce qui sera marqué cy-apres.

Ladite colomne est à l'opposite de la porte dite du Poricre, & à deux mille pas enui-

f iij

ron en vn lieu quelque peu releué, posée sur vne grande platte forme de pierre de taille releuée de terre de trois ou quatre pans, sur laquelle l'on monte par degrez, vn du costé de ladite porte, & l'autre de la riuiere dite le Cally. Son pied d'estal d'vne piece d'enuiron nonnante pans de circonference, sur lequel est vne autre piece, qui faict vn second pied d'estal, & la base de la colomne. Cette piece est peu moindre en circonference que la premiere, mais aussi haute.

Laquelle colomne posée sur ces deux pieces, qui en representent trois, paroist comme elle est droite, entiere & tres-belle, ayant de grosseur sur sa base trente six pans, c'est à dire en sa rondeur auec son chapiteau au dessus enrichi de corniches & fueillages, ayant depuis le bas du premier pied d'estal iusques au dessus de son chapiteau, enuiron cent trente pans de hauteur, ledit chapiteau entier & bien fait, comme est ladite colomne, n'ayant l'antiquité rien amoindry de sa perfection, qu'en vn endroit proche de la base, d'où s'est leuée vne piece de la colomne d'enuiron vn pan en biaisant de peu desp̄oisseur, & qui ne paroist gueres.

Ces quatre pieces sont d'vne mesme matiere comme d'vn marbre meslé, de canelé verd & rougeastre par petites marques, ainsi que les colomnes de pierre qui se dit fonduë: neantmoins, c'est vne pierre venuë du Sait, où l'on voit semblables colomnes commencées à tailler dans le roc. Il s'en voit aussi au mont de Sinaï, mais differentes de couleur. Cette colomne-là a esté portée du Sait en Ægypte, par le Nil à Rossette, & delà par mer en Alexandrie. Chose facile hors de la pesanteur, & grandeur; car il la fallu conseruer à force de bois, rare de ce costé-là, car l'on le porte en Ægypte de Scio, de l'Arcipelago & d'Afrique.

De-là nous passasmes le Cally, qui vient du Nil & porte l'eau en son temps de Septembre & Octobre dans la ville d'Alexandrie par deux conduits de pierre de taille proche de deux ponts aussi de pierre sur ledit Cally, l'vn à l'opposite de ladite colomne, & l'autre qui commence de ce costé-là le chemin pour aller à la porte de Rossete, par laquelle nous retournasmes en Alexandrie pour voir les vestiges du palais de Cleopatre, qui estoit basti dans les murailles doubles de ladite ville sur le bord de la mer, duquel l'on ne voit que des ruynes & vestiges. Le plus entier est vne tour ronde, dont la voute d'en bas est soustenuë d'vn rond de pierres enrichies de corniches, & soustenu par le passé de quatre colomnes en quarré peu esloignées l'vne de l'autre. A present il n'en reste que trois. La voute prend sa naissance sur ce rond, d'où l'oracle faisoit ses responses suiuant le dire des anciens & modernes.

Ce palais auoit vne porte du costé de la mer pour sa commodité, elle se voit inutile à present, & toute ruynée comme le reste du bastiment, deuant lequel il se voit vne forme de place, occupée à present de ruines, entre lesquelles & proche du palais, on voit vne éguille droite & quarrée de neuf pans par le bas d'vn angle à l'autre, en tout de trente six pans de circonference, & d'enuiron cent vingt pans de hauteur, sans comprendre ce qui est en terre. Car il n'y parest aucun pied destal ny platte forme sur quoy elle doit estre posée, à cause des ruynes, qui l'enuironnent, & le sable ; le sommet d'icelle en forme de pointe & quarrée bien entiere, & enrichie à plain de toutes parts de lettres hieroglyphiques, qu'on diroit particulierement du costé de la mer, estre faites à present, ayant esté cette rare piece si bien conseruée par l'antiquité. Aussi est elle d'vne pierre fort dure, diaprée de rouge, blanc & tanné, obscur par petites pieces comme quarrées, qu'on diroit jointes ensemble.

A vingt pas de ladite éguille s'en voit vn autre de mesme estoffe, enrichissement &
grosseur

grosseur, pour la longeur, elle ne se peut iuger, pour estre couchée & enseuelie dans des ruynes, ne se voyant que le pied, qui faict comprendre ce que c'est, & qu'elle doit estre conforme à la susdite, ie l'ay fait mesurer en sa grosseur, elle est semblable à ce qui est marqué de l'autre cy-dessus.

Les trois colomnes de la tour sont de mesme matiere que la colomne de Pompée, & mesme nombre d'autres colomnes qui se voyent dans les ruines de cette ville.

On voit encores les vestiges du palais de saincte Catherine Reyne d'Egypte, qui eut la teste trenchée sur vn petit pilier de marbre qui se voit dans l'Eglise sainct Marc, où nostre nation a vne chapelle, & les Venitiens vne autre.

L'on voit aussi le lieu au milieu de la ville où sainct Marc l'Euangeliste fust decapité, cela est comme vne petite chapelle auec quelques colomnes.

Hors la ville se voit le lieu où demeuroit sainct Athanase pendant les persecutions des Arriens.

Les murailles doubles de cette ville tant renommée sont encores entieres, & enrichies de diuerses tours quarrées & rondes assez spacieuses, embellies, comme toutes ses murailles de merlets (crenaux,) en quelques endroits ses tours sont ruinées, celles des portes sont les plus entieres. Il reste peu de maisons dans cet enclos, quelques Mosquées, Bazars, & Eglises de Cophtes, & Nazeranis. Proche le grand Bazar encores entier, se voyent les fondiques de France, Venise, Genes, & des Catalans. Le nostre le plus entier & mieux entretenu, auec son Eglise dedans assez spatieuse. Monsieur le Consul Fernoux à present de par delà pour la nation Françoise, comme des Flamens, & Anglois qui vont sous la banniere de France, a enrichi ce fondique d'vn beau bastiment à la Françoise capable de loger vn Prince. Il y fait sa demeure quand il est en Alexandrie, ce qui arriue peu souuent, car l'air du Caire est plus doux, & la demeure plus agreable pour diuerses considerations.

Outre ce bastiment, il y a nombre de chambres pour les marchands auec des magazins capables de contenter vn chacun, pour ce qui leur en faict besoing, & vn grand iardin pour la promenade auec force eaux & toutes commoditez.

Outre l'Eglise sainct Marc, il y a encore saincte Catherine, c'est là où nous auons nostre chapelle, puis sainct Michel, & quelques autres petits lieux de deuotion.

Cette ville est toute pleine de cisternes,

dans lesquelles l'on va par sous terre par de grandes ruës voutées, & soustenuës de plusieurs pilliers de marbre.

Le sable a tellement ruiné cette ville, que les habitans en ont faict bastir vne autre à l'opposite du port, & de la doüane.

Des eaux superfluës du Cally se forme tous les ans vn lac tellement remply de poisson, que c'est chose incroyable. Il est au dessous de la colomne de Pompée.

Aux enuirons l'on voit nombre de capriers sans espines en forme d'arbres petits, qui portent nombre de capres grandement estimez en France.

Le sel croist au tour d'Alexandrie blanc comme neige, & à bon marché. Cette ville est gardée de deux chasteaux dits *Phanaiglons* grand & petit, qui sont sur l'embouchure du port neuf, bastis sur deux pointes qui enferment ce port en forme de croissant.

Il y doit auoir deux cent Genitzaires à la garde; par fois il n'y a que de pauures Maures pour allumer le feu des Phanaiglons, & demander le *Qui va là?* Cette garde est negligée, quoy que de grande importance, comme sont toutes les affaires du grand Seigneur en ce pays-là.

ESTAT DE L'ÆGYPTE, ET DES
gouuernemens qui en dependent, descrit par le
sieur Iacques Albert 1634.

LE Grand Seigneur enuoye vn Bassa de Constantinople, que nous appellons Vice-Roy. Il demeuroit d'ordinaire trois années dans son gouuernement, mais depuis vingt-& deux ans en çà, il y en a eu qui n'ont pas tenu la charge vne année entiere. Il s'appelle aussi *Beglerbey* & chef des Sangiacs, qui sont à present dix-huict pour la garde & seureté de l'Estat, & ce nombre sert à la manutention, les ialousies mutuelles ostant les moyens de se rebeller contre le Prince.

Le Bassa a l'espée franche, & fait faire le procez aux coupables, & à sa volonté, & par sentence verbale par luy prononcée en *Diuan*, ou *Antena*, il condamne, & fait executer.

Le Bassa à tous les iours du Diuan trois mille medins d'argent, qui en vallent quatre mille cinq cent, puis que le cherif, qui vaut soixante & six medins Diuanis, ne luy sont comptez qu'à quarante cinq chaque piece selon l'vsage ancien. Il a aussi trois cent

Ardebes de bled, & autant d'orge pour les cheuaux.

Les Sangiacs sont payez par mois. La plus grande paye de l'vn deux, est de vingt-cinq mille medins, & vingt-cinq Ardebes de bled, & autant d'orge par chacun mois.

Le Diuan se tient trois fois la semaine, le dimanche, & le lundy sont pour traiter d'affaires d'estat, & de la iustice. Le mardy pour auiser aux reuenus, & finances du Roy, & pour receuoir les bourses, qui se portent au Diuan.

Le Bassa assiste au Diuan iusques à midy, où il est accompagné du Desterdar, & de quatre Sangiacs selon que leur rang, appellé NVBBA, vient. Les Sangiacs sortent ordinairement du Diuan apres auoir mangé le *Soumat* du Roy, & fait la *Dona*, qui est la benediction pour le Roy à leur mode, & y laissent le Bassa, & Desterdar seuls auec les escriuains du Diuan en bon nombre qui sont aux pieds du Bassa, les *Rosmanegi, Mocategis, & Calfas, & Mocabelgis*, & le *Sarraf Bassy*, qui ordinairement est Iuif accompagné aussi de bon nombre de Sarraf qui sont sous luy, & qui reçoiuent la monnoye, tant au Caire dans les maisons des grands, qu'à la campagne par les *Cassifillifs, & Meltescens*. Le chef des Chiaoux truchement du Bassa assiste aussi au Diuan (Diuan Catteby) & quarante Chiaoux pour l'ordinaire, autant de *Mottaferag*; & pareil nombre de *Genitzaires* auec la mitre, qui demeurent au bas.

Le ieudy se fait aussi Diuan où assiste le Cadilesker au petit Diuan, lieu où se tient le tribunal de la iustice, pour entendre les plaintes du peuple, & principallement des paures paysans, qui sont foullez par les *Cassifs*, ou *Meltescemino*. A present il s'en fait fort peu, & mesmes les paysans n'ont plus la hardiesse de se plaindre, voyant qu'on ne leur rend aucune iustice, & que celuy qu'ils auront accusé les ruine entierement, & souuent les fait mourir, ce qui rend la misere de ces paures paysans grande & digne de compassion.

Quatre Sangiacs font la garde ordinaire, & changent tous les mois. Ils gardent quatre postes. Le premier Alladellie qui est la porte pour aller au Suhez, mer rouge, & à la Palestine. Le second est au Caire vieux. Le troisiesme vers les sepultures de Besettin. Le quatriesme est au deuxiesme pont du Cally proche l'embouchure. Il faut tous les ans qu'vn de ces Sangiacs aille conduire la Carauane à la Mecque, l'on le nomme EMIN AHG SOLTAN ELBAR, qui est à dire, Roy de la campagne; il a l'espée franche pour la garde de la Carauane. Il va accompagné de cent Chiaoux, cent Mottaferagas, cent cinquante Genitzaires, & cent Arabgi, & Azapi, & outre ce nombre que l'on luy donne, il a encore trois cent hommes à sa solde. Dans la derniere Carauane, l'on tient qu'il y auoit vingt-deux mille deux cent chameaux. Dans la carauane il y a quinze cent chameaux destinez pour porter les pellerins pauures, & necessiteux, pour leur porter aussi le biscuit & & l'eau. Ces quinze cent chameaux prouiennent des quatre principaux Legats. le premier la grand Dechiche dite Soleimanie. Le second dite la Mamodie. Le troisiesme la Moradie. Le quatriesme sont plusieurs legats des particuliers du Caire. La Carauane cheminant par les deserts paruient du Caire à la Mecque en trente six ou trente-huict iours. Vn de ces Sangiacs va aussi conduire le Chasna, ou tresor du Grand Seigneur, qui sont six mille sequins d'or. On le meine par terre, & est d'ordinaire accompagné de cinq cent soldats, comme Chiaoux, Mottaferagas, Spahis, Genitzaires, & Arabgis; chacun desquels l'vn portant l'autre a trois hommes de seruice, tellement qu'ils font plus de deux mille hommes auec les gens du Hasnabachi. Au retour les gens de cheual ont vn medin d'augmentation de paye; & les gens de pied tels que les Genitzaires, & Arabgis, n'ont que demy medin qui est vn aspre. Ils vont à leurs despens lors qu'il faut aller en quelque guerre par le commandement du Prince. Ces Sangiacs sont obligez d'aller l'vn d'eux seruir de chef, lors qu'ils enrollent des soldats pour la Perse, pour la Mecque, ou pour la Syrie, & quand vn a fait vn voyage, il en est deschargé pour les trois années suiuantes.

Il n'y auoit autresfois dans l'Ægypte de milice stipendiée que douze mille hommes, mais à present elle excede ce nombre, sans compter les payes mortes des chasteaux, & forteresses dont l'on parlera cy-apres. Il y a quarante Cherkes Beys, qui gardent les bords du Nil pour empescher que l'on ne couppe les eaux lors de l'accroissement de la riuiere. Il y a presentement trois mille six cent & plus Mottaferagas, qui n'on pour chef principal que le Bassa, & vn qu'ils elisent d'entr'eux, appellé Mottaferaga Bassi. Il y a aussi plus de trois mille cinq cent Chiaoux, desquels le Bassa est l'Aga, c'est à dire chef. Il font par-apres vn chef des Chiaoux, qu'on appelle *Chiaousi Tihaiassi*. Il est le *Boullouc des Saraquegis*, gens à cheual, dont la baniere ou enseigne est iaune, & sont au nombre de douze cent.

Saraxgiler.

Le Boullouc des *Geoumelli*, qui sont aussi douze

douze cens portent la banniere rouge. Le Boullouc des *Tuffegis*, qui sont aussi douze cens portent la baniere verte & blanche. Ces trois Boulloucs se disent les chefs, & tout leur corps de milice est cauallerie. L'Aga fait la iustice, s'ils commettent quelque insolence. Toute cette milice de cauallerie reçoit, outre la paye de monnoye, son entretien & prouision de bled, & d'orge, ce que l'infanterie n'a pas.

Les Genitzaires qui sont l'infanterie, passent trois mille en nombre, qui ont pour Aga...... lequel seul peut les chastier, & encore en secret. Ils gardent d'vn costé le plus eminent le chasteau de la ville. Les *Arabgis*, & *Topigis*, canonniers, sont aussi sous la conduite de l'Aga des Genitzaires, au nombre de cinq à six cens. Les *Azapis* au nombre de huict cens ont leur Aga particulier, & sont obligez de garder la porte du chasteau, qui regarde le chemin de Romeilla. Iusques icy la milice payée se monte à quinze mille cent hommes, sans y comprendre les Sangiacs, & les Cherkesbey, & beaucoup de femmes de toutes qualitez, qui ont vne bonne pension.

CAVALLERIE.

Mottaferagas.	trois mille six cens.
Chiaoux.	trois mile cinq cens.

Sarakgis   mille deux cens.
Geomelli.   mil deux cens.
Tuffegis.   mille deux cens.
 Cauallerie dix mille sept cens hommes.
   INFANTERIE.
Genitzaires.   trois mille.
Topigi   six cens.
Azapi.   huict cens.
 Infanterie quatre mille quatre cens.
Cauallerie, & Infanterie quinze mille cent.
 Il faut ensuitte descrire les chasteaux & forteresses, commenceant à celles de la mer.

 Il y a quatre chasteaux en Alexandrie. Le premier est le Faraillon presque-isle, & qui s'isole en couppant le pont. De ce chasteau en depend vn autre petit dans lequel le gouuerneur du Faraillon, qui se fait appeller Aga, met vn Soubassy auec trente hommes pour y commander. Dans ce Faraillon il y a trois cens mortes payes.

 Au delà du pont vieil, il y a deux chasteaux opposez l'vn à l'autre, le plus grand qui est spatieux, & bien muny d'hommes, s'appelle *Rouch*, l'autre qui est moindre depend du plus grand ; la garde est de soixante & quinze hommes. Apres ces quatre vient le chasteau de *Boukier* bien situé pour empescher la descente, gardé par cent vingt hommes payez.

Canopus.
Rossette.

 A Rossette, il y a aussi deux chasteaux, qui

s'entreregardent l'vn l'autre, gardez par deux cens cinquante hommes. La solde & payement de toute cette milice se prend sur le reuenu de la doüane d'Alexandrie, & le doüanier la porte en despense dans les comptes qu'il rend au Diuan, qui luy est alloüée, luy ne faisant iamais tels payemens qu'en vertu de valables ordonnances.

Le chasteau de Bourles est gardé par six vingt hommes payez par le doüanier du lieu.

Les deux autres chasteaux qui sont le long de la marine, sont à Damiete sous le commandement d'vn mesme Aga, gardez tous deux par trois cens hommes payez.

Damiata.
Pelusium.

La despense des Chasteaux d'Alexandrie, Rossette, & Bokier est de douze mil six cens piastres. De celuy de Bourles deux mille deux cens, de ceux de Damiete cinq mille cinq cens piastres.

Les Arsenaux sont celuy du Caire, d'Alexandrie, & de Suhez. Le maistre des Arsenaux du Caire, & du Suhez, est capitaine de ce dernier. Le Bey de la galere, qui se dit capitaine d'Alexandrie, est aussi maistre de l'arsenal de ladite ville.

Dans ces trois arsenaux, il y a des paies mortes, qui coustent par an quatre cens cinquante piastres, à sçauoir dans le Caire, & le Suhez trois cens, & dans Alexandrie cent cinquante.

h ij

L'on enuoye des Genitzaires du Caire soixante en Alexandrie, & autant en chacune des villes de Rossette, Damiete, & Suhez.

Le grand Seigneur enuoye de sa cour vn capitaine de galere, que l'on appelle *Bey* pour commander la mer rouge, & ses dependances. Il en enuoye aussi vn en Alexandrie pour commander la ville. Vn autre encore en Damiete pour y commender, & la marine aussi.

Dans le gouuernement du Cassif, de Cassia tirant vers Gaza, il y a encore deux chasteaux, qui sont *Cattia*, & *Caniones*, gardez chacun par cent soixante hommes, payez des reuenus du Cassif.

Allant du Caire à la Mecque, à deux petites iournées du Caire, l'on trouue le chasteau appellé *Aseroust* gardé par trente-cinq hommes de paye, qui gardent aussi les enuirons ; la Carauane passe loing de ce chasteau, dans lequel il y a vne petite Eglise de Grecs, qui disent que là dedans repose le corps de saincte Marine, ou partie des reliques de ladite saincte.

En suitte est le chasteau de Lacaba, par lequel la Carauane passe, gardé par quatre-vingt hommes.

Plus loing, & à moitié chemin de la Mecque est celuy de Hezalem. Les soldats de ces trois chasteaux sont payez de trois mois en trois mois, & le payement s'enuoye du Caire.

Il faut parler en suitte des territoires du Caire, & de tout le pays diuisé en douze gouuernemens, ou *Cassifs* selon la langue du pays.

Le premier est le Cassif de GIRGIO, qui estoit il y a soixante ans vn Royaume à part, pour le gouuernement duquel l'on enuoyoit vn Bassa de la porte. Il a esté depuis reüny sous le Bassa du Caire. Le gouuerneur du GIRGIO & de tout le Sait, tient le Diuan de la mesme sorte que celuy du Caire, ayant capitaine de Chiaoux, Drogueman, Genitzaire Aga, & autres Agas des autres quatre Boulloucs, sçauoir est Mottaferagas, Spahis, Tuffegis, Sarakgis, & Arabgis, qui sont pris de la milice du Caire, & pour leurs appoinctemens ils sont couchez sur l'estat de ceux du Caire. Il a aussi son Diuan-Catteby, qui est celuy qui escrit tous les commandemens du Diuan. Ce gouuerneur s'appelle Vice-Roy, en langage du pays *Sabessadeh*; il donne les gouuernemens dependants de luy, qui sont dans son Cassif. Pour la garde du lieu l'on enuoye du Caire cent Mottaferagas, cent Chiaoux, cent Genitzaires, & deux cens Spahis, le gouuerneur en soudoye aussi autant à ses despens, son gouuernemét estant estendu, & pource aussi que tous les iours les Arabes rebelles, qui se retirent aux monta-

I.

gnes, font des courses sur le pays, & rauagent tout ; ce qui oblige le gouuerneur à estre souuent en campagne, & de diuiser ses trouppes, dans lesquelles il y a des Arabes de son party, en brigades & les enuoyer en diuerses parties. Il a l'espée franche auec plus d'authorité que n'ont les autres gouuerneurs. Le present que fait ce gouuerneur au Bassa du Caire est par an de quarante bourses, chacune desquelles est de sept cent cinquante sept & demie piastres: outre cela il donne encore cinquante cheuaux, cinquante mulles, cent chameaux, & nombre de moutons : il distribuë au Tihaia, & autres Agas du Bassa dix à douze bourses. Pour la rente du reuenu du Roy il paye cent cinquante mille Ardebes de bled, chacune du pois de deux cens soixante, ou deux cens soixante & dix liures de France, & lors qu'il paye des legumes, il en donne vne Ardebe & demie, pour chacune Ardebe de bled. Et il est tenu de faire conduire le tout au Caire vieil, loing du nouueau trois mille ou enuiron. Là estoient les greniers de Ioseph, qui sont à present tous gastez, & la negligence de ces gens cy est telle, qu'ils laissent ces greniers tous descouuerts, où les oyseaux mangent tant qu'ils veulent. Il donne encore au Grand Seigneur outre le bled quatre cens quatre-vingt bourses d'argent comptant, employées au payement de la milice, & des gens du Diuan qui sont cinq cens, & la solde d'vn chacun est grosse, & lors qu'il est à la fin du temps de l'exercice de sa charge, il est obligé de faire ensemencer toutes les terres de son gouuernement, où l'eau du Nil aura arrosé les champs, & non ailleurs, y ayant des années esquelles l'eau du Nil n'est pas en abondance, comme en cette année mil six cent trente quatre, pour arroser tout le pays. Il porte cette semence en despense dans les comptes qu'il rend au Diuan, laquelle luy est faite bonne. Si par hazard le gouuerneur de ce lieu n'exerce sa charge qu'vne année, il se ruine. Pour qu'il y face son profit, il faut qu'il y reside quatre ans, ou cinq ans au moins, & en ce cas il en tire grand auantage, & le pays aussi. Ie ne sçay pas au vray le nombre des villages, à cause qu'ils sont en douze *Cassifillics*, qui font le gouuernement du GIRGIO.

Le Cassif ou gouuernement de *Mansfelout*, qui confine au Girgio venant vers le Caire, contient deux cens dix-sept villages. Celuy qui prend ce gouuernement à ferme paye de present au Bassa trente bourses, au Tihaia du Bassa; & autres Agas cinq autres bourses. Il donne au Roy cent mille Ardebes de bled, & quarante cinq bourses tous les ans. Il af-

I I.

ferme les villages à des gens asseurez, & le prix de la ferme est cogneu de chacun, & l'on sçait bien ce qui s'en peut tirer. Ce gouuerneur n'en afferme qu'vne partie, l'autre il la retient & la fait valoir. Il y a dans le Diuan du Roy vn roolle de tous les villages, & de tout ce qu'ils doiuent payer par an tant en bled qu'en argent, & les payemens s'en font en quatre quartiers. Pour la garde du lieu le Diuan donne six vingt-soldats, qui sont Mottaferagas, & Spahis, que le Cassif nourrist, ensemble leurs cheuaux, & le gouuerneur porte cette depense en ses comptes, & luy est alloüée. Ces soldats ont aussi quelques benefices, qui sont des vsances sur chaque village, qui se payent par mois par les pauures paysans, qui sont chargez de cela. Outre ces six vingt hommes, le gouuerneur en tient autant à sa suitte, qui luy sont necessaires pour se garder des courses des Arabes des montagnes; & luy est obligé de se tenir tousiours en campagne, où il se loge sous de tres-beaux pauillons. Lors que le Nil croist iusques à vingt-deux pieds, ce Cassifillic donne de grands profits au Cassif, & aux fermiers des villages. Les arrentemens se font sans que le preneur donne caution. Lors que les eaux du Nil ne croissent pas assez hautes, ils arrousent par le moyen de petits callis par où ils où ils font porter & couler l'eau à force de main. Il faut labourer la terre par laquelle passe cette eau tirée à force de main; mais la terre que le Nil aura baignée en abondance n'a besoing d'aucune culture ny labourage. Lors que l'eau vient à s'escouler l'on iette la semence sur la terre auec la main, & cela se fait iournellement à mesure que la terre se descouure : & ne se peut faire tout à la fois à cause de l'inegale hauteur des terres.

Le Cassif de *Bene-suef* suit celuy de Mansclout venant vers le Caire. Lors que le Nil croist de vingts & deux pieds il baigne commodément tout le pays, le rend tres-bon, & enrichit le gouuerneur, qui paye de present annuel au Bassa trente bourses, aux Tihaia, & Agas du Bassa cinq autres bourses. Il doit au Roy soixante & six bourses du nombre de sept cens cinquante sept & demy reaux ou piastres chacune, il doit aussi quatre-vingts mille Ardeb de bled tous les ans, & donnant des legumes, vn ardeb & demie est compté pour vn ardeb de bled. Le gouuernement consiste en trois cens six villages, qu'il donne à ferme à personnes soluables, & asseurées Chiaoux, Mottaferagas, & Spahis, qui sont obligez d'en payer la rente & ferme selon la taxe du registre du Diuan. Le Cassif retient pour soy, & ses domestiques

III.

i

les meilleurs villages pour les faire valoir par leurs mains. Le Diuan donne cent quarante Spahis pour la garde de ce gouuernement, le gouuerneur les nourrist & leurs cheuaux, & cette despense luy est alloüée en Diuan. Ce gouuerneur tient à sa solde autant de soldats que le Diuan luy en donne. Les paysans donnent aussi quelques contributions à ces soldats. Il y a deux cent paires de bœufs entretenuës pour labourer les terres les plus hautes. Lors qu'ils ont recueilli la premiere moisson aux lieux plus voisins du Nil, ils sement la terre pour la seconde fois, l'arrosent par le moyen des Sakis & Segongnes, & la labourent auec ces bœufs comme és autres Cassilifs. Le gouuerneur demeure sous les pauillons pour reprimer les courses des Arabes des montagnes. Ce Cassif à l'espée franche comme les autres.

IV.	Le Cassif du FIVM est limitrophe de Benesuef deuers le Caire du costé de Ponent, il y a trois cens villages dans son estenduë tres-fertiles en lin, qui du nom du territoire s'appelle *Linfiume*, il est abondant en fruits, sur tout en raisins. Il paye au Bassa vingt-cinq bourses, au Tihaia & aux Agas cinq bourses; il sous-afferme ses villages de la mesme façon que les precedens. Il paye au Roy le prix de sa ferme tout en argent & par quartier, l'année entiere est de deux cens bourses. Le Caire donne cent Spahis, & cinquante genitzaires pour la garde du pays, qui sont nourris, & leurs cheuaux par le gouuerneur, qui porte la nourriture en despense qui luy est allouée, il a l'espée franche.

V. Le Caßif de *Gize* confine celuy de Fium, & est voisin du Caire du costé de ponent comme les autres cy-dessus, & n'en est separé que par la riuiere. Il consiste en cent soixante & quatre villages. Le gouuerneur fermier paye au Bassa vingt-cinq bourses, au Tihaia, & autres Agas du Bassa cinq bourses. Il sous-afferme les villages retenant les meilleurs pour soy, il paye annuellement au Roy cent nonnante six bourses en quatre quartiers. Il a de la milice du Caire cent Spahis qu'il nourrist, & leurs cheuaux aussi, ce qu'il porte en despense au Diuan. Il n'est pas subiet aux courses des Arabes, & fort rarement en campagne. Le terroir de ce gouuernement est tres-bon, & bas de telle proportion, que vingt pieds d'accroissement du Nil suffisent pour le baigner tout entier. L'on y cultiue grande quantité de lin, & de grains, il abonde aussi en laictages. Le gouuerneur n'a pas l'espée franche pour estre trop voisin du Caire. Il est obligé de faire mener les delinquans au plus proche ressort, qu'on appelle, icy *Mekima*, & d'en suiure le iugement.

VI. Le Cassif de *Bouhera*, ou *Baëra*, est ensuitte de celuy de Gize, il s'estend du Nil iusques au Cap Bon Andrea. Le gouuernement est grand, & il consiste en trois cens soixante villages. Le gouuerneur & fermier du territoire paye au Bassa trente bourses, au Tihaia, & Agas six bourses. Il paye au Diuan du Roy annuellement par quartiers quatre cens quatre-vingts bourses. Il sous-afferme la plus grande partie des villages, & fait valoir les meilleurs. L'estenduë du pays est grande, mais la terre estant haute dans la moitié du gouuernement, l'eau du Nil ne la peut arroser, ce qui est de grand preiudice au pays. Lors qu'il pleut beaucoup ils labourent les terres hautes & les sement. Le Diuan du Caire luy donne deux cens hommes de la milice, partie Mottaferagas, & partie Spahis; & auec ceux-là, il en prend encore bon nombre à sa solde pour reprimer les courses des Arabes. Ce gouuerneur est obligé de faire conduire l'eau dans Alexandrie par vn Cally, où Viol de quatre cannes de largeur. Et afin que l'eau ne soit pas diuertie, il est obligé de tenir des soldats le long du canal qui porte l'eau dans Alexandrie. Le Cally ou canal a quatre-vingt & dix mille de longueur, qu'il faut que le gouuerneur nettoye tous les ans à ses despens.

La milice & leurs montures sont nourries par le gouuerneur, & la despense luy est aloüée au Diuan. Les paysans fournissent aux soldats quelques contributions. Le bestail & les moutons abondent dans ce Cassif.

Lors qu'il arriue vn nouueau Bassa en Ægypte ce gouuerneur est obligé de luy fournir de cheuaux, & chameaux pour son train & bagage, & de le deffrayer iusques au Caire le Doüanier d'Alexandrie ne donnant que le premier Soumat. Le gouuerneur donne aussi deux cheuaux couuerts & cinq neufs à l'entrée du Bassa.

Il fait souuent des courses sur les Arabes du cap Bon-Andrea, & plus loing encore, d'où il rapporte quelquesfois de grandes richesses.

Les Arabes du pays luy sont presque tous amis, à cause de plusieurs villages qu'ils possedent dans son gouuernement.

La plus grande partie des trois cens soixante trois Monasteres des saincts Hermites sont dans ce territoire ; dans les deserts qui sont auiourd'huy appellez de saint Macaire par les Copthes, ce desert est dans le territoire de *Tarrana*, petit gouuernement dependant de Bouhera.

Dans ce meſme territoire de Terrana, il y a vn grand lac d'eau morte minerale, dans laquelle tous les os, & pierres mal cuittes qu'on y iette, ſe conuertiſſent en Natron, qui eſt vne eſpece de ſel noir* & griſaſtre. Ils s'en ſeruent pour cuire les legumes, & au blanchiſſage des toiles.* L'on en porte quantité à Roüen, qui ſert à faire des ambres iaunes faux. L'on en porte auſſi quantité en Turquie & Barbarie.

* Plin. l. 31. c. 10. de nitro. In Ægypto autem conficitur multo abundatius, ſed deterius: nam fuſcum lapidoſumque eſt.
* Ibidem faciunt ex his vaſa, nec non frequenter liquatum cum ſulphure coquentes in carbonibus.

Ces ſix gouuernemens, Girgio dit le Sahit, Manfelut, Beneſſueph, FIVME, Gize, & la Bayera ſont du coſté de l'Affrique, ce dernier arriue iuſques au cap Bon-Andrea.

VII.

Le Caſſif de la *Garbia* eſt de l'autre coſté du Nil, à ſçauoir du Leuant dans l'iſle de Damiete. C'eſt l'vn des plus riches du Royaume, d'autant que le pays eſt plain, & ſans collines, & les terres eſtans toutes cultiuées. Le gouuerneur paye par an au Baſſa quarante bourſes de preſent, au Tihaia, & Agas neuf. Ce Caſſif a trois cens ſoixante villages qui payent tous les ans au Roy quatre cens nonnante bourſes, le gouuerneur en ſous-afferme vne partie aux Chiaoux, Motaferagas, & Spahis, les meilleurs il ſe les retient. Il demeure d'ordinaire dans les villes de ſon gouuernement qui ne ſont pas ſubiectes aux courſes des Arabes. Par ordonnance du Diuan il *du Sieur Albert.*

a cent cinquante soldats, qui prennent garde que de nuict l'on ne taille les eaux de plusieurs petits Callis nommez *Toſſos*, par le moyen desquels, & la diligence des Caſſifs l'eau n'y manque iamais, que l'on faict venir par le moyen des Saĸis & Sigongnes. Il y a dans ce gouuernement trois grandes villes & entr'autres la *Maalla*, appellée pour ſa grandeur *Medina*; dans laquelle ſe tient vne grande foire nommée *Chec ahmet elbedoin*, à laquelle l'on va de tous coſtez en deuotion, & on y porte quantité de biens de toutes parts. Le gouuerneur y va en pompe, & ceremonie auec plus de deux mille cheuaux. La foire dure douze iours, le beſtail s'y vend en grand nombre. Il ſe fait en ce territoire grande quantité de ſucre, ris, grains, lins, ſemence de jurjullaine pour faire de l'huile, force foin, & herbages. Il y a abondance de laictage. Outre les emolumens du terroir le gouuerneur reçoit encore beaucoup d'argent pour les entrées & ſorties des bonnes villes la *Maalla*, *Demanoour* & *Sabin*.

VIII. Le Caſſif de la *Menoufia* confine auec celuy de la Garbie dans la meſme iſle; qui eſt diuiſée en ces deux gouuernemens; La Menoufia n'a pas tant de villages que la Garbia, mais le terroir en eſt plus grand qui eſt compoſé de cent trois villages. Le gouuerneur paye au Baſſa vingt-cinq bourſes, au Tihaia, & Agas du Baſſa quatre bourſes. Il paye au Diuan deux cens nonnante ſix bourſes. La garde du pays eſt de cent Spahis payez comme les autres. Il s'y fait quantité de lin, ſucres, & toutes ſortes de graines. Le Caſſif ou gouuerneur demeure dans les villages, n'ayant peur des courſes des Arabes d'autant qu'il eſt iſolé.

IX. Le Caſſif de la *Manſoura* eſt à l'autre riue du Nil, du meſme coſté que le Caire, & oppoſé à la Garbia qui eſt plus riche que la Manſoura. Il donne par an vingt-cinq bourſes de preſent au Baſſa, & au Tihaia & Agas quatre bourſes. Il a dans ſon eſtenduë cent quatrevingts-quatre villages, que le gouuerneur arrente aux Motaferagas & Spahis, apres s'eſtre reſerué les meilleurs. Il paye au Roy par an de quartier en quartier deux cens nonante-ſix bourſes. Le Diuan luy donne cent ſoldats, & luy en a à ſa ſolde pareil nombre, & la deſpenſe de ceux du Diuan ſe fait comme deſſus. Le pays eſt plain & ſans montagne; il s'y fait beaucoup de ſucres & de ris, du lin & de toutes ſortes de grains. Le Caſſif ou gouuerneur demeure quaſi touſiours dans la ville capitale appellée *Manſoura*. Il y a en ce lieu de grands iardinages, où croiſſent les arbres de Caſſia. Ce gouuerneur garde le paſſage des eaux comme celuy

me celuy de la Garbia.

Le Caſſif de *Callioubieh* confine à celuy de la Manſoura, à la riue du Nil de la part de Leuant, meſme que celle ſur laquelle eſt le Caire, le territoire duquel il touche auſſi. Ce gouuernement à cent quatre-vingt-quatre villages, & paye de preſent au Baſſa vingt-cinq bourſes au, Tihaia & Agas quatre bourſes. Il doit au Roy deux cens nonante ſix bourſes; les ſoldats & le ſurplus y ſont comme à la Manſoura.

X.

Il reſte de parler des Caſſifs qui ſont vers la partie ſuperieure du Nil vers le midy à l'oppoſite de Girgio, Manfelut & Beneſſueph qui ſont ſur la partie Occidentale venant d'Alexandrie au Caire. Sous le Caire iuſques à Damiete, il n'y a autre Caſſifiliks que Garbia, Menouſia, Manſoura, & Callioubieh.

XI.

Le Caſſif de la *Minio* au deçà * du Nil à l'oppoſite du Girgio & Manfelut eſt grand en eſtenduë de pays; mais mal habité. Il paye au Baſſa douze bourſes de preſent, & quatre au Tihaia, & autres Agas. Il ne doit au Roy que des grains, qui ſont cent mille ardebes de bled, & donnant des legumes, vne & demie ſe compte pour vne de bled. Le Diuan luy donne ſoixante & quinze ſoldats, & il en ſoudoye trente. Le gouuernement conſiſte en cinquante quatre villages, que le gouuer-

* C'eſt à la riue Orientale.

neur sous-afferme. Il nourrit les soldats comme les autres, & cette nourriture luy est passée en despense dans ses comptes. Ce territoire est fort haut, & eleué plus que le Nil, qui doit croistre de vingt-deux pieds & demy pour le baigner, ce qui n'arriuant la moitié des terres demeure sans culture. Le reuenu n'est que de toute sorte de grains, ne s'y pouuant faire ny sucre, ny ris faute de pouuoir y conduire l'eau; & au ris, & cannes de sucre, il faut continuellement tenir l'eau au pied, & la changer de quarante heures en quarante heures, à cause de ce l'on n'y peut faire que des grains, quantité de fenoüil, & Cumin aigre.

XII. Le Cassif de la *Cherkeffi* est à l'opposite de celuy de Benesueph du mesme costé que celuy de la Minio à la riue du Nil, qui regarde l'Asie. Ce gouuernement est petit; il paye au Bassa cinq bourses, au Tihaia & Agas vne & demie. Il doit au Roy en Diuan vingt mille ardebes de froment, & vingt bourses d'argent. Le Diuan luy donne quarante cinq Spahis, & à ses despens il en soudoye vne vingt-taine. Il ne contient que trente-deux villages. Le plus grand reuenu est de bled, & legumes, fenoüil, & cumin; il ne s'y fait ny sucre, ny ris, la terre y estant de mesme qualité qu'à la Minio, & qui rapporte peu de gain au gouuerneur.

Le Caſſif de *Cattia* n'eſt pas qualifié Caſſif dans le Diuan, & pour cette raiſon l'on ne le met pas au nombre, n'eſtant eſtably que pour la garde des chaſteaux; le terroir n'eſt aucunement fertile. Le gouuerneur ne porte point le titre de Caſſif quoy que ſes amis luy baillent. Il paye au Baſſa quatre bourſes, & deux de deſpenſe aux officiers. Le reuenu n'eſt que des peages des Carauanes qui paſſent par Hieruſalem, & toute la Paleſtine, & auſſi des dattes, le territoire n'eſtant que de ſablon. Il y a trois chaſteaux à garder, les ſoldats ſont payez par le Roy de trois en trois mois, & en chacun d'eux, il y a ſoixante mortes payes.

Tout le terroir de l'Ægypte eſt au Roy, quelques terres exceptées qui ſont *Vacouf*, ou *Vouaf*; c'eſt à dire affectées aux Moſquées, à la Mecka, & à Medina, y ayant quatre grands legats, ou beneficies appellez *Dechiches*, qui ſont obligez d'entretenir à la Mecke les Cherifs, & les Eunuches, qui ſeruent au lieu, où ils diſent que Mohamed a eſté enſeueli, & qui ſont tenus encore de fournir certain nombre de Chameaux pour les pauures pelerins, & leur donner prouiſion d'eau, & de pain pendant tout le voyage. Ces legats, beneficies, ou Dechiches ſont. 1. La Suleimanie, 2. La Mamodie, 3. La Moradie 4. La Hoſſeinie. Ces quatre ont grands terrains, dans lesquels le Grand Seigneur ne prend aucuns droits, il donne neantmoins ces benefices & les change à sa volonté.

Il faut maintenant descrire les doüanes & doüaniers.

La premiere doüane est celle *Delbouar*, qui est à dire de l'espicerie, & droguerie, & generalement de toutes les marchandises qui viennent de la Mecke, du Mocal, & des Indes, desquels le doüanier prend la disme en argent, & non en especes, selon l'estimation ordinaire qui est quinze pour cent, & plus. Il doit au Bassa quarante-cinq bourses, au Tihaia 15. Il paye au Roy cent vingt bourses en quatre quartiers: & en outre le doüanier est obligé de fournir toutes les espiceries, drogues, toiles, & ambre gris pour le Serrail du Grand Seigneur.

La seconde doüane est celle d'Alexandrie qui comprent Rossette, & Blikier. Le doüanier donne de present au Bassa trente bourses, & dix aux Agas du Bassa. Il paye au Roy cent vingt bourses tous les ans, & enuiron douze mille piastres pour l'entretien de la garde des forteresses d'Alexandrie, Bekir, & Rossette. Il doit aussi trois cens vingt-huict quintaux d'huile d'oliue pour la Mecke, & douze à quinze mille piastres en draps

Bekir.

de soye, & de laine pour vestement vne fois l'année au Bassa, & à ses gens à leurs Pasques de Ramadzan. Les six vingt se payent au Roy de quatre mois en quatre mois. Ce doüanier prend de toutes les marchandises qui viennent de Chrestienté vingt-&-vn pour cent; de celles des terres du Grand Seigneur dix pour cent. Du bois qui vient de la mer noire, il prend vingt pour cent. Ce doüanier est encore maistre de la police touchant les poids, & mesures, dont il tire douze à quinze bourses tous les ans.

Le troisiesme doüanier est celuy de Damiete, qui paye tous les ans au Roy deux caisses d'or, qui sont vingt mille Cherifs; il paye au Bassa quinze bourses, & quatre au Tihaia: il paye les soldats des deux chasteaux qui sont à l'emboucheure, dans lesquels il y a cent quatre-vingts mortes payes à six medins chacune. Le reuenu de cette doüane consiste és entrées des marchandises de Turquie, comme des grains, huiles, sauon, amandes, & autres marchandises qui viennent de Gaza, de Seïde, & Damas, qui payent toutes dix pour cent. Le reuenu est aussi à Sunde sur les champs qui sont au tour de Damiete: Il vient aussi force Saïques de Turquie, & Cypre lesquelles chargent la pluspart de ris, legumes, & quelque peu de lin, sucre, & cannes. Les droits de ces marchandises sont de peu de valeur.

Le quatriesme est le doüanier de *Burles*, dont le reuenu consiste sur les arbres des dattes, & autres fruits, son plus grand reuenu est à la pesche du poisson, qui se prend en tresgrande quantité, & estant salé s'enuoye en Candie, & par tous les autres lieux de la Grece, où il s'en consume beaucoup. Il paye au Bassa deux bourses, & demie bourse au Tihaia. Il doit au Roy quatre bourses tous les ans. Le territoire de ce lieu est tout sablonneux. Le Bassa enuoye pour la garde de la ville vn capitaine qui s'appelle Sobassi, qui chemine nuict & iour. Le plus souuent le Bassa luy donne l'espée franche, il commande enuiron deux cens hommes. Dans cette ville aussi, il y a vn *Metassoup* qui est celuy qui met le prix aux viures, & qui a intendance sur le prix de toutes les choses qui seruent au mesnage, & par ce moyen il exige beaucoup de ces pauures habitans. Il donne de present au Bassa dix bourses, & trois autres qui s'en vont en despense.

La cinquiesme est la doüane de *Boulac*, qu'ils appellent la *Caddara*. Le doüanier doit de present au Bassa quinze bourses, & cinq au Tihaia, & Agas. Il doit au Roy soixante & quatre bourses, payables de trois en trois mois.

Le reuenu de cette doüane consiste en plusieurs choses, à sçauoir la doüane du lin qu'il sous-afferme douze bourses, le lin doit cinq medins, duquel en vne année fertile il s'en pesera à Boulac plus de deux cent mille quintaux, sans comprendre ce qui va à Rossette qui arriue à cent mille quintaux. Il se prend aussi pour cette doüane vn droict sur les grains qui viennent au Caire vieux, dont le doüanier tire six bourses, & autres six bourses sur les herbages, cannes à miel, melon d'eau & autres: ce qui fait en tout vingt-quatre bourses. Le reste du reuenu est sur le tabac, & autres marchandises qui viennent de Turquie, dont il y en a qui doiuent dix pour cent, autres moins. Il tire aussi quatre piastres pour chameau chargé de marchandises, qui vont aux Indes, & à la Mecke; Et des carauanes qui viennent de Damias, Gaze, & autres lieux, il tire aussi vn droit.

Sous le gouuernement de *Girgio*, il y en a vn petit nommé *Ebrin*, duquel le Roy ne tire aucun reuenu, celuy qui le prend fait despense de deux ou trois bourses. Le reuenu consiste en quelques arbres de dattes, en Senneh, & bois à brusler. Ce lieu est fort aspre, & rude, & fascheux pour le chaud. Lorsque quelques Genitzaires, Spahis, Chiaoux, ou Motaferagas ont fait quelque mal qui ne merite pas la mort, l'on les exile en ce lieu pour quelques années.

La paye de la milice de ce pays est de nonante bourses par mois, tant pour les Beis, Cherkesbeis, Mottaferagas & Chiaoux : & de trois en trois mois, se donne la paye à tous generalement, sans y comprendre les mortes payes des Chasteaux, qui sont payez par les douaniers.

Et outre lesdites payes faut enuoyer au Grand Seigneur soixante mille sequins tous les ans, auec toute la prouision de sucre, d'espiceries, drogues, toiles des Indes, parfums de toutes sortes, ris, & toutes sortes de legumes pour son Serail, quatre mille quintaux de poudre, & plusieurs autres presens, qui vallent autant que les soixante mille sequins. Le Bassa fournit au Grand Seigneur de tout ce qui luy reuient de bon de quatre à cinq cens bourses par an, ce qui est en partie cause des extorsions qu'ils font sur le peuple.

ESTAT DES REVENVS d'Ægypte, par le sieur Santo Seguezzi 1635.

PREMIEREMENT la declaration des lieux, que le Bascha Vice-Roy donne tous les ans en gouuernement à plusieurs, ainsi qu'est la coustume de donner les prouinces en Chrestienté.

SAIT est vn lieu tres-grand, où autresfois alloit le Bascha de Constantinople. A present il est gouuerné par vn Sangiac du Caire, qu'y enuoye le Bascha, lequel se gouuerne par le mesme conseil du Caire. Il tient soubs luy quatorze gouuerneurs, pour quatorze petites prouinces : & lors que la riuiere du Nil croist elle rend toutes sortes de bleds sans fin. I.

BAERA qui a son commencement du costé de la susdite riuiere, & s'en va iusques au Cap BON-ANDRÉ, tient soubs son gouuernement trois cens soixante villages. II.

GARBIA lieu le plus gras & plus riche qu'ayt sous soy le Caire, tient aussi trois cens soixante villages. III.

MENVFIA de mesme lieu fort gras IV.

tient autant de villages.

V. MAVSVRA qui rend tres-grande quantité de ris, & autre bled, tient trois cens soixante villages.

VI. GIZA au deuant du Caire tient autant de villages.

VII. FIVM tient aussi trois cens soixante villages.

VIII. EBENE-SVEPH lieu tres-grand, lors que le Nil croist rend tres-grande quantité de bled, & tient trois cens soixante villages.

IX. MANFELVT rend de mesme, & tient aussi trois cens soixante villages.

X. MINIA de mesme, & tient trois cens soixante villages.

Forme du Gouuernement.

Les gouuerneurs des susdits lieux sont absolus, & n'y a point d'appel, ny pour la vie, ny pour le bien des gens.

Tous les susdits lieux, excepté Sait, doiuent auoir trois cens soixante villages pour chacun, neantmoins par la longueur du temps plusieurs se sont perdus, & d'autres se sont fabriquez de nouueau.

du Sieur Seguezzi.

Rentes que doiuent tous les lieux cy-dessus nommez, & plusieurs autres petits gouuernemens comme s'ensuit.

SAIT rend tous les ans bourses	41
BAERA	255
GARBIA.	385
MENVFIA	335
SARERA	124
MAVSVRA	162
GIZA	70
FIVM	54
EBENE-SVEPH	62
MANFELVT	
MINIA	
GALIVP	99
MESOLA	30
FARASCVR	25
ELOVA	14
CATTIA	14
TERRANA	10
ETPHY	16
ACEVT	9
BRIN	17

GIOVALI est vn droit que payent les Chrestiens & Iuifs, qui sont subiets du grand Seigneur, exceptez les femmes & enfans iusques à l'âge de seize ans, par année se monte à bourses   48

Pour les CASSY, & SENNEH bourses 9
Pour le fumier de Pigeon. 2
Pour ceux qui prennent la ferme des legats des morts. 93
Pour les Peschieres du Roy qu'ils prennent à rente. 3
Pour la DORRA sorte de graine qu'on y recueille apres la recolte des autres bleds. 7

 Somme des bourses 1896.

Doüanne d'Alexandrie & Rossette, & autres qui doiuent payer les soldats de ladite ville, & chasteau d'icelle, chasteau de Rossette pour chacun an bourses 193
Doüane de BOVLAC. 43
Doüane de DAMIATA. 47
Doüane de BRVLES. 12
Doüane des espiceries.
SAVSARA & monnoye. 130
Droit d'herbages, moutons, poullaïlles, fruits, & autres. 47
Droit de cuirs d'animaux. 15
Droit de cheuaux, buffles, & autres animaux. 15
Droit des morts qui ne sont soldats du Roy. 10
Droit que payent les mesureurs de ris. 2
Droit de ceux qui font apprendre à ioüer des armes. 1

 Bourses 517.

Somme de toutes les bourses 2414.

Vne des bourses vaut 25000. medins d'argent monnoye d'Ægypte, qui viennent à enuiron 700. escus monnoye de France, reuient à vn million, six cens quatre-vingt mille escus, ou à cinq millions soixante neuf mille quatre cens liures.

Bleds & legumes, que donnent les lieux cy-dessous nommez à la SORNA, c'est à dire les Magazins Royaux.

SAIT chaque an Redebbe.	280000
MINIA.	153000
EBENE-SVEF.	104000
FIVM	10000
GIZA.	5000
MANFELVT.	105000

Somme Redebbe six cens cinquáte sept mille.

Les susdits lieux donnent peu d'argent à cause qu'ils donnent beaucoup de bleds.

Vne Redebbe qui est la mesure du bled en Ægypte, vaut vne charge de trois cens liures de France ou enuiron. _{Redebbe. Artaba.}

Emolumens que donnent au Bascha Viceroy du Royaume d'Egypte ceux qui prennent les charges des gouuernemens, ce qui reuient audit Bascha en propre.

I iij

S A I T tous les ans bourses.	40
B A E R A.	20
G A R B I A.	40
M E N V F I A.	30
S A R C I A.	12
M A N S V R A.	25
C A T T I A	6
G I Z A.	12
F I V M.	12
E B E N E S V E F.	12
M A N F E L V T.	20
M I N I A.	4
G A L V I P.	12
B R I N	2
T E R R A N A.	2
E L O V A.	1
E T F I.	4
Doüanes d'Alexandrie.	40
Des Espiceries.	40
De D A M I A T A.	12
De B O V L A C.	20

Somme bourses 366.

Ce que payent ceux qui veulent charges dans la ville, capitaine des Chiaoux qui assistent proche du Bascha en tous les conseils, & qui commande à la milice desdits Chiaoux bourses   12

Capitaines des Genitzaires.   4

Trois capitaines de cheuaux legers qui s'appellent, *Cerafe*, *Giumelie*, & *Fopegie*. 9

Somme des 366. precedentes bourses, & de ces trois dernieres 391. bourses.

S'enfuiuent les emolumens du Bascha les bourses 391

Capitaines des *Azapi*, c'est à dire comme les freres feruans de Malte. 2

Subafchi, c'est le Preuost de la ville, qui a charge de faire executer ceux qui sont condamnez à mort, & chastier les larrons qui vont la nuict, & autres crimes semblables. 8

Truchemen pour interpreter le langage Arabe en Turquesque. 3

Subafchi de Boulac. 4

Six escriuains pour tenir compte des rentes Royales. 24

Defterdar, Surintendant des finances du Roy. 8

Rufnamegi, c'est à dire iournalité pour le susdit. 4

Matafit qui a la charge de pouruoir aux viures de la ville. 12

Plusieurs autres escriuains du Diuan, c'est à dire le conseil comme secretaires. 30

Somme bourses 486. C'est vn million vingt mille six cens liures.

Outre tous les fufdits emolumens dudit Bafcha, il en tire encore vn autre de la mort de chaque foldat qui eft fous fon commandement. Ce Bafcha eft maiftre de la paye du foldat qui eft mort, laquelle il vend à qui bon luy sēble, qui de chaque medin de ladite paye en retire feptante pieces de huict reaux piece qui font enuiron cinquante fix efcus de France, & la moindre paye d'vn foldat eft fix medins tous les iours, il y en a auffi qui ont cinquante, & foixante medins chaque iour.

De plus ceux qui ont pris quelque village du Roy, pour vne certaine fomme fur leur vie, venans à mourir, les fufdits villages retournent au Roy. Et en tel cas le Bafcha les donne à d'autres, ce qui reuient à leur profit particulier de plufieurs centaines de milliers d'efcus.

Et auffi ceux qui meurent, & qui ont paye du Roy tout leur bien eft confifqué au Roy, dequoy le Bafcha peut prendre la part qu'il veut pour fon compte, & en tirer grandes fommes ; mais ces profits font cafuels, & incertains.

Legats

Legats faits par quelques Roys d'Ægypte, & par quelques grands seigneurs Empereurs de Constantinople pour la Mecca & Medina & pour plusieurs Mosquées du Caire.

CAIERMAK Circhez & CAETBEY, & Sultan Selim pour la Mecca & Medina,
bourses	80
Bled, Redebbes	50000
Sultan Mehemet bourses	40
Bled Redebbes.	30000
La mere de Sultan Morat.	20
Bled	15000
Sultan Morat.	35
Bled	15000
Sultan Ahmet.	15
Mere du Sultan Ahmet.	10

Somme bourses 200.
Redebbes de Bled vnze mille.

Legats de plusieurs pour les Mosquées du Caire.

REGAVRI BARVT bourses	20
ASERIFIE.	16
CAIET BEY.	20
MORESTAN.	10
SVLTAN ASSAN.	10
SECOVIEH	10
GEIVE LASSAR.	15

TAETON.	10
SEAMADIE.	5
VEROVE.	3
ESSACENAR.	3
IESBEK.	6
ABDELLI	5
ASSAN AFENDI.	3

Somme bourses 136.

Il y a encores plusieurs Legats, pour faire vne couuerture à la sepulture du Prophete des Musulmans Mahumet, faits par differentes personnes, bourses   30
Legats de plusieurs pour la Mecca & Medina.   30
Legats pour ceux qui vont à la Mecca & Medina en pelerinage, & n'ont dequoy se soustenir.   10
  Bled. Redebbes.   3000
CAIET BEY GAVRY.   5
AHMET BACHA.   3

Somme des Legats, bourses 78.
Bled Redebbes. 3000.

Du Nil, & de la Goutte.

LA colomne de marbre posée dans le lict de la riuiere du Nil est diuisée en dix-neuf Pics Massovrs ou du Caire (moindre que le pic marchád plus grand que le quarré) chaque Pic diuisé en certain nombre de pouces de grandeur incognuë. Il y a gens stipendiés pour aller obseruer dés le mois de May, quand l'eau de la riuiere commence à croistre, sitost qu'elle est haussée d'vn ou de plusieurs doigts, duquel nombre l'on coniecture la croissance des Pics, & consequemment de la fertilité, & selon les premiers accroissemens le bled croist ou diminuë de prix.

Il arriue, mais rarement, iusques à vingt-trois Pics, & que toutes les terres arrousables, ou inondables au dessous des dix-neuf premiers Pics doiuent, & payent la disme au Grand Seigneur. Mais tout ce qui est par dessus entre le dix-neuf, & le vingt-trois de droit .... est franc de ce droit de disme, d'autant que rarement peuuent elles estre cultiuées.

Au pays du Sait sur le Nil à contremont du Caire, à sept ou huict iournées de riuiere (dont les peuples des enuirons sont tous

Chrestiens Cophtes) y a vn puy en vne Eglise de saint Michel, dans laquelle l'on recognoist à la veille de S. Iehan de combien de coudées doit croistre le Nil.

Trois ou quatre iours à l'aduance l'eau du Nil commence à se troubler, & vient verde. Les Mores disent que la riuiere à ses purges, & que c'est le pronostic, & auant-courreur de la Goutte.

Mais en cette saison-là il regne des vents du Ponent, & du Nord qui charroient à force nuages de nostre mer Mediteranée vers le Midy. Ce qui augmente les pluyes en ce pays-là, & fait les grandes croissances du Nil qui viennent à coudées.

Or à la venuë de cette Goutte l'air se rafraischit, & rend si humide que la terre en pese beaucoup plus que deuant, & conçoit l'humidité encore que l'on l'enferme dans vne phiole, & dans vn coffre.

La poudre mesme qui s'attache au bas de soye en cheminant conçoit tant d'humidité, que si l'on ne la faisoit seicher au Soleil auant que nettoyer les bas, tout seroit gasté.

IL y a trois Vrnes de marbre antiques dans la Mosquée du Grand Caire, pour l'vsage du Muphthi; & autres ministres fort façonnées, & capables de tenir vne Artaba toute entiere pour le moins.

Le Conful Venitien Cornaro enuiron mil six cens vingt-neuf recouura deux figures de Porphyre à l'encan d'vn marchand Venitien mort.

Au mont Sinaï se voyent de grandes & grosses colomnes taillées dans la roche prestes à transporter, d'autres seulement tracées, d'vne pierre semblable à celle d'Alexandrie que l'on appelle de Pompée, & de Cleopatre.

Mais les obelisques, & pyramides semblent tirées des carrieres mesmes où sont les Mumies tout ioignant leur situation ; attendu la conformité de la nature de la pierre, qui est assez tendre en sa carriere, pour en manier d'aussi grosses pieces que l'on en pourroit manier & transporter.

Au dessus du Sait sur le Nil est la montagne des Esmeraudes.

En *l'Ayamar* ou *Hiemen* se trouuent les cornalines, ou SARDAE & SARDONYGHES des anciens qu'on apporte du port du Mouchal à la Mecque, ou à Suachem, & delà au Suhez & au Caire.

BARACHIAS NEPHI de Babylone a escrit en langue Arabique vn traité de l'histoire, Antiquitez, origines, characteres,

Hieroglyphiques, religion, & obelisques des Aegyptiens. Ce peut estre vne traduction de l'Orus Apollo.

FAlle ou *Folle*, *Mangour* appellé par les Turcs, monnoye de cuiure huict pour le medin, *foleralis numus* φόλυς en mil six cens quarante-sept à Constantinople, & Smyrne les trois valoient l'*Aspre*, ou *Asch*. Medin d'argent fin vaut dix-huict deniers de France, ou vn peu plus de six liars. Le medin à ce compte vaut deux aspres.

CHIERIF monnoye d'or de plus haute valeur que le cecchin de Venise de deux reales. La fabrique est au Caire, & à Constantinople, vallent à Marseille quatre liures dix sols, les cecchins de Venise quatre liures sept sols.

Medical, monnoye de Maroc d'vne dragme & demie, les deux font trois cecchins, cette monnoye est d'or fort doux, & ployable, vallent cinq liures à Marseille.

Zizi, ou la bourse, sac de cuir de maroquin contenant vingt-cinq mille medins, ou huict cent piastres, dont on fait les payemens au Grand Seigneur pour la milice, la piastre se paye à raison de * trente trois medins du pays du vulgaire du Caire, les nou-

* Il faut donc que le medin vaille prés de quatre aspres: car

ueaux ne font que de trente-deux medins. (Si vingt-cinq mille medins valent huict cens piaftres, chaque piaftre vaudra trente-&-vn medins.)

alors la piaftre valoit 120. afpres. C'eft le Vizir Azem Kara Muftapha Bafcha, qui enuirō l'an 642 reduifit la piaftre à 80. afpre comme elle fe mettoit à CP & Smyrne en 1647.

Le *Pic* mefure des eftoffes eft de trois à la canne.

Le petit pic de deux pans, ou de quatre à la canne.

L'Ardet eft vne charge de mulet (*Artaba* des anciens.)

L'Ardet eft de fix Houabes.

La *Houabe* de vingt-quatre Cadan mefure comme vn verre.

Les ftateres ou Romaines du Caire ont diuerfes rangées de marques mefurées, en l'vne l'on pefe à liure, en l'autre à onces, en l'autre à drachmes, comme les anciens Romains.

De l'or qui s'apporte de Barbarie.

IL y a des Noirs qui viennent du fonds de l'Afrique, d'où ils apportent la terre d'or pour la monnoye, parmy quoy ils apportent fouuent de petites figures d'or, & d'argent, en ayant veu vne d'or d'vn Iupiter, qui fut venduë au maiftre de la monnoye, où il s'en porte fouuent.

Le fieur Magi dit qu'ils viennent du pays

d'ACROVRI, où les peuples se nomment d'Acrouri, & le pays ACROV, qui sont entre l'Ethiopie, & le Maroc, & viennent bien riches, l'or croist quelquesfois à dix pour cent, quand ils manquent de venir vne année. Ils ne se seruent en leur pays d'aucune autre monnoye, que de petites conches, ou coquilles marines blanches qui viennent du Muchal, & de petits limaçõs rouges de la mer rouge, qu'on leur debite au Caire, à raison de septante piastres la mesure de l'Ardeb (ou Attaba) des petites blanches, dont l'on se sert aussi pour le fard des Dames, & à raison de six piastres l'Ardeb des limassons rouges.

Du retrait de leur or, ils acheptent aussi au Caire des estoffes de soye d'Italie, des coraux, papiers, plomb, estain, cuiure, & argent vif iusques à cinq ou six cent mille escus par Carauane.

Ils apportent aussi des dents d'Elephant, & plumes d'Austruches, & cheminent quatre mois en leur Carauane.

Ils recouurent l'or des peuples barbares, qui viennent faire leurs troques sans parler, mettant vn petit morceau de poudre d'or sur vn papier, ou dans vn escuelle, puis se retirent confidemment pour donner courage aux marchands de s'approcher, lesquels mettent aupres de l'or la marchandise qu'ils veulent

lent troquer pour l'or, puis se retirent. Et lors les barbares reuenans s'ils trouuent que le traffic soit à leur gré laissent leur or, & prennent, & emportent seulement la marchandise, sinon ils diminuent leur or, & laissent le tout, iusques à ce qu'estant d'accord chacun prend ce qui reuient à son compte.

A quoy les ACROVRI contribuent tant de bonne foy de leur part non seulement enuers les barbares, mais auec ceux du Caire, que trente, & quarante ans apres leur auoir confié de la marchandise, les marchands estans morts en voyage, leurs enfans ont apporté le retraict auec vn tres-bon compte au Caire sur les records de leurs Peres, & des chefs de Carauane.

Ces barbares qui cherchent l'or dans vne contrée des ACROVRI, vont la nuict à cheual auec plusieurs azagaies ou petites lances, & courrent le plus viste qu'ils peuuent pour se garentir des serpens; & voyant au clair de la Lune, & aduantage de la rosée reluire le sable en quelques endroits, y fichent leurs azagaies, & se retirent en diligence. Et puis le iour y retournent impunement, tandis que les serpens sont retirez dans leurs tanieres, & ramassent le sable, & le lauent pour en separer l'or au fonds de la laueure.

Les *Maugarbins* autres peuples de la Barba-
n.

rie de Tunis, & de Tripoli font le mefme traffic, & fe ioignent fouuent à la mefme carauane.

Les Abyffins apportent auffi bien fouuent de l'or en poudre comme les Acrouri.

Les cheualliers Acrouri portent des fandales à la Romaine.

Autres peuples au deffus du Sait fur le Nil nommez *Barbari*, ou GENS BARBARI portent les mefmes fandales, & de grands cheueux frifez comme l'on faict à cette heure en France, mais ils ne coûurent point leurs teftes, & pour éuiter la vermine, ils les engraiffent, & frifent, & fe difent de la race des François.

<small>Gens en Morifque fignifie nation comme en latin.</small>

Dans le Periplus d'Arrian font mentionnez des peuples nommez *Barbari* en ce mefme endroit à peu prés.

Les troques ou efchanges, & marchez qui fe font entre les Indiens fans parler, en maniant feulement les doigts de la main du marchand, & touchant diuerfes onces ou articles des doigts, pour fignifier diuerfes dixaines, ou centaines de piaftres, ou autres efpeces de monnoye.

FIN.

RELATION
D'VN
VOYAGE
DE
PERSE
FAICT ES ANNEES
1598. & 1599.

PAR VN GENTIL-HOMME
de la suitte du Seigneur Scierley
Ambassadeur du Roy d'An-
gleterre.

RELATION
D'VN
VOYAGE
DE
PERSE
FAICT ES ANNEES
1598. & 1599.

PAR VN GENTIL-HOMME DE la suitte du Seigneur Scierley Ambassadeur du Roy d'Angleterre.

NOVS seiournasmes à Halep enuiron deux mois, d'où nous partismes le second iour de Septembre l'an mil cinq cens nonantehuict apres soupper, pour prendre le chemin vers Babylone, & arriuasmes enuiron minuict en vn village appellé GIBRIN loing d'Ha-

n iiij

lep cinq mille. Le troisiesme dudit mois nous vinsmes en vn autre village appellé BAB, aupres duquel il y a vne fontaine de tres-bonne eau.

Le quatriesme iour, ou pour mieux dire la quatriesme nuict, d'autant que tousiours nous marchions la nuict, nous passasmes par vn village tout ruiné & desert, prés de BAB d'vn mille, & delà à vn autre qui est habité esloigné de BAB de trois mille, qui s'appelle l'ABISSIN.

Le cinquiesme nous vinsmes à BVLE, qui est sur le fleuue Euphrate. En tout l'espace qu'il y a d'Alep iusques à BVLE, l'on ne voit que des campagnes tres-belles, & tres-fertiles: mais qui sont subiectes à estre rauagées par de certains voleurs Arabe, qui ne laissent passer homme du monde sans le detrousser, s'ils se voyent estre les plus forts. BVLE est vne ville fermée, qui a vn chasteau assez fort, suiuant la coustume de fortifier qu'ont les Turcs. Nous y seiournasmes cinq ou six iours, y faisant prouision de ce que nous auions affaire, & calfeutrant nostre vaisseau, acheptant biscuit, fromage, beurre, chair, poules & autres choses, que nous pouuions recouurer en ce quartier-là.

Puis le dixiesme Septembre nous nous embarquasmes de fort bon matin sur l'Eufrate

és années 1598. 1599. 105

estans treize barques de compagnie, entre lesquelles estoient celles que le Cadi, & Distender de Babylone auoient, pour ce qu'ils alloient lors prendre possession de leurs offices en Babylone. Il y auoit force marchands Turcs, & paysans, & dans la nostre trois ou quatre Venitiens, & autant de Iuifs. Nous ne vismes ce iour-là rien de memorable, sinon la pauureté des Arabes, desquels nous vismes vne grande multitude tous nuds, vne partie desquels passoient la riuiere sur des peaux qu'ils auoient enflées, & remplies de vent. Nous vismes semblablement sur le bord de la riuiere vne ancienne maison, laquelle les Iuifs disoient auoir esté vne maison d'Abraham, & d'autres edifices ruinez : lesquels auoient esté bastis de pierre de taille d'vne merueilleuse grandeur.

Le vnziesme iour nous vismes vn bourg situé sur le bord du fleuue en vn lieu vn peu esleué, lequel nos Arabes qui voguoient appelloient SARIN. Ce iour se presenterent le long de la riuiere infinis Arabes à pied, & à cheual auec des frondes, arcs, & fleches, lesquels nous ietterent force cailloux, & fleches, mais ayant oüy le bruit, & tintamarre des arquebuzades que nous leur tirasmes, ils se mirent en fuitte.

Le douziesme iour encore parurent quelques-vns de cette canaille, qui alloient abbreuuer leurs troupeaux, lesquels nous disoient force iniures : mais entendant quelques escoupeteries, que nous tirasmes en l'air, ils se retirerent. Ce mesme iour nous vismes vn troupeau de ieunes chameaux, lesquels estoient en si grande abondance, que c'est chose incroyable. Sur le soir nous vismes trois bourgs l'vn desquels s'appelloit ARBORERA, l'autre GIABAR, ie ne pûs apprendre le nom du troisiesme. Le iour precedent nous auions passé par vn autre appellé BELIS. Nous vismes en ce lieu cinq Lyons, deux tres-grands, & trois moindres, & certains oyseaux qui ont les aisles rouges, qui estoient beaucoup plus grands qu'vne oye, là se trouuent des melons d'eau. Les Arabes nous en apportoient la nuict dans nos vaisseaux à la nage, les changeant contre du pain, ou bien en prenoient de l'argent, ils appellent telle sorte de melons Angurie.

Le quartorziesme iour furent encore veus sur le bord de la riuiere trois Lyons, non loing de-là vn seruiteur du Difendar susnommé, tua sans y penser vn Turc en tirant vne arquebuze, dequoy nous faillismes à auoir beaucoup de peine à RACCHA ville fort ancienne, pource que les Turcs du lieu en vouloient donner la coulpe aux Chrestiens.

ſtiens. Mais à cauſe d'ABORICE, qui eſtoit prés delà, nous eſchapaſmes, ne voulant pas permettre que nous, qui n'auions faict aucun mal, payaſsions le ſang eſpanché du TURC. ABORICE eſt Roy des Arabes qui demeure ordinairement en Meſopotamie, campe dans des pauillons, & ne veut iamais entrer en aucune ville. C'eſt vn Prince qui a aſsez de Maieſté, bien formé de ſa perſonne, d'âge d'enuiron de trente-deux ans, mais qui a le cuir fort noir. Il auoit vn grand haras de chameaux de pluſieurs milliers, deſquels il ſe ſert cõme d'vn bouleuard pour clorre ſon camp, force petits cheuaux, & oyſeaux de proye, & leopards pour prendre les GAZELLES.

Le 15. iour ceux de noſtre compagnie allerent faire leur preſent audit Roy, & luy faire la reuerence. Le preſent eſtoit quatre robes de lantes d'or, & d'argent, à quoy contribuerent les Venitiens, d'autant qu'eux, & nous eſtions dans vne meſme barque.

Le ſeizieſme iour vn de nos hommes d'auiron fuſt bleſſé d'vne fleche qu'auoit decoché vn Arabe, & au meſme lieu fut encore veu vn lion.

Le dix-ſeptieſme enuiron le point du iour, il aduint vn malheur à vn de nos maiſtres de nauire, lequel en dormant ſur le bord de la riuiere, ſe ſentit arracher de ſa teſte ſon Tulbent, & pleuuoir sur son chef vne tres-dangereuse bastonnade que luy deschargea vn Arabe lequel ne pût iamais estre atteint, bien qu'vne grande partie des nostres luy fussent en queuë, se iettant dans vn bois prochain bien ayse de son butin. Le mesme iour nous arriuasmes aux masures d'vne ancienne ville appellée en langue Arabesque ZELBE, assise sur vne colline, sur le sommet de laquelle il y a vn chasteau. Iadis elle estoit entourée de murailles de la façon de celles d'ANTIOCHE.

Le 18. nous vinsmes à DER, qui est vn bourg fermé, où nous nous arrestasmes depuis midy, iusques au point du iour du lendemain dix-neufuiesme. Ce mesme iour à Soleil couchant, nous arriuasmes à vn chasteau, qui est trois ou quatre traits d'arbaleste dás le territoire de RABBA, & delà auant la nuict close nous vinsmes à vn village qu'on appelle AZIERA, auprès duquel nous demeurasmes cette nuict-là, & le lendemain matin qui estoit le vingtiesme, nous passasmes auprès beaucoup de bastimens faits pour conduire l'eau, qui sont esleuez comme piliers par dessus icelle, qui donnoient mille incommoditez à nos barques, pource qu'il y a de tres-grandes roües, par le moyen desquelles on enuoye l'eau à la campagne. Nous en fus-

Plin. lib. 18. c. 18. Similis ratio sed fœlicitas maior Babyloni ac Seleucia Euphrate atque Tigri restagnantibus, quoniam rigandi modus ibi manu temperatur.

mes fort incommodez par l'espace de quatre ou cinq iours. En apres nous trouuasmes d'autres engins pour tirer l'eau auec vn bœuf, ou autres bestes propres à cela, afin d'arrouser la campagne ; l'on trouue en ce quartier-là force sangliers & cheureuils.

Le lendemain vingt-&-vniesme auant iour nous prismes nostre route vers ANA, mais nous n'y pusmes abborder ce iour-là, nous seiournasmes le reste de la nuict dans vn lieu distant d'ANA de cinq mille, & le pays d'entre-deux est tres-fertile, plein d'arbres, & de verdure.

Le vingt-troisiesme deux heures apres Soleil leué nous arriuasmes à ANA, elle a dans son enclos sept petites isles tres-belles, qui sont comme petites villes, où il croist force dattes. Nous partismes d'ANA apres midy, & vinsmes coucher à vn village qui en est esloigné de dix mille, d'où nous partismes le lendemain auant iour vingt-quatriesme Septembre. Tout ce iour-là, nous ne vismes rien digne de remarque hors vne petite isle qui estoit tres-fertile. Le soir nous arriuasmes en vne ville grande & fort ancienne qui s'appelle ADITA.

Nous partismes delà le lendemain vingt-cinquiesme de bon matin, apres midy nous vinsmes dans vn autre, où il y a d'assez beaux

o ij

bastimens, en vn beau chasteau, encores qu'il fust fort vieil.

Le vingt-sixiesme nous passasmes vn beau paysage & fort fertile, & vismes vn petit hameau assis en bon lieu, & delà auant la nuict nous vinsmes à ITH ville fort antique, qui a vn chasteau enuiron vn mille loing d'ITH. Il y a vne grosse source de laquelle coule du BITVME à gros morceaux, la terre mesme d'alentour, & les cailloux rendent du Bitume, & ceux du pays disent que quand la Tour de Babylone fut edifiée l'on venoit prendre là le Bitume. Cette fontaine est horrible à cause de son eau, & ebullition qui est noire, elle est appellée communement la bouche de l'enfer, tous les champs d'allentour produisent grande quantité de salpetre.

Le vingt-sept nous ne passasmes par aucun bourg ny village, mais nous vismes infinis trouppeaux & haras, & force engins auec lesquels les bœufs & autres animaux tirent l'eau pour arrouser la campagne. Nous ne prismes pas grand repos cette nuict-là, mais aussi-tost qu'eusmes souppé, nous nous iettasmes tout doucement au fil de l'eau.

Le vingt-huictiesme nous arriuasmes à FALVGE, où nous seiournasmes deux iours, attendant commodité de chameaux pour nostre bagage, & d'autres montures pour nous monter, & puis en vn iour nous arriuasmes à Babylone. Elle est bastie sur la riuiere Tigris, de la grandeur ou enuiron d'Alep, mais elle n'est pas si peuplée. Elle est du costé du Nord ou Bize, Leuant, & Midy close de murailles, hors le costé de midy où passe le fleuue Tigris, lequel on passe sur vn pont de batteaux attachez ensemble, & par dessus y a des ais, & à lentour des courtines. Le chasteau de Babylone est basty à vn bout de la ville entre Midy & Septentrion. Il est assez grand, mais non pas beaucoup fort, nonobstant qu'il ayt forces pieces d'artillerie. Les Tours sont rondes bien basties, partie de pierres & carreaux de couleur violette. On y voit des mazures de vieux bastimens, comme le cabinet du Calife aupres du pont à main gauche en entrant dans la ville, & vne grande Mosquée ruinée vis à vis de l'autre costé de la riuiere. Il y a encores quelques colomnes ou aiguilles assez belles, & quelques Mosquées, comme celle qui est aupres du chasteau. L'on y voit aussi vne petite forteresse, qui est plus à bas vers l'Orient du mesme costé du fleuue. Il y a semblablement forces Chans ou palais, où les marchands ont leurs demeures, & leurs magazins : Le plus beau est celuy de Cicala qu'il fit bastir estant gouuerneur de la prouince. Le second est celuy de Murat.

Les autres sont assez mal bastis: mais durant le temps que nous y estions Chassan Bassa en faisoit bastir vn sur la riuiere du costé de Septentrion, lequel sera comme l'on peut cognoistre par les fondemens, & le proiect, le plus beau de tous, & le plus grand. Il est basti de certains carreaux beaux & grands, que l'on trouue en terre hors la ville, qui sont des ruines, à ce que ie croy, de l'ancienne Babylone. Quant aux maisons des particuliers, la maison de Mustapha Aga, de Mehemet Aga, & de Mutucugi me semblent les plus belles; toutesfois il n'y a rien qui soit par trop exquis. Toutes les femmes de ce pays-là, au moins la plus grande partie, se font vn trou au trauers du nez, & y attachent vne bague. Ceux de la ville ont extremement en horreur l'odeur du Mvsc, & croyent que ce soit vn poison à leurs petits enfans. Et pource que les marchands d'Europe en font grand traffic, l'on nous chassa d'vn quartier de la ville, où nous auions pris chambre: pource que le peuple pensoit que nous volussions faire traffic de Mvsc.

L'on vit en Babylone autrement appellée Bagadet, bien & à bon marché; le pain, le vin, les fruicts, le laict, & la créme, qui y est tres-excellente, y sont à neant. Semblablement la chair de mouton, de Gazelles, volailles, &

pigeons, mais sur tout les plus delicates perdrix du monde, desquelles nous n'acheptions le couple que deux gazettes Venitienes, qui sont dix-huict deniers. Les plus grands sangliers n'y coustent que demy teston. Pareillement les estoffes pour s'habiller sont à fort bon prix, & y a des espiceries de toutes sortes. Ce qui y est cher c'est l'argent, pour le profit duquel l'on paye ordinairement cinquante par an. Les Mores & les Turcs y sont beaucoup plus courtois enuers les estrangers qu'en aucune partie du monde, où i'aye iamais esté. Il aduint vn iour qu'vn Turc estant yure dégaisna sur nous son poignard, dont Hassan Bassa estant aduerti commanda que sur le champ l'on luy donnast cent coups de baston sur les plantes des pieds, & sur les fesses, ce qui n'auroit pas esté chastié en Alep. La Tour de Babel est loing de la ville deux iournées au moins. Il y en a vne autre qui est demie iournée loing, laquelle les Venitiens ont appellée la fausse tour. Les Mores la nomment en leur langage CARCVF qui signifie sacrifice d'agneau. Nous seiournasmes à Babylone deux mois & plus, attendant qu'il y eust Carauane, & que le Bassa du lieu payast à Monsieur Scerley quelque argent qu'il luy deuoit à raison de certains draps d'or, d'argent & de soye qu'il luy auoit ostez. Mais ayant trouué bien cinq cent Perſans Pelerins, qui alloient à certaines deuotions qui ſont en ces quartiers-là, nous allaſmes auec eux, mais non pas par le droit chemin, iuſques aux confins du Sophi de Perſe, & loüaſmes des mulets & des cheuaux qu'auoient quelques-vns d'eux.

Nous partiſmes de Babylone le quatrieſme Nouembre mil cinq cens nonante huict à Soleil couché, & marchaſmes tout le long de la nuict, ſans voir aucun village ny maiſon.

Le lendemain matin cinquieſme à Soleil leué, nous arriuaſmes à vn village appellé DOCHALA. Tout le payſage de Babylone iuſques à ce lieu-là, c'eſt vne plaine, laquelle eſtant cultiuée ſeroit fertile en beaucoup d'endroits. Il eſt arrouſé par certaines digues ou canaux, par leſquels l'eau s'eſpanche qui vient du fleuue Tigris.

Le ſixieſme nous partiſmes de Dochala auant Soleil leué, & à trois mille delà nous viſmes vn village beau & bien ſitué eſtant à main droite, & eſt hors du chemin vn trait d'arc, l'on l'appelle ANGIGSIA. Et ayant paſſé par le milieu d'vn autre fort peuplé, nous arriuaſmes à vn grand bourg, qu'ils appellent CHASANIA, auant midy. Il y a ſemblablement de DOCHALA à CHASANIA
vne

vne campagne, mais le chemin est vn peu fascheux à cause des retranchemens, & fossez qu'ils font pour conduire l'eau par les champs Nous partismes de CHASANIA à deux heures apres le Soleil couché, où nous trouuasmes le chemin fort mauuais à cause de certaines collines, ruisseaux, & torrens dont estions arrosez. Mais si tost que nous en fusmes hors, nous rencontrasmes vne campagne fort sterile, & à Soleil leuant enuiron les sept heures du matin, nous arriuasmes dans vne vallée, ou lieu bas, au milieu de deux fossez, où ceux du pays disent, que iadis il y auoit vne grande ville, de laquelle nous ne vismes aucun vestige, mais seulement vn grand amas de terre ramassée en vn tas. Ce lieu est esloigné des eaux, & en eusmes là grande disette, & s'appelle BAT, suiuant qu'il nous fut rapporté par la guide de la Carauane, comme sont aussi appellez tous les lieux semblables. Et en apres nous passasmes par vn petit bois assez plaisant, outre lequel & plus auant enuiron d'vn mille, nous vinsmes en vn grand desert, dans lequel tous les Persans, & leurs guides se fouruoyerent pour venir à leurs deuotions de SAMARRA, tellement que depuis disner iusques à vne grande partie de la nuict nous ne fismes que tournoyer çà & là, sans recognoistre le chemin : Enfin nous nous ar-

P

restasmes pour reposer, & pour rafraischir nos montures, & le lendemain, qui fut le huictiesme du mois, on nous enseigna le chemin : & fort peu de temps apres nous descouurismes les Tours de SAMARRA, où nous arriuasmes sur les dix heures. Cette ville fut anciennement fort grande, comme l'on recognoist par les ruines vis à vis de ce qui reste de Samarra, estant d'enuiron de deux traits d'arc : L'on voit les mazures d'vne Mosquée, qui à mon iugement doit auoir esté vn des plus admirables edifices du monde, qui a au dedans de son circuit vne tour fort haute, auec son escalier fort large qui est au dehors, & est basti en limaçon. Le Seigneur a nom Samarra, qui a donné le nom à ce lieu. Il y est enterré auec sa femme, & ses enfans dans vne chambre ou chapelle dorée fort richement & proprement ; & les Persans de tous âges, & de tous sexes y vont en grande deuotion, de laquelle le gouuerneur du lieu reçoit beaucoup de commoditez. Nous y demeurasmes tout ce iour, & la moitié de la nuict, attendant que les Persans eussent paracheué leurs deuotions. Ce qu'eux ayant fait nous partismes, & cheminans le reste de la nuict, nous arriuasmes deux ou trois heures auant midy en vn autre lieu de deuotion appellé SCHERSCHERSENE, ce qui aduint le neufiefme iour. Cette Mofquée là eſt faite à la Perſane, & y a pluſieurs colomnes de marbre par terre. Il n'y a perſonne qui la garde comme la precedente, mais touſiours ouuerte, & deſerte. Là nous euſmes grande diſette d'eau, pource qu'il n'y auoit qu'vn puis d'eau ſalée, & puante, & nos barils eſtans vuides il fallut cheminer iuſques à minuict que nous arriuaſmes dans vne vallée aupres d'vn petit bois, où nos guides penſoient de trouuer de l'eau : Mais pour en auoir, il nous fallut fouyr en terre, & faire des puis, autrement nous ſerions demeurez à ſec. Nous partiſmes delà auſſi-toſt apres midy, & cheminans la nuict, nous trouuaſmes le grand chemin qui va droit de Bagadet en Perſe, & demeuraſmes cette nuict en vne grande plaine, proche de certaines montagnes fort faſcheuſes, leſquelles nous paſſaſmes le lendemain matin, qui fut le vnzieſme iour, & arriuaſmes deux heures auant iour en vn grand bourg, qui n'eſtoit que de terre aupres d'vne petite riuiere. Le lieu s'appelle SEIRP, où nous demeuraſmes tout le reſte du iour, & de la nuict, iuſques au ſuiuant, qui fut le douzieſme auquel nous moururent de froid vn chameau, & vn mulet; car les nuits commençoient à eſtre froides en ces quartiers-là. Delà paſſant outre, & cheminant la plus grande partie de la nuict par vn tres-bon pays, où nous trouuafmes force foffez & ruiffeaux, nous arriuafmes en vn autre lieu fort plaifant, à caufe des arbriffeaux, & datiers qui y font, & pource auffi qu'il eft enuironné quafi de tous coftez de collines mediocres. Le lieu s'appelle STEROBAN, tout autour le pays eft fort fertile, & non gueres loing delà, il nous fallut paffer fix bras d'vne riuiere, & beaucoup de foffez pleins d'eau, & d'autres qui eftoient fecs, qui nous donnerent fort à faire. Nous cheminafmes quafi toute la nuit allans çà & là, d'autant que nous auions fouruoyé du chemin. Enfin apres minuit nous fifmes alte vn petit, mais fi toft que le iour commença à poindre nous partifmes, c'eftoit le quatorziefme iour.

Or ayant paffé beaucoup de montagnes, nous arriuafmes aux ruines fort memorables de FARHATSERIN, qui fut iadis vne tref-grande ville, aupres defquelles nous nous arreftafmes à cofté d'vn petit fleuue iufques à minuict que nous partifmes, & à la fuitte toufiours montans & defcendans, iufques à trois heures apres Soleil leué, pour venir au fommet d'vne montagne fort haute. Il y auoit vn Italien qui difoit que c'eftoit Caucafe, ce que ie ne croy pas; Au deffus de ladite montagne a esté basti vn chasteau enuironné de murailles faites à demy de terre, & moitié de pierres, qui n'est pas beaucoup fort, de forme quadrangulaire, mais non pas ayant ses angles egaux. Dedans le plan du Chasteau, il y a beaucoup de loges de terre couuertes de roseaux. Là nous eusmes grand besoing de pain & de bois. Les habitans du lieu ne parlent ny langue Arabesque, ny Turquesque, ny l'Armenien, ny la Persane, mais vne langue qui leur est particuliere, comme le peuple aussi a son nom particulier, & n'obeit à Prince du monde, & s'appellent tous ceux de ces enuirons iusques au Royaume de Perse COVRDES. Ceux du chasteau ayans descouuert nostre Carauane qui arriuoit, prindrent grande peine à nous soulager, & rafraischir, cuisant des tourteaux dans les tertrieres suiuant leur coustume, & nous apporterent du beurre fait à leur façon.

Ils ont grande quantité de bestail, de ris, de dattes, & pois ciches. Nous fismes eschange auec eux d'vn mouton auec quelques linges, & mouchoirs, dequoy ils font plus d'estime que de l'argent. Et par ce moyen nous recouurions d'eux du pain, du beurre, des fruits, & legumes. Le nom du lieu est Tanghi, & tout le pays est appellé Tetang; l'on voit sur les remparts du chasteau quelques

p iij

pieces d'artillerie qui est montée. Le paysage d'alentour est tout pierreux, & beaucoup de bonnes fontaines. C'est là, où l'on paye le peage, sçauoir est deux SCHAIZ pour charge de cheual & de mulet. Nous seiournasmes là iusques au dix-septiesme iour, & en partismes auant Soleil leué. Le dix-huictiesme iour du mois nous vinsmes à CALACHERIN, lieu duquel les maisons estoient basties dans vn escueil, & de mesme façon que sont les trous des pigeons dans les coulombiers. Il y a vn chasteau basti sur le coupeau dudit escueil: lequel est vn lieu de si difficile accez, que c'est merueille. Là nous fismes prouision pour deux iours, d'autant que nous n'eussions sceu trouuer des viures plutost. L'on voit en ces quartiers-là des perdrix plus grosses qu'oyes, elles sont grises, mais elles ont les pieds, la teste, & les yeux rouges. L'on paye là vn SCHAI pour cheual, & vn pour mulet, chargé d'vn asne, & autres animaux, & deux pour chameau, comme l'on fait aussi au chasteau de Ianghi. Ce iour ie veis coupper l'os à vn cheual, la maladie de los est fort estrange, & vient aux cheuaux qui ont mangé trop d'orge. Et y a vne autre sorte de telle maladie, qui vient à la leure du cheual, lequel n'estant osté quand il faut, le cheual en meurt dans trois ou quatre iours. Les cheuaux de ces pays-là y sont fort subiets, pource qu'ils ne leur donnent autre chose que de l'orge.

Nous en partismes le vingt-tiesme apres Soleil leué, & le soir precedant vn de nostre troupe eut vne mauuaise rencontre. Car s'estant leué pour vn flux de ventre qu'il auoit, & estant sorty hors du pauillon, ou tente, sans armes, il fut surpris d'vn CVRDE, lequel luy donna vn coup de baston sur la teste, laquelle s'il n'eust couuerte de sa main pour rabbattre le coup, & qu'il n'eust eu vn bon bonnet double bien cottonné, & picqué, ce villain le despeschoit.

La coustume de ces voleurs-là est, comme aussi des Arabes, que quand il aduient que la Carauane s'arreste en vn lieu, ils se couchent dessus le ventre aupres de quelques hayes, buissons ou arbres : & quand quelqu'vn sort, sur tout de nuict, ils luy donnent vn coup de baston sur la teste pour l'estourdir, & puis luy oster le Tulbent, ou quelque autre chose s'ils peuuent, & s'enfuyent. Et quand ils vont faire quelque tour de leur mestier, ils sont ordinairement deux, l'vn pour donner le coup de baston, & l'autre qui est vn peu plus loing auec vn arc, & des fleches pour tirer si quelqu'vn venoit attaquer son compagnon.

Ce iour-là qui fut le vingt-& vniesme

nous ne pufmes pas faire grand chemin à cause des pluyes: & demeurafmes le reste du iour à cinq ou six mille loing du chasteau de Heiderberg. Toute cette estenduë de chemin est vne belle plaine abondante en bestail, & là on voit les masures d'vn chasteau ruiné.

Nous partifmes le vingt-vniefme auant midy, & ne pouuans faire pour ce iour-là plus de sept mil ou enuiron, nous arrestafmes la nuit aupres d'vn chasteau tout ruiné. Mais auant que d'y aborder, nous paſſafmes vn destroit d'vne montagne, lequel est fort fascheux pour les chameaux, & pour les mulets qui portent charge. Tout cet espace est vne belle plaine, la moitié de laquelle est vn pays fort fertile: l'autre ce sont marescages, où il y a vne infinité d'oyseaux sauuages, comme gruës, canards, sarcelles, pluuiers, & autres au milieu desdits marets. Il y a aussi vne petite riuiere fort plaisante.

Nous y eufmes continuellement la pluye sur le dos, & courufmes grande risque à cause des volleurs, lesquels par plusieurs fois mirent en desroute nostre Carauane. Nous partifmes delà à midy le vingt-deuxiefme du mois, & paſſant chemin par l'espace d'enuiron huict mille, nous trauerſafmes vne plaine belle à merueille, au bout de laquelle nous paſſafmes vne montagne, montans & descen-
dans,

dans, & nous arrestasmes au pied d'icelle cette nuit là.

Au matin qui estoit le vingt-troisiesme auant Soleil leué nous partismes, & marchasmes tout le iour sans trouuer maison quelconque ny couuert iusques sur l'entrée de la nuit que nous montasmes vne autre montagne, & veinsmes à descendre dans vne vallée fort grasse & fertile. Ce iour nous laissasmes la carauane auprès d'vn pont rompu, & d'vn torrent bien dangereux appellé ABMORRADAN, loing duquel enuiron cinq ou six mille nous nous arrestasmes la nuict; & le lendemain au matin, qui fut le vingt-quatriéme, nous passasmes vne petite riuiere, qui diuise les terres, & pays du Turc de celles du SOPHI de Perse, qui est appellé en langage du pays KARA-SV qui est à dire en François *Noire eau*. On a basti sur cette riuiere vn pont de pierre qui est assez bien construict appellé PVLISCHA, qui est à dire *Pont du Roy*. Aussitost que nous eusmes passé ce pont, nous entrasmes en vn pays fort abondant en grains, & toute sorte de bestail. Apres disner nous arriuasmes en vn grand HAN tout ruiné, (ainsi appellent-ils leurs palais, ou logis pour receuoir Ambassadeurs, marchans, & marchandises) où il y auoit quelques soldats pour la garde & des gabeleurs, car en ce lieu l'on

q

paye les daces au Roy de Perse. Ledit lieu est basti dessous vn escueil fort haut, ou montaigne de pierre viue, dans laquelle l'on voit force figures d'hommes, & de bestes auec des inscriptions Grecques, mais que le temps a desia si fort consommées, qu'il estoit impossible d'y recognoistre plus de deux ou trois lettres de suite. L'on y voit la figure de l'Ascension de nostre Seigneur auec quelques caracteres Grecs: le lieu est appellé Brisseton. Nous y seiournasmes le reste du iour, & toute la nuit suiuante, iusques à vne heure auant iour que nous en partismes, & cheminasmes tout le lendemain qui estoit le vingt-cinquiesme que nous passasmes par le plus beau pays que l'on se puisse imaginer, fort plein de maisons, de tentes, ou pauillons.

Ce iour mesme nous passasmes par vne ville, qui six ans auparauant auoit esté bruslée par le Bassa Cicala lors qu'il estoit gouuerneur de Bagadet, & vinsmes coucher en vn lieu nommé Chengagivr, & en partismes l'apresdisnée, du vingt-sixiesme du mois. La ville est assez grande, & toute bastie de terre sans autres materjaux, & delà vinsmes vers le soir en vne autre appellée Mastrabad, où ie laissay Monsieur Scierley, & le vingt-septiesme dudit mois, ie me mis en chemin en diligence auec Ange qui estoit

és années 1598. 1599.

noſtre trùchement, & vn autre qui eſtoit ſeruiteur dudit Seigneur, pour venir à CASNIVOT, ou comme autres l'appellent CASNEM ou CASBIN, pour luy preparer la maiſon. Il y a trois mille de MASTRABAD à vn grád bourg appellé SADARVAD. Tout ce pays-là eſt fort montueux, & eſtoit pour lors fort couuert de neiges. Ce iour meſmes nous vinſmes vne heure auant Soleil couchant en vn bourg appellé SADCA, duquel nous partiſmes auant minuit, & ayant changé de cheuaux nous vinſmes deſieuner à RAICAN deuant que le Soleil fuſt leué qui eſtoit le vingt-huictieſme, & ſur le ſoir nous arriuaſmes à CAHA où nous couchaſmes, ayant fouruoyé du chemin à cauſe d'vn broüillas fort eſpais.

Le vingt-neufuieſme nous vinſmes à DARGHESIN trois heures apres qu'il fut iour, où nous changeaſmes de cheuaux. C'eſt vne grande ville, où il y a commodité de toutes choſes pour la vie humaine, comme pain, vin, & fruits, & entr'autres choſes, nous y trouuaſmes les plus friands melons que i'aye iamais mangé. Partant delà nous vinſmes coucher à vn petit village appellé ANA qui eſt ſitué ſur vne montagne appellée KARAGAN qui eſt à dire meurtriere, pource qu'en temps d'hyuer il y meurt ordinairement de cent à deux cent personnes. Au pied de cette montagne, il y a vn assez bon bourg à vn bout duquel il y a vn *Han*, c'est à dire vn palais des plus beaux qui se puissent voir, tant pour son estenduë, que pour ses compartimens bastis à la moderne. Partant d'Ana deux heures auant iour, nous vinsmes marchans tout le iour iusques à la nuit du lendemain trentiesme, à vn certain petit lieu nommé Ismansada, où nous eusmes fort à faire, n'y pouuans trouuer à manger ny pour nous, ny pour nos cheuaux, ny mesmes aucun lieu pour nous mettre à couuert contre le froid; lequel estoit pour lors extreme. Sortant de ce lieu à minuit, nous arriuasmes deux heures auant Soleil couchant du lendemain premier iour de Decembre à Casvin, ou Kasbin, & est pour le present la ville capitale des terres du Sophi. Elle est dans l'ancienne Medie, à dix iournées ou enuiron de Tavris, dans vne grande plaine, entre collines toutesfois ou montaignes. Elle est vn peu moins grande que Londre en Angleterre, & aussi longue, mais fort mal bastie de terre foulée, & les maisons au dedans sont de croye; sans que la ville ait murailles, forteresse, ou riuiere qui luy donne de l'eau, hors vn petit ruisseau qui coule par vn quartier d'icelle. Il n'y a rien de remarquable sinon quelques Mosquées, & le portail du palais du Roy est fait proprement. Il y a grande affluence de marchands, mais non pas beaucoup riches, plusieurs artisans comme orfeures, & cordonniers, qui font les meilleurs souliers de tout le pays de Segrin vert, blanc, & autres couleurs. Il y a des maistres qui font des arcs dorez, & colorez auec des fleches de mesme. Autres qui font des selles de cheuaux, auec les arçons de bois doré & colez, dorez richement.

Nous attendismes là le Roy, qui long-temps auparauant estoit allé à la guerre contre les Tatares d'Ysbec de laquelle il retourna victorieux ayant acquis le pays. Le Roy donc estant proche de Casbin, ayant esté aduerti de nostre arriuée commanda que nous sortissions deux milles hors des portes pour luy faire la reuerence, où nous fusmes conduits par vn de ses maistres d'hostel, qui estoit gouuerneur de Casbin, & garde des femmes de sa Majesté. Quand nostre compagnie fut abordée à cinq ou six pas prés du Roy, le maistre d'hostel fit signe à Monsieur Scierley, à son frere, & à moy que nous missions pied à terre pour baiser les pieds à sa Maiesté, car l'on a accoustumé de saluër ainsi ce Prince; luy qui estoit cinq ou six pas au deuant d'vn gros escadron de cauallerie, estendit sa iambe, feignant toutesfois de regarder ailleurs. Et apres que nous eusmes presenté la bouche à sa botte, il poussa viuement son cheual, le maniant assez d'extrement au trauers du camp à la façon du pays. Il estoit pour lors vestu d'accoustremens courts, & sans robbe, ce qui est contre la coustume des Mahomettans, & auoit vn pourpoinct de brocatel d'or, & vne chausse fort estroite de mesme estoffe. Il auoit en teste son Tulbent, sur lequel il y auoit force pierreries, & vn pennache tres-riche. Il auoit en sa main vne hache d'armes, de laquelle il ioüoit, la portant tantost haute, tantost basse, quelque fois sur son espaule, auec de certains mouuemens qui s'embloient vn peu estranges. En ce triomphe il se faisoit porter au bout de certains roseaux forts, & pesans vingt mille testes de Tatares, qu'il auoit defaits en VSBEG, ce qui me sembloit vn hideux spectacle. Apres ceux qui portoient ces testes venoient de ieunes garçons habillez en femmes fort richement accoustrez, lesquels dansoient à la façon des Indiens, d'vne façon, & mouuement que nous n'auions point veu ailleurs, iettans les bras, & les tordans en haut, plus qu'ils n'eleuoient les iambes de terre au son des Atabales, fluſtes, & certains inſtrumens qui ſont montez de cordes, & au ſon d'vne chanſon compoſée ſur la victoire qu'ils auoient gaignée, laquelle eſtoit chantée de quatre vieilles femmes. Entre ces ieunes garçons, il y auoit deux hommes faits, qui portoient en danſant comme deux fanaux des plus grandes galeres au bout d'vn baſton, qui eſtoit attaché à leur ceinture, auſquels eſtoient peintes des fleurs couronnées, lauriers, & cocqs, & le long du baſton pendoiét des miroirs, & autres broüilleries. Parmy tout ce meſlange, il y auoit vne grande trouppe de putains à cheual iambe deçà iambe delà, leſquelles courroient à la desbandade, & à trauers champs hurlants, & criants, comme ſi elles euſſent eſté hors de ſens, & s'approchoient bien ſouuent de la perſonne du Roy pour l'embraſſer. Apres ce noble eſquadron marchoient à pied quelques pages, qui portoient bonnes bouteilles, & flaccons de vin, & des taſſes, leſquelles ils preſentoient fort ſouuent au Roy, & à ſa nobleſſe. La cauallerie ſuiuoit ſur les aiſles, des premiers rangs deſquels il y auoit quatre trompettes qui ſonnoient de certains trombents, & ſaquebutes d'vne grandeur démeſurée, qui rendoient vn ſon fort aigre & caſſé, bien eſpouuantable à l'entendre. La cauallerie eſtoit d'enuiron deux mille cinq cent cheuaux, les premiers & ceux qui estoiét proches du Roy estoient en bonne conche, vestus de grandes robes de brocatel, figurées d'anges, d'hommes, & d'animaux de toutes façons, comme ils ont accoustumé de façonner leurs estoffes en ce pays-là Tous les habitans de Casbin, & des enuirons estoiét venus pour receuoir leur Roy deux mille hors les portes de la ville. Ils s'estoient separez en deux bandes, au milieu desquelles le Roy deuoit passer auec son triomphe. Ainsi le Roy entrant dans la ville il tira droit au Midan, qui est la place publique, où l'on fait courir les cheuaux, & où l'on les manie où l'on tire de l'arc, & où l'on fait d'autres exercices. Au milieu de cette place ont esté basties deux maisons vne d'vn costé, & l'autre de l'autre. Le Roy mettant pied à terre aupres de l'vne entra dedans où nous fusmes conduits. Là estoit apprestée la collation de fruits comme poires, melons, coings cruds, grenades, orenges, limons, pistaches, noisettes, amandes, raisins, confitures, & du vin. En la chambre où le Roy estoit fut conduit Monsieur Scierley, son frere, son truchement & moy, & beusmes fort ioyeusement auec sa Maiesté, qui nous fit fort bon accueil, nous monstrant, & par paroles, & par effect, qu'il auoit fort agreable nostre venuë.

marginal note: L'Hippodrome de Constantinople s'appelle auiourd'huy en langue Turquesque AT-MEIDAN, qui est à dire place du cheual, en Turquesque A T signifie vn cheual.

venuë. Et voyant que nous eſtions aſſis à terre vn peu à mal aiſe, il nous fit apporter des bancs, & des ſieges, & en donna de ſa propre main à quelqu'vn de nous. Ainſi apres auoir vn peu beu auec luy, il s'en alla droit à ſon palais ſans nous en faire aucun ſemblant. Nous ſemblablement ayant recogneu à la multitude du monde qui partoit, que le Roy s'eſtoit retiré, nous priſmes le chemin de noſtre logis : mais trois heures apres que nous euſmes ſouppé, il nous fit appeller pour venir au BAZAR, ce mot en langue Arabeſque ſignifie *le marché*. C'eſt vn lieu couuert ou vne halle, où eſt la plus grande partie de toutes les boutiques de la ville, laquelle les marchands auoient fait agencer vn mois auparauant l'arriuée du Roy, & la peindre; à celle fin que le Roy y puſt faire les feſtes,& reſioüiſſances. En voicy la façon. Les artiſans y viennent à l'entrée de la nuit, ouurent leurs boutiques, qui auoient eſté fermées tout le iour, allumant infinies lumieres de chandelles, & de lampes, ſe ſeruants de graiſſe de bœuf, & autres animaux au lieu d'huile, eſtallans au dehors de la boutique tout ce qu'ils ont de plus cher, iuſques à en venir meſme à leur argent, eſtans aſſis à leurs boutiques, comme s'ils vouloient vendre les marchandiſes. Le Roy ſemblablement y fait porter infinies richesses, comme or, & argent monnoyé, selles de cheuaux, espées, & vases enrichis de pierres precieuses, sur tout de rubis, & Turquoises, tableaux que l'on y porte de Venise, ausquels ce Prince prend fort grand plaisir. Toutes ces choses sont exposées à la veuë d'vn chacun; outre tout cela, il y a force eschafauts couuerts de toutes sortes de fruits, de dragée, & de bon vin. Et pour le faire court, l'on y mange, on y boit, saute, les enfans dansent auec les putains, & les fols y font mille singeries: & faut icy remarquer qu'ils ne font en Perse iamais banquet sans musique, & sans putain, autrement l'on en feroit peu d'estat. Et s'il aduient que quelque Chrestien vient à se mesler auec ces femmes, il ne court fortune comme en Turquie. Cette liberté cousta cher à vn des nostres, car il pescha des huistres à la Persane. Les festes de Bazar durent quatre ou cinq nuits, & tousiours les Francs y furent inuitez. C'est le nom qui se donne par tout le Leuant à ceux d'Europe. Au bout de ces beaux passe-temps Monsieur de Scierley fit present au Roy de quelques ceintures & pistolets qu'il auoit apportées d'Alep, & pendans d'oreilles d'emeraudes qui auoient forme d'vn raisin. Les pistolets estoient enrichis de nacres de perles faits à fuzil, mais tout le present n'estoit pas de grande valeur. Le Roy en contrechange luy donna trente cheuaux auec leurs harnois, deux desquels estoient d'or enrichis de Turquoises & rubis, mais la plus grande partie des rubis n'estoient pas fins. J'eus pour moy vn bon cheual d'Arabie; les autres estoient des rosses mal equippées de selles, & de vieilles brides. Il luy enuoya pareillement douze chameaux, cinq mulets, quelques tapis, & feutres pour orner, & parer sa maison, & pour s'asseoir dessus. Vn pauillon à l'Indienne fort proprement fait pour dormir à la campagne, & cent cinquante Phillippe-dales en menuë monnoye. Ce fait le Roy voulut aller à SPAHAN ville capitale de Parthie, esloignée de CASBIN douze iournées les comptant à pas de Carauane, où nous le suiuismes. L'on trouue par le chemin beaucoup de bonnes places, comme entr'autres vne, qui est appellée COM, vne autre dite CASSAN, qui est plus grande, & plus riche que COM, comme aussi beaucoup de bourgs & villages. Tout ce chemin est plain & vny, toutesfois d'vn costé & d'autre on voit tousiours des montagnes, entre lesquelles non gueres loing de COM, il y en a vne laquelle les Persans appellent la montagne du diable, & disent que tous ceux qui montent dessus sont emportez par luy, sans qu'ils sçachent

r ij

où; ie fus curieux de sçauoir si le diable estoit si dechaisné comme ils le font, & ie grimpay iusques au sommet d'icelle accompagné d'vn Anglois, où luy & moy, nous nous promenasmes vn long-temps: mais ie croy qu'il n'auoit encore prise sur nous, car il n'y parut point. La ville de SPAHAN autresfois appellée, comme veulent aucuns *Hecatompyle*, est fort grande; mais elle n'a point de forteresse, ny aucun beau palais, elle n'a pas si grande disette d'eau comme CASBIN, mais elle a aussi beaucoup plus besoin de bois. Il y a dans la ville des fontaines, & vn petit fleuue, qui passe aupres auec lequel ils arrosent les campagnes, quand ils ont besoing d'eau pour faire croistre leurs bleds. Cette façon d'arroser les terres est commune par tous ces pays-là, remediant par telle inuention à l'ardeur du Soleil. La PERSE est abondante de toutes choses necessaires pour la vie humaine, comme de bled, de vin, ris, chair, poules, & gibier; Mais principalement elle abonde en fruits de toutes sortes. Neantmoins les pauures y mangent de la chair de cheual, & de chameau. qui se vend à la boucherie, ce que peut-estre ils ont appris des Tatares qui sont leurs voisins. Le Roy de Perse d'auiourd'huy s'appelle SCHA ABAS (Roy Abas) âgé d'enuiron trente ans, petit de stature, mais beau de visage, & bien proportionné, il a la barbe, & les cheueux noirs. La peau vn peu bazanée, comme sont ordinairement les Espagnols. Il a l'esprit fort, & vif, & le corps extrememént souple, & fait à la peine, & plus que l'on ne le sçauroit croire. Il est fort doux aux estrangers, sur tout aux Chrestiens. Il a dans sa cour beaucoup d'Armeniens, & de Georgiens, ausquels il donne gages tres-honorables; desquels les anciens sont Renegats, & entr'autres il y en a vn sans lequel le Roy ne sçauroit viure vn iour, il s'appelle STAMMASCVLIBEG. Nous y trouuasmes aussi vn vieil François maistre d'horloges, qui est parmy ses artisans, auquel il donnoit entretien par charité, encore qu'il fust decrepit, & ne peust trauailler : mais ses officiers luy retranchoient de sa pension, & gabelloient sur la liberalité de leur Prince, dont librement il se plaignoit à luy. Vn iour il me compta en son iargon, qui n'est Italien, ny François, comme il estoit arriué en ces pays-là, disant qu'estant bien à son aise à Constantinople exerçant son estat, il auoit esté alleché par les paroles de Simon Chan Prince des Georgiens, qu'il laissast Constantinople, & qu'il vinst sur ses terres luy promettant monts, & merueilles quand il y seroit. Et l'ayant charmé par son babil le mena auec luy au Iapon, où estans arriuez pour son mal-heur, il luy osta tout ce qu'il auoit tant en argent qu'en marchandises, le fit son esclaue, le forçant à coups de baston de trauailler de son art, iusques à la derniere vieillesse, & le traitoit comme s'il l'eut achepté au marché. Il fut dix ans en cette peine comme il me comptoit, iusques à ce que pour estre inutile, on ne prennoit pas de trop prez garde à luy, & il se sauua par ce moyen, & vinst au lieu où nous le trouuasmes, & laissasmes chargé de plusieurs années, mais encore de plus de douleurs. Ie suis sorty hors de propos pour vous faire cognoistre en la personne de ce pauure miserable vieillard la barbarie d'vn Prince Chrestien, & la douceur, & humanité d'vn Mahometan. Mais ce Prince de Perse traite d'vne autre façon ses subiets naturels, se portant enuers eux fort inhumainement, & cruellement, pour la moindre offense qu'ils ayent commise leur faisant trencher la teste, les faisant lapider, mettre en quartiers, escorcher tous vifs, & manger vifs aux chiens, ou à quarente Antropophages, & mangeurs d'hommes qu'il a tousiours aupres de luy. Il aduint sur le chemin dont nous venons de parler, de CASVIN à SPAHAN, vne chose fort memorable ; c'est où ie cogneus la rigueur, dont il vse enuers ses subiets. Estant à CASSAN vn de ses soldats se mit à rire, & iouër dans vn iardin auec vne garce, à laquelle l'importunité du soldat ne plaisant pas, elle se mit à crier si haut, que le Roy l'entendit, lequel tout sur le champ la fit appeller, & luy demanda pourquoy elle s'escrioit si fort, elle respondit, qu'il la vouloit forcer. Le soldat fut apprehendé auant qu'il eust moyen de fuyr, & mené en sa presence, lequel de ses propres mains en fit vne estrange boucherie, luy coupant tout premier les leures d'vn cousteau qu'il tenoit, le nez, les oreilles, & les paupieres, le cuir du sommet de la teste : en apres luy cassa toutes les dents auec vn caillou, sans que ce pauure miserable iettast seulement vn souspir. Ie luy veis charpenter à coups de cimeterre proche de Spahan plusieurs qui s'approchoient de luy poussez par la foule. Entr'autres il tua vn seruiteur de nostre truchemant, luy donnant vn coup sur la teste, lequel roulla le long du col, & le fendit iusques au cœur, que l'on voyoit palpiter, & mouuoir; Le garçon soudain tomba par terre appellant son maistre par son propre nom. Ce que le Roy ayant entendu, luy demanda s'il estoit à luy, lequel respondit, qu'oüy. Lors le Roy repliqua, ne te soucie, ie t'en donneray vn autre. Pensant à par moy, pourquoy il rudoye ainſi ſes ſubiets, ie n'en trouue autre raiſon, ſinon qu'il faut tenir la bride haute à leur mauuais naturel, pource que naturellement ce ſont des canailles tres-dangereuſes, aſpres extremement à l'argent, menteurs, paillards, bougres, yurongnes, trompeurs, & pour dire en vn mot meſchants, vils, & de peu de courage iuſques à l'extremité, encore qu'il y ayt quelques autheurs modernes qui les ayent eſleuez iuſques au troſieſme ciel, & loüé la nobleſſe de Perſe de generoſité & liberalité: où ils ſçauent fort mal l'eſtat preſent de ce pays-là; où ils ne parlent pas de ceux de ce ſiecle. Pource que tous tant qu'ils ſont, horſmis le Roy, ſont tous tacquins, encore qu'en apparence ils ayent quelqu'ombre de generoſité, & de nobleſſe. Et pour retourner à SCHA-ABBAS, encore qu'il ſoit ſi familier auec ſon peuple, qu'il ne face difficulté d'entrer en la boutique d'vn marchand, & boire auec luy, il eſt toutesfois tellement redouté d'eux, que quand ils le voyent, auſſi-toſt ils baiſſent la teſte iuſques en terre, comme s'ils voyoient quelque diuinité, crians en leur langue, *viue* SCHA-ABBAS. Et le plus grand ferment qu'ils ayent à preſent c'eſt de iurer par ſa teſte, qu'ils ſont ainſi SCHA-ABBAS SOM BASSI. Que ſi on les doit iamais croire, c'eſt quand ils font tel ferment.

ferment. Les exercices du Roy de Perse, & de sa noblesse, c'est de iouër au mail à cheual qui est vn ieu de grande peine : Leurs cheuaux sont si bien dressez pour cela, qu'ils courent apres les boules, comme feroient des chats. Ils tirent aussi de l'arc à cheual courants à toute bride, le blanc est de la largeur d'vne assiette, qu'ils mettent au dessus d'vn arbre, où ils frappent souuent, & l'abattent. Ils font tels exercices és places publiques des villes, auec musique de tambours, flutes, attabales, voix, & de ces grands cors, ou clairons dont il a esté desia parlé, desquels ils iouënt les vns apres les autres. I'ay veu le Roy lasser sept ou huict cheuaux à tels passe-temps, depuis midy iusques à quatre ou cinq heures du soir, & m'estonnois comment il pouuoit supporter vne si grande peine pendant l'ardeur du Soleil, & la poudre qui s'esleuoit des pieds de leurs cheuaux. Ie luy ay veu monstrer sa force & sa dexterité, lors qu'estant couché tout de son long le ventre contre terre, & prenant vn arc des plus forts, il le tendoit comme s'il eust voulu descocher vne fleche, & puis sans s'ayder de ses mains, & sans les mettre à terre, il se leuoit de terre fort soupplement auec son arc bandé ; ce qui me sembla vne force inuincible. Il prend semblablement extreme plaisir à la chasse, & nourrit autant d'oyseaux de poing que i'en aye iamais veu ailleurs, faulcons, tiercelets, vautours, emerillons auec lesquels ils prennent toutes sortes d'oyseaux qu'ils rencontrent, perdrix, cailles, phaisans, aloüettes, corneilles, & autres. Ils prennent auec les vautours semblablement vne sorte de cheureuils, qu'ils appellent Gazelles, lesquelles sont fort belles. Ils les prennét aussi auec les leopards, appriuoisez, lesquels se vont traisnant sur le ventre; & lors qu'ils voyent qu'il y a commodité de se ietter dessus en trois sauts, & le prendre, ils l'attaquent, & cas aduenant que la beste leur eschape, ils se debattent tellement, & deschirent auec les dents, qu'ils se veulent tuer, si le chasseur ne les flatte, les priant, & disant qu'ils ont bien fait leur deuoir, mais que c'est le malheur qui a voulu que leurs beaux sauts ont esté inutiles. Quant est de la religion, ou pour mieux dire superstition de ce Roy, il est Mahometan. Il porte toutesfois tousiours à son col vne croix sous sa chemise en reuerence & honneur qu'il porte à Iesus-Christ. Il auoit vn crucifix d'or enrichi de diuerses pierreries de grand prix, lequel il donna à vn moyne de Portugal de l'ordre de saint Augustin (qui venoit des Indes Orientales, & arriua en Perse tandis que nous y estions, pour le recom-

és années 1598. 1599.   141

penser d'vn petit present qu'il luy auoit fait. Quant est de ce qui concerne le boire, & le manger, il mange de la chair de pourceau, ce que ne font les autres Persans ny Turcs. Il me semble que ce seroit chose superfluë de traiter icy de l'origine du Sophi de Perse, commençant à Ismaël, qui viuoit il y a enuiron cent ans, & semblablement de la haine, & discorde qui est entr'eux, & les Turcs pour l'explication de l'Alcoran, & pour la preseance, & dignité de leurs faux prophetes : Car il y en a des volumes escrits en toutes langues, & ie sçay que vous en auez plus de cognoissance que tous ceux qui en ont escrit. Ie diray seulement que les Persans ont en grande abomination les Turcs, les reputant impurs en leur loy, & que toutes les sepmaines vne fois il y a vn heraut qui va de place en place, & de marché en marché, auec vne coignée en sa main qu'il hausse tant qu'il peut, en maudissant les Turcs, & tous leurs adherants ; & vois en plusieurs quartiers, que le Roy de Perse à present regnant, a mis à feu & à sang, pour ce qu'ils inclinoient à la religion des Turcs. Quant au reuenu qu'il a, à ce que i'en ay pû apprendre, il ne passe point trois millions de Sequins, & croy qu'il n'ayt pas grand fonds. Pour les forces qu'il peut mettre en campa-

S ij

gne, suiuant ce que i'en ay pû apprendre de quelques Armeniens qui cognoissent fort bien son pays, il peut faire iusques à quarante mille cheuaux armez d'arcs, & de fleches, cimeterres, boucliers & haches d'armes. Ils ne font pas beaucoup d'estat de l'infanterie. Ils ont aussi des arquebuzes depuis quelque temps en çà. Ils n'ont point d'artillerie pour tour, ny corcelets, ny cuirasses. Encore qu'il y en ayt qui ayent escrit que SELIM en la guerre qu'il eut contre le SOPHI, y laissa toute l'artillerie qu'il auoit conduite au delà de l'Eufrate, & qu'alors tous les Persans estoient couuerts d'armures pesantes. Il faut que la roüille les ayt consommées, & les souris. Ils ont bien des mailles dont ils se couurent que l'on leur apporte de Moscouie.

Le Seigneur Scierley ayant seiourné en Spahan enuiron trois mois, fut renuoyé par le Sophi en Chrestienté auec vn de ses gentils-hommes, & aussi auec presents, & lettres addressées au Pape, à l'Empereur, au Roy de France, au Roy d'Espagne, à la Reyne d'Angleterre, au Roy d'Escosse, de Pologne, à la Seigneurie de Venise, & au Comte d'Essex, retenant toutesfois auprés de luy pour seureté le frère de Monsieur Scierley. Ses presens n'estoient pas de grande valeur. A chacun des susdits Princes, il enuoyoit neuf lames de cimeterre, neuf arcs façonnez, & dorez auec les carquois, & les fleches de mesme façon, neuf pieces de l'eſtoffe de laquelle ils font leurs Tulbens, qu'ils appellent SEROISCIA, ou comme d'autres l'appellent CESSA, neuf ceintures de fin or façonnées à l'Indiene; neuf autres ceintures larges faites de la laine de la chevre qui a dans ſoy la pierre de BEZOAR. Auant que tous ces preſens fuſſent en eſtat d'eſtre apportez, il y eut beaucoup de doute ſur la route qu'il deuoit prendre pour ſon voyage, pource que de paſſer par la Turquie, qui eſt le chemin le plus court, il eſtoit impoſſible à cauſe des lettres & preſens qu'il portoit. Pource auſſi que paſſant par la Turquie, il auoit dit qu'il eſtoit Marchand, & puis auoit eſté reconneu pour autre à la Cour du Sophy par les Agens du Turc. De prendre ſon chemin par les Indes, c'eſtoit ſe ietter en vn labyrinthe plein de grandes peines, & eſtoit à craindre que les Portugais n'euſſent pas voulu receuoir ny en leurs vaiſſeaux, ny en leurs ports vn Anglois. On trouua que le plus expedient ſeroit de paſſer par la Moſcouie, encores qu'il y euſt beaucoup de difficulté de ce coſté là. Et pour cet effet il eſcriuit au grand Duc de Moſcouie, & le pria par l'alliance & fraternité qui eſt entr'eux, qu'il donnaſt paſſage par ſon pays au

f iij

Seigneur Scerley. Ayant ainsi pris congé du Roy, & ayant receu deux mille sequins Persans pour les frais de son voyage, nous retournasmes à CASBIN pour aller à GHILAM, prouince qui est adiacente à la mer Caspie, pour nous embarquer. Ie pense que la prouince Ghilan est celle, que les anciens ont applée Hyrcanie, car la mer mesme est appellée mer d'Hyrcanie, & mer de Bacchu. Au territoire de CASBIN, qui est vne partie de la Medie, est située GHILAM. Il y a des montagnes si aspres, & si fascheuses, qu'elles ne cedent en rien aux Alpes, & n'y a là moyen de porter bagage auec des chameaux, mais seulement auec des mulets. De CASBIN nous vinsmes à RVDASSEN en quatre iours ; qui est vn bourg de Ghilam, prés de la rade où le Roy de Perse tient si peu de vaisseaux qu'il a, qui courent la mer Caspie. On ne sçauroit penser quelle est la fertilité de la prouince de GHILAM, si tost que l'on a passé les montagnes susdites, les beaux pasturages, prez, bois & campagnes grasses & bien cultiuées, ensemencées de fromens, ris, & toutes sortes de legumes ; force bons & beaux arbres, sur tout grand traffic pour la soye. Car par tout vous trouuez gens qui y trauaillent. Le pays est si couuert de meuriers blancs, & est si delectable, que ie me suis maintesfois estonné comme le Roy demeure tousiours delà les monts. Ils ne parlent pas naturellement Turc en ces quartiers-là, ny Arabesque, ny Persan, mais ils ont vn idiome qui leur est particulier. Allant de Medie à Rv-dassem, nous trouuasmes bourgs, & villages garnis de toutes sortes de prouisions, & les champs fort gras: Le meilleur de tout le pays c'est LANGERON. Nous fusmes defrayez par tout. La coustume de Perse est, que si tost qu'il vient quelque Ambassadeur, ou personnage de marque, qui aille trouuer le Roy, ou qui ait affaire au pays, on le defraye, & le Roy luy donne quelques soldats pour le conduire aux gouuerneurs des prouinces, à celle fin que rien ne luy manque. Et si les paysans n'apportent aussi-tost ce qu'ils ont, Dieu sçait comment ils sont frottez, ie n'auois aucun plaisir à voir traitter si mal ces pauures gens. Nous auions aussi des patentes du Roy addressantes à vn marchand de RVDASSEM qui a en main tout le traffic de la mer Caspie, afin qu'il nous equipast promptement vn vaisseau, le garnist d'vn bon pilote, de viures, & de tout ce dont pouuions auoir besoing. Ce qui fut fait en sept ou huict iours. Mes prouisions estoient de ris, biscuit tres-bon, beurre, moutons rostis, mis en pieces, & saupoudrez de sel; que l'on mettoit dedans de grands vases, les remplissant de beurre fondu, pour empescher qu'ils ne se gastassent. Autres moutons vifs, poules, oysons, & pource qu'il n'y auoit pas grande quantité de vin en GHILAM, nous auions grande quantité d'eau de vie. Les vaisseaux de ce pays-là sont forts extremement, faits de grosses poutres, & ais fort espais; mais ils sont mal polis, descouuerts, & n'ont qu'vn voile, vn seul mast, & deux timons faits de deux gros ais, en façon de deux grosses queües, & longues des deux costez du vaisseau. Si lesdits vaisseaux sont mal faits, les mariniers sont encores pires, & mal entendus en leur mestier. Car ils s'entendent autant aux estoiles, comme des pourceaux aux espices, ne se seruant iamais du compas. Ce qui est cause qu'ils vont tousiours costoyant le riuage, n'osant se ietter en pleine mer. Il y en a qui veulent que la mer Caspie soit longue de six cent milles d'Italie, & large de quatre cent, mais ie ne l'oserois croire. Le vent nous fut fort contraire, & fusmes six sepmaines à la passer endurāt d'horribles chaleurs, pource que c'estoit en Iuillet & en Aoust. La tempeste fut lors grande, & bien que cette mer à proprement parler ne soit qu'vn lac, si est elle tellement subiecte aux tempestes, qu'il seroit de besoing que les pilotes

lotes sceussent vn peu mieux leur mestier. Vn iour entr'autres nous fusmes assaillis d'vne telle bourrasque, & pluye si druë, & d'vn vent tellement endiablé, que beaucoup de mes compagnons, qui auoient couru la plus grande partie des costes des Indes & des mers d'Europe, disoient n'en auoir iamais veu vne telle. L'vn de nos timons fut rompu, & fusmes prests de renuerser en ce desarroy. L'on entendoit vn terrible meslange de voix, & de prieres. Nous qui estions de la Religion faisions nos prieres d'vne façon; il y auoit des moines Portugais, qui iettoient dans la mer des Agnus Dei pour l'appaiser, & disoient quelques paroles entre leurs dents, criant VIERGE MARIE, *sainct Iean*, & *In manus*. Les Mahometans crioient Ali ALI MAHOMET, au lieu desquels ie craignois que le diable ne vint, pour emporter cette canaille en enfer. Mais ayant esté trois heures en cet orage, Dieu ietta sur nous son œil de pitié, & nous deliura. L'on rencontre dans cette mer d'vne fois à autre des veines d'eau douce, ausquelles les pilotes cognoissent bien, quand ils approchent du port. Cette douceur vient des fleuues qui se roullent dedans. Approchant d'*Astracan*, l'on entre dans vne eau douce & basse, que les mariniers appellent *la mer douce*, au bout de laquelle dans vn certain endroit, le grand Duc de Moscouie tient vne garnison de *Karagoli*, ils les appellent ainsi en langage de Moscouie, qui sont cent pauures soldats, qui seruent & de soldats, & de vogueurs sur les riuieres, quand on en a besoin : & tous coüards qu'ils sont, on les enuoye en guerre, quand les affaires de l'Empereur le requierent. Quand ils vont pour faire l'office de vogueurs, ils portent de grandes soutanes, & vn auiron sur l'espaule, & vne arquebuze en la main, de laquelle ils se seruent aussi dextrement comme vn bœuf feroit d'vne flute, & sans porter espée, car il y a vne ordonnance du pays qui le deffend, de peur qu'ayant trop beu, ou de vin ou d'eau de vie, ils ne vinssent à commettre quelque mal. Ils chauffent de petites bottines qui ne passent pas le genoüil, hautes de talon, & basses par le bout, les hommes & les femmes generalement en portent, ayant aussi attachée à la ceinture vne cueiller de bois sous leurs aisselles, vn gros pain de seigle, vn petit sac de sel pour assaisonner leur pain, & peut estre quelque morceau de poisson pour toute prouision, puis se mettent dans la barque auec leur capitaine aussi vaillant qu'vne quenoüille ; & cela leur suffit pour dix iours ; Quant est de la boisson, l'eau de la riuiere leur semble fort bonne, & viuent ioyeusement ; Au reste ils sont grands Sodomites. Nous fusmes conduits par ces gens de bien à Astracan en vn iour & demy, par vne riuiere, où l'on pesche tant d'esturgeons, & si grands, & où l'on fait tant de *Camaro*, que qui ne l'a veu, ne le croyroit pas.

Ce fut le quatorziesme, ou quinziesme Septembre qu'il faisoit vne chaleur excessiue, & fusmes fort affligez & picquez des cousins, ou moucherons, & de telle façon, que i'estimois le chemin depuis la garnison iusques à Astracan vn vray enfer. Ie fus enuoyé deuant pour aduertir le gouuerneur du lieu de l'arriuée des Ambassadeurs de Perse. Il estoit vne heure apres midy quand i'y arriuay. Ie croy que tous ceux de la ville dormoient, horsmis quelques-vns que la faim ne laissoit reposer. Car la coustume du pays de ce grand Prince est de dormir depuis midy iusques aux quatre heures, que les cloches commencent à sonner vespres. Cela s'obserue inuiolablement tant en esté qu'en hyuer, tellement qu'alors les villes les mieux peuplées semblent des deserts en Moscouie. Il n'y a point d'hostelleries, & aucun du pays n'oseroit receuoir vn estranger dans sa maison sans congé des gouuerneurs. Qui fut cause, qu'il nous fallut demeurer au milieu de la place, attendant que le gouuerneur fust éueillé, estans enuironnez d'vne grande troupe de maraux, qui prenoient grand plaisir à nous regarder. Si tost que les cloches commencerent à sonner, le gouuerneur fut aduerty de nostre venuë, & nous enuoya des truchemens Tatares; car nous nous seruismes tousiours de la langue Turquesque iusques en Mosco. Nous fusmes interrogez par eux d'où nous venions, que c'est que nous demandions, & où nous allions, & nous firent beaucoup d'autres demandes dans la place, lesquelles ils escriuirent & nos responses semblablement, qu'ils porterent au gouuerneur. Finalement ils retournerent, & deslogerent de sa maison vn de la ville, & nous mirent dedans. Puis le gouuerneur nous donna pour garde vn de ses Caragoli, qui ne sortoit iamais plus auant que le seuil de nostre porte. Ils les donnent ordinairement aux estrangers, & sur tout pour espier ce qu'ils font, & qu'aucun de ceux du lieu n'approche d'eux, & qu'ils ne sortent iamais pour recognoistre les fortifications des villes ; & aussi pour empescher que les Moscouites estans yures ne les saccagent : comme aussi pour monstrer leur grandeur, & pour seruir ceux qui y vont, quand l'on a besoing d'eux, estans pourueus de gardes. L'on nous enuoya nostre ordinaire (car l'Empereur a de coustume d'en vser ainſi enuers les Ambaſſadeurs & autres, qui ſous ſon bon plaiſir paſſent par ſon eſtat) moutons, poulles, poiſſons, biere, eau de vie, & argent pour achepter les menuës neceſſitez du logis : & en donnent plus abondamment, & en meilleur ordre qu'en Perſe : pource que cela eſt donné de la main de celuy, qui reçoit le reuenu de l'Empereur, ſans que les payſans ſoient foulez. Le meſme iour le gouuerneur expedia vn *Baiar*, vn capitaine de cent Caragoli vers Monſieur Scierley, pour le recéuoir dans la garniſon, & le lendemain y enuoya des batteaux, & prouiſions pour le conduire à Aſtracan auec ſa compagnie d'Europeens & Perſans : où eſtans arriuez ils les conduiſirent en ſon logis, & le gentil-homme Perſan au ſien, où on leur donna des gardes, & viures. Le Sophi de Perſe auoit enuoyé vn autre Ambaſſadeur à l'Empereur de Moſcouie particulierement, auec lettres, & preſens, & pour ſe reſiouyr auec luy de ſon aduenement à l'Empire ; & nonobſtant qu'il ſe fuſt mis en mer quinze iours deuant nous, ſi eſt ce que toute noſtre compagnie arriua à Aſtracan deux ou trois iours deuant luy. Il auoit à ſa ſuitte quarante hommes, entre leſquels il auoit vn gentil-homme, qui eſtoit premier fauconnier du Sophi, & quelques marchands Perſans. Il portoit auec luy beaucoup de marchandises qu'il disoit appartenir à son maistre, qu'il vouloit trocquer en Mosco auec d'autres marchandises d'Europe, comme draps de laine, cottes de maille, peaux precieuses d'animaux, de renards noirs, Martes zibellines, & autres; faucons & autres oyseaux de poing, lesquels sont à neant en Moscouie. La marchandise qu'ils apportoient de Perse estoit satin, velours, draps d'or, & beaucoup de toiles de cotton, des ceintures larges de soye. Les Moscouites se vestent de ces toiles-là, & en font des soutanes cottonnées, & des robes de drap, que l'on leur apporte d'Angleterre, & n'estoit que la Perse & l'Angleterre leurs fournissent, ils n'auroient dequoy se vestir sinon de peaux de bestes. Car la laine de leurs brebis est trop grosse & trop rude, outre qu'ils ne la sçauent pas accommoder. Les Ambassadeurs demeurerent quinze iours à Astracan, iusques à ce que les vaisseaux qui les deuoient porter à Mosco fussent equippez. Cette quinzaine se passa en festes & resiouyssances. La ville d'Astracan est de mediocre grandeur, & quasi ronde, toute bastie de bois iusques aux murailles & aux tours, le chasteau en est semblablement, mais il est enuironné d'vne muraille de carreaux cuits. C'est la ville Metropolitaine du Royaume des Tatares Zagatayes, qui aussi s'appellent *Astracan*; elle est bien située sur la belle riuiere de Volga, qui est la seule eschelle de ce costé-là pour monter sur la mer Caspie. Voyla pourquoy l'on y voit plusieurs marchands Persiens, Armeniens, & du Iapon. Il y a vn gouuerneur Moscouite parent de l'Empereur Iean, qui mourut il y a trois ans, qui gouuerne ce pays-là auec deux secretaires, qui luy sont donnez pour compagnons, sans lesquels il ne peut expedier aucune affaire d'importance. Le gouuernement leur vaut beaucoup, car outre la commodité du lieu, & la grandeur du pays, il n'y abborde ny Ambassadeur, ny marchand, qui ne leur face quelque honorable present. La ville a esté peuplée d'vne colonie de Moscouites. Le pays est gras & fertile & en bleds, & en bestail, & en fruits, & entr'autres de tres-delicats melons, & Anguries. Il y a des salines qui sont de tres-grand rapport, le prix desquelles estant apporté auec les daces croist merueilleusement le reuenu de l'Empereur. La coustume est que quand il arriue quelque Ambassadeur de Perse en Astracan, ou d'autres pays, l'on enuoye aussi-tost en diligence vn courrier à Mosco par la riuiere dans quelque barque, & changent souuent de vogueurs pour arriuer plus-tost;

ils voguent nuit & iour, pour en aduertir promptement l'Empereur: & celuy qui y arriue ne peut aller ny auant, ny arriere, iusques à ce que l'on aye response de sa Maiesté. Et y en a eu tel qui a attendu response vn an ou deux ans auant qu'estre expedié. Le retardement vient quelquesfois, quand l'Ambassade ne luy plaist pas, pource que le gouuerneur s'informe premieremét de tout, & puis en aduertit son maistre. Quand nous passasmes par là, il y auoit vn chef de certaines compagnies de Tatares, lequel estoit ainsi retenu qui enrageoit de se voir prisonnier de la façon. Toutesfois l'on ne nous fit pas faire grand seiour, pource que l'hyuer estoit proche, & que l'on craignoit que la riuiere ne vinst à geler. Dés l'heure mesme de nostre arriuée le gouuerneur enuoya vn gentil-homme à Mosco. Nous nous mismes en chemin le deuxiesme iour d'Octobre 1599. que Monsieur Scierley prit vne barque pour luy, & pour sa trouppe d'Europeens; l'Ambassadeur de Perse qui est passé en Europe en prit semblablement vne autre pour luy, & pour porter les presens que le Grand Sophi enuoyoit aux Princes Chrestiens. Et celuy que le Persan auoit enuoyé au Grand Duc de Moscouie en prit trois à cause de la grande suitte, & train qu'il auoit,

& pour

& pour porter beaucoup de marchandiſes qu'il emportoit quand & luy. Toutes leſquelles furent tres-bien equippées de toutes ſortes de viures pour dix iours & plus, & de vogueurs Caragoli auec leurs Baſars ou Capitaines, leſquels ſeruent comme de guides & de fourriers pour faire preparer tout ce qui eſtoit neceſſaire pour le chemin ; Et le tout ſe fait aux deſpens de l'Empereur de Moſcouie. Les barques ſont fort grandes, & commodes, ayans leurs chambres longues & larges, & auſſi propres qu'autres que l'on puiſſe voir ; Et pource que l'on va d'Aſtracan à Moſco par la riuiere de Volga contremont, ces Caragoli tirent des batteaux auec des colliers qu'ils portent au col, & des cordes de chanvre qui leur va à l'entour, eſtans en lieux où les arbres, ou autres rencontres ne leur donnent point d'empeſchement : & ſe ſeruent de l'auiron ordinairement, lors qu'ils ne peuuent tirer les batteaux à force d'eſpaules, ou que le vent leur eſt contraire. Car leurs barques portent le voile fort large, & lors qu'elles ont le vent en pouppe, elles expedient beaucoup de chemin. Voylà comme l'on en vſe en ces pays-là ; Car il eſt tres-dangereux d'aller par terre à cauſe de certains Tatares, & vn tas de canaille appellez *Coſacchi*, voleurs barbares qui deſpouillent & tuent les passans; L'on court ce danger iusques à CAHAN, ville Metropolitaine de la Tatarie deserte. Et jaçoit que ces pays depuis Astracan iusques à Mosco ne soient pas habitez en beaucoup de lieux, toutesfois le chemin n'est pas si fascheux, que beaucoup de gens s'imaginent, ce fleuue estát fort delectable à cause de son estenduë: d'autant qu'il est beaucoup plus large que l'Eufrate, & le Tigre ioints ensemble, & pource aussi que des deux costez il est bordé de bois quasi continuels, & fertils, & ladite riuiere est tellement pleine de poisson, que l'on n'y iette pas plustost vn hameçon, qu'il n'y ait aussi-tost vn poisson pris. Tous les soirs l'on prend terre, & chacun descend pour s'aller promener; & le long de la riuiere l'on trouue de grands tas de bois, que l'impetuosité de l'eau y a ietté, lors qu'elle est debordée, qui sert à faire la cuisine, & à se chauffer: & est si sec qu'il ne faut qu'y mettre le feu, & soudainement il s'allume. Ainsi marchant, & passant chemin l'on trouue de deux en deux iournées des bourgades, qui ont de beaux chasteaux, ne sont lesdits bourgs enuironez d'autres deffenses que de bois, comme nous auons dit d'Astracan, pour faire resistance aux Tatares. Nos *Baiars*, autrement *Pristani* qu'ils appellent, rafraichissoient tousiours nos prouisions de lieu en lieu, & estoient remolies nos barques tout en vn instant sans bruit, & sans desordre des pauures qui viennent pour mendier. Nous veismes trois chasteaux distans également ou peu moins l'vn de l'autre auant que d'abborder, qui estoient iadis le siege Royal du Roy des Tatares, Vlochan estant vn mille loing de Cassan. Le gouuerneur nous enuoya vn de ses gentils-hommes pour saluër les Ambassadeurs, lequel leur fit vne harangue fort ridicule. La substance estoit, qu'ils estoient bien venus au pays du Grand Duc, qu'il disoit estre le plus grand Prince du monde. Il exaltoit pareillement son gouuerneur, lequel il disoit estre appellé *Monsieur*. Il faisoit sa harangue en la langue de Moscouie à vn sien truchement Tatare, lequel repliquoit en apres en langue Turquesque à nostre truchemant, qui estoit Grec de nation duquel nous en eusmes en trois secousses l'interpretation telle quelle en langue Italienne. Apres il nous fit donner des cheuaux pour faire nostre entrée à Cassan, où nous fusmes conduits par vne trouppe de Baiari Moscouites à cheual le foüet au poing & la baguette ; car desperons ils n'en ont point encore l'vsage, & les cheuaux n'y veulent mordre ; mais si tost qu'ils les sentent, commencent à ruer, & sauter, comme s'ils estoient enragez. Le gouuerneur d'Astracan, & celuy de Cassan sont de la race, & du sang de l'Empereur dernier mort, qui s'appelloit *Boris Feriteli*. Celuy du iourd'huy s'appelle *Rorich*, & son fils *Feodet Borisoich*. Le Pere fut esleu Empereur par le Patriarche, & tout le clergé, par la noblesse, soldats, & tout le peuple.

FIN.

www.ingramcontent.com/pod-product-compliance
Lightning Source LLC
Chambersburg PA
CBHW061956300426
44117CB00010B/1354